Ludwig Freiwald

U-Boot-Maschinist Fritz Kasten – Ein Frontbuch der deutschen Kriegsmarine

Zeitgenössischer Roman über den Krieg zur See 1914 bis 1918

klarwelt

&

EK-2 Militär

Verpassen Sie keine Neuerscheinung mehr!

Tragen Sie sich in den Newsletter von *EK-2 Militär* ein, um über aktuelle Angebote und Neuerscheinungen informiert zu werden und an exklusiven Leser-Aktionen teilzunehmen.

Link zum Newsletter:

https://ek2-publishing.aweb.page

Über unsere Homepage:

www.ek2-publishing.com

Als besonderes Dankeschön erhalten Sie **kostenlos** das E-Book »Die Weltenkrieg Saga« von Tom Zola.

Klappentext: Der deutsche UN-Soldat Rick Marten kämpft in dieser rasant geschriebenen Fortsetzung zu H.G. Wells »Krieg der Welten« an vorderster Front gegen die Marsianer, als diese rund 120 Jahre nach ihrer gescheiterten Invasion erneut nach der Erde greifen.

Deutsche Panzertechnik trifft marsianischen Zorn in diesem fesselnden Action-Spektakel!

Ihre Zufriedenheit ist unser Ziel!

Liebe Leser, liebe Leserinnen,

zunächst möchten wir uns herzlich bei Ihnen dafür bedanken, dass Sie dieses Buch erworben haben. Wir sind ein kleines Familienunternehmen aus Duisburg und freuen uns riesig über jeden einzelnen Verkauf!

Mit unserem Label *EK-2 Militär* möchten wir militärische und militärgeschichtliche Themen sichtbarer machen und Leserinnen und Leser begeistern.

Vor allem aber möchten wir, dass jedes unserer Bücher **Ihnen ein einzigartiges und erfreuliches Leseerlebnis** bietet. Daher liegt uns Ihre Meinung ganz besonders am Herzen!

Wir freuen uns über Ihr Feedback zu unserem Buch. Haben Sie Anmerkungen? Kritik? Bitte lassen Sie es uns wissen. Ihre Rückmeldung ist wertvoll für uns, damit wir in Zukunft noch bessere Bücher für Sie machen können.

Schreiben Sie uns: info@ek2-publishing.com

Nun wünschen wir Ihnen ein angenehmes Leseerlebnis!

Moni & Jill von EK-2 Publishing

Drohende Kriegsgefahr

Kriegsgerüchte

Juni 1914.

Sonnenaufgang im Atlantik.

Blutrot stieg der feurige Ball aus dem Meere und die über die Wogen des Ozeans zitternden Strahlen ließen plötzlich aus der bläulich schimmernden Morgendämmerung Masten und Schornsteine eines Geschwaders Kriegsschiffe rötlich aufflammen.

Gar schnell entwickelten sich in dem hellen Schein des aufsteigenden Gestirns nacheinander die silbergrauen Aufbauten der deutschen Schulkreuzer „Hansa“ — „Herta“ — „Vineta“ und „Viktoria Luise“.

Die Schulschiffe sind auf dem Rückmarsch nach Deutschland. Die Besatzungen befinden sich im besten Zustand.

Einige hundert Seekadetten und ebenso viele Schiffsjungen sind in hartem Dienst zu Seemännern herangebildet. Sie haben fremde Erdteile gesehen. Sitten und Gebrauche anderer Völker kennen gelernt. Deutsche Niederlassungen in Übersee bewundert.

Nun lag das alles hinter ihnen.

Die Stiergefechte in Ferrol, Spanien. Der Drachenbaum in Laguna auf Teneriffa. Santa Cruz. Las Palmas. Die Neger auf den Capverdischen Inseln. Dann die Äquatortaufe.

Das Mannschaftsfest in Santos. Rio de Janeiro. Palmenalleen. Lorbeerhaine. Port of Spain auf Trinidad. Das Inderfest bei Savannah Grande. Kakaobäume. Riesenbambuswälder.

Ein Negerfest auf St. Thomas. plötzlicher Aufbruch. Vereidigung. Vorlesen der Kriegsartikel.

Ein Ernstfall. Revolution auf Haiti.

Mit Volldampf nach Port au Prince. Landungskorps zu Kaisers Geburtstag. Schutz der deutschen Siedlungen.

Wieder weiter. Quer über den Atlantik. Letzte Station. Die Azoren.

Kriegsschiffe aller seefahrenden Nationen hatten sie gesehen. Einblick in den Überseehandel gewonnen.

Mit Seeleuten der japanischen, amerikanischen, englischen, französischen, brasilianischen, argentinischen, spanischen, selbst schwedischen Marine sind sie zusammengekommen. Und brachten eins mit zurück. Es wurde überall viel von einem bevorstehenden Krieg gesprochen.

Der Maschinistenmaat Fritz Kasten von S. M. S. „Vineta“ hat darüber zwei Notizen in seinem Tagebuch:

„— — und sind auf Trinidad viel Inder, Japaner, Chinesen. Ein Besitzer dortiger Petroleumquellen machte auf Deutsch eine Bemerkung, die mich nachdenklich stimmte. Er fragte: ‚Wo nimmt Deutschland Petroleum und Öle her, wenn es von allen Ländern abgeschnitten ist?‘

Als ich sagte, wie er das meine, antwortete er: ‚Nun, es treibt doch alles auf einen Krieg hin.'"

Ferner:

„Die Mosantobucht auf St. Thomas ist nach Mister Mosanto, einem geschätzten Deutschenfreund, benannt. Wir statteten ihm einen Besuch mit Musik ab.

Beim Abschied nahm er mich und einige Unteroffiziere zur Seite und erzählte uns, dass der Engländer, sowie die Herren des Westindischen Handels überall auf Krieg gegen Deutschland drängten."

Leutnant von Killinger, Wachoffizier auf demselben Schiff, hat mit seinem Blick für das Tatsächliche die gleichen Wahrnehmungen gemacht.

Er sieht noch schärfer als Kasten und durchschaut klar das Zusammenspiel der deutschfeindlichen Mächte, denn er erklärt in der Offiziersmesse:

„Die Anspielungen auf einen europäischen Krieg sind nur die Vorfühler, um die öffentliche Meinung dafür reif zu machen. Alles richtet sich aber gegen unser Vaterland, dessen Fleiß und Wohlstand sich die gegnerischen Geldmächte dienstbar machen wollen."

Der Seekadett Haeker, ebenfalls von S. M. S. „Vineta", schreibt:

„Auffallend ist überall das Gerede von einem bevorstehenden europäischen Krieg. Alle Häfen der kleinen Antillen sind davon voll."

Der Schuss in den Frieden

Teile der Hochseeflotte haben schwedische Häfen angelaufen. Auch die Schulkreuzer sind hinzugestoßen. S. M. S. „Vineta" liegt vor Göteborg.

Ein Sonntag. Der 28. Juni 1914.

Die Beurlaubten der Schiffe ergießen sich an Land. Vorm Museum, an der deutschen Kirche, im Volkspark, auf dem Rathausplatz, überall tauchen die Blaujacken auf.

Im Konzertgarten lauscht Maschinistenmaat Kasten den Klängen der Musik.

Da schreckt ihn plötzliche Stille auf. Die Dissonanzen der jäh unterbrochenen Musik schrillen an sein Ohr. An allen Tischen recken die Konzertbesucher die Köpfe. Die Maate Rothe und Büttner, die neben ihm sitzen, springen auf. Was ist denn das? Ein Mann steht auf einem Tisch. Seine volle Stimme hallt über sie hin. Er spricht deutsch. „In Sarajewo ist heute der österreichische Thronfolger und die Erzherzogin ermordet worden."

Lähmendes Entsetzen. Dumpfes Schweigen. Dann sagt Rothe: „Das ist der Krieg."

Kastens Gedanken gehen sprunghaft. Aber er kommt zu keiner klaren Fassung. Schwer und drückend ist plötzlich alles. Auch die Luft. Der Himmel hat sich verfärbt. Wolkenmassen verdecken die Strahlen der Sonne. Die Schatten der Bäume verwischen. Stoßwind fegt Blätter herab. Trockenes Laub raschelt. Drohend, unheimlich brütet fahles Dämmerlicht schattenlos über dem Garten.

Zahlreiche Gruppen sind schon gegangen. Die noch Anwesenden drängen hinter die Estraden des Konzertsalons. Gewitterwolken ziehen über die schwarze

Wand am Himmel. Ein Blitz zuckt auf. Donnernd grollt es nach der Küste zu. Der Wind peitscht Sand hoch, zerrt an den Bäumen, biegt die Äste und fegt die Promenade rein.

„Ein Omen“, ruft einer in das Schweigen der wartenden Menschen. Ringsum blinkt breites Wetterleuchten auf. Wieder ein greller Blitz, grollendes Dröhnen folgt, schlägt um in polterndes Rollen.

Dann spaltet unter furchtbarem Donnerschlag ein leuchtender Riss die dunkle Wolkenwand. Knatternd folgt Schlag auf Schlag. Der Himmel hat sich geöffnet und tobt mit seinen Elementen gegen die Erde.

Wenn die Blitze aufzucken, sieht Kasten die überhellten Gesichter der Umstehenden. Irgendwo hatte er so etwas schon mal gesehen. Jetzt wusste er es. Beim Scharfschießen der schweren Artillerie an Bord der „Rheinland“.

Langsam zog das Gewitter ab. Sie atmeten die kühle, gereinigte Luft. Dann brachen die Meisten auf, um an Bord zu gehen. Ein letztes fernes Murren verhallte hinter den Bergen.

*

In Kiel beendet die Nachricht von der Ermordung des Erzherzoges die Kieler Woche.

Ein Geschwader englischer Kriegsschiffe liegt an den Bojen. Vier riesige Linienschiffe. Drei kleine moderne Kreuzer. Deutscherseits sind keine Schiffe anlässlich des Besuches besonders detachiert. Das Flottenflaggschiff „Friedrich der Große“, einige Linienschiffe und Kreuzer sind im Hafen.

Der Kaiser ist da. Großadmiral von Tirpitz. Beide wissen, dass die Schüsse von Sarajewo gegen den Frieden gerichtet sind.

Auf allen Schiffen und Gebäuden wehen die Flaggen halbstocks. Die deutschen Kriegsschiffe haben außerdem die österreichische Flagge im Großmast gesetzt.

Überall dasselbe Erschrecken, dieselben Befürchtungen kommenden Unheils. Erzherzog Ferdinand, bekannt und verehrt als Marinefreund, ein Zukunft verheißender Thronfolger, hatte die Sympathien aller. An Bord des englischen Linienschiffes „König Georg V.“ kannten viele den Erzherzog persönlich. Aus der Unterhaltung der Gruppen spricht verhaltene Erregung.

„Das gibt Krieg zwischen Serbien und Österreich.

„Dann greift Russland ein.“

„Die Folge wird sein, dass Deutschland und Frankreich mit hineingezogen werden.“

„Deutschland lässt seinen Verbündeten nicht im Stich.“

„So ein gemeiner Mord.“

„Das ist Prinzip“, antwortet ein englischer Seeoffizier und ahnt nicht, dass er unbewusst den Namen des von einem Geheimbund gedungenen Mörders ausgesprochen.

Die Besuche werden abgesagt. Musik und Tanz sind eingestellt. Abends brechen schon die ersten Gäste der Kieler Woche auf.

In der Frühe des anderen Tages verlässt der Kaiser Kiel, um nach Wien zu eilen. Am darauffolgenden Tage geht das englische Geschwader in See. Von den deutschen Schiffen weht das Signal: „Glückliche Reise“.

Der englische Admiral aber funkt als Abschiedsgruß:

„Freunde in der Vergangenheit und Freunde für immer!“

Ein unbeeinflusster kaiserlicher Befehl

Noch einmal ein prächtiger Julitag.

Funkentelegraphische Befehle haben die Schiffe der Hochseeflotte auf einen Punkt konzentriert. Felsen stehen feierlich im Hintergrund. Möwen flattern wie weiße Papierschnitzel über dem sonnenglänzenden Wasser.

Eine königliche Dünung wiegte die zwei langen Reihen der grauen Schiffe, deren Bug nach Norden gekehrt war. Von dort kam ein Schiff. Schneeweiß hob es sich von der dunklen Küste Norwegens ab. Die kaiserliche Jacht „Hohenzollern“.

Einen silberblitzenden Streifen hinter sich herziehend, näherte sich das Kaiserschiff in schneller Fahrt. Mit scharfer Wendung bog es genau auf die Mitte der breiten Schlucht zwischen den Geschwadern zu.

An Bord der vorn stehenden Kreuzer blitzt es auf. Donnernd rollt ihr Gruß der Kaiserstandarte entgegen, die unbeweglich im Topp der Jacht steht. Dröhnend fallen die Kanonenschüsse des Kaisersaluts der anderen Schiffe ein.

Pfeilschnell gleitet das weiße Schiff über die tiefblaue Flut. Hinter dem aufwallenden Pulverqualm sehen es die Besatzungen der Kriegsschiffe wie durch Wolken segeln. Ein lichtüberflammtes, herrliches Gebilde. Unnahbar, majestätisch, traumgleich fliegt es vorüber.

An Bord aber steht der Herrscher der Deutschen. Ein Hohenzoller. Verkannt, belächelt, von schlechten Beratern in ihre Netze gesponnen, von Byzantinern umgeben.

Wilhelm II. Der Friedenskaiser.

Erblickte über das Meer in die lichtdurchflutete, unendliche Ferne. Und kam sich einsam vor, weil sein Lebenswerk, der Welt den Frieden zu erhalten, zerrann wie die Wogen am Horizont.

Er kannte seine Gegenspieler. Poincaré. Nikolai Nikolajewitsch. König Georg V.

Er wusste um die Einkreisungspolitik Englands. Sah aber nicht die Fäden zwischen Rom, London, Neuyork, Madrid, Petersburg, Belgrad, Brüssel, Haag, Kopenhagen. Ahnte nichts von den fieberhaften Arbeiten der Kontinente umfassenden Geheimbünde Bnei Brith und Groß Orient von Frankreich.

Noch hoffte er, den Zaren für die diplomatische Lösung des Konflikts zu gewinnen und Österreich zu beschwichtigen, aber instinktiv fühlte er das Gefahrvolle der Lage seines Landes und alles drängte in ihm zu schneller Rückkehr nach Deutschland.

Ohne die Stimme seiner Berater tut er das Richtige. Er befiehlt: Abbruch der Sommerreise. Unverzügliche Rückkehr der Hochseeflotte nach der Heimat.

Sein Adjutant tritt heran und überreicht den Text eben aufgenommener Telegramme:

„Mobilmachung der serbischen Armee. — Ablauf des österreichischen Ultimatums ohne befriedigende Antwort Serbiens. — Abbruch der diplomatischen Beziehungen durch Österreich. — Verletzende Haltung Russlands."

Der Reichskanzler meldet sich: „Abbruch der Sommerreise übereilt. Englands Neutralität verbürgt."

Der Kaiser bleibt hart. Im Gegenteil, er lässt einen neuen Befehl an die Schiffe funken: Rückmarsch beschleunigen.

Und das war recht so.

Denn um die Zeit des Ruckmarsches der deutschen Kriegsschiffe spielte man in den geheimen Beratungen in London mit dem Gedanken, der Hochseeflotte den Rückweg abzuschneiden und Kaiser Wilhelm II. gefangen zu nehmen.

Da meldete der Draht, dass der deutsche Kaiser die Nordlandreise abgebrochen, die Jacht „Hohenzollern" bereits auf dem Wege nach Kiel sei und die Nordseegeschwader mit südöstlichem Kurs Hanstholm passiert hätten.

Die Überraschung am englischen Hofe im Buckingham Palast war groß. Das deckte sich doch gar nicht mit den neuesten Nachrichten aus Berlin, nach denen der Reichskanzler v. Bethmann Hollweg noch gestern versicherte, dass S. M. die Nordlandreise programmgemäß durchführen werde.

Dann kamen weitere Depeschen. Poincaré hatte den Besuch in Kopenhagen abgesagt. Er kehrte ohne Aufenthalt von Petersburg nach Paris zurück.

So brachte jede Stunde eine neue Lage.

Um den Frieden

Kaiser Wilhelm II. setzte seine Bemühungen zur Erhaltung des Friedens ununterbrochen fort. Er sah, dass die Staatsmänner aller Länder die Dinge treiben ließen, dass aber andererseits das Schwergewicht beim russischen Zaren lag.

Dringende Telegramme wechseln zwischen Berlin und Petersburg. Deutschlands Kaiser appelliert an die persönlichen, freundschaftlichen Beziehungen: „— eingedenk der herzlichen Freundschaft, die uns beide seit langer Zeit mit festem Band verbindet, setze ich daher meinen ganzen Einfluss ein, um Österreich-Ungarn dazu zu bestimmen, eine offene und befriedigende Verständigung mit Russland zu erreichen — natürlich würden militärische Maßnahmen Russlands, welche Österreich-Ungarn als Drohung auffassen könnte, ein Unglück beschleunigen, das wir beide zu vermeiden wünschen und würden auch meine Stellung als Vermittler, die ich, auf Deinen Appell an meine Freundschaft und Hilfe, bereitwillig angenommen habe, untergraben."

England aber bereitet unauffällig die Mobilmachung der Grand Fleet vor. Beurlaubungen werden eingestellt. Beurlaubte zurückgerufen. Reservisten eingezogen. Die Bewegungen der Kriegsflotten geheim gehalten, die Standorte der Schiffe nicht mehr bekannt gegeben.

Eine große Flotte von Kriegsschiffen hatte nachts abgeblendet die Linie Dover-Calais mit nördlichem Kurs überquert. Es waren dies die in den Südhafen Englands stationierten Geschwader, die Befehl hatten, ihre Kriegsstationen einzunehmen.

Agenten meldeten die Beschlagnahme sämtlicher Kohlenvorräte. Requirierung der Schnelldampfer. Ferner, dass die Küstenwache alarmiert und in den nordschottischen Häfen Ergänzungsmannschaften eingetroffen.

Zwischen Dover und Calais standen britische Speerfahrzeuge auf Position. Von dort über Vlissingen hinaus bis Terschelling patrouillierten englische Kriegsschiffe. Und das alles in den letzten Tagen des Juli 1914.

Des Reiches Kanzler

Der oberste Reichsbeamte.

Kanzler von Bethmann Hollweg.

Er liest in seinen freien Stunden griechisch. Hängt pazifistischen Gedanken nach und krankt an einer unentwegten Englandfreundlichkeit. Die allen Pazifisten eigene Selbstüberschätzung lässt bei ihm jeden Misserfolg bis zur letzten Vollendung auswachsen.

Als Reichskanzler schon im Frieden kaum tragbar, ist er in diesen hochpolitischen Tagen ein katastrophales Verhängnis für Deutschland.

Aber von Bethmann steht nicht allein mit seiner englandfreundlichen Politik.

Eine Abendgesellschaft in Berlin. Diplomaten, hohe Regierungsbeamte, Bankiers, Industrieherren und Pressevertreter. Delbrück, Wahnschaffe darunter, um nur einige zu nennen.

Zwanglose Gruppen bilden sich. Es gibt nur ein Thema. Die drohende Kriegsgefahr. Man ist gut unterrichtet in diesen Kreisen. Dafür zieht man umso schlechtere Schlüsse.

„England denkt gar nicht daran, sich in ein Kriegsabenteuer zu stürzen." — „Aber die vorliegenden Nachrichten deuten doch auf Vorbereitungen" — „Natürlich muss sich England sichern." — „Es ist bloß gereizt durch die Tirpitzsche Art der Schiffsbauten." — „Wir müssen England wirkliche Zugeständnisse machen." — „Der Abbruch der Nordlandreise war auch übereilt." — „Was kann denn Tirpitz schon ausrichten mit seinen verbauten Schiffen gegen die Grand Fleet?"

So geht es ins Endlose. Die Köpfe erhitzen sich. Belegte Brötchen werden gereicht. Auserlesene Weine getrunken. Liköre serviert.

Ein junger Doktor, der die Diplomatenkarriere eingeschlagen und durch Zufall in diesen Kreis geraten, hat einige bescheidene Einwürfe zugunsten Deutschlands gemacht.

Die Gesichter der Herren werden zusehends kälter. Der rechts neben ihm sitzende Ministerialrat sieht den jungen Diplomaten befremdet an, steht auf, verneigt sich höflich und geht zu einer anderen Gruppe.

Am Nebentisch wird weiter die englische Politik herausgestrichen. Das war ja direkt widerlich. Es fehlte bloß noch, dass ein Hoch auf Old England ausgebracht wurde.

Vollständig fassungslos erhob sich der angehende Diplomat und ging. Er wusste jetzt, wie man Politik nicht machen soll.

Die Wissenden

Die englischen Führer Lord Fisher und Winston Churchill wissen nicht bloß, dass es zum Krieg kommt, sondern sie haben an der Einkreisungspolitik gegen Deutschland tätigen Anteil.

Das Haupt der Kriegspartei Lord Fisher hat als Erster Seelord in den Jahren 1914 bis 1911 alle Vorbereitungen getroffen, um schlagfertig in den Krieg einzutreten, dessen Ausbruch er schon 1905 auf den Hochsommer 1914 ansetzte.

„Vernichtung der deutschen Handelsflotte. Ausräucherung der Kriegshäfen. Landung von Truppen 90 englische Seemeilen von Berlin."

Und das alles stand unter dem Grundsatz:

„Das Wesen des Krieges ist Gewalt. Mäßigung im Kriege ist Blödsinn."

Winston Churchill, seit 1911 Erster Lord der Admiralität, arbeitet in gleichem Sinn und nun sitzen beide stundenlang in der Admiralität zusammen und leiten die weiteren Maßnahmen ein.

Auch in Deutschland gibt es Männer, die genau wissen, dass es zum Kriege kommt. Einer davon ist der Generaldirektor der A. E. G. Walter Rathenau.

In einem mit schwerem Luxus ausgestatteten Zimmer sitzt der Freund des Kaisers und überprüft den seit langem fertigen Plan der Rohstoffversorgung Deutschlands.

Kein Laut stört die Stille des Raumes. Die Fenster sind geschlossen und die Vorhänge gegen die drückende Julisonne heruntergelassen. Selbst das Telefon ist abgestellt.

Rathenau geht ganz auf in dem gigantischen Entwurf seiner Planwirtschaft. Alles monopolisieren, alles erfassen, alles verteilen. Getreide, Kartoffeln, Fleisch, Zucker, Gemüse, Öle, Fette, Kupfer, Kohle, Chemikalien, Wolle, Tabak. Ganz Deutschland ein einziger Trust mit genau zu kontrollierenden Verteilungsstellen. Zahlenreihen, die in die Millionen gehen. Das Ganze ein riesenhaftes Geschäft.

Rathenau ist aufgestanden. Er fühlt sich als Leiter dieses Mammutsyndikats. Sein Gesichtsausdruck ist der eines Despoten. Er schleudert Worte in den Raum. Ganze Sätze.

„—— kooperatives Arbeiten" — „Paktieren" — „schärfste Zusammenfassung" — „genaue Rationierung" — „Die Sicherstellung der Ernährung des Individuums erfordert diese Eingriffe in die persönliche Freiheit."

Die Gesten seiner Hände erinnern an die Bewegungen eines Marktschreiers. Plötzlich lässt er sich ermüdet in den Sessel fallen, die Arme hängen schlaff über den Lehnen. Der despotische Gesichtsausdruck ist den verfallenen Zügen eines alten Mannes gewichen. Nur wenige Minuten, dann erhob sich Rathenau noch etwas abgespannt, verschloss sorgfältig die Arbeiten und verließ das Zimmer.

Drohende Kriegsgefahr

Die Funkstationen aller Länder jagen Alarm-Meldungen in die Welt: Drohende Kriegsgefahr. Österreich gegen Serbien. Russland gegen Österreich. Deutschland gegen Russland. Frankreich gegen Deutschland.

Die Hafenstädte der Weltmeere sind voll von beunruhigenden Nachrichten. Schiffsbesatzungen der kontrahierenden Mächte stehen sich feindselig gegenüber. In den Hafenkneipen kommt es zu schweren Schlägereien. Auf den Passagierdampfern fallen die Masken der vor Tagen noch freundschaftlich miteinander verkehrenden Passagiere. Die Deutschen sind überall in der Minderheit. Sie erleben einen noch nie dagewesenen Anschauungsunterricht der Völkerverhetzung und sehen hinter den kalten und höhnischen Gesichtern eine Welt voll Hass verborgen. Der Überseeverkehr reagiert zuerst durch krampfhafte Unterbrechungen. Die Dampfer der großen Schifffahrtslinien werden gewarnt. In den Funkkabinen tönt es unaufhörlich: „Bringt Schiff und Ladung im nächsten neutralen Hafen in Sicherheit!“

Der deutsche Dampfer „General“ unterbricht seine Ostafrikareise, er geht nach Messina zurück. Der Hapag-Dampfer „Phoenicia“ versucht Lissabon zu erreichen. Der Lloyd-Dampfer „Kronprinzessin Cecilie“ wendet mitten im Ozean zwei Tagereisen von der englischen Küste entfernt, und geht mit über 1000 Passagieren zurück nach Neuyork. „Cincinnati“ von der Hapag versucht Boston zu erreichen. Englische und französische Dampfer verraten durch Funksprüche die Standorte der deutschen Ozeandampfer.

In kurzen Pausen senden die deutschen Stationen ihre Warnung in den Äther Drohende Kriegsgefahr. Bringt Schiff und Ladung im nächsten, neutralen Hafen in Sicherheit.

Neuyork

An der Hafenmauer von Hoboken ragen zwei riesige Schatten in die dunkle Augustnacht. Die Positionslaternen stehen wie bunte Irrlichter an den Umrissen der Ozeanriesen. Der eine ist der Hapag-Dampfer „Vaterland“, der andere der englische Passagierdampfer „Lusitania“.

Der Ausbruch des europäischen Konfliktes berührt auch die amerikanischen Häfen. Geheime englische Funksprüche haben bereits die großen englischen Ozeandampfer für die Admiralität requiriert und britische Kreuzer der Monmouth-Klasse mit der Umwandlung derselben in Hilfskreuzer beauftragt.

Durch abgehörte Funksprüche sind die deutschen Schiffsbesatzungen gut unterrichtet. Die Funkkabine der „Vaterland" ist Tag und Nacht besetzt und keine Nachricht entgeht den Männern.

Sie wussten, dass die „Mauretania", das Schwesterschiff der „Lusitania", mit dem Kreuzer „Essex" bereits als Hilfskreuzer in See stand. Dann war „Mauretania" in den Hafen von Halifax eingelaufen und jetzt standen die englischen Kriegsschiffe „Essex" und „Lancaster" wohl 50 Seemeilen vor dem Hafen von Neuyork.

Aber gleichzeitig kommen auch Funksprüche von deutschen Schiffen. Es sind die Kreuzer „Karlsruhe" und „Dresden", die mit einem deutschen Passagierdampfer Funksprüche wechseln.

Während die Bordfunker die Zeichen des Äthers abhören, tastet oben von Zeit zu Zeit der Lichtbüschel eines Scheinwerfers der „Vaterland" über die Wasserfläche des Hudson, gleitet an der Bordwand der „Lusitania" hoch und bleibt an ihrem Stern hangen, um dann jäh zu verloschen.

Noch rührt sich nichts beim Engländer, aber durch die Telefunkengesellschaft in Sayville ist die Besatzung der „Vaterland" gut unterrichtet. Mitternacht ist längst vorüber und auch die Funkstille. Strahlenförmig nähern sich die Töne englischer Schiffssender. Dann antwortet die britische Marconistation Neuyorks. Immer starker werden die Funkmeldungen. H. M. S. „Essex" und H. M. S. „Lancaster" erwarten die „Lusitania", um auch dieses Schiff in einen Hilfskreuzer umzuwandeln.

An Bord des Ozeanriesen wird es lebendig. Im Dunkel schmeißen die Engländer los. Mit abgeblendeten Lichtern gleitet das Riesenschiff an den amerikanischen Hafenbefestigungen vorbei.

Dann knattert ein Funkspruch auf. „Lusitania" meldet den englischen Kriegsschiffen, die eben erfolgte Abfahrt aus dem Hafen.

Der Funker des Hapag-Dampfers „Vaterland" aber sendet die gleiche Nachricht dem Telegraphisten von Sayville.

Großadmiral von Tirpitz

Ein Paladin des Kaisers. Der Schöpfer des gewaltigen Baues der kaiserlichen Marine. Ein Mann zäher Beharrlichkeit, unermüdlicher Schaffenskraft und unbeugsamen Willens. Ein Organisator größten Stils, der, durchdrungen vom Dienst am deutschen Volke, gegen Dummheit und Gemeinheit ein nationales Werk schuf, auf das die Nation mit Stolz blickte.

Genial veranlagt, umfasste seine Schaffenskraft alle Zweige dieser vielseitigen Aufbauarbeit. Schiffsbau, Kriegshäfen, Seebefestigungen, Werftanlagen, Kolonien, Landmarineteile, Behörden, die Ausbildung der Besatzung, Artillerie und Torpedowaffe, alles meisterte er weitblickend.

Ein Menschenalter umfasste seine Tätigkeit für die kaiserliche Marine. Mitten im Aufbau stellt nun der Krieg die Schicksalsfrage. Und jetzt kommt das Erschütternde. Anstatt, dass der Kaiser dem bewährten, zielbewussten Berater die Leitung der Seekriegsführung überträgt, sichert er dem Großadmiral als Staatssekretär des Reichsmarineamts nur beratende Stimme im Admiralstab. Die besondere Kabinettsverfügung ist von Admiral von Müller unterzeichnet und auf dessen Drangen von S. M. erlassen. Die englandfreundliche Clique hat damit ihren ersten Sieg errungen.

Der Großadmiral erkennt die Spitze des Kabinettschefs von Müller. Er fühlt, dass man ihn mit dieser Verfügung außer Gefecht gesetzt. Ein bitteres Gefühl ist in ihm. Eine erste große Enttäuschung. Aber er gibt den Kampf nicht auf, sondern ist bereit, zäh und unbeirrt im Rahmen des Gebotenen zu schaffen.

Am gleichen Tage bietet sich ihm die erste Gelegenheit dazu. Der Chef des Admiralstabes legt den Operationsplan für die Nordsee im Falle eines Krieges gegen England vor. Der Befehl lautet:

„Seine Majestät der Kaiser haben für die Kriegsführung in der Nordsee befohlen:

1. Ziel der Operation soll sein, die englische Flotte durch offensive Vorstöße gegen die Bewachungs- oder Blockadestreitkräfte der deutschen Bucht sowie durch eine bis an die britische Küste getragene, rücksichtslose Minen- und wenn möglich U-Bootoffensive zu schädigen.

2. Nachdem durch diese Kriegsführung ein Kräfteausgleich geschaffen ist, soll nach Bereitschaft und Zusammenfassung aller Kräfte versucht werden, unsere Flotte unter günstigen Umständen zur Schlacht einzusetzen. Bietet sich schon vorher günstige Gelegenheit zum Schlagen, so kann diese ausgenutzt werden.

3. Handelskrieg ist gemäß Prisenordnung zu führen. In welchem Umfange er in den heimischen Gewässern zu betreiben ist, ordnet der Chef der Hochseeverbände an.

Die für den Handelskrieg in außerheimischen Gewässern bestimmten Schiffe sind so früh als möglich hinauszubringen.“

Großadmiral von Tirpitz kann sein Erstaunen über diesen unmöglichen Befehl nicht unterdrücken.

„Kräfteausgleich durch Kleinkrieg günstige Gelegenheit“, sagt er und sieht Admiral von Pohl fragend an.

„Steht durchaus im Bereich des Möglichen.“

„Und wenn der Engländer seine Schiffe zurückhalt und nur die weite Blockade verfügt?“, fragt Tirpitz eindringlich.

Der Chef des Admiralstabes wird unruhig. Er umgeht den Kern der Dinge. Verschanzt sich hinter bürokratischen Nebensächlichkeiten:

„Die sorgfältigen Vorarbeiten des Admirals von Heeringen.“ — „Ein Umstoßen ist unmöglich“ — „Der Befehl muss heute noch an die Hochseestreitkräfte abgehen.“

„Unmöglich“, wiederholt Tirpitz und blickt gedankenverloren zum Fenster hinaus. Der Himmel blaute klar über Berlin. Tirpitz aber sah ein anderes Bild. Unter dunklen Rauchwolken graue, riesige Schiffe. In langer Reihe Panzerkreuzer und Linienschiffe. Am Horizont der Feind. Pulverdampf. Schlachtenlärm. Aufglühende Breitseiten. Treffer. Schlachtschiffe der Grand Fleet versinken. Das deutsche Material ist gut. Die Schiffe staffeln, schießen, fahren unaufhaltsam. Das musste die Krönung sein des Werkes, an dem er Anteil hatte, und nun sollten die gewaltigen Schiffe hinter den Sandhaufen liegen, die Schlote ohne Rauch, an Deck das Gewimmel der kampffreudigen Seemänner.

Der Großadmiral blickt auf. Der Klang seiner Stimme ist hart, als er sagt:

„Im Falle eines Krieges mit England müssen wir es zur Seeschlacht treiben. Je eher, desto besser für uns."

Admiral von Pohl schweigt.

„Ich bitte deshalb, an Stelle des ‚kann' im zweiten Absatz das Wort ‚muss' einzusetzen, so dass der letzte Satz lautet: ‚Bietet sich schon vorher günstige Gelegenheit zum Schlagen, so muss diese ausgenützt werden."

Der Admiralstabschef ist einverstanden.

Großadmiral von Tirpitz weist nochmals darauf hin, dass er den Grundzug des Abwartens nicht billigt. Pohl verabschiedet sich. Der Operationsplan der Defensive ergeht an die Hochseeflotte.

Die Welt in Flammen

Der Aufbruch des Volkes

Den U-Boothafen in Kiel sichern Posten mit Schusswaffe. Maschinistenmaat Kasten von S. M. S. „Vineta", der den Freund seines Bruders Wilhelm, den U-Boot Oberheizer Meyer von „U 21" sprechen will, darf die Sperre nicht passieren.

„Betreten nur den Bootsbesatzungen gestattet. Der Befehl ist vor einer Stunde rausgegeben."

Kasten zieht die Augenbrauen hoch. So weit ist das schon? Er will etwas fragen, da kommt in hastigem Lauf ein Seeoffizier näher. Glockengeläut hallt plötzlich von der Stadt her über den Hafen hin. Ferner, schwerer Gesang ist hörbar. Schiffssirenen heulen. Dann ist der Seeoffizier heran. Es ist einer der wenigen U-Bootskommandanten. Die sonst befehlsgewohnte Stimme bebt vor innerer Erregung.

„Seine Majestät der Kaiser hat die Mobilmachung befohlen!"

Maat Kasten und die Posten stehen wie die Bildsäulen. Aus den offenen Luken der Boote klettern die Besatzungen an Deck. Eine Handvoll Männer steht auf jedem Boot. Ein Lied springt auf: „——— Deutschland, Deutschland über alles, über alles in der Welt — — —." Am anderen Tag.

Eine mittlere Garnisonstadt: Wittenberg a. d. Elbe.

Menschenmassen aus Stadt und Land füllen die Straßen, schieben sich vor bis zum Eingang der Kaserne. Drängen sich dichter. Die Mütter und Väter der ins Feld ziehenden aktiven Soldaten. Schwestern und Brüder. Freunde und Bekannte. Deutsche aller Stande einig in dem großen Gedanken der Pflichterfüllung dem Vaterland gegenuber.

Regungslos stehen die zwei Mann Doppelposten am Schilderhaus. Sie präsentieren. Unerhörte Bewegung geht durch die Menschenmauern.

Trommelklang rollt dumpf. Pfeifen gelten. Die Locke. Ein Paukenschlag. Dann setzt in gewaltigem Rhythmus die Regimentsmusik ein. Brausend fegt der Torgauermarsch durch die Schlucht des Kasernentors und wird donnernd von der gegenüberliegenden Häuserfront zurückgeworfen.

Die Musik erscheint als Spitze des Regiments. Die Instrumente glitzern in der hellen Augustsonne. Der Schall der Trompeten, Posaunen, Pfeifen und Trommeln staut sich im Toreingang und rast dann elementar die Straße hinab.

Einer gewaltigen Flamme gleich brannte die allmächtige Gewalt des Erlebens die Herzen um und riss Alle mit in seiner verbrennenden Glut, dass sie besessen waren von Deutschland ihrem Vaterland. Brausender Jubel brach los. Taschentücher wehren. Hände erhoben sich.

Dann schwenkten die Gruppen ein.

Die meisten sahen die neue, graue Uniform zum ersten Male. Es war ein ungewohnter herrlicher Anblick. Ein Sturm von Begeisterung setzte die wartenden Menschenmauern in Bewegung. Das Schluchzen der Mütter vermischte sich mit dem harten Gleichschritt der vorbeimarschierenden Kolonnen.

Im Taktschritt des Marsches, der vorn die Straße hinunterfegte, folgten dröhnend die Züge des Bataillons. Über den verhüllten Helmen standen die Gewehrläufe in eiserner Phalanx. Die Soldaten reckten im federnden Gleichschritt ihre hohen Gestalten. Es waren alles Männer wie die Eichen.

Während sie so hinmarschierten, fast überwältigt von der Größe des Augenblicks, unter dem Blumenregen, der aus den Fenstern fiel, drängten die Massen in die Reihen. Umringt von den nächsten Angehörigen wurden sie im Triumphzug zum Bahnhof geleitet.

Hamburg.

Kriegerischer Gesang übertönt den Lärm der Bahnhofshalle. Soldaten hasten nach den Bahnsteigen. Viele Offiziere, vereinzelt Matrosen und immer wieder Reservisten.

Mit dem Schwarm Gestellungspflichtiger, die den Fernzug nach Bremen—Wilhelmshaven stürmten, bestieg auch der Reservist Albert Wichmann ein Abteil III. Klasse.

Den Kopf voll des unerhörten Erlebens der letzten Tage, musste er unwillkürlich an Maschinistenmaat Kasten denken, von dem er noch vor einigen Tagen aus Schweden eine Karte erhalten und dem er als seinem Lebensretter einst auf S. M. S. „Rheinland“ besonders zugeneigt war.

Gesang scholl aus dem Wagen nebenan. Lautes Sprechen. Hurrarufe. Wichmann sieht sich im Abteil um. Ein Obermatrose mit dem Mützenband der II. Matrosendivision sitzt mit auf der gleichen Bank. Am Fenster stecken sie zu Dreien den Kopf hinaus. Holsteiner Jungens. Der Zug setzt sich in Bewegung. Händeschütteln. Einer ruft: „Ween man nich, Mutter! Was sollen meine Kameraden von dir denken.“

Dann eilt der Zug in den dämmernden Abend. Auf jeder Station steigen Reservisten zu. Überall derselbe Jubel, dieselbe begeisterte Stimmung.

Wichmann spricht mit dem Obermatrosen. Reichert heißt er und stammt aus Altona. Seine Dienstzeit lief im Oktober ab. Er kam von Erholungsurlaub. Jetzt aber wollte er sofort wieder an Bord.

Allmählich schliefen die Gespräche ein. Immer näher trug der Zug sie nach Wilhelmshaven.

Englands Kriegsgrund

Der Deutsche Kaiser hat in rastloser Tätigkeit bis zum letzten Augenblick versucht, der Welt den Frieden zu erhalten. Gegenüber der Bosheit und Tücke der Kriegstreiber war all sein Bemühen zwecklos.

Noch war England aus dem Spiel. Aber das Gaukelspiel hatte er bereits durchschaut. Seine Randbemerkungen darüber kurz und treffend: „Armer Lichnowsky, der wird ein Erwachen haben aus seinen Diplomatenträumen. Er hat nichts gemerkt und mich um ein Haar um meinen Aufmarsch gebracht!“ oder:

„Die englische Flotte deckt Frankreichs Nordküste durch Bildung unserer Flotte. Das ist mithilfe eines Bundesgenossen. Statt Haltung eines Neutralen. Denn England hindert die Mitwirkung meiner Flotte mit meinem Heer gegen meinen schon im Kriege gegen mich befindlichen Gegner. Dieser hat unter Bruch des Völkerrechts ohne Erklärung den Krieg begonnen. So kann der Zustand nicht bleiben! England muss unbedingt Farbe bekennen! Sofort! So oder so!"

Im Reichstag.

Der Reichskanzler von Bethmann Hollweg steht an der Ministerestrade.

Versuche, den Mann noch rechtzeitig aus dem Sattel zu heben, scheiterten an der Bedenklichkeit des Kaisers, in diesen Tagen den obersten Beamten des Staates zu wechseln.

Das Haus ist voll besetzt. In den Logen sitzen sie Kopf an Kopf. Diplomaten, Gesandte, Mitglieder des Herrscherhauses. Die Tribünen sind überfüllt.

Bethmann Hollweg spricht:

„— — und erkennen wir freimütig den durch das Betreten belgischen Gebiets begangenen Verstoß gegen das Völkerrecht an. Das Deutsche Reich erklärt aber gleichzeitig feierlich, die Folgen wieder gut zu machen."

Eine Pause entsteht. Des Reichskanzlers Art, vorzutragen, ist so bestechend, dass keiner der deutschen Zuhörer etwas an dem offenen Bekenntnis auszusetzen hat.

Nur in der Diplomatenloge fällt eine kurze Bemerkung.

„So etwas macht man wohl, aber man sagt es nicht." Gleichzeitig entfernen sich einige Herren der englischen Botschaft. Der Reichskanzler spricht weiter über die außenpolitische Lage.

Damit war England der gewünschte Grund gegeben, nun seinerseits einzugreifen.

Der großbritannische Botschafter Sir Edward Goschen lässt sich sofort beim Staatssekretar von Jagow melden. Die Besprechung findet in einem Zimmer des Reichstages statt.

Goschen ist ganz Diplomat. Er trägt die Kriegserklärung bereits in der Tasche. Doch hat er vorerst nur eine Mitteilung seiner Regierung abzugeben.

„Ist die deutsche Regierung bereit, die Versicherung abzugeben, dass keine Verletzung der belgischen Neutralität stattfindet?"

Staatssekretar von Jagow weiß, was die Beantwortung bedeutet. Er fasst den Botschafter voll ins Auge und erwidert;

„Die Antwort hat der Reichskanzler bereits gegeben."

Dann setzt er dem Diplomaten nochmals die Gründe auseinander, die Deutschland zwingen, sich gegen einen Einfall französischer Truppen durch das Betreten belgischen Bodens zu sichern.

Sie Edward Goschen schweigt kalt dazu. Anerkannte Gründe, ein Unrecht zu begehen, gibt es nur für Großbritannien.

Stumm verneigt er sich und geht.

Um sieben Uhr abends erscheint er im Auswärtigen Amt, erklärt den Krieg und fordert seine Pässe.

W. T. B. gab am andern Tag zur amtlichen Bestätigung der Kriegserklärung Englands folgenden Zusatz:

„Wie wir hören, hat die deutsche Regierung die Rücksicht auf die militärischen Erfordernisse allen anderen Bedenken vorangestellt, obgleich damit gerechnet werden musste, dass dadurch für die englische Regierung Grund oder Vorwand zur Einmischung gegeben sein würde."

Freiwillig

Die „Vineta"-Besatzung ist zur beschleunigten Indienststellung des gerade fertig gewordenen Schlachtkreuzers „Derfflinger" nach Hamburg kommandiert.

Ein Riesenschiff, wie Maschinistenmaat Kasten feststellt.

Diese Maschinenanlagen. Diese Konstruktionen. Diese Heizraume. 30 Kessel, 90 Feuerlöcher, 63 000 PS erzeugend. Kohlenbunker mit einem Fassungsvermögen von annähernd 4000 Tonnen. Das sind rund 80 000 Zentner.

Vor drei, vier Monaten war dieses Schlachtschiff mit seiner Besatzung nicht eingefahren und das bedeutete für Kasten, den Krieg zu verpassen. Denn bis dahin war er bestimmt zu Ende.

Er blickte vom Dock der Werft von Blohm & Voß über den in Dunst liegenden Hafen. Irgendwo verwehte der brummende Ton einer Sirene. Von Hamburg hatte er in diesen Tagen noch nicht viel gesehen. Bloß als sie vom Bahnhof zum Elbtunnel marschierten. Die Stockwerke der Häuser hatten sich hinter Fahnen und Transparenten versteckt. Begeisterte Menschenmassen. Musik. Hurrarufe. Dann waren sie in dem abgesperrten Tunnel verschwunden. Die Spionage- und Attentatsgefahr zeitigte verschärfte Schutzmaßnahmen.

Beim Appell horcht er auf. Die IV. Aufklärungsgruppe sucht einige besonders befähigte technische Unteroffiziere. Er tritt vor und meldet sich freiwillig.

Am nächsten Tag wird Kasten nach Wilhelmshaven in Marsch gesetzt. Er hat nicht mal Zeit, sich von seinen Kameraden zu verabschieden.

Die Festung Wilhelmshaven ist angefüllt von gestellungspflichtigen Reservisten. Die Tausendmannkasernen stecken bis unter die Dächer voll von eingezogenen Mannschaften. Selbst Tanzsäle, Exerzierschuppen und Schulen sind belegt.

Am anderen Tag schifft er sich auf S. M. S. „Ariadne" ein, Deutschlands kleinstem und ältestem Kreuzer. In der folgenden Nacht ging er die erste Kriegswache vor Helgoland gegen den Feind.

Das Seegefecht bei Helgoland

Seit Wochen beobachten englische U-Boote die Bewegungen der deutschen Vorpostenschiffe. Sie stellen kleine Kreuzer, Torpedoboote und armierte Fischdampfer fest, die im gleichen Stropp bestimmte Strecken des Seegebiets vor Helgoland mit einer äußersten Linie Borkum—Sylt abpatrouillieren.

Die in diesem Bereich so oft auftretenden Nebelbänke und Dunstmassen will die englische Admiralität zu einem Überraschungsangriff ausnützen. Zerstörerflottillen, die modernsten kleinen Kreuzer der Arethusa- und Städte-Klasse, sowie eine Division schneller Großkampfschiffe liegen seit Tagen in höchster Alarmbereitschaft, die Schiffskommandos ausgerüstet mit den festgestellten Positionen der deutschen Vorpostenstreitkräfte.

Am Abend des 27. August gibt das englische U-Boot als Geheimsignal das ausgemachte Wetterzeichen. Eine Stunde später stechen die gefechtsklaren Schiffe in See.

In der Nacht hat sich das Nebelgebiet noch erweitert und der frühe Morgen des 28. August findet die weiten Strecken der Nordsee vor Helgoland von sich ständig verändernden, grauen Dunstmassen bedeckt.

Die Wachen der von Westen nach Osten pendelnden Torpedoboote können von den Nachbarbooten nichts mehr sehen. Sie spähen angestrengt in den immer dichter quellenden Nebel.

Die Besatzung des Führerbootes „V 187“ wird plötzlich aufgeschreckt durch das Signal eines weiter westlich stehenden Torpedobootes: „Werde von feindlichen Zerstörern gejagt.“

Sofort dreht „V 187“ auf westlichen Kurs und jagt durch Nebelstreifen über die stille See. Obermatrose Wichmann steht an der vorderen Kanone und peilt verstohlen nach vorn. Da sieht er plötzlich vage, dunkle Umrisse im Nebel geistern. Von der Brücke über ihm blendet im gleichen Augenblick das deutsche Erkennungszeichen auf und dann stehen jäh dunkelrote Punkte wie eingestanzt in dem verschwommenen Nebelbild. Gleichzeitig schlägt Kanonendonner an sein Ohr.

„Das ist der Feind“, schreit einer. Befehle, Kommandos schwirren durcheinander. Der Geschützführer reißt den Abzugshebel zurück. Krachend jagt der erste Schuss feindwärts, wütend fällt das achtere Geschütz mit ein. Wichmann blickt noch einmal auf. Deutlich sieht er jetzt die feindlichen Schiffe. Es sind Zerstörer. Sechs Stück nimmt er wahr. Dann verhüllt der Pulverdampf des zweiten Abschusses jede Sicht und das Boot dreht plötzlich auf Gegenkurs.

Der Führer der Flottille, Korvettenkapitän Wallis, beobachtet die jetzt achtern zurückbleibenden Zerstörer. Er hört auch seitlich Kanonendonner. Funksprüche kommen. Die Meldungen weisen auf überlegene feindliche Streitkräfte hin. Dazu der Nebel. Er führt seine Boote auf Helgoland zurück.

„V 187“ hat keine zwei Seemeilen durchlaufen, als voraus weitere vier englische Zerstörer aus dem Dunst brechen. Auf kaum 2000 Meter entspinnt sich ein heftiger Kampf. Die ersten Treffer durchschlagen das Deck. Splitter strecken zwei Mann am vorderen 8,8 Zentimeter-Geschütz nieder. Wichmann erhebt sich unverwundet. Ersatzmänner springen ein. Wütend gibt der Geschützführer Schnellfeuer. Granate auf Granate jagt er in die Meute. Feuer und Rauch wirbeln bei den englischen Zerstörern auf.

Im Passiergefecht prescht „V 187“ nördlich. Aber auch dort tauchen feindliche Schiffe auf. Die Treffer mehren sich. Korvettenkapitän Wallis hat keine Verbindung mehr mit den anderen Booten. Die Funkstation ist zerstört. Erdrückend stehen die grauen Nebelwände ringsum. Wieder wechselt „V 187" Kurs und versucht nach Süden durchzukommen.

Alarmiert durch den Geschützdonner verlassen die patrouillierenden Kleinen Kreuzer ihre Positionen und tasten sich in Richtung des Schalles durch den Nebel.

Auch auf „Ariadne" hört man das ferne Grollen. In Gruppen stehen die Freiwachen an Deck, unter ihnen Maschinistenmaat Kasten.

„Die Zerstörer sind im Gefecht." — „Dieser verdammte Nebel." — „Das ist doch mehr an Backbord." So rufen sie erregt durcheinander. Das Gerummel hängt unablässig über ihnen. Dann schrillen laut die Bootsmaatspfeifen:

„Alle Mann auf Stationen!"

„Klar Schiff zum Gefecht!"

Die Gruppen flitzen auseinander. Kasten drängt sich durch das Luk nach unten. Je tiefer er kommt, desto wärmer wird es. Heizer eilen vorbei. Im Maschinenraum ist äußerste Spannung. Der Maschinist schreit Kasten einen Befehl entgegen. Kasten eilt zur Zentrale. Der Wachingenieur Helbing weist ihn an die Sprachschläuche. Dort nimmt er die Meldungen der Heizräume entgegen. Ingenieur Helbing meldet durch Telefon zur Brücke hoch.

Fast eine Stunde läuft „Ariadne" mit höchster Fahrt voraus. Vom Feind ist nichts zu sehen. Nur immer Nebel. Auch der Geschützdonner ist verstummt. Fregattenkapitän Seebohm lässt wenden und geht zurück.

Auf den Funkspruch „V 187": „Leichte feindliche Streitkräfte gesichtet" erfolgt beim Stab der Flotte nichts.

Nur der Führer der Aufklärungsschiffe Kontreadmiral Maaß geht sofort mit S. M. S. „Köln" in See.

„Bin im Gefecht mit Zerstörern", meldet „V 187". — „Gefecht zieht sich westlich", funken zwei andere Torpedoboote.

S. M. S. „Köln" erhöht die Fahrt.

Admiral Maaß setzt funkentelegrafisch die erreichbaren, kleinen Kreuzer zur Verfolgung an.

S. M. S. „Frauenlob" ist bereits im Gefecht.

Flaggschiff „Köln" passiert bei klarem Wetter die Linienschiffe auf Schillig Reede. Winksprüche und Flaggensignale werden gewechselt. Die Kommandanten haben nicht einmal Befehle zur verschärften Bereitschaft.

Wieder hämmern die Empfänger in den Funkstationen. S. M. S. „Stettin" — S. M. S. „Rostock" — S. M. S. „Stralsund" — S. M. S. „Straßburg" sind am Feind.

Auch S. M. S. „Mainz" ist in heftige Kämpfe verwickelt. Das Führerboot „V 187" meldet sich nicht mehr. Der letzte Funkspruch des Korvettenkapitäns Wallis ist mitten im Satz abgerissen.

Kontreadmiral Maaß bespricht mit Kapitän Meidinger die eigenartigen Standorte der kleinen Kreuzer. Als sie auf die Brücke hinaustreten, hat S. M. S. „Köln" die freie See gewonnen. Es wird plötzlich diesig.

Eine Stunde später jagt „Köln" durch brodelnde Dunstmassen. Es ist oft keine 3000 Meter Sicht. Admiral Maaß kann sich manches erklären. Er funkt einen Wetterbericht nach Wilhelmshaven.

Die Wachen wollen Geschützdonner gehört haben. Doch es bleibt alles still. Das erste Schiff wird gesichtet. Es ist die zurückgehende „Ariadne".

„V 187" ist eingekesselt. Ein englischer Kreuzer sperrt die letzte, offene Lücke. Das Boot rennt gegen die Umklammerung an. Grimmig jagt das vordere Geschütz Flachschüsse in die Flanken der schwarzen Zerstörer. Fast sieht es aus, als ob der Durchbruch gelänge. Die Zerstörer stutzen. Einer geht brennend über den Achtersteven zurück. Schneller krachen die Salven der zehnfachen Übermacht. Eisenhagel deckt „V 187" zu. Das vordere Geschütz wird von einem Treffer zerstört. Ein anderer schlägt in die Maschine und setzt die Bewegungsfähigkeit des Torpedoboots herab.

Obermatrosen Wichmann hat der gewaltige Luftdruck bis zum Brückenaufbau geschleudert. Er erwacht aus schwerer Betäubung und starrt entsetzt auf das in Rauch gehüllte Vorschiff. Sein Gehör scheint zu versagen. Taumelnd erhebt er sich. Drähte und Seite hängen von der zerschossenen Brücke herab. Eine dunkle Staubwolke stiebt vor Wichmann auf und da hört er wieder den unermesslichen Krach der Einschläge und das donnernde Grollen feindlicher Salven ringsum. Durch Rauch tastet er sich nach achtern. Aus dem Innern quellen die Heizer und reißen Wichmann mit. Das Unterschiff wird geräumt.

Auf der Brücke war niemand mehr zu sehen. Der Mast lag quer über dem zerfetzten Schornstein. Korvettenkapitän Wallis war gefallen. Der Kommandant schwer verwundet. Das brennende Boot trieb steuerlos auf die englischen Schiffe zu.

Nur das achtere Geschütz feuerte noch. Der Batterieoffizier leitete es selbst. Wichmann sprang für die gefallene Ladenummer ein.

Jäh erschütterten zwei Explosionen das Boot. Die im Innern angebrachten Sprengpatronen hatten gezündet. Im Nu schnitt das Vorschiff unter. Der Rest der Lebenden ging über Bord. Dann versank „V 187" mit wehender Flagge.

Obermatrose Wichmann wird mit einem anderen Kameraden durch ein englisches Ruderboot aufgefischt und an Bord des Zerstörers gebracht. Da nähern sich überraschend deutsche kleine Kreuzer und Torpedoboote. Wichmann sieht das.

Er stößt die englischen Matrosen beiseite, stürzt an die Reling und geht im Hechtsprung über Bord. Hinter ihm klatscht gleich danach der andere Obermatrose ins Wasser. Englische Flüche folgen. Pistolenschüsse peitschen von Deck des sich schnell entfernenden englischen Zerstörers.

Eine halbe Stunde später stehen Beide wieder auf deutschem Schiffsboden.

S. M. S. „Ariadne" stößt erneut auf Grund von Geschützfeuer vor. Der elende Nebel sperrt immer noch jede Sicht. Aber der Kanonendonner wird lauter. Eine Schlucht entsteht in den Dunstmassen. Vom Ausguck flattert eine Meldung an Deck.

„Schiff voraus!"

Auf der Brücke wird es lebendig. Die Offiziere nehmen das Fernglas nicht von den Augen. Schweres Grollen liegt in der Luft.

„Drei Schornsteine!"

„Flaggschiff ‚Köln‘!“

Aber was ist denn das? Türmen sich da nicht Wassersäulen?

„Das sind Geschoßaufschläge!“

„Die ‚Köln‘ wird beschossen!“

Und dann sehen es plötzlich Alle auf der Brücke. Am Ende der breiten Schlucht steht dunkel und drohend die Silhouette eines riesigen Schlachtschiffes. Der Artillerieoffizier hat das Schiff sofort erkannt. Er vergleicht den Schattenriss mit den Abbildungen in Weyers Taschenbuch der Kriegsflotten. Dann ruft er dem Kommandanten zu:

„Schlachtkreuzer ‚Lion‘! Acht schwere 34,3 cm-Turmgeschütze!“

Im selben Augenblick bricht ein zweiter Koloss derselben Klasse aus der seitlichen Nebelwand.

Da ist keine Zeit zu verlieren, denkt Fregattenkapitän Seebohm und reißt „Ariadne“ auf Gegenkurs. Befehle zur Fahrterhöhung gehen an die Maschine.

„Lion“ schießt. Blutrot glühen die Mündungsfeuer des vorderen Turmes auf. Die Luft bebt unter dem gewaltigen Abschusskrach der schweren Artillerie, dann steigen lautlos zwei masthohe Wassersäulen aus dem Meer.

Der Entfernungsmesser blickt wie gebannt auf den grauen Koloss. Bei der geringen Entfernung kann er alle Einzelheiten dieses Giganten der Vernichtung ausmachen.

„Vierundfünfzig Hundert“ zeigt das Basisgerät an. Das sind 5400 Meter. Krachend erwidern die 10,5 cm-Kanonen der „Ariadne“ das Feuer.

Über das ungleiche Artillerieduell zwischen Deutschlands kleinstem, leichten Kreuzer und Englands größtem Schlachtschiff hinweg zittern zwei gleichlautende Funksprüche. Flaggschiff „Köln“ und S. M. S. „Ariadne“ an Hochseechef:

„Werde von Schlachtkreuzern beschossen!“

Die Maschinenzentrale von S. M. S. „Ariadne“ ist umtost vom Lärm der Kolben und Gestänge im Maschinenraum, vom Wirbeln der Propeller in den Heizräumen, vom Rattern der Munitionsaufzüge und dem dumpfen Schall des Geschützfeuers.

Maschinistenmaat Kasten brüllt die Meldungen der einzelnen Abteilungen dem leitenden Ingenieur zu. Die Heizer holen raus, was nur möglich ist. Der Dampf übersteigt die bei der Probefahrt vor 12 Jahren erreichten Höchstleistungen.

24 Seemeilen errechnet Kasten nach den Umdrehungen. Das Schiff legt sich plötzlich nach Backbord über. Kasten hält sich an den Sprachschläuchen fest. Der Lärm scheint für Sekunden auszufegen, dafür aber hörte er das Rauschen der in den Bunkern sich verschiebenden Kohlenmassen. Schwerfällig, in allen Spanten zitternd, kommt „Ariadne“ wieder hoch.

„Das sind die niederbrechenden Wassermassen der schweren Geschossaufschläge“, schreit der Ingenieur Helbing. Aus dem vorderen Heizraum kommt eine Störungsmeldung. Helbing verlässt eilends die Zentrale. Minuten vergehen. Da lässt ein gewaltiger Stoß das Schiff bis in den Mastspitzen erschüttern. Eine Explosion rollt von vorn kommend nach Mittschiffs. Aus einigen Sprachschläuchen platzt es wie Kanonenschläge. Dann quillt Rauch daraus hervor. Der Dampf fällt plötzlich. Die Umdrehungen gehen zurück. Kasten ruft die vorderen Kesselräume an. Es antwortet niemand. Der Rauch quillt stärker. Er verkeilt die Öffnungen mit den dazugehörigen Holzpfropfen. Ingenieur Helbing kommt nicht zurück. Ein Heizer stürzt herein. Aschgrau im Gesicht, verschwitzt, dreckig. Atemlos meldet er:

„Vordere Heizräume zerstört."

Der Krach neuer Treffer übertönt alles andere. Das Schiff sackt achtern tiefer. Es knackt und zittert in allen Spanten. Befehle. Meldungen überstürzen sich. Kastens Ruhe ist unerschütterlich.

Den Männern in der Zentrale bleibt keine Zeit über die Lage nachzudenken. Sie wissen nur, dass sie von englischen Schlachtkreuzern beschossen werden. Noch rattern die Munitionsaufzüge. Noch schießen sie oben. Aber der Dampf ist weiter gesunken. Bunkerbrände im Vorschiff nicht mehr zu löschen. Fast alle vorderen Kessel ausgefallen.

Wieder erschüttern schwere Einschläge das Schiff. Wassereinbruch wird gemeldet. Der Erste Offizier mit der Lecksicherungsgruppe ist verschwunden. Dann dröhnt ein Volltreffer in nächster Nähe. Der Raum liegt ganz schräg. Sie wühlen sich aus einer Ecke am Boden in die Höhe.

Es kamen keine Befehle mehr von oben. Dafür drang aus fast allen Schläuchen Rauch. Sie mussten die Zentrale räumen. Da merkten sie, dass oben nicht mehr geschossen wurde, dass keine Treffer mehr kamen. Auch das dumpfe Grollen der feindlichen Breitseiten war verstummt. Grell stand der Ruf in der eigentümlichen Stille: „Alle Mann an Deck!"

Durch das Luk zur Back kam Kasten an das Tageslicht. An den Verwüstungen im Schiffsinnern war er wie blind vorbeigehastet. Jetzt sah er das Chaos an Oberdeck. Das Achterschiff brannte lichterloh. Immer wieder zuckten Stichflammen auf. Die Brücke lag in dicken Rauchschwaden. Ringsum standen die Nebelwände wie Mauern. Vom Feind war nichts zu sehen.

Kasten suchte sich zum Heizerpersonal durch. Es fehlten sehr viele. Boote mit Verwundeten schwammen bereits außenbords. Die Hitze des Brandes rückte immer näher. Dann tauchte der Kommandant auf. Kasten sah ihn heute zum zweiten Male. Fregattenkapitän Seebohm hob die Hand. Er stand etwas erhöht. Seine Gestalt zeichnete sich scharf an dem brandüberhellten Hintergrund ab. Darum die versengten, rauchgeschwärzten Matrosen und die dreckigen, halbnackten Gestalten der Heizer. Es war ein kriegerisches Bild, das Kasten so fesselte, dass er nur noch die letzten Worte der kurzen Rede hörte und dann in die drei Hurras einstimmte, die heiser über das graue, lichtlose Wasser schallten.

Der Gesang des Flaggenliedes erscholl und pflanzte sich elementar durch die Gruppen. Dann mahnten unsichere Bewegungen des Schiffes zum letzten Befehl. Noch einmal die Stimme des Kommandanten:

„Alle Mann über Bord!"

Wie Kasten ins Wasser gekommen, war ihm nicht ganz klar. Auch nicht, wie lange er dort getrieben. Die „Ariadne" war plötzlich weg. Ein kleiner Kreuzer kam näher. Er setzte Boote aus, die schnell Mann um Mann rausfischten. Jetzt kam das Boot auf Kasten zu. Nervige Fäuste ergriffen ihn. Dann war er geborgen. Eine halbe Stunde später stand er an Deck des kleinen Kreuzers „Stralsund“, und da hörte er aus einer Gruppe Offiziere die Frage: „Weshalb sind bloß die großen Schiffe nicht ausgelaufen?“

„Mainz“ gesunken.
„Köln“ vermisst.
„V 187“ untergegangen.

Kasten war ganz niedergedrückt. Denn von englischen Verlusten war nichts zu hören. Der Seekrieg fing ja gut an. Es kam ihm alles gar nicht so recht zum Bewusstsein. Nur wenn er daran dachte, wie die schweren Geschosse in das kleine Schiff wuchteten, dann lief es ihm doch noch nachträglich kalt den Rücken hinunter. Plötzlich fiel ihm ein, dass Wichmann auf „V 187“ war. Vorsichtig erkundigte er sich, ob vom Torpedoboot „V 187“ welche gerettet seien. Es wurde bejaht. Das beruhigte Kasten. Das Bild Wichmanns war mit der „Ariadne“ untergegangen. Hoffentlich nicht auch der Mann selber.

Eigenartige Folgerungen

Die Nachricht des verlustreichen Gefechts bei Helgoland musste eine Warnung sein für die Befürworter der Defensive der Hochseeflotte. Denn der Kräfteausgleich durch Kleinkrieg setzte ganz gut ein, bloß von der anderen Seite.

Der Kaiser ist aufgebracht. Ohne über Einzelheiten unterrichtet zu sein, folgt er der Darstellung der Admirale von Müller und von Pohl, welche die Armierung der Kleinen Kreuzer bemängeln und in versteckter Form alle Schuld auf Tirpitz wälzen.

Sie haben doppelten Erfolg. Der Kaiser ordnet noch mehr Zurückhaltung der Flotte an und der Einfluss des Großadmirals bei S. M. ist vollends gebrochen.

Exzellenz von Tirpitz ahnte nichts von dem Intrigenspiel. Er hatte die Bekanntgabe des Unterganges der drei Kleinen Kreuzer mit unerschütterlicher Ruhe entgegengenommen. Aber in seinem Innern tobte es. Da musste etwas nicht in Ordnung sein. Ein abschließendes Urteil ließ sich nicht fällen, die Vorgänge waren noch zu ungeklärt. Fest stand, dass man die Unterstützung durch Großkampfschiffe unterlassen hatte. Das waren die verhängnisvollen Folgen des Operationsplanes des Zurückhaltens.

Zu allem kam noch ein persönliches Interesse. Auf dem vermissten Kreuzer „Mainz“ war sein Sohn Wolf kommandiert. Den Jungen auf diese Art zu verlieren, schmerzte ihn genau so sehr, wie ihn das nutzlose Opfern der Schiffe empörte.

Er sieht kein Mittel mehr, dem Übel beizukommen und verschafft sich in Briefen Luft, die von ungeheurer Tragik sind. So schreibt er:

„—— Es ist furchtbar für mich! Ich bin immer gegen eine zu große Fesselung der Flotte gewesen, aber gegen die Ansicht von Pohl, Müller, dem Kaiser und Bethmann war nichts zu machen. — —“

oder:

„— — Ich kann an den Kaiser gar nicht heran in diesen Dingen, was die Analogie mit dem Generalstab, unterstützt von Müller, bewirkt hat. Offenbar ist der Kaiser gegen mich scharf gemacht. Dabei habe ich die Empfindung, gerade in diesen Fragen mehr in der Nase zu haben als Pohl im ganzen Schädel. Bethmann bearbeitet Pohl fortwährend, die Flotte nicht einzusetzen. Das wäre der Tod unserer Flotte nach dem Kriege. Er und die ganze Bande von Diplomaten will die Flotte verkaufen beim Friedensschluss mit England, das ist das ganze Geheimnis."

Unbeantwortete Fragen

Die Geretteten von „V 187" und S. M. S. „Ariadne" sind in ihren Stamm-Divisionen untergebracht.

Kasten hat sich sofort nach Wichmann erkundigt und ihn in der II. Matrosendivision aufgesucht. Das schnelle Wiedersehen ist herzlich. Es sind auch Matrosen von der „Ariadne" auf der Stube, aber die kennt Kasten nicht.

Der Ausgang des Gefechtes lastete sehr auf den Seemännern. Sie erörtern seetaktische Fragen. Da hörte er aus den Reihen der Mannschaften dieselbe Frage, die der Offizier von S. M. S. „Stralsund" gestellt. „Weshalb sind die großen Schiffe nicht rechtzeitig ausgelaufen?" Und die gleiche Antwort:

„Die haben keinen Befehl bekommen."

Dann aber sagte ein Obermatrose mit dem Schiffsjungenstern im Winkel:

„Aber ein Admiral, der ein Geschwader führt, muss doch allein so viel zu bestimmen haben, dass er bedrängten Schiffen zu Hilfe eilen darf." Kasten horchte auf. Das ging eigentlich schon zu weit. Doch der Mann hatte recht. Diese verdammte Frage, weshalb die dicken Schiffe nicht ausgelaufen, als die erste Nachricht vom Sichten des Feindes eingetroffen, fraß, seitdem er sie gehört, in ihm. Er gab den Leuten einige beruhigende Erklärungen von wegen des Nebels und des Wasserstandes, aber er glaubte selbst nicht fest daran, sondern ahnte instinktiv, dass an der Spitze etwas nicht in Ordnung war.

Bald verabschiedete er sich von Wichmann. Der ganze Nachmittag war ihm verdorben. Er ging auf seine Stube zurück, um einige Briefe zu schreiben.

Am andern Tag meldete sich Kasten wieder freiwillig, um an Bord zu kommen. Er hielt es einfach in der Kaserne nicht aus.

Zwei Tage später bekam er Marschbefehl: Hamburg, Schlachtkreuzer „Derfflinger".

Da sah er ein, dass es zwecklos war, sich gegen das Schicksal zu stemmen. Am 5. September meldete er sich wieder an Bord. Er war genau einen Monat weggewesen.

Der erste Torpedotreffer

Wohl zehn Seemeilen nördlich St. Abbs Head am Ausgang des Firth of Forth kreuzt das englische Kriegsschiff H. M. S. „Pathfinder“. Ein schneller geschützter Kreuzer mit einer Besatzung von 268 Mann.

Der Kommandant Kapitän Frances Martin Leake hatte gerade die Brücke verlassen, als ihm der SOS-Ruf eines sinkenden Dampfers überbracht wurde. Er ging sofort zur Funkkabine. Dort lag schon eine weitere Meldung vor. Der Passagierdampfer „Runo“ war auf eine Mine gelaufen. Sein Standort lag aber zu weit südlich.

Kapitän Leake war seit Eintreffen der Nachricht von einer inneren Unruhe befallen. Öfters als sonst ging er an Deck und blickte über die weiten Flächen der englischen See. Nach der Küste zu sah er weit hinten am Horizont Zerstörer und Fischdampfer.

Um die vierte Nachmittagsstunde lag das Oberdeck ziemlich leer. Die Besatzung nahm das Mittagessen ein. Nur der Maschinist Heath stand mittschiffs, um die seit Stunden entbehrte frische Seeluft zu genießen. Zum Essen kam er noch zeitig genug.

Da erschütterte ein furchtbarer Stoß das Schiff. Heath war es, als ob das Deck sich höbe, dann neigte sich im gleichen Augenblick das Vorschiff. Blitzartig zuckte Feuer auf, begleitet vom Aufbrüllen einer heftigen Explosion, die Schiffsteile hochschleuderte, welche in schwerfälligen Kurven an Deck niederschlugen. Maschinist Heath lag an Deck und starrte entsetzt auf den Ausbruch der Vernichtung. Da riss ihn der Ruf „James“ hoch, er taumelte seitwärts und im selben Augenblick sauste ein schweres Stück Eisen direkt dorthin, wo er soeben noch gelegen. Er wusste nicht, wer seinen Vornamen gerufen, denn er sah niemand. Auch blieb ihm keine Zeit, darüber nachzudenken. Unter lautem Getöse kam der Mast herunter. Polternd folgte der vordere Schornstein. Einige Leute stürzten an Deck an die Boote. Die waren zersplittert. Jäh kam der Befehl:

„Jeder für sich selbst!“

Maschinist Heath riss die Schuhe herunter. Rock und Hosen flogen an Deck. Das Schiff baumte sich achtern auf. Mit dem Druck federte Heath wie von einem Sprungbrett ins Wasser.

Hinter ihm reckte sich das Achterschiff steil aus dem Meer. Aus einem Luk sah er einige Gestalten rutschen und im Gischt verschwinden, dann legte sich der Hinterteil langsam über und versank in den aufbrodelnden Fluten. Kapitän Leake erging es ähnlich. Er war gar nicht überrascht und hatte mit dem Augenblick der Katastrophe seine Ruhe wieder. Aber die Ereignisse waren schneller als seine Befehle. Er lag plötzlich im Wasser. Sein Schiff war verschwunden, obwohl höchstens erst einige Minuten vergangen.

Eine Stunde später wurde er, einige Offiziere und der Maschinist Heath geborgen. Alle anderen hatte S. M. S. „Pathfinder“ mit in die Tiefe genommen.

Keine Seemeile östlich von der Untergangsstelle umspülten die Wellen das Sehrohr eines U-Bootes. Im Turm, sechs Meter unter der Wasserlinie, beobachtete Kapitänleutnant Hersing die herandampfenden Fischerfahrzeuge und schnell aufkommenden Zerstörer.

Vom Torpedoschuss bis zum Untergang des englischen Kreuzers waren die Vorgänge am Periskop wie im Kino an seinen Augen vorbeigehastet.

Die Besatzung hatte nur den dumpfen Explosionsschall gehört und dann in kurzen Worten von den Vorgängen oben erfahren. Der Oberheizer Meyer schrie begeistert Hurra und die andern brüllten es mit.

Als der Wachoffizier, der Ingenieur, der Steuermann dem Kommandanten gratulierten und „U 21" unter Wasser nach Südost kreuzte, ahnten sie nicht, dass es der erste Torpedoschuss feindwärts war, der sein Ziel getroffen.

Und die Grand Fleet?

Die von aller Welt erwartete große Seeschlacht blieb aus. Auch die Grand Fleet hatte ihren Operationsplan der Defensive. Dem trug der englische Admiralstab sofort nach der Kriegserklärung durch Ernennung des Admiral Sir John Jellicoe zum Oberstkommandierenden der britischen Flotte Rechnung.

Jellicoe war als kalter, nüchterner Rechner bekannt. Voll geeignet, dem Königreich die Grand Fleet zu erhalten.

Großadmiral von Tirpitz hatte recht behalten. Wiederholt wurde er vorstellig, die Hochseeflotte rücksichtslos einzusetzen.

Seine Begründungen waren vortrefflich:

„England stehen zurzeit immer nur Teile der großen Flotte für die Nordsee zur Verfügung" — „Je eher wir es zum Schlagen zwingen, desto besser." — „Im nächsten Jahr ist es schon zu spät."

Der Großadmiral drang nicht durch.

Die Front der Englandfreunde stand noch ungeschwächt um Kaiser Wilhelm II.

Siegesfeiern an Land

Das neueste Schiff der Hochseeflotte S. M. S. „Derfflinger", vor Monaten noch ein riesiger toter Körper, ist durch die tausendköpfige Besatzung zu einem lebendigen Organismus erwacht.

Die Maschinen lieferten Dampf und durchpulsten die kalten Eisenräume mit Wärme. Sie erzeugten Strom und erhellten die Abteilungen.

Tag und Nacht schleppten die abgeteilten Arbeitsgruppen Proviant, Kisten, Säcke, Munition. Seemännisches und technisches Personal, alle waren eingespannt in die Hast der Ausrüstung dieses Riesenschiffes.

Dann der Rollendienst: Feuer-Alarm. Alle Mann an Deck. Antreten in Musterungsdivisionen.

Allmählich spielte sich der riesige Apparat ein.

Nach dem harten Arbeitstempo gönnte sich Kasten einen freien Nachmittag an Land. Auf der Reeperbahn flutete das Leben wie immer. Bald wandte er sich dem Hafen zu. Mit jedem Schritt spürte er die Auswirkungen des Krieges. Schiff an Schiff lagen die Ozeandampfer in langen Reihen an den Liegeplätzen. Hier und da kräuselte schwacher Rauch aus den Schloten. Sonst war alles Leben an Bord der Schiffe erloschen. Die Kais lagen vereinsamt. In Reih und Glied beigedreht fand er Dutzende der Kräne, die den Warenverkehr zwischen Schiff und Land regelten. Es waren keine Ladungen mehr zu löschen. Drüben sah er die leeren Docks liegen. Nur von den Werften scholl verhalten das Geräusch der Arbeit herüber.

Ein Schleppzug zog vorüber. Ein Segler tauchte auf. Vereinzelte Motorboote flitzten über die sonnenglänzende Wasserfläche. Über allem aber lagerte eine fast feierliche Ruhe. Diese Stille machte einen tiefen Eindruck auf Kasten. Er verharrte regungslos an einem Landungssteg und nahm das ungewohnte Bild des seit Wochen feiernden Hafens in sich auf.

Plötzlich schwang Glockengeläut über ihm. Eine andere Glockenstimme antwortete und dann fielen ringsum die gewaltigen Türme ein.

Brausend, dröhnend, lockend, jubelnd verkündeten sie in mächtigem Akkord einen neuen Sieg. Und plötzlich veränderte sich das Hafenbild.

Auf fast allen Schiffen stiegen bunte Flaggen empor. Ein Fahnenwald entstand und dann prangte der stille Hafen in Flaggengala. Jetzt hielt es Kasten nicht mehr aus. Er musste unter Menschen und so stürmte er zurück zur Stadt.

Aus den Fenstern reckten die Bewohner die Köpfe. In Gruppen standen die Bürger.

Und dann hörte er die Siegesbotschaft: Das deutsche U-Boot „U 9“ hatte drei englische Panzerkreuzer versenkt.

Am Abend sitzt Kasten inmitten des Trubels einer Vergnügungsstätte der Reeperbahn. Der deutsche U-Bootssieg wird begossen. Die anwesenden Matrosen und Maate werden freigehalten und von den biederen Hamburgern gefeiert, als ob sie die drei Panzerkreuzer in den Grund gebohrt.

Maschinistenmaat Kasten ist das peinlich, aber er kann sich der Gastfreundschaft der begeisterten Menschen nicht entziehen, ohne unhöflich zu sein. Geduldig beantwortet er alle Fragen. Gibt Erklärungen:

„13 000 Tonnen war jeder Panzerkreuzer groß.“ — „1500 Mann sind mit untergegangen.“ — „Das ist eine gewonnene Schlacht.“

„Wieviel Mann Besatzung hat eigentlich ein U-Boot, Herr Maat?“, fragt der Inhaber einer Speditionsfirma und füllt erneut die leeren Weingläser.

„Dreißig“, antwortet Kasten, er kann sich so dunkel an die Besatzungsstärke erinnern.

„Dreißig Mann gegen Eintausendfünfhundert", ruft der Speditionsinhaber und schlagt mit der Faust auf den Tisch, dass die Gläser klirren, „das ist noch nie dagewesen."

„Ober! Zwei neue Flaschen!"

„Musik! Das Flaggenlied!"

Die Kapelle intoniert zum vierten Mal den Marinemarsch. Alle Anwesenden singen mit. Aus dem Publikum springt einer auf das Podium. In der Hand schwingt er eine neue Depesche.

„S. M. S. ‚Königsberg' hat den englischen Kreuzer ‚Pegasus' versenkt. S. M. S. ‚Emden' im Golf von Bengalen die Öltanks der Stadt Madras in Brand geschossen."

Die an den Tischen Sitzenden stehen auf. Begeisterung macht sich in Worten Luft.

„Drei Hurras für unsere Marine!"

Mächtig schallt das Deutschlandlied durch den hohen Raum.

Am andern Morgen erwachte Maschinistenmaat Kasten in seiner Hängematte. Sein Schädel brummte mächtig und nur langsam konnte er sich auf den Abschluss des gestrigen Tages besinnen. Am Kopfende der Hängematte fand er niedliche Päckchen, mit Keks, Schokolade, Tabak, Zigaretten.

Allmählich dämmerte es in seinem Gehirn. Sein Notizbuch gab weiteren Aufschluss. Vier Adressen von Hamburger Bürgern und drei Adressen jüngerer Damen.

Er steckte seinen Kopf minutenlang in kaltes Wasser. Das war gut. Dann zog er den vorgeschriebenen Dienstanzug an, ging in den Unteroffiziersraum, nahm den Morgenkaffee zu sich und trat mit dem Allemannspfiff pünktlich zum Dienst an.

Brutaler Aushungerungskrieg Englands

Hungerblockade!

England geht aufs Ganze.

Es setzt sich gewissenlos über eigene Abmachungen des Seerechts hinweg und eröffnet durch Änderungen und Zusätze der als bindend anerkannten Londoner Erklärung den brutalen Aushungerungskrieg gegen Deutschland.

Alle nach Europa fahrenden Schiffe müssen englische Häfen anlaufen. Keiner der über den Ozean kommenden Dampfer erreicht einen deutschen Hafen.

Aber das genügt alles noch nicht.

Selbst die neutralen Staaten werden von England durch Gewaltandrohung genötigt, keine Lebensmittel an Deutschland auszuführen.

„Hungerblockade!"

In diesem einen Wort fasst der Führer der deutschen U-Boote die Maßnahmen Englands gegen Deutschland zusammen.

Da gibt es nur ein Mittel. Gleiche Gegenmaßnahmen.

Der Feind muss an derselben Stelle getroffen werden. Einsatz der U-Boote gegen den englischen Handel.

Achtzehn frontbereite U-Boote zählt die deutsche Kriegsmarine. Das ist zu wenig gegen das Inselreich mit seinen hundert Häfen.

Doch Korvettenkapitän Bauer schreckt das nicht. Die Waffe ist neu. Sie muss erst im Frontdienst organisch in ihre Aufgabe hineinwachsen. Aber diese nutzlosen Fahrten gegen eine Flotte, die sich in den zahlreichen Schlupfwinkeln Schottlands verkriecht, zermahlen den Kampfgeist der U-Boot-Männer.

Entschlossen reicht Bauer beim Hochseekommando einen schriftlichen Antrag ein und gibt so die Initiative zum U-Boothandelskrieg.

Im Binnenlande hat die Tat Otto Weddigens, des Kommandanten von „U 9“, das Volk auf die U-Waffe aufmerksam gemacht.

Die Stimmung ist auch hier günstig.

Korvettenkapitän Bauer unterstützt seinen Antrag durch Berichte der U-Bootkommandanten, die vor den englischen Häfen und an den Zufahrtsstraßen des Inselreiches gelegen und Tag für Tag Dutzende von ein- und auslaufenden Dampfern gesehen haben. Doch was ist dies alles gegen politische und völkerrechtliche Bedenken. Der Antrag des Führers der U-Boote bleibt in diesen Erwägungen des Admiralstabes hängen.

Die Seefront im Umbruch!

Antwerpen erobert!

Brügge besetzt!

Unwiderstehlich war der Siegeszug der Feldgrauen. Die Küste war erreicht. Nun musste die Seefront einschwenken, mussten die Schlachtkreuzer und Linienschiffe der Hochseeflotte das Schwert der Armee sein, mit dem diese zustieß mitten hinein in den Kanal bis Calais.

Doch die gewaltigen Kriegsschiffe kommen über Helgoland nicht hinaus. Die deutsche Bucht bis dort bietet genügend Raum für Fahrtübungen, um Maschinen und Besatzungen in Bewegung zu erhalten.

Sonst wechseln in einförmiger Gleichmäßigkeit vier Tage Vorpostendienst, vier Tage auf Reede, vier Tage im Hafen.

Die bei Kriegsausbruch so hell lodernde Flamme der Begeisterung kroch in sich zusammen, glomm aber verhalten unter Deck weiter.

Anders war es bei den kleinen Kreuzern und Torpedobooten. Sie stießen vor in den leeren Raum der Nordsee, legten Minen vor englischen Häfen, bestanden kleinere Gefechte mit leichten Streitkräften und kehrten zurück mit dem Gefühl, wenigstens den Feind gesehen zu haben.

Die wenigen U-Boote aber standen unentwegt vor der englischen Küste. Mit Ingrimm sahen die Kommandanten den Dampferverkehr.

„U 18“ kreuzt vorm Humber. Im getauchten Zustand. Kapitänleutnant von Hennig macht jedes Mal einen Strich, wenn ein Dampfer passiert. Sechs Kolonnen mit je 5 Strich zählt der Steuermann. Das sind so Aufkommer und immer noch setzt der Kommandant Strich an Strich. Ab und zu auch nebenan. Das sind die Abgänge. Achtzehn stellt er fest.

Es ist der letzte Tag im feindlichen Gebiet. Mit Anbruch der Dunkelheit taucht „U 18“ auf und tritt den Rückmarsch an.

Der Kommandant schreibt folgende Eintragung in sein Kriegstagebuch:

„Auch hier starker Dampferverkehr. Ein Versenken von Handelsdampfern durch Unterwassertorpedoschuss wird abschreckende Wirkung zeitigen und England an seiner empfindlichsten Stelle treffen.“

Indes geht Englands perfide Kampfweise weiter. Es erklärt die gesamte Nordsee als Kriegsgebiet.

Da endlich greift man deutscherseits auf den Antrag des Führers der U-Boote zurück. Doch so schnell geht das nicht. Noch ist von Bethmann Hollweg Reichskanzler und Admiral von Müller Chef des Marinekabinetts. Das aber heißt völkerrechtliche Abmachungen England gegenüber unbedingt achten.

Ein Missgebilde ist im Werden: U-Bootkrieg nach Prisenordnung.

Korvettenkapitän Bauer ist empört. Er verlangt in richtiger Erkenntnis der Lage: „… die Ermächtigung, Handelsschiffe ohne Warnung durch Torpedoschuss des getauchten Bootes versenken zu dürfen …“

Die Admiralität meldet:

„In der Frühe des 3. November beschossen unsere Schlachtkreuzer, unter Führung des Konteradmirals Hipper, die feindlichen Küstenbatterien der englischen Ostküste vor Yarmouth.

Unsere Schiffe sind wohlbehalten in ihren Heimathafen zurückgekehrt.“

S. M. S. „Derfflinger“

Am gleichen Tage machte der in Dienst gestellte Schlachtkreuzer „Derfflinger“ seeklar, um zur Aufklärungsgruppe Hippers zu stoßen.

Das neueste und größte Schiff der Hochseeflotte. Vier drehbare große Panzertürme mit je zwei 30,5 cm-Schnellladegeschützen, vierzehn 15 cm-Kanonen, acht 8,8 cm-Flugzeugabwehrgeschütze.

Ein halbes Hundert in Nickelstahl gebettete Kammern bargen annähernd 30 000 Schuss Munition. Alles war darauf berechnet, die Explosions- und Sinkgefahr auf das Äußerste zu beschränken. Nun lief das flach und breit gebaute Schlachtschiff mit seiner auf Kampf berechneten Linienführung die Elbe abwärts. Alles was Freiwache hatte, stand an Deck. Auch Maschinistenmaat Kasten. Ganz Hamburg schien auf den Beinen zu sein. Zu tausenden drängte sich die Bevölkerung am Ufer und immer mehr Volk strömte zusammen. Die Hurra-Rufe nahmen kein Ende.

Die Fahrt glich einem Triumphzug.

Hamburgs Türme verblassten im Dunst, der über der Weltstadt lagerte. Blankenese blieb zurück. Neue Städte tauchten auf, Dörfer. Und immer wieder liefen Menschen zusammen, flatterten Tücher, winkten Arme.

Dann war auch das vorbei. Der Strom wurde breiter, das Land verlor sich zu beiden Seiten. Die See kam. Grau und zottig rannte sie landwärts. Der Wind fegte kalt über Deck. Allemannspfiffe sprangen auf. Zum ersten Mal hallte es durch die Kasematten:

„Beide Kriegswachen auf der Schanz Musterung!"

Überraschende U-Booterfolge

Trotz der bürokratischen und geheimrätlichen Hemmungen wächst die U-Bootwaffe organisch in die Seefront hinein.

Korvettenkapitän Bauer arbeitet fieberhaft am weiteren Ausbau des bereits Erreichten. In Kiel ist die Unterseebootsschule gegründet. die U-Bootsflottille gebildet.

Sorgfältig sichtet er die eingereichten Kriegstagebücher. prüft Vorschläge der U-Bootkommandanten. Überzeugt sich an Ort und Stelle von dem Geist der ihm direkt unterstellten Truppe.

Die Leute und das Material sind gut. Es fehlt nur an einem klaren, unerbittlichen Befehl und den muss der Kaiser geben. Je eher, desto besser.

Schon sind seiner Forderung nach uneingeschränktem Einsatz der U-Boote viele Förderer entstanden. Im Admiralstab, beim Reichsmarineamt, unter den Offizieren der Hochseeflotte. Der mächtigste aber ist Großadmiral von Tirpitz, auch der zielsicherste. Er stimmt mit seiner Forderung nach organischem Ausbau einer Blockade nach den verfügbaren Booten völlig mit ihm überein.

Noch einmal überschlagt Korvettenkapitän Bauer die wichtigsten Taten des letzten Monats:

„U 18" hatte als erstes Boot den englischen Kanal durchlaufen. Kapitänleutnant von Hennig die gestellte Sonderaufgabe gut gelöst. Das Boot war wohlbehalten zurück.

Freiherr von Berckheim „U 26" versenkte in der Ostsee den russischen Panzerkreuzer „Pallada".

„U 9" Otto Weddigen, der Volksheld, vernichtete durch Torpedoschuss den englischen Kreuzer „Hawke".

Vor der Ems versenkte Kapitänleutnant Wegener von „U 27" das englische U-Boot vom Dienst „E 3".

Feldkirchner hatte mit „U 17" den ersten englischen Dampfer vor der norwegischen Küste nach allen Regeln des Prisenrechtes vernichtet.

Zwei Boote „U 20" und „U 39" waren von der Fernfahrt rund um England wohlbehalten zurückgekehrt, hatten Minen gelegt vor englischen Südhäfen, im St. Georgskanal, Irischen See und Atlantischen Ozean.

Zufrieden legt Bauer die Akten beiseite. Da kommt eine neue Meldung: „U 27“ versenkte nördlich Calais das von Dünkirchen kommende englische Flugzeugmutterschiff „Hermes“.

„— — — denn wir fahren, gegen Engelland“

Ein Vorstoß ist geplant.

Auf Schillig Reede liegen die deutschen Panzerkreuzer vor Anker. Die Besatzungen haben die Gefechtsstationen kriegsmäßig besetzt. Das Heizerpersonal steht unter erhöhter Alarmbereitschaft.

Der wolkenverhangene Himmel des 15. Dezembers 1914 lässt die wenigen Tagesstunden fahl und lichtlos erscheinen und gar schnell senkt sich die Dämmerung herab.

Gegen Abend schrillen Allemannspfiffe über die Decks. Laut rufen die Wachmaate: „Alle Mann achteraus!“

Bewegung kommt in die Kasematten. Aus den Heizerwohndecks, Unteroffizierräumen, Lasten und Gängen strömen die Massen der Matrosen und Heizer an Oberdeck. Maate und Obermaate dazwischen. Aus den Kammern des Achterschiffes eilen Offiziere und Deckoffiziere nach oben.

Es ist dunkel draußen. Fast 1000 Mann stehen auf der Schanz des Schlachtkreuzers „Derfflinger“. Kapitän von Reuter spricht. Er gibt bekannt, dass es morgen früh 4 Uhr 30 in See geht gegen den Feind. Seine Rede ist von Begeisterung getragen. Er schließt:

„Ich vertraue auf meine Besatzung und auf unser schönes Schiff. Unser Kaiser, das Vaterland, die Lieben in der Heimat, Hurra! — Hurra! — Hurra!

Begeistert fällt die Besatzung ein. Dann fluten sie zurück in ihre Wohnräume. Kampffreude und Hoffnung im Herzen, es den Feldgrauen gleichtun zu können.

Morgens 4 Uhr 30: Anker auf.

Die 5 Panzerkreuzer, einige kleine Kreuzer und zwei Torpedobootsflottillen lösen sich von ihren Ankerplätzen und gleiten im Dunkel kreuz und quer durch die Minensperre. An Backbordseite bleibt ein schwarzer Streifen liegen. Wangerooge. Das Geschwader entwickelt sich zur Marschformation. Es tagt. Die Schiffe heben sich im Dämmerlicht undeutlich vom Wasser ab. Fünf mächtige Kolosse, umschwärmt von einer Meute flinker, kleiner Schatten. Der Schein im Osten entwickelt langsam den hellgrauen Anstrich der gewaltigen Kriegsschiffe und färbt das Wasser blaugrün.

Kurs: West.

Im Kartenraum S. M. S. „Seydlitz“ wird der Kurs abgesteckt. Die Stabsoffiziere rechnen. Ein neuer Befehl wird herausgegeben. Fahrterhöhung: 18 Seemeilen.

„Große Fahrt.“

Der Mann am Maschinentelegraphen wiederholt den Befehl und leitet ihn weiter zur Maschine. Der Posten Fahrtball wiederholt ebenfalls das Kommando und zieht eilig die Fahrtbälle höher.

Auf „Moltke“, „Derfflinger“, „von der Tann“ und „Blücher“ nacheinander dieselben Bewegungen. Die Fahrt ist erhöht. Mit 18 Seemeilen schäumt das Geschwader westwärts.

Maschinistenmaat Kasten ist bei den Leuten seiner Gefechtsstation im Heizerwohndeck des „Derfflinger“. Die Aussicht auf baldigen Kampf wird erörtert.

„Ob die Engländer diesmal eine Beschießung so ohne weiteres hinnehmen?“ — „Ausgeschlossen!“

„Die Funker haben feindliche FT-Signale abgehört.“

„Ob wir unentdeckt zur Küste kommen?“

„Ganz sicher.“

Durch eins der geöffneten, runden Seitenfenster schlägt das Rauschen der Wogen in den Raum und vermischt sich mit dem Urton des fahrenden Schiffes. Einer stimmt das Englandlied Hermann Löns’ an, das Kasten sie gelehrt. Alle andern singen mit, dann springt die herbe Melodie über in die anderen Abteilungen und gar gewaltig erschallt der Kehrreim: „Denn wir fahren! Denn wir fahren! Denn wir fahren gegen Engelland.“

Das deutsche U-Boot „U 27“ steht am Spätnachmittag des gleichen Tages mit ausgebrachtem Funkgestänge weit in See auf der Höhe von Sunderland.

Kapitänleutnant Wegener meldet in Chiffre dem Flottenchef, dass während der Aufklärungsfahrt keine feindlichen Seestreitkräfte gesichtet und auch die Anwesenheit größerer Einheiten nicht ermittelt wurde.

Die Linienschiffe ankern noch auf Schillig Reede.

Das Flottenflaggschiff sendet an Hipper ein geheimes Gruppensignal und an die Linienschiffe ergeht der Befehl zum Ankerlichten.

Mit Anbruch der Dunkelheit befindet sich das Gros der Hochseeflotte außerhalb der äußersten Vorpostenlinien in der Deutschen Bucht und ist im Anmarsch zur Doggerbank.

Auch die Grand Fleet ist Anker aufgegangen und hat die Bucht von Scapa Flow verlassen. Agentennachrichten, das Auftreten von U-Booten längs der Küste, entzifferte Funksprüche haben die Admiralität zur Alarmierung bestimmt.

So bewegen sich beide Flotten zueinander über die Nordsee.

Mitternacht.

Die Schlachtkreuzer Hippers haben die Doggerbank bereits passiert. Vom Flaggschiff „Seydlitz“ gehen neue Anweisungen an die in Kiellinie folgenden Panzerschiffe.

„Derfflinger“ und „von der Tann“ werden südlich detachiert. „Seydlitz“, „Moltke“ und „Blücher“ behalten Kurs West bei.

Die Nacht ist stockfinster und die jetzt getrennt marschierenden Gruppen haben sich schnell aus den Augen verloren.

Um diese Zeit steuert die Schlachtkreuzerflotte Beattys das Süd-West-Flach der Doggerbank an. Gepeilte Funksprüche haben ihm die Anwesenheit feindlicher Schiffe in dieser Gegend verraten.

Der 16. Dezember 1914.

Die Schlachtkreuzer „Derfflinger" und „von der Tann" stehen 20 Seemeilen vor der englischen Küste. Morgendämmerung deckt die hochgehenden Wogen, gegen welche die Riesenschiffe schwer ankämpfen.

7 Uhr 20 wurde auf beiden Panzerkreuzern „Klar Schiff zum Gefecht" angeschlagen. Kasten fuhr aus schwerem Schlaf hoch. Er fand kaum Zeit, seine Matte unter Panzerschutz zu verstauen. Hastig eilte er nochmal an Deck. Die Aufbauten schimmerten bleifarben im matten Schein des anbrechenden Tages. Matrosen legten die Reling um. Sonst war nichts zu erkennen als das graue Wasser der unruhigen See. Kasten schluckte eine kleine Enttäuschung hinunter. Aber die englische Küste war noch nicht zu sehen. Schnell verschwand er nach unten und suchte seine Gefechtsstation auf.

Oben wird es sichtiger.

Von der Brücke des „Derfflinger" suchen sie angestrengt den jetzt schon weit gespannten Horizont ab. Der Beobachtungsoffizier und der Ausguckposten im „Krähennest" des vorderen Mastes haben einen weiteren Ausblick. Beide können eine gewisse Erregung nicht unterdrücken. Sie lassen das Fernglas nicht von den Augen.

Plötzlich fahren sie hoch. Beide zugleich. Da. Ein feiner Strich hebt sich aus dem Meere. Die englische Küste. Durch Sprachrohre und Telefon rufen sie es nach unten.

„Leitstand!" — „Leitstand!"

„Achtung!"

„Land voraus!"

Zehn Minuten später können sie von der Brücke aus den Landstreifen ausmachen. Eine Viertelstunde später sehen die Bedienungsmannschaften der 8,8 cm-Geschütze mit bloßen Augen die feindliche Küste. Gleichzeitig geht an alle Stellen im Innern des Schiffes die Meldung:

„Englische Küste in Sicht."

Scarborough.

Deutlich sind alle Einzelheiten der militärischen und Hafenanlagen von Bord der deutschen Kriegsschiffe auszumachen.

In kühnem Manöver gehen „Derfflinger" und „von der Tann" bis auf einige tausend Meter heran, drehen auf und laufen im Passiergefecht an Steuerbord über die Reede.

In allen Geschützfernrohren steht das gleiche Bild: Die Signalstation mit den angrenzenden Gebäuden.

Dort scheint man noch nicht zu wissen, wen man vor sich hat. Die Station hisst den Union Jack. Brutal wird diese Illusion zerrissen. Es ist 9 Uhr. Das Steuerbord erste 15 cm-Geschütz schießt einen Fühlschuss. Gleichzeitig geht auf beiden Schiffen die deutsche Kriegsflagge hoch.

Der Abschuss war ein schollernder Krach und zerriss jäh die winterliche Stille. Dann spritzten Mauersteine und Dreck an der Signalstation hoch und ein dumpfer, bumsender Ton kam zurück.

Im selben Moment glühte auf „Derfflinger" die Breitseite der Mittel- und leichten Artillerie auf, begleitet von einer donnernden Kette von Krachen.

Ein Dutzend Qualmsäulen stoben lotrecht empor. Die Signalstation schwankte in wühlendem Rauch. Der linke Flügel stürzte zusammen. Die Stange mit der Flagge stand noch. Da grollte die Breitseite „von der Tann" über die See. Eine breite Wand von Feuer, Qualm und Staub stieg hoch, brach zusammen und begrub die englische Flagge unter den Trümmern.

Die zweite Breitseite „Derfflingers" raste deckend in den Schutthaufen und riss ein Gestrüpp von Erdklumpen, Balken, Steinen und Rauch breit auseinander.

Hastig gibt ein Signalmatrose von der Brücke des „Derfflinger" an „von der Tann" Winkspruch: „Zielwechsel links! Auf das Fort!"

Die Artillerieoffiziere, die Befehlsübermittler in der Zentrale, im Mittelgang und an den Geschützen wiederholen den Befehl. Entfernungszahlen folgen. Die Aufsatztelegraphen schnarren.

„Achtung!"

Die Geschützführer halten das Fort im Zielfernrohr. Deutlich sehen sie die Batterien mit den bombensichern Bauten.

„Feuern!"

Der Glutschein der Abschüsse überhellt blitzartig die Gesichter der Bedienungsmannschaften an den 15-cm-Geschützen. Sie können nicht sehen, was draußen vorgeht. Die Sehschlitze der Kasematten sind verteilt, nur der Explosionsknall der einschlagenden Granaten klingt schwach an ihr Ohr. Dafür übermittelt der Geschützführer ihnen die Vorgänge an Land. Die Vielfache Vergrößerung des Fernrohrs gibt bei dieser geringen Entfernung alle Einzelheiten genau wieder. Die Einschläge lagen deckend. Sie barsten auf den harten Betonmassen mit aufsprühendem Feuerstrahl und hinterließen Risse und dunkle Flecke.

„Feuern!"

Wieder bricht es mit betäubendem Krach aus den Rohren. Weiße Sprengwolken hüllen die schnellfahrenden Schlachtkreuzer ein.

Zwei Dutzend Granaten krallen sich in das Werk. Erdreich fliegt hoch. Qualmfahnen zerflattern im Wind. Die nächste Salve folgt und rammt schmetternd nieder. Der gewaltige Einschlag zerstört einen Teil der Batterien, die noch immer nicht schießen. Rauch wogt über zersprengten Betonklötzen.

Die Geschütze der Schlachtkreuzer richten jetzt achteraus.

Das Feuer ist eingestellt.

Auf „Derfflinger" ein Flaggenzeichen.

„Rot schwenken!"

„Von der Tann" gibt dasselbe Signal zurück.

Beide Schiffe drehen in voller Fahrt nach Backbord auf Gegenkurs. Bunte Signalflaggen steigen und sinken auf den Brücken. Der Schlotrauch geht senkrecht hoch bei der exakten Wendung. Dann zieht er wieder in dunklen Schwaden achteraus. Die englische See wütet gegen die kaltblütigen Manöver der feindlichen Schiffe. Schwer klatschen die Wogen gegen die Bordwände und schlagen durch die Geschützpforten in die Kasematten. Böen fegen über Deck. Aber das alles hemmt die gewaltigen Panzerschiffe nicht. Die Backbordseite kommt ins Gefecht. „Derfflinger" fährt jetzt hinter „von der Tann".

9 Uhr 14 grollt die erste Salve der Backbordbatterien aus den Rohren. Das ganze Fort ist in Rauch gehüllt, der träge nach der See zu abzieht, und da blitzt endlich das Mündungsfeuer der feindlichen Geschütze auf.

Die schwere Artillerie der Schlachtkreuzer schweigt. Aus den Panzertürmen machen die gewaltigen Rohre nur die Zielbewegungen mit. Die Turmbesatzungen können nacheinander einen Blick nach draußen werfen.

Der Turmoffizier von Turm Anna sagt:

„Na endlich schießen die Kerls wenigstens."

Die Granaten der Engländer streuten ziellos weit hinten ins Meer. Sie kamen nicht zum Einschießen. Die nächste Breitseite erstickte die wenigen Abschüsse in einer steil aufstrebenden Mauer von Dreck und Staub. Die folgende riss aus dem niedergehenden Dunst und wehenden Rauch ein Gewirr von Trümmern des vollkommen zerstörten Forts.

Neue Befehle: Zielwechsel rechts. Feuerverteilung nach links.

Mole, Leuchtturm, Hafenanlagen, Schiffswerften werden unter Feuer genommen. Brände lodern auf. Gebäude stürzen zusammen. Die Kette der donnernden Salven reißt nicht ab. In schneller Fahrt passieren die Schlachtschiffe. Jetzt richten die Geschütze fast Backbord achteraus. Ununterbrochen ziehen die Granaten der achteren Kanonen nach Scarborough. Dicker Rauch wälzt sich über das Weichbild. Es sieht aus, als ob die ganze Stadt brennt.

9 Uhr 30 fällt der letzte Schuss.

Als der Befehl: „Auf Gefechtsstationen Rührt Euch" durchkam, erbat Kasten vom Maschinisten die Erlaubnis, an Deck gehen zu dürfen.

Eiskalter Wind empfängt Kasten oben. Er friert bis ins Mark der Knochen. Die Hitze unten. Der plötzliche Temperaturwechsel. Sein Blick springt achteraus über die aufgewühlte See. Ein schwerer Vorhang von Qualm lagert über Scarborough. Feuerschein leuchtet hier und dort aus dem düsteren Grund. Sonst ist nichts zu erkennen.

Hartlepool.

Die Wachen der Küstenbefestigung sichten beim Hellwerden drei Schlachtschiffe, die mit größter Fahrt auf die Mündungsbucht des Tees zusteuern. Da die Schiffe nur von vorn zu sehen sind, kann der Typ nicht festgestellt werden. Die Meldung des In-Sicht-kommens ruft in der Kommandantur Bestürzung hervor. Dazu meldet die Signalstation, dass ein Anruf ihrerseits von den schnell näherkommenden Kriegsschiffen unbeantwortet blieb. Der Kommandant lässt sich die nächtlichen Funksprüche geben. Da reißt ihn schweres Gerummel hoch. Die

Fensterscheiben klirren. Dumpfe Einschläge krachen in nächster Nähe. Als sie aufgeregt nach draußen stürzen, steht schrill das Alarmsignal über dem Hafenviertel.

Pulverdampf, aufscheinende Mündungsfeuer, dahinter breit und groß die deutschen Schlachtkreuzer S. M. S. „Seydlitz" — S. M. S. „Moltke" — S. M. S. „Blücher".

Auch hier schwerer Seegang.

Unaufhörlich donnern die Breitseiten. Unaufhörlich rollen die Einschläge zurück. Die Signalstation ist umgelegt. Die Mole zerstört. Schiffe brennen lichterloh. Die Befestigungswerke liegen unter schwerem Feuer. Die englische Abwehr versinkt in den aufstiebenden Treffern. Regellos fallen noch einige Schüsse, sie werden übertönt vom Getöse erneuter Volltreffer.

Die Bewegungen der Schiffsriesen sind unerhört kühn. Das Flaggschiff „Seydlitz" setzt ein Signal. Die Schiffe staffeln gleichmäßig um einige Strich nach Backbord. Ununterbrochen grollen die Salven. Die Feuerverteilung ist fabelhaft. Wasserwerk, Artilleriedepot, Hafen- und Dockanlagen, das Gasreservoir werden belegt. Brände lodern auf. Pechschwarzer Rauch wälzt sich zum Himmel.

Das Flaggensignal weht nieder. Schäumend drehen die drei Panzerkreuzer auf Kiellinie. Segler und Fischerboote werden passiert. Staunend hören die englischen Fischer das Donnern der deutschen Kanonen an ihrer als unangreifbar geltenden Küste. Ihre Gesichter sind ein Gemisch von Ärger und Bewunderung der kühnen Seemannstat.

Ein neues Flaggensignal: Gefechtskehrtwendung nach Steuerbord!

Das Manöver ist eine Glanzleistung.

Die Geschütze schweigen während des Aufdrehens. Wieder liegt das Geschwader in Kiellinie. Der Nordwestwind steht jetzt im Rücken der Schiffe, die wieder auf „Große Fahrt" gehen.

Vom Hafen her schallt gellendes Heulen. Drei-, viermal. Zerstörer brechen hervor. Ein kleiner Kreuzer. Abschussfeuer. Weiße Sprengwolken. Die englischen Granaten gehen weit über ihr Ziel hinaus.

Jetzt schießen die deutschen Schlachtkreuzer wieder. Eine lange Reihe greller Blitze zuckt auf. Dann reißt der Kanonendonner nicht mehr ab. Salventakt acht Sekunden. Die Abwehr der feindlichen Zerstörer kommt nicht mehr zur Geltung. Sie werden vom „Blücher" so zugedeckt, dass sie schleunigst den Rückzug antreten. Auch der kleine Kreuzer jagt brennend dem Hafen zu. Über ihn hinweg fegen die deutschen Geschosse nach Hartleepool. Das donnernde Beben der Luft reißt nicht ab. Einschläge schießen hoch. Rauchsäulen schwanken vom Wind gefasst hin und her.

Mit der Geschwindigkeit eines Güterzuges passiert das Geschwader die kilometerlange Hafenfront. Jetzt nimmt die Entfernung rasch zu. Die Breitseiten fallen in größeren Abständen. Dann verstummen sie ganz.

„Halt! Batterie Halt!"

Nun erst konnten sie aufsehen an den 8,8 cm-Geschützen. Das war eine kampffrohe, halbe Stunde. Stolz reckten sie den Kopf, die Mützenbänder flatterten sieghaft im kalten Nordwest. Sie sahen das Brandgewölk und den Feuerschein der feindlichen Stadt immer kleiner werden, bis es ganz hinten am Horizont verschwand. Da wischten sie mit den Händen über die Augen. Eine Fata Morgana? Nein! Wirklichkeit. Da war die englische Küste. Dort lagen die leeren Geschoßhülsen. Bloß es hatte sich alles so fabelhaft schnell abgespielt. Sie waren vom ersten bis zum letzten Schuss gar nicht richtig zur Besinnung gekommen. Dafür kam jetzt das gefährlichste. Der Rückmarsch nach Deutschland.

Maschinistenmaat Kasten war keine zehn Minuten auf seiner Gefechtsstation, als von oben der Befehl kam: Lecksicherungspersonal sich klar halten!

9 Uhr 50 peilte der Ausguck im vorderen Mast des „Derfflinger" die Funkanlage von Whitby.

9 Uhr 54 „Backbordseite klar zum Feuern!"

9 Uhr 58 „Achtung!"

10 Uhr 02 „Auf die Signalstation!"

Gewissenhaft notiert Kasten jeden Befehl. Sie sehen nichts hier unten. Sie können nur abwarten und sich bereithalten zum Einsatz. Wieder sagt der Telefonposten an: „Feuer wird eröffnet."

Es ist 10 Uhr 05. Dumpf schallen die Abschüsse hier unten wieder. Eifrig zählen sie die Lagen. Sechs, sieben, acht —

„Signalstation zerstört!" meldet die Zentrale. Oben fallen noch einige Salven. Dann schweigen die Geschütze. Es ist sieben Minuten nach 10 Uhr.

„Das ging aber schnell."

„Jetzt kommt das dicke Ende."

„Rückmarsch", sagt einer mit Betonung.

„Ob die Engländer nicht versuchen werden, uns abzuschneiden?", fragt Scholz.

„Unsere Linienschiffe sind auch draußen", antwortet Kasten, „da kriegen wir sie von zwei Seiten."

Um diese Zeit marschiert das Gros der Hochseeflotte nach dem mit Hipper vereinbarten Treffpunkt. Die Vorhut hat das Gebiet der Doggerbank erreicht und sichtet plötzlich eine breite Rauchwolke, die schnell in zahlreiche kleinere Fahnen zerfällt. Torpedoboote. Das Erkennungssignal wird richtig beantwortet. Es sind die von Hipper wegen der schweren See zurückgesandten Flottillen.

Als Admiral von Ingenohl das In-Sichtkommen der Torpedoboote Hippers gemeldet wird, gibt er überraschend Befehl zum Rückmarsch der Linienschiffe. Obwohl der Funkoffizier feindlichen FT-Verkehr in nächster Nähe festgestellt hatte, was auf die Anwesenheit englischer Seestreitkräfte deutete.

Von der Brücke des Schlussschiffes peilten der Artillerieoffizier und der Navigationsoffizier immer wieder nach Westen. Doch die Kimm blieb leer.

„Wo bloß die Schlachtkreuzer bleiben?"

„Eine Stunde sind wir nun schon auf dem Rückmarsch."

„Wir hatten doch die Position noch gar nicht erreicht."

„Das ist mir unerklärlich."

Plötzlich der Ruf „Ordnung". Der Kommandant kommt auf die Brücke. Die Mannschaften nehmen Haltung an. Die Offiziere grüßen. Der Kommandant hat die FT-Kladde.

„Hier, meine Herren! ‚Stralsund' hat feindliche Schiffe gesichtet."

Die Offiziere gehen ins Kartenhaus. Sie beugen sich über die Seekarte. Dort stand „Stralsund". Davor der Engländer. Die großen Kreuzer waren demnach erst jetzt auf dem Rückmarsch von der Küste.

„Das ist ja fabelhaft."

„Da haben wir den Engländer von zwei Seiten."

Die Augen der Offiziere leuchten, als sie wieder auf die Brücke hinaustreten. Sie erwarten jeden Augenblick den Befehl zur Kehrtwendung.

Doch kein Signal kommt vom Flottenflaggschiff. Die Schiffe steuern unvermindert zurück zur deutschen Bucht.

Hartlepool, Scarborough, Whitby.

Panik in allen drei Hafenstädten. Flüchtende Menschen in den Straßen. Kreischende Frauen, schimpfende Männer. Soldaten versuchen zu beruhigen. Über dem Lärm hängt das Grollen des Kanonendonners.

Autos werden angehalten. Sanitätswagen können nicht durch. Flüche gegen die Deutschen. Verwünschungen gegen die Admiralität in London. Verstopfte Straßen entstehen. Der Krach der Einschläge, die Erderschütterungen schwerer Explosionen sitzen den flüchtenden Menschen im Genick. Zerspringende Fensterscheiben erhöhen das Grauen. Sie fluten zum Bahnhof. Dort ist ein unbeschreibliches Durcheinander. Die Züge werden gestürmt. Die Bahnpolizei ist machtlos.

„Wo ist die Flotte!" schreien die verängstigten Bewohner. „Wo ist die Grand Fleet! Die mächtigste der Welt?"

Telefon und Telegrafen verbreiten mit Windeseile die Nachricht der Beschießung. Sie werfen dieselbe Frage auf.

London beruhigt.

Die Admiralität gibt geheime Funksprüche an das Flottenflaggschiff. Die Grand Fleet ist bereits in See.

Jetzt wusste man, wo die deutschen Schlachtkreuzer standen. Das Geschwader Beattys kreuzte demnach in ihrem Rücken. Nun konnte der große Schlag erfolgen.

Funkspruch Jellicoes an Beatty:

„Von Beschießung Scarborough—Hartlepool rückmarschierendes, feindliches Geschwader stellen — Rückweg verlegen — Eigener Standort 57 Grad …" und an die Geschwader des Gros:

„Beabsichtige 28 Knoten zu laufen. Kurs Süd-Ost!"

Es kam aber anders.

Der kleine Kreuzer „Kolberg" kämpfte gegen die schwere See an, die sich von der englischen Küste bis zur Doggerbank zog. Er kam vom Minenlegen vorm Humber. Kurs: Nord-Ost. Ordre: 100 Seemeilen östlich Scarborough Panzerkreuzer abwarten.

Von der Brücke der „Kolberg“ kann man keine 3 Seemeilen sehen. Die Sicht ist von Dunstschichten eingeengt und dauernden Veränderungen unterworfen.

Plötzlich brechen Fahrzeuge aus dem grauen Vorhang. Lichtzeichen blenden auf. Das war kein deutscher Anruf. Offiziere und Signalwache haben das feindliche Erkennungssignal genau erkannt. Eine Beantwortung ist nicht nötig, da die Schiffe in einer Regenbö verschwunden sind.

Am Süd-West-Flach stoßen die kleinen Kreuzer „Stralsund“, „Straßburg“ und „Graudenz“, die mit höchster Fahrt Anschluss an die Hauptflotte suchten, überraschend auf den Feind.

Schüsse blitzen auf. Böen fegen hoch. Wasserstaub geht nieder. Die Geschoßaufschläge versinken im Gischt des brodelnden Meeres.

„Stralsund“ kommt ziemlich weit ab von den andern. Die Wachen an Deck sehen von den feindlichen Schiffen oft nur die Schornsteine. Der Rauch wischt in zerrissenen Fetzen darüber hin. Regenschauer sperrten die Sicht. Jedes der Schiffe sieht sich allein in einem Sichtkreis von kaum 1000 Meter. Dann weitet sich plötzlich der Umkreis. Jäh tauchen Umrisse riesiger Schiffe auf. Das ganze Gebiet scheint von feindlichen Kreuzern und Schlachtschiffen zu wimmeln.

„Graudenz“ und „Straßburg“ entweichen nach Süden. „Stralsund“ geht auf Nordkurs, behält aber Fühlung mit dem Gegner.

Die „Kolberg“ hat inzwischen den Treffpunkt erreicht und steht überraschend Großkampfschiffen gegenüber. Von der Brücke erkennt man sofort den Schiffstyp. Lion-Klasse. Entschlossen lässt Kapitän Widenmann das englische Erkennungszeichen morsen. Bange Sekunden verstreichen. Dann blinkt von der Brücke des Riesenschiffes das Gegensignal.

„Kolberg“ dreht auf, so dass die passierenden englischen Schlachtkreuzer nur die schmale vordere Silhouette ausmachen können.

Noch einmal wird die „Kolberg“ von einem seitlich auftauchenden kleineren Fahrzeug angerufen und sofort gibt der Scheinwerfer das soeben festgestellte feindliche Antwortsignal zurück.

Einige Schiffsbewegungen täuschen Anhängen an die englische Linie vor. Langsam sackt S. M. S. „Kolberg“ achteraus und kommt so außer Sicht.

FT-Sprüche.

„Stralsund“ an B.d.A.: „Werde von englischen Kreuzern gejagt. — Feindliche Großkampfschiffe gesichtet, peilen Südost.“

„Kolberg“ an B.d.A.: „Fünf feindliche Schlachtkreuzer steuern Südost. — Eigenes Gros nicht gesichtet.“

„Stralsund“ an B.d.A.: „Feindliche Schlachtschiffe steuern Nordwest.“

Admiral Hipper erkennt sofort die Absicht des Gegners. Abgehörte FT-Zeichen feindlicher Schiffe lassen auch noch an anderer Stelle englische Streitkräfte vermuten. Der Rückweg ist ihm verlegt. Das deutsche Gros außer Reichweite.

Signale wehen auf „Seydlitz“ aus. Die fünf Panzerkreuzer gehen auf Nord-Kurs. In Admiral Hipper brennt eine Frage. Warum? Die Gelegenheit zur Schlacht war günstig. Zwischen ihm und dem Gros stand die weit unterlegene

Streitmacht des Feindes. Warum, wühlte es in ihm. „Warum hat der Flottenchef kehrt gemacht?"

Auf der Lecksicherungsstation des „Derfflinger" geht es lebhaft her. Gegen 1 Uhr war plötzlich Alarm gewesen. Kleine Kreuzer sind im Gefecht, hieß es. Dann war das Schiff plötzlich auf Nord-Kurs gegangen.

„Die Engländer sind hinter uns her."

„Das war vorauszusehen", sagt Kasten, „denn so ohne weiteres werden sie die Beschießung nicht hinnehmen."

„Bei Kurs Nord gehen wir doch direkt die englische Küste hoch, von welcher wir kaum 60 Seemeilen entfernt sein werden."

„Dann hat uns also der Engländer abgeschnitten."

„Verdammte Sauerei" — flucht einer.

„Immer sinnig, Jungens", mahnt Kasten, „wir kommen schon durch. So macht doch die Seefahrt erst Spaß." Der Raum liegt plötzlich schräg. Sie klemmen sich mit den Beinen fest und suchen Halt mit den Händen.

„Hallo, Hein!"

„Das war eine Wendung."

„Kurs Nordost", ruft der Mann am Telefon aus, „die ‚Kolberg' kommt achtern auf."

„Da wären wir ja bald alle zusammen."

„Nordost", sinnt Kasten und skizziert mit einigen Strichen eine Seekarte.

„Wir gehen quer über die Nordsee", erklärt er, „wahrscheinlich bis zur dänischen Küste."

„Na denn man auf ihn mit Gebrüll."

Das Unwetter hatte noch zugenommen.

Regenböen, Sturzseen, Hagelschauer wechselten in wüstem Durcheinander. Die Sonne war hinter jagenden Wolkenhaufen verschwunden und das aufgerührte Meer wälzte sich mit haushohen Wogen gegen die Herde der fünf deutschen Panzerkreuzer.

In schweren Brechern stürzt die See über das Vorschiff, rollt donnernd gegen die Panzertürme und fegt vom Steven her in mächtigen Sprühflagen über die Brücke bis zu den Scheinwerferständen und Schornsteinen. Schwerfällig fließt das Wasser von den Aufbauten, schneller rauscht es vom überspülten Oberdeck zurück ins Meer.

Die U-Bootausguckposten Mittschiffs, achtern und auf der Back sind eingezogen. Sie waren unfehlbar über Bord gewaschen worden.

Nur auf den Brücken stehen die Posten, Signalwachen und Offiziere der Schiffsleitung. Das Salzwasser brennt den Männern in den Augen, denn die Luft ist dauernd erfüllt von Wasserstaub. Dazu ist es unverschämt kalt. In den straffgespannten Seilen und Wanten aber harft der Wind ein grimmiges Lied.

Der Posten Fahrtball auf der Brücke S. M. S. „Derfflinger" wurde plötzlich ganz weiß im Gesicht. Es grummelte in seinem Leib. Vom Magen her stieg ein bitterer Geschmack nach oben. Dann würgte es in seiner Kehle. Er schluckte es hinter. Es half nichts. Seine Knie zitterten. Langsam drehte sich alles um ihn. Ein Vorgesetzter sprach auf ihn ein. Er konnte nicht antworten. Befehlsverweigerung? Nein. Er klappte bei und erbrach sich an Deck. Seekrank.

Auch aus den Türmen und Kasematten holt sich das Wetter seine Opfer. Am schlimmsten aber ist es in den Bunkern und vor den Kesseln.

Die Bewegungen des Schiffes werden hier unten von einem eigenen Gesetz bestimmt. Wenn das Schiff hochkommt, ist es, als sauge es alle Luft aus dem Innern. Dazu das Auf und Nieder nach vorn und achtern und dann die seitlichen Schwankungen.

Herrschte schon in den Maschinenraumen eine unheimliche Hitze, so waren die Heizräume die Hölle. Da durch Ausfall von Kohlentrimmern und Heizern, die seekrank beigeklappt waren, die Reservemannschaften bereits drei Stunden vor den Feuern standen, hatte sich Kasten und andere vom Lecksicherungspersonal zur Ablösung zur Verfügung gestellt.

Nun stand Kasten im Heizraum, umgeben vom Fauchen und Brausen der Turbinen. Das Öffnen und Zuschlagen der Feuertüren versank in dem Tosen. Glühende Schlacke rauschte aus den Feuerlöchern. Die Kohlen türmten sich zu Bergen. Aufwallender Dampf und Kohlenstaub machten das Atmen schwer. Die Luftmotoren schafften es kaum. Unerhört ist die Arbeit. Die breiten Schaufeln fassen mindestens einen Viertelzentner. Wuchtig schleudert Kasten die Kohlen in den glühenden Rachen. Zäh und ausdauernd nähren alle andern die Feuer.

„24 Seemeilen", mehr ist bei diesem Wetter nicht rauszuholen Sie wühlen wie die Besessenen. Der Dampf steht weit über dem roten Strich. Das macht sie alle so stolz. Der Oberingenieur denkt an alles. Jetzt verteilt er Zigaretten. Dankbar greifen die schwarzen Hände zu.

Auch Kasten nimmt eine. Der Leitende erkennt ihn nicht gleich.

„Hier Feuer! Nanu Kasten", ruft er dann erstaunt, „recht so, solche Männer braucht Deutschland."

Noch im Weitergehen sagt er:

„Kommen Sie nach der Rückfahrt mal zu mir!"

Kasten nickt, reißt weiter die Feuer auf, bestreut, schlägt die Tür wieder zu. Deutschland hämmert es in ihm. Alles für Deutschland.

Zwei Geschwader englischer Kriegsschiffe sind Hipper dicht auf den Fersen. S. M. S. „Kolberg" versucht, das eine auf sich zu ziehen, doch die Engländer beißen nicht an.

Immer brenzlicher wird die Lage. Das stürmische Wetter ist ein Glück. Auch die Fahrt kann noch erhöht werden, aber „Blücher" kommt nicht mit. Durch die Übersteigerung des Dampfes war ein Rohr geplagt. Acht Tote wurden gezählt.

Schon deckte Dämmerung die wütende See. Nur noch bis zum Dunkel die Linie halten. Die Nacht ließ viele Wege offen.

Da meldet der Ausguck: „300 Grad zwei Fahrzeuge!"

Das ist im Norden. Also auch dort Fühlungshalter. Ein neuer Kurs wird abgesteckt. Die feindlichen Schiffe kommen außer Sicht.

Wieder Kurswechsel: Nordost zu Ost.

„Kolberg“ meldet: Maschinenhavarie. — Auch das noch. Dann ist das Dunkel da. Die Ausguckposten im Mast werden eingezogen. Die See wird etwas ruhiger.

Nacht deckt die weiten Flächen der Nordsee. Schwere Wolken drängen in Kolonnen vorwärts. Gespenstisch streifen sie die Mastspitzen der dahinjagenden deutschen Schlachtkreuzer. Nur vier sind es. „Blücher“ fehlt. Von den kleinen Kreuzern auch die „Kolberg“.

Auf „Seydlitz“ glüht am achteren Mast das Fahrtkreuz auf. Schon wird es auf „Derfflinger“ gesehen.

„Große Fahrt“, ruft der Fahrtoffizier. Die Maschinentelegraphen rasseln. „Derfflinger“ gibt dasselbe Zeichen nach hinten weiter. Der Dampf fällt. Eine Atempause in den Heizräumen.

Doch keine Stunde. Die „Kolberg“ kommt wieder auf. Vom „Blücher“ ist nichts mehr zu sehen. Fahrterhöhung. Fullspeed! 24 Seemeilen!

10 Uhr nachts ist Jütlands Küste erreicht. Eine scharfe Schwenkung nach Steuerbord. Lichter tauchen auf. Fischerfahrzeuge. Schemengleich geht es vorbei. Irgendwo muss jetzt die englische Bewachungslinie kommen. Es patrouillieren hier meist Torpedoboote.

Befehl an die Maschine: Rauchschwach fahren!

Befehl an den Fahrtoffizier: Was vor den Bug kommt, über den Haufen rennen! Um Mitternacht blinken verschiedentlich Anrufe auf. Die feindliche Postenkette. Ohne Antwort mitten durch. Wieder zahlreiche Lichter. Eine Fischerflotte. Unaufhaltsam geht es südwärts. Endlich durch.

An alle Stellen: „Erste Kriegswache wegtreten! Schläft angezogen auf Kriegsfreiwachschlafplätzen!“

Gegen 10 Uhr vormittags wird die Minensperre vorm Jadebusen passiert und gleich danach ankern die Schiffe auf Schillig Reede.

Das Gros ist noch nicht zurück. Nur die Torpedoboote und Kleinen Kreuzer. Nach 11 Uhr dampfen die Linienschiffe auf. Auch „Blücher“ passiert. Seine Flagge weht halbstocks. Schweigend zieht der Panzerkreuzer vorbei, um seine Toten an Land zu bringen.

Kriegsweihnachten

S. M. S. „Derfflinger“ liegt zum ersten Male in Wilhelmshaven. Das Schiff hat im Südhafen festgemacht.

Die „Kolberg“ ist in die Werft eingelaufen, da der stürmische Seegang fast die ganze Brücke weggerissen.

Auch „Derfflinger“ brachte winzigen Seeschaden aus der ersten Sturmfahrt mit. Zwei Treppen Und das Telefon auf der Schanz hatte die See fortgenommen.

Ausgezeichnete Stimmung herrschte. Besonders das Heizerpersonal war stolz auf das Geleistete.

Alle Zeitungen brachten lange Artikel über diese zweite Beschießung englischer Hafenbefestigungen. Ausländische Blätter meldeten die ohnmächtige Wut Englands.

Heiligabend plötzlich seeklar. Alarmgerüchte über einen englischen Vorstoß. Auf Wilhelmshavener Reede vor Anker. Alarm belegt. Kleine Vorbereitungen für Weihnachten.

Erster Weihnachtsfeiertag.

Fliegeralarm!

Klar Schiff zum Gefecht!

Anker auf! Die Weihnachtsbäume fliegen über Bord. Eilends geht es die Jade abwärts. An den Flakgeschützen stehen die Bedienungen. Mit frischgeröteten Gesichtern blicken sie in Richtung Helgoland. Da kommen sie auch schon herangeschwirrt. Wie die Hornissen. Fünf, sechs, acht. Von Fort Heppens schallt das Abwehrfeuer herüber. Sprengwolken stehen am Himmel. Da! Rauch wischt hoch. Dann geht eins der Flugzeuge senkrecht nieder.

Jetzt schwenkten zwei Flieger seitlich und kamen schnell näher. Das aufkommende Brummen der Propeller hing drohend in der Luft. Oberleutnant Oldekopp schrie seine Befehle etwas erregt über die Brücke. Dann krachten die Abschüsse der 8,8 cm Kanonen fast steil in die Luft. Die Ruhe der Mannschaften war bewundernswert.

Nach zwei Salven drehten die Flugzeuge ab und verschwanden so schnell wie sie gekommen.

Nebel kommt auf. Bei Schillig Horn gehen die Schlachtkreuzer vor Anker.

Ein Neujahrsgruß der U-Waffe

Sturmwolken.

In wilder Hast drängen sie zerrissen und weiß über den dunklen Nachthimmel. Wie Mähnen jagender Rosse streifen Wolkenfetzen das aufgewühlte Meer.

Irgendwo glühen schwach die Notfeuer der englischen Küste auf, irren die Strahlenbündel der Feuerschiffe über das schäumende Wasser.

Grimmig springt der Sturm ein flachgebautes Fahrzeug an, dessen Formen kaum zu erkennen sind, und schickt heftige Böen darüber hin, ohne es unterzukriegen. Ärgerlich wirbelt er die Schaumkronen der Wogen hoch und braust dann in wildem Gejaule davon, stürzt sich auf die dunklen Umrisse eines Trampdampfers, dass die Positionslaternen wie Irrlichter auf- und niedertanzen, fegt weiter und geht vor zahlreichen massigen Schatten gewaltiger Schiffe steil in die Höhe. Dann wirft er sich geifernd auf sie nieder, in ohnmächtiger Wut an den Masten rüttelnd, die spottend seiner Gewalt trotzten. Wütend über seine Machtlosigkeit, zerrt er den Schlotrauch seitwärts und treibt ihn in schwarzen Wolkenballen zur nahen Küste.

Das flachgebaute Fahrzeug kommt nur mühsam vorwärts. Es ist das deutsche U-Boot „U 24". Die Wache auf dem Turm hat sich festgeknotet. Seit Stunden stehen sie in Ölzeug, Lederhose und Seestiefeln. Die Kälte spüren sie schon nicht mehr. Nur die Müdigkeit in Armen und Beinen. Wortlos halten sie Ausguck. Unruhig suchen die Augen in dem Chaos. Woge auf Woge wälzt sich heran. Groß und dunkel manche. Schwer prallend rollen sie über das Vorschiff. Platschend schlagen sie gegen den Turm. Aufspritzend schäumen die Wassermassen über sie hin.

Der Wachoffizier zerrt an seinem Ölzeug. Silvester, denkt er, und morgen ist Neujahr. Eine schwere Woge rollt heran. Er greift nach den Haltestangen. Gischt und Schaum gehen nieder. Rauschend fließt das Wasser am Ölzeug herab.

„Teufel noch eins", brummt der Bootsmaat neben ihm. Da wird es unten lebendig. Die Ablösung kommt herauf.

„Prost Neujahr" riefen sie sich zu. Heulend antwortete der Sturm. Unten nahmen sie einen heißen Punsch zu sich. Das hatte sich der Koch nicht nehmen lassen. Dazu bei diesem Wetter. Dann warf sich die abgelöste Wache todmüde auf ihre Kojen.

Sie haben keine zwei Stunden geschlafen, da reißt die Alarmglocke sie hoch. Mit den schwankenden Bewegungen des Bootes stürzen sie auf ihre Gefechtsstationen. Auf Augenblicke das gellende Pfeifen des Windes, das Klatschen der Wogen, ein Schlagen und Klappern, ein harter Stoß, ein Zuruf, dann ist nur noch der Lärm der Motoren zu hören.

Kommandant und Steuermann standen über die Seekarte gebeugt, die das Gebiet des Kanals von Plymouth bis Portsmouth umfasste. Der Schein der Deckenbeleuchtung warf geheimnisvolle Reflexe, die gespenstisch hin- und herglitten. Der Steuermann wies mit der Hand auf einen Punkt oberhalb Start Point. Das war der augenblickliche Standort des Bootes. Kapitänleutnant Schneider nickte und kletterte nach oben.

Die See empfing ihn mit Gebrüll. Er musste sich erst an die Dunkelheit draußen gewöhnen. Dann folgte er dem weisenden Arm des Wachmannes.

Richtig! Eine Herde schwarzer Schatten hob sich undeutlich vom nächtlichen Hintergrund ab. Das waren Kriegsschiffe. Ein ganzes Geschwader.

Der Kommandant ruft Befehle nach unten.

Die kleine elektrische Röhrenbirne des Nachtzielapparates glüht auf. Der Steuermann sagt die Grade an. Das Boot ist ein Block gespannter Nerven. Es rollt in der schweren Dünung, die unsichtbar von den großen Schiffen herüberwogt.

Der Rudergänger steuert von der Zentrale aus. Zitternd sucht der Kompass seinen Pol. Unaufhörlich dröhnen die Seen über das Boot. Eisern hält der Mann am Steuer den befohlenen Kurs.

Kapitänleutnant Schneider wirft einen Blick auf das Leuchtrelais. Zwei Torpedorohre zeigen klar. Sein entschlossenes Gesicht peilt wieder nach dem jetzt aufkommenden Schlussschiff. Breit und mächtig schäumt der dunkle Koloss heran. Es ist das englische Linienschiff „Formidable".

Ein kurzer Ruf nach unten: „Anlauf beginnt!"

Kapitänleutnant Schneider sieht nur noch die riesigen Ausmaße des feindlichen Schiffes. Die Kälte, der heftige Wind, die sture See sind vergessen. Sein Blick hat sich festgebissen. Fest umklammert die linke Hand einen Halt. Die Rechte tastet nach dem Drücker. Eine Sprühflage fegte vorbei. Dann — — — zweimal ruckt das Boot verdächtig. Unten die Stimme des Leitenden. Wasser wird geflutet. Der durch die abgeschossenen Torpedos eingetretene Gewichtsverlust dadurch ausgeglichen. Dazwischen ein Befehl an den Rudergänger.

„U 24" dreht ab. Die Bugwelle schäumt auf. Das Boot gleitet auf den Rücken eines Wellenberges. Da erschüttern zwei schwere Einschläge das Meer. Der Sturm hält den Atem an. Die Männer auf dem Turm sehen die breit aufstrebenden Wassersäulen weiß und silbern leuchten. Zehn, zwölf Sekunden. Dann sackten die Fontänen lautlos zusammen. Eine kompakte, schwarze Masse wühlte noch an der Stelle. Hochgehende Wogen und die niederen Sturmwolken verwischten schnell die Sicht. Einem Schatten gleich verschwand „U 24" nach Südost.

Kurs „Doggerbank."

Im Schutze des abendlichen Dunkels, des 23. Januars 1915, haben die deutschen Panzerkreuzer die freie See gewonnen und steuern nun mit westlichem Kurs Doggerbank an.

S. M. S. „Seydlitz" als Flaggschiff des Admirals Hipper führt.

Die Gefechtsstationen sind kriegswachmäßig besetzt. An Backbordseite blickt Obermatrose Wichmann durch das Zielfernrohr eins der 15 cm-Geschütze über die dunkle See. Der kreisrunde Ausblick zeigt immer das gleiche Bild bei Nacht. Tiefdunkle Wogen, weißschimmernde Schaumkronen. Ausnahmsweise einen gut abgesetzten Horizont. Sterne am Himmel.

Wichmann bringt den Querstrich des Fadenkreuzes im Okular mit der Kimm überein. Angestrengt folgt er den Schwankungen des Schiffes, um keinen Grad abzuweichen. So machte es doch der Geschützführer auch. Es war gar nicht so leicht und er musste alle Kraft und Aufmerksamkeit darauf verwenden. Aber er schaffte es.

Auf dem Schlachtkreuzer „Derfflinger" wühlte sich zur selben Stunde Maschinistenmaat Kasten auf dem Kriegsfreiwachlager des Lecksicherungspersonals in einigen eingeschmuggelten Decken zurecht. Er wollte noch einige Stunden schlafen, um zur Mittelwache klar zu sein. Der Raum lag vollkommen im Dunkel. Zwei flüsterten noch. Einer schien im Schlaf zu sprechen. Dann war nur noch das Stampfen der Maschinen zu hören. Alles wogte durcheinander und da war Kasten schon eingeschlafen.

Hinter S. M. S. „Moltke" folgte als letztes Schiff Panzerkreuzer „Blücher". Steuerbord mittschiffs suchte Obermatrose Reichert als U-Bootausguckposten die nachtschwarzen Wogen ab und lauschte auf das Rauschen des Meeres, welches in schwerfälligem Auf und Ab das große Schlachtschiff wiegte.

Aber der deutsche Auslaufbefehl war verraten.

Um die Mittagszeit des 23. Januars war die englische Hauptspionageabteilung bereits im Besitz von zwei Meldungen über den geplanten Vorstoß.

Die eine lag fast im Originaltext vor und war über Holland nach Folkestone gebracht worden. Die andere Nachricht kam etwas verstümmelt durch Vertretungen einer internationalen Großfirma über Dänemark nach England.

Am späten Nachmittag ist die Kreuzerflotte des englischen Admirales Beatty bereits alarmiert und als das Dunkel der Nacht die See deckt, haben die Großkampfschiffe des englischen 1. und 2. Schlachtkreuzergeschwaders die Schneebeben vorm Firth of Forth bereits im Rücken und steuern, gefolgt von zahlreichen kleinen Kreuzern und Zerstörerflottillen, Kurs: Doggerbank.

Ein zweiter Verband britischer Kreuzer und Torpedoboote jagt, von Harwich kommend, gleichfalls auf Doggerbank zu, um den deutschen Panzerkreuzern den Rückweg zu verlegen.

Durch die Morgendämmerung stieß der kleine Kreuzer „Kolberg“, als Backbordseitensicherung des deutschen Schlachtkreuzergeschwaders, der Doggerbank zu.

Im wesenlosen Schein lag die See. Dunst und Dämmerung hatten den Horizont noch eng gezogen. In schnittiger Fahrt zerteilte der schlanke Schiffskörper die Wogen. Sprühflagen wehren über das Vorschiff und endeten als feiner Staubregen auf der Brücke.

Die um 8 Uhr neu aufgezogenen Kriegswachen suchten angestrengt die ohne Licht und Schatten daliegende Meeresoberfläche ab und drangen mit scharfen Ferngläsern in den Morgendunst.

Der Ausguckposten auf der Brücke stieß seinen Nachbar an. Bewegten sich dort in westlicher Richtung nicht vage Schatten? Da wieder! Plötzlich blitzten Lichtzeichen auf.

„Signalmaat!“ schreit es über die Brücke.

„Erkennungssignal!“ Eiliges Laufen.

„Alarm!“, gellte es unten durchs Schiff. Die Abgelösten stürzten von Backen und Banken weg an die Geschütze. Klappernd blinkte der Scheinwerfer einige Morsezeichen nach Westen, wo aus dem Dämmerkreis deutlich englische Kreuzer und Zerstörer schnell heraustraten. Scheinbar bewegungslos standen sie jetzt dort dicht vor dem Horizont. Anzusehen wie Spielzeuge, exakt und scharf umrissen. Krachend fuhr unten die erste Salve dem Feinde entgegen und verrollte schallend. Dann zuckte es auch drüben fahl und kurz auf. Blitzschnell pfiff es heran. Ein singendes Echo verhallte leise. Lautlos stiegen vier, fünf kleine Wassersäulen hoch. Wieder krachte es unten. Windschnell heulten die Granaten nach Westen. Treffer! Qualm schoss über den Aufbauten des englischen Kreuzers hoch. Die nächste Salve. Treffer! Schwarze Teile des Schiffes flogen in die Luft.

Jetzt kam die Antwort zurück. Ein dumpfer Ton. Splitternd und fauchend schlug die erste Granate ins Schiff. Die nächste Salve lag wieder hinter „Kolberg“. Dann plärrte noch ein Geschoß in die Aufbauten.

Die Kreuzer wendeten. Das Gefecht brach ab.

Mit großer Fahrt wühlte sich S. M. S. „Seydlitz“ als Spitzenschiff durch die See. Die Maschinen mahlten eintönig. In den Windschächten und Schloten brauste es hohl. Vom Steven her verrauschte seitlich die Bugwelle. Sonst war feierliche Morgenstille. Ahnungslos standen auf der Brücke Offiziere des Stabes, Signalwachen und Matrosen. Da rollte schwacher Geschützdonner über die See. Das war an Backbord. Die von der Kälte geröteten Gesichter erhellen sich. Zwanzig Augenpaare suchen in der Richtung des Schalles den Horizont ab.

„‚Kolberg' im Gefecht mit leichten Kreuzern!", ruft jemand aus dem Artillerieleitstand. Ein Läufer hastet nach unten. Immer noch rollt es dumpf im Westen. Bald näher, bald ferner.

Zitternde Erregung läuft durchs Schiff. Mit Trommel und Horn wird „Klar Schiff zum Gefecht!" angeschlagen unter dem Jubel der Besatzung.

Funkspruch auf Funkspruch der anderen kleinen Kreuzer meldet fast von allen Seiten englische Sicherheitsstreitkräfte. Admiral Hipper mustert in überlegener Ruhe die Lage. Dann folgen seine Befehle: „Kursänderung!" und „Ordnung der Gefechtslinie!"

Voraus die kleinen Kreuzer, in der Mitte die Torpedoboote, am Schluss die vier Panzerkreuzer, so liefen die Schiffe mit höchster Fahrt zurück zur Deutschen Bucht.

9 Uhr vormittags. Durch einen der Sehschlitze des achteren Leitstandes S. M. S. „Blüchers" peilt der Befehlsübermittler Reichert nach Norden, wo unter zahllosen Rauchfahnen versteckt sich leichte feindliche Seestreitkräfte außer Schussweite halten.

Plötzlich gibt der Ausguck im Mastkorb eine neue Meldung nach unten. Reichert wiederholt laut:

„Steuerbord achteraus starke Rauchwolken!"

Alle Geräte drehen von Backbord nach Steuerbord. Minuten vergehen. Es ist stille im Raum. Dann sagt der Artillerieoffizier: „Englische Schlachtkreuzer."

Auch Reichert kann jetzt durch den anderen Sehschlitz schwere Rauchwolken und Umrisse großer Schiffe wahrnehmen. Qualvoll langsam rinnt die Zeit. Drohend schieben sich die Konturen der feindlichen Schlachtkreuzer näher, obwohl „Blücher" den andern mit „äußerster Kraft" folgt.

Um 10 Uhr zeigt das Entfernungsmessgerät 18 Kilometer an und immer noch furchen die Geschwader, ohne zu feuern, das Meer.

Da zuckt es beim England" rot auf. Weiße Sprengwolken stehen über dem Mündungsfeuer.

Dann rollt es donnernd in der Ferne. Sekunden später steigen weit hinter dem Kielwasser „Blüchers" weiße Wassersäulen hoch. Wieder glühen drüben rote Punkte auf, gefolgt von lautem Grollen, und wieder steigen um das Kielwasser des deutschen Schlussschiffes Fontänen aus dem Meer.

S. M. S. „Derfflinger" furcht unter dem gewaltigen Antrieb seiner 65 000 PS gar grimmig das blaugrüne Wasser. Die Zitadell- und Kasemattenpanzertüren sind geschlossen. Verkeilte Sehschlitze sperren jede Sicht.

Der Schlachtkreuzer gleicht einem riesigen Recken, der mit heruntergelassenem Visier in gestrecktem Lauf den Zweikampf mit dem gleichstarken Gegner annimmt.

Die Beobachter im Krähennest, das Brückenpersonal, die Geschützbedienungen der leichten Artillerie und die Offiziere und Spezialisten an den Fernrohren sind die einzigen, welche sehen, was sich draußen abspielt.

Alle anderen verrichten, eingekeilt in den Stahlmassen des Schiffes, den in engen Grenzen gehaltenen Dienst. Ersatzmannschaften und Feuerlöschpersonal sowie die Reparaturgruppen stehen bereit, um auf Befehl sofort den bedrängten Stellen zu Hilfe zu eilen.

Maschinistenmaat Kasten stand mit seiner Lecksicherungsgruppe auf dem Sprung. Jetzt war es also so weit.

„Feindliche Schlachtschiffe kommen auf."

„Lion-Klasse."

„Fünf Einheiten."

Fortlaufend rief der Telefonposten die von oben kommenden Meldungen in das Helldunkel des Raumes. Sie sprachen vor Erregung kein Wort. Nur die Ohren spitzten alle. Verhaltenes Rummeln drang hinunter zu ihnen, anzuhören wie das Rollen eines fernen, schweren Gewitters.

Und dann fuhr das Schiff plötzlich im Krach der eigenen Breitseite der Turmgeschütze zusammen. Die Wände bebten. Verworrene Geräusche erreichten ihr Ohr. Sie lauschten nach oben.

Kasten zählte die Sekunden. Bei sechzehn krachte es wieder. Staub schwebte durch den Raum und verdunkelte den Schein der elektrischen Beleuchtung. Sie nickten sich zu. Pünktlich schauerte der nächste Abschuss durchs Schiff.

Zwei Gruppen feuerspeiender Berge ziehen übers Meer. Unaufhörlich grollt der Donner der schweren Geschütze. Heulend spulen die Riesengeschosse hinüber und herüber, ganze Wälder von Wasserfontänen hochreißend. Der Nordostwind treibt den Schlotrauch und Pulverdampf in dicken Wolken zwischen den Linien dem Engländer zu und verdeckt diesen zeitweise. Rotglühend zucken dann in dem Qualm wie ein feuriges Band die Mündungsfeuer auf. Ein Murren liegt in der Luft, schwillt zum Donnergrollen an, wird übertönt von dem Gebrüll der eigenen Breitseiten, verliert sich für Sekunden, um desto lauter die Luft zu erschüttern.

Die See brodelt und schäumt, aufgewühlt durch die vielen Wendungen und das Abstaffeln der Riesenschiffe. Prächtig anzuschauen, stehen Wassersäulen in Masthöhe um die vier deutschen Panzerkreuzer. Nur einmal rasselt es hart und kurz ins Vorschiff des „Blücher". Die Entfernung der kämpfenden Geschwader geht von 17 km oft auf 14 km zurück. Ab 10 Uhr 20 tobt der Artilleriekampf mit voller Wucht. Zahlreiche Brände lodern auf den englischen Schiffen auf. Mit Blitz und Krach fahren die deutschen Panzersprenggranaten dazwischen und machen klar Deck, so dass der Engländer abdreht, um aus dem Bereich der deutschen Geschosse zu kommen.

„Gefechtspause."

Im Turm C des Panzerkreuzers „Seydlitz" war die Luft dick und schwer. Nur langsam zogen die gelblichen Schwaden ab. Von Pulverdampf geschwärzte Gesichter staunten sich an. Heiß war die Arbeit in dieser ersten halben Stunde des Kampfes. Doch sie waren alle voller Zuversicht, denn das tapfere Beispiel eines Vorgesetzten spornte sie an.

Ihr Stückmeister Heinrich Horl, der schwerkrank am Abend vorher ausgeschifft werden sollte, hatte gebeten, als er hörte, dass es in See ging, an Bord bleiben zu dürfen. Als vormittags „Klar Schiff zum Gefecht“ angeschlagen wurde, ließ er sich in einer Hängematte auf seine Gefechtsstation bringen, um im Kampf bei seinen Leuten zu sein.

Mit schmerzlichem Lächeln blickte er in die bekannten Gesichter. Wie gerne hatte er selbst sein Geschütz bedient. Grad trat der Turmoffizier zu ihm, da rasselten die Alarmglocken.

Rasch sprang alles an die gewohnten Plätze. Befehle erschollen. Die Salvenhupe tönte. Und schon dröhnte Turm C dem Feinde sein ehernes Lied entgegen. Die Munitionsaufzüge ratterten. Geschoß, Kartusche, Vorkartusche; Fließarbeit in rasendem Tempo. Alle 10 Sekunden schüttert der Turm unter dem Abschuss. Das ist Musik für Stückmeister Horl; „Feste drauf, Jungens!“

Da wankt plötzlich der Turm.

Etwas Glühendes hämmert mit tausendfachem Krach hinein. Ein Flammenmeer löscht alles Leben aus, zersprengt den Panzer und reißt eine riesige Stichflamme hoch. Eine zweite folgt. Minutenlang stehen sie masthoch wie Fackeln über dem Grab der Turmbesatzungen.

Mit furchtbarer Detonation riss es das Schiff hoch. Der Knall stürmte berserkermäßig durch alle Raume. In den Kasematten rollten die Granaten nach mittschiffs.

Wichmann tastete sich nach der schwankenden Seitenwand. Die Schotttür schlug zu. Ein Getöse war achtern, als ob eine Lawine zu Tal rollte. Dann jähe Stille. Unheimlich drückend. Wasser rauschte. Das Schiff machte unvermindert Fahrt. Die Salvenglocke schrillte. Sie stürzten ans Geschütz und jagten Schuss auf Schuss raus.

Auf der Brücke der „Seydlitz“.

Feurige Lohe spiegelte sich im vorderen Kommandoturm wider, bläulich-rotes Licht überhellte die Aufbauten.

„Das Achterschiff steht in Flammen!“ schreit einer.

Starres Entsetzen. Lähmende Stille.

Der 1. Artillerieoffizier reißt sich zusammen. Nur jetzt keine Feuerpause. Im Sehrohr hat er das Bild des Gegners. Der Ausguck im vorderen Mast meldet: „Deckend!“

„Salventakt 10 Sekunden!“

Wütend dröhnt das Schiff unter den Abschüssen der schweren und mittleren Artillerie. Es ist wie eine Erlösung, feuern, feuern und treffen.

Unter Deck spielt sich der Kampf um Sein oder Nichtsein des Schiffes ab. Die Befehlsübermittler rufen von der Hauptzentrale die gefährdeten Stellen an.

„Turm Cäsar!“

Dumpf und hohl schallt das Echo zurück. Keine Antwort!

„Achtere Leckgruppe!“ Keine Antwort.

„Hecktorpedoraum!“ Keine Antwort.

Der 1. Offizier Hagedorn ist sofort im Bilde. Hart und entschlossen ist sein Gesicht. Mit dem Feuerwerker Hering und dem Pumpenmeister Müller dringt er nach den Brandstellen vor.

Wühlender Qualm, beißende giftige Gase, erdrückende Hitze stemmen sich gegen die drei Männer. Runtergerissene Eisenteile, verbogene Träger sperren den Weg. Weiter. Trockene Glut stößt ihnen entgegen. Dampfdurchtoste Gänge werden passiert. Die Lichtkegel der Handlampen schrumpfen zusammen. Vor ihnen ein rot durchglastes Chaos. Der Raum, der die Flutventile birgt, glüht den dreien entgegen. Mit aufgerissenen Augen starren sie in die Höllenglut. Trockene Kehlen, krächzende Laute. Dort müssen sie hinein. „Fluten!" Ohne langes Besinnen reißt die Pflicht sie vorwärts. Tausend Mann, ihr stolzes Schiff, stehen auf dem Spiel! Der Atem setzt aus, zuckend lecken Flammen nach. ihnen. Die Fäuste greifen zu, irrsinnig die glühenden Eisenteile umspannend. Haut und Fleisch verbrennen. Sind sie gefühllos? Ein Rucken und Zerren, die Flutventile öffnen sich. Wasser rauscht gurgelnd in die Räume, löscht den Brandherd und rettet das Schiff.

Fast besinnungslos taumeln die drei wackeren Männer den Weg zurück und brechen vollkommen erschöpft im Mittelgang zusammen.

Zwischen dem weißen Pulverdampf, der in Fetzen über dem Achterdeck des „Derfflinger" zog, wuchs ein kohlschwarzer Pfeiler, begleitet von dem donnernden Schall des explodierenden Geschosses.

Dann sank die Staubsäule zusammen, die Schanz mit Splittern überdeckend, und nur ein großes dunkles Loch gähnte im Deck.

Doch das Schiff jagte mit gleichbleibender Fahrt dahin, als ob nichts gewesen. In genauen Pausen brüllten die Schlünde der schweren Geschütze ihr gewaltiges Getöse in die Luft. In kürzeren Abständen krachten die Breitseiten der Mittelartillerie.

Die Lecksicherungsposten registrierten den Treffer als starke Erschütterung, der zwei schwächere folgten. Dann jagten sich Meldungen und Befehle.

„Steuerbord Wellentunnel leck." — „Es dringt mäßig Wasser ein" — „Achtere Leckgruppe Leck gedichtet." —

„Wallgang Spanten 56/57 fünf Nieten gesprungen. Spanten verbogen. Wasser dringt ein."

Maschinistenmaat Kasten eilt mit zwei Mann nach der gefährdeten Abteilung. Das Wasser spritzt in fingerstarken Strahlen in den Raum. Ein eigenartiger Quell. Patschend stehen sie drin. Bis zu den Waden reicht es schon. Holzpflöcke werden reingeschlagen. Kasten stellt die Lenzmittel an. Nach drei Minuten ist der Wellentunnel gelenzt. Sie eilen zurück.

Neuer Auftrag: „Munitionskammer 38, Turm Dora macht Wasser."

Unterwegs kommt ihnen schon ein Matrose entgegen. Das Wasser ist nur gering und bereits selbst zum Stillstand gebracht worden. Umgeben von Lärm des fahrenden und schießenden Schiffes hasten sie nach ihrer Station.

Auf der Brücke des englischen Schlachtkreuzers „Lion" ging eine Rauchwand nieder. Aus dem Dunst tauchte das Gesicht des Admirals Beatty auf, der sein Flaggschiff zum zweiten Mal dem konzentrischen Feuer des deutschen Spitzenschiffes ausgesetzt sah.

Das Brückengerüst schwankte noch in den Nachwirkungen des schweren Treffers, der alle anderen um ein Vielfaches überragte. Die Augen der Stabsoffiziere flackerten erschreckt denn das ächzende Quietschen der Stahlverbindungen kringelte sich durch ihre Körper bis in den Kopf und blieb dort als eine dumpfe Mahnung hängen.

Beattys Gesicht war kalt. Wieder setzte er das Fernglas an. Die achteren Türme des deutschen Spitzenschiffes rührten sich nicht. Sie waren zerstört. Doch die gewaltige Detonation hatte dem Schiff sonst nichts geschadet. Ungehemmt lief es dahin.

Der Artillerieoffizier der „Lion" machte dieselbe Feststellung. Die Augenbrauen zu einer Linie zusammengezogen beobachtete er den Gegner. Unaufhörlich blitzten drüben die Mündungsfeuer auf. Fabelhaft, dachte er und zog wie alle anderen den Kopf etwas ein, den heranheulenden Geschossen so Reverenz erweisend.

Eine donnernde Kette von Einschlägen schütteln den Eisenkoloss. Krachend und splitternd fegten die deutschen 15 cm-Granaten in die Aufbauten.

Mit halben Ohren hört er die Meldungen aus dem Schiff

„FT-Anlage zerstört!" — „Mittlerer Turm ausgefallen!" — „Brand im Vorschiff!"

Das Nachzittern der Treffer lag ihm in den Knochen. Diese Germans schossen verdammt gut. Mit Gepolter und Stoß kam die Bestätigung.

Das schwere Panzerschiff zuckte unter der Wucht der Einschläge, die Qualm, Dampf und Eisenstücke hochrissen.

Kläglich kamen ihm die eigenen Abschüsse der wenigen noch intakten Kanonen vor. Ein bedrohlicher Schatten stand plötzlich in seinem Okular. Er schien alles Licht zu erdrücken. Vier, fünf Einschläge ließen das Schiff bis in die Bunker erbeben. Es legte sich seitlich. Die nächste Lage schien es wieder hochzureißen. Zusammengeschossen kreiselte der Eisenkoloss um die eigene Achse.

In Qualm und Feuer gehüllt schert „Lion" aus.

Aus den Rauchschwaden, die träge über die Brücke kriechen, lösen sich die Gestalten englischer Offiziere. Ein Signalmatrose steht vor Beatty: „Meldung H. M. S. ‚Tiger'."

Der Mann braucht nicht weiterzusprechen. Beatty sieht es selbst. Brennend und schwer beschädigt sackt das gewaltige Schiff achteraus.

Blinksignale ringen sich durch den Qualm:

„Abdrehen nach Steuerbord!"

„Treffer!" — „Das feindliche Schiff brennt!"

Laut brüllen es die Befehlsübermittler des „Derfflinger" in die Sprachschläuche und Telefone.

Da dröhnt eine starke Erschütterung durch das Schiff. Auf der Lecksicherungsstation springen sie von ihren Sitzen hoch und horchen. Der Widerhall trichtert sich ringsum durch die Stahlmassen.

„Das ist mittschiffs." — „Ein Torpedoschuss." —"Alarm." — „Jetzt geht's erst richtig los", so wogen die Rufe durcheinander.

„Ruhig Blut“, mahnt Kasten.

Oben grollen ununterbrochen die schweren Salven. Dann fliegen die Meldungen in den Raum: „Steuerbord Hauptmaschine gibt keine Antwort“ — „Sprachrohrleitung nach Abteilung V Steuerbord auseinandergerissen.“ — „Schutzbunker III Abteilung VIII voll Wasser.“ — „Wasser dringt in Kesselbunker und Heizraum.“

Die Lenzpumpen springen an. Kasten dringt mit einigen Leuten nach dem Schutzbunker vor. Der Boden ist heiß. Überall trockene Glutluft und das Tempo der arbeitenden Maschinen. Wollene Decken, Holzteile, Balken. Der Bunker wird verkeilt.

Durchnässt und schweißtriefend meldet Kasten den Stillstand des Wassers. Oben hört das Schießen auf. Der Mann am Telefon ruft: „Der Engländer zieht sich zurück!“

Indessen tobt zwischen den englischen Schlussschiffen „New Zealand“ und „Indomitable“ und dem deutschen Panzerkreuzer „Blücher“ ein heftiges Artillerieduell.

Grimmig platzen die Rohre der schweren Türme ihre Ladungen hinaus. Gigantische Kämpfer, die abwechselnd links und rechts zustoßen. Der Krach der Abschüsse gongt durchs Schiff, vibriert bis hinunter zu den Kesseln, zittert in den Kohlenbunkern nach und lässt die Beleuchtung kurz aufflackern. Unter dem sonnenklaren Himmel aber wühlen sich die Granaten fort und dröhnen, alles zermalmend, in die englischen Schiffe. Qualmsäulen und sprühendes Eisen zeigen die Treffer an.

Plötzlich stockt S. M. S. „Blücher“ in seiner schäumenden Fahrt. Eine ungeheure Explosion rollt durch die unteren Räume. Flammenbänder laufen durch die Kasematten. Aufbrennende Kartuschen setzen das Schiff in Brand. Zitternd läuft wummernder Schall auf und nieder. Pulvergase, Qualm und weißer Dampf zischen über Deck. Die Umdrehungen fallen. Die Zeiger des Fahrtmelders zeigen nur noch halbe Fahrt. S. M. S. „Blücher“ bleibt zurück.

Wassersäulen! Pulverdampf! Schlote und Masten!

S. M. S. „Moltke“. Der Schlachtkreuzer hat noch keinen Treffer. Auf der Brücke bemerkt man erschreckt das achteraus sacken des brennenden „Blücher“.

Ein dringender Anruf. Die Antwort erstickt im aufwallenden Rauch des „Blücher“. Immer weiter bleibt er zurück.

Hastig weht auf „Moltke“ über dem grellen Mündungsfeuer der schweren Artillerie ein neues Flaggensignal aus. Mit Windeseile wird es auf „Derfflinger“ gehisst und in der nächsten Sekunde vom Signalpersonal des Flaggschiffs „Seydlitz“ abgelesen.

„‚Blücher‘ Maschinentreffer, kann Fahrt nicht halten.“

Ein Befehl Hippers. Die Fahrtbälle sinken: Halbe Fahrt! Neue Meldungen: „Blücher“ bleibt immer mehr zurück.“ — „Feindliche Schlachtschiffe stoßen erneut vor.“

Hart kämpft Admiral Hipper um den richtigen Entschluss. Das schwer havarierte Schiff im Kreisgefecht raushauen. Schon setzt er an, den Befehl zu geben, da bringt der Funkoffizier zwei gleichlautende Meldungen der nördlich sichernden, kleinen Kreuzer: „Schwere Rauchwolken im Norden."

Dahinter können sich nur englische Großkampfschiffe verbergen. Das wirft den ersten Gedanken über den Haufen. Schweren Herzens überlässt Hipper S. M. S. „Blücher" seinem Schicksal. Jetzt gilt es, das kleine Geschwader der feindlichen Umklammerung zu entziehen.

„Äußerste Kraft voraus!"

Zerrissene Brandwolken hängen über dem brennenden Panzerkreuzer „Blücher". Bewegungslos liegt das stolze Schiff auf dem von Einschlägen aller Kaliber kochenden Wasser. Ausgebrannte Geschütztürme, zerstörte Kasematten, vollgelaufene Unterwasserräume sind Massengräber deutscher Seemänner. Die noch Lebenden mannen Granaten an Stelle der ausgefallenen Munitionsaufzuge oder bilden lebende Ketten der Befehlsübermittlungen. Das unablässige Feuern der letzten Geschütze ist der einzige Trost der todgeweihten Seeleute.

Turm Düppel steht sturmumtost in dem Eisenhagel. Die Geschosse prallen an dem Panzerturm ab, als wäre er unverwundbar. Nur die gewaltigen Erschütterungen fressen sich dröhnend durch die Metallteile, lassen die Turmbesatzung erschauern und setzen die rauch- und gasgeschwängerte Luft in träge Bewegungen.

Stückmeistersmaat Wegner blickt durch das Fernrohr nach dem Feind. Es wimmelt dort von kleinen Kreuzern und Zerstörern, dahinter stehen die Konturen der Großkampfschiffe.

Plötzlich schnellt der Turm federnd hoch. Ein gewaltiger Schlag echot in allen Ecken. Dann steht der Turm fest.

„Steuerung versagt! Turm lässt sich nicht schwenken!" brüllt der Stückmeister. Durch Qualm und stickige Gase schreit der Turmoffizier seine Befehle.

Alles probieren und Suchen ist vergeblich. Der Fehler muss draußen liegen. Da klettert Bootsmaat Wegner schon durch das Bodenluk ins Freie. Mit Gebrüll empfängt ihn an Deck die tobende Schlacht. Durch Berge von Kartuschhülsen und ein Gewirr von Splittern läuft er um den Turm. Dort ist die Gleitschiene verbogen. Schnell ist die Störung beseitigt. Er eilt zurück. Da prasselt es in den achteren Mast. Ein Splitter streckt ihn nieder. Der Turm aber dreht sich wieder und die Röhre singen ihm donnernd das Totenlied.

260 Umdrehungen!

Kurs Südost zu Ost.

Mit höchster Fahrt jagen Hippers Panzerkreuzer zurück zur Deutschen Bucht. Das Flaggschiff „Seydlitz" liegt mit dem Achterschiff tief im Wasser. S. M. S. „Derfflinger" hat etwas Schlagseite nach Steuerbord.

Ein Zeppelin erscheint. Er neigt sich tief über das Geschwader, passiert in Masthöhe die Schlachtschiffe. Kasten ist gerade an Deck. Er blickt auf die riesige graue Wand, die da so erhaben verbeibrummt. Hurrarufe verwehen. Majestätisch steigt das Luftschiff an, wird kleiner und kleiner. Dann ist es nur noch ein schmaler hellglänzender Streifen. Eine Stunde später passieren zahlreiche Linienschiffe der Grand Fleet das Kielwasser der deutschen Schlachtkreuzer. An Steuerbord hören die Wachen Geschützdonner. In breiter Linie schwenken die Schiffe auf Westkurs. Die leichten Streitkräfte räumen das Feld. Jetzt hatten sie die gefürchteten deutschen Panzerkreuzer in der Falle. Nun konnte der Tanz beginnen.

S. M. S. „Blücher“ schwimmt immer noch.

Wie die Wölfe umkreisen die zahlreichen englischen leichten Streitkräfte den gefällten Riesen. Torpedolaufbahnen ziehen auf das stillliegende Schiff. Die Detonationen ersticken in den bereits vollgelaufenen Unterwasserabteilungen.

Zum zweiten Mal stoßen Zerstörer und kleine Kreuzer vor, um dem Panzerkreuzer den Rest zu geben.

Schon allzu lange hält sich die fast fünfzigfache Übermacht mit diesem einzelnen Schiff auf. Das Zielfeuer der Großkampfschiffe setzt aus.

In schnittiger Fahrt jagen englische Zerstörerflottillen, geführt von kleinen Kreuzern, auf „Blücher“ zu. Nur Mastspitzen und wirbelnder Rauch zeigen ihr Kommen an. Auf zehn, acht, sechs Kilometer sinkt die Entfernung. Scharf und kantig wachsen die Aufbauten der schwarzen Zerstörer in rasender Fahrt schnell höher.

Jetzt schlägt „Blücher“ zu. Sperrfeuer, zornig, berserkermäßig. Ein Titan, der mit Riesenfäusten die zwerghaften Boote zertrümmert. Minutenlang verschwinden diese in hochgerissenen Wasserbergen. Der Wirbelsturm des alles niederbrechenden Eisenhagels wirft die Flottillen zurück.

Ein Zerstörer sinkt. Ein zweiter bleibt regungslos liegen.

Brennend und zerschossen fluten die anderen zurück, mit den deutschen Granaten um die Wette laufend.

Das schwere Feuer der Schlachtschiffe grollt wieder über die See. Ein Geschütz nach dem andern fällt aus. An Backbordseite feuern nur noch zwei Kanonen der Mittelartillerie.

In Kasematte IV oberhalb des Schutzschildes klafft ein lukgroßes Loch. Die Geschützbedienung ist zusammengewürfelt. Zwei Maate, ein Leutnant, drei Matrosen. Der Munitionsaufzug funktioniert, nicht mehr. Aus den zerstörten Geschützständen schleppen Heizer, Deckoffiziere, selbst Verwundete, die Granaten heran.

Ab und zu werfen sie einen suchenden Blick durch das Einschussloch. Wassersäulen, Rauchmassen, aufblitzende Mündungsfeuer, Mastspitzen, weiter sehen sie nichts.

Mechanisch drückt der Geschützführer die Abfeuerung. Er sieht den Feind in der Vergrößerung des Fernrohres deutlicher. Zahllos, wie der Sand am Meer, denkt er, die Augen brennen ihm in den Höhlen. Rasend klopft das Blut in den Adern. Roter Schein fährt krachend in die Kasematte. Grell aufflackernd tanzen Schatten und Feuer an den Wänden und der niederen Decke.

Der Leutnant ist lautlos umgesunken, seine Rechte presst krampfhaft die getroffene Seite. Matrosen tragen ihn weg. Da dröhnt es wieder heran. Schreie verstummen. Dunkelrotes Feuer, Blitz und Krach. Stille des Todes.

Kasematte IV ist ausgebrannt, zertrümmert.

Im Torpedobreitseitraum, tief unter der Wasserlinie, sind sie seit einer Stunde ohne jede Verbindung. Todernste Gesichter blicken sich an. Es hämmert über ihnen in allen Tonarten. Noch ist der Knall des letzten Treffers nicht ganz verhallt, da dröhnt es wieder durchs Schiff, dass alles zittert und bebt.

Staub, abspringende Farbe machen die Luft dick und schwer. Wenn sie bloß nicht untätig zu warten brauchten. Sie haben die Augen starr zur Decke gerichtet. Keiner spricht mehr.

Tobend brach oben ein schwerer Einschlag ins Schiff; das schien das Ende. Ein rasender Knall stand in dem hohen Raum, gellte betäubend herab. Unfreiwillig sprangen sie hoch. Schwankten die Wände. Die Beleuchtung machte drei, vier Sätze, dann erlosch das Licht. Dröhnendes Schüttern ließ den Boden schwanken, sie rutschten alle in eine Ecke. Da wurde die Tür ausgerissen. Schwacher Schein draußen.

„Mitkommen!" schreit ein Maat.

„Alle Mann an Deck!"

Sämtliche Geschütze schweigen, bis auf den Turm „Bautzen" der schweren Artillerie. Sprengstücke haben auch hier Teile der Turmbesatzung getötet und verwundet. Aber immer noch platzt der Turm seine Ladungen gegen den übermächtigen Feind. Obermaat Schulz visiert haarscharf den englischen Kreuzer an und jedes Mal, wenn es drüben rot aufsprüht, huscht ein Lächeln über sein Gesicht.

„Billig kriegt ihr uns nicht", sagt er vor sich hin.

Krachende Schläge trommeln gegen den Panzerturm. Plötzlich schwankt alles um ihn. Er fühlt irgendwo einen stechenden Schmerz. Schwarz-weißer Qualm wallt auf. Jäh sinkt er zurück.

Feuer schlug grell aus dem Turm. Das letzte Geschütz war zum Schweigen gebracht.

Das Ende.

Durch klaffende Löcher rauscht das Wasser in die zerschossenen Kasematten des „Blücher". Unter schweren Brandwolken flattert geisterhaft Feuerschein. Gestalten bewegen sich schattenhaft in den Rauchschwaden. für Sekunden lichtet sie der Wind. Zusammengedrängt stehen Teile des Restes der Besatzung in musterhafter Ordnung mittschiffs.

Disziplin und Heldenmut sind die würdigen Merkmale dieser tapferen Seeleute. Noch immer grollt es ringsum, aber die Treffer lassen nach.

Urplötzlich geht ein Zittern durchs Schiff. Aufbäumt sich „Blücher". Dann wirft er, sich seitlich legend, alles über Bord, kentert und versinkt dumpf gurgelnd in der Tiefe.

Das ist das Einzige, was die aufdampfenden englischen Linienschiffe noch sahen. Enttäuschung stand in den Gesichtern der Offiziere. Denn den Horizont deckten schwere Brandwolken der eigenen Schiffe.

Auf der Untergangsstelle kreuzten zwischen den treibenden deutschen Seeleuten und Wrackteilen englische Zerstörer und Kreuzer.

Über 200 Mann wurden aufgefischt.

Dann folgten die leichten Seestreitkräfte den an der Kimm entschwindenden Geschwadern.

Der Rückweg nach England ist bedeckt mit schwer havarierten englischen Schlachtschiffen, Kreuzern und Zerstörern, die mühsam heimwärts fahrend die nächsten Häfen ansteuern.

Es dunkelt auf See.

H. M. S. „Lion" liegt mit Schlagseite tief in der dunklen Flut. Schneeflocken treiben über Deck. Sturmlaternen wiegen sich im Wind. Der geisterhaft flackernde Schein hängt wie eine Lichtkugel in der Schneeluft. Schwarze Gestalten laufen vorn und achtern. Einige Rufe, Blinkzeichen einer Morselampe. Stahltrossen werden gemannt.

Zerstörer kommen längsseits. Ein halbes Dutzend hängt strahlenförmig an den Trossen. Die straff gespannten Stahlseile zerren das Ungetüm von Schlachtkreuzer vorwärts. So kehrt Englands Spitzenschiff heim, vom ersten Kampf mit gleichstarkem Gegner. Etwas schwer mitgenommen, etwas zu viel fürs erste Mal. Es war gut, dass die Nacht alles andere verdeckte.

Das war ein heißer Sonntag.

In Gruppen stehen die Schlachtkreuzermatrosen an Deck. Vereinzelte Heizer, darunter auch Maate und Deckoffiziere.

„Blücher fehlt." — „Ein Engländer ist gesunken." „Das war das zweite Schiff." — „Ein mächtiger Kasten." „Drei Schornsteine, ein Dreibeinmast." — „Auch das englische Spitzenschiff hat die Linie verlassen." Ein Geschwader Linienschiffe taucht auf. Es setzt sich an die Spitze der Panzerkreuzer. „Die kommen auch schon." — „Ob ‚Blücher' tatsächlich gesunken ist?"

Es wird still unter den Leuten. Viele gehen unter Deck. Bald dunkelt es. Dann wird die Minensperre durchlaufen.

Auf den Schiffen, die bei Schillig vor Anker liegen, stehen die Besatzungen Kopf an Kopf. Brausende Hurras hängen über den vorbeiziehenden Schlachtkreuzern. Gegenhurras erschallen zurück.

Gegen 8 Uhr gehen die Schiffe auf Wilhelmshavener Reede vor Anker.

Um den Handelskrieg mit U-Booten

Nach Seebeuterecht. S. M. U-Boot „U 21" kreuzt im Irischen See. Der Steuermann steckt den Kurs ab. Das Boot befindet sich oberhalb der Insel Anglesey, wo die Dampferwege vom St. Georg-Kanal nach Liverpool einbiegen.

Kapitänleutnant Hersing hat einen guten Tag.

Über die einsame Meeresoberfläche zieht ein Dampfer. Scharf peilen die Wachen ringsum über die blaue See. Der Horizont bleibt leer.

Alarm!

Heizer Meyer, der als einziger außer der Turmwache die Nase rausgesteckt, verschwindet schnell nach unten. Kommandant und Geschützbedienung klettern an Deck.

Der Dampfer kommt näher. Ein fetter Braten.

3000 Tonnen, schätzt Kapitänleutnant Hersing. Jetzt ist er auf tausend Meter heran.

„Bootsmaat, Schuss vorm Bug!"

Der Abschuss zerreißt die Stille des Meeres. Vorm Steven des Dampfers steigt eine Wassersäule hoch.

Der Dampfer stoppt. Er liegt willenlos vor dem unheimlichen Unterwasserschiff und schlingert in der Dünung. „U 21" kommt näher.

Vom Turm des U-Bootes schallt eine Aufforderung zu dem Dampfer hinauf: „Schiff verlassen! Papiere überbringen!"

Drohend richtet sich die Kanone auf das Opfer.

Leute laufen an Deck zu den Booten.

Von der Brücke hasten sie nach unten. Das Rettungsboot legt ab, kommt längsseits des U-Bootes. Wortlos grüßt der Kommandant. Nimmt die Papiere.

Dampfer „Ben Cruachan", 3092 Tonnen, auf dem Wege nach Liverpool. Hat Bannware an Bord. Das Boot wird entlassen.

Dumpf krachen die Schüsse durch den kalten Wintertag.

Stücke fliegen! Schwarze Löcher gähnen in der Bordwand. Wasser ergießt sich ins Innere.

Eine Feuersäule springt auf. Der vordere Mast bricht zusammen. Das Schiff neigt sich nach Backbord. Mit Getöse geht es unter.

Noch einmal wiederholt sich dasselbe. Zwei kleinere Fahrzeuge mit je 500 Tonnen sind die Opfer. Dann entschwindet „U 21" im Dunkel des Abends.

Am gleichen Tage steht das Schwesterboot „U 20" in der Bucht vor Le Havre. Auch hier das gleiche. Schuss vorm Bug. Ausschiffen der Besatzung. Übergabe der Papiere. Versenken des Schiffes durch Artilleriefeuer. Am Abend hält der Kommandant Papiere von drei vernichteten Handelsdampfern mit insgesamt 12 000 Tonnen in Händen.

Acht andere Boote aber, die ebenfalls in See stehen, kommen nicht zum Schuss, weil die gesichteten Dampfer entweichen oder alarmierte englische Zerstörer ein Anhalten unmöglich machen.

Handelskrieg mit U-Booten.

Alle Teile des Volkes, voran die Tageszeitungen aller Parteien, fordern ihn gegen die maßlose Vergewaltigung der Freiheit der Meere durch England.

Fregattenkapitän Bauers Vorschlag reift endlich zur Tat. Der Führer der U-Boote hat keine Ahnung, wie weit die Dinge in Berlin bereits gediehen sind, denn seit Oktober 1914 ist er immer wieder auf Ablehnung gestoßen.

Die Erklärung dieser äußerst wichtigen Entscheidung ist eine Groteske.

Reichsleitung, Generalstab und Admiralität sind sich über die endliche Anwendung der U-Bootswaffe gegen den englischen Handel einig.

Tirpitz, Admiral Bachmann, selbst der Kabinettchef von Müller, letzterer allerdings aus eigenen Gründen, warnen vor einer zu frühzeitigen Erklärung.

Der Großadmiral will die Zahl der Boote vergrößert wissen, genügend Stützpunkte ausgebaut haben und vor allen Dingen dem Führer der U-Boote genügend Zeit zur Vorbereitung lassen.

Das war in den letzten Tagen des Januars.

Da werden plötзlich mit Datum vom 4. Februar 1915 die Gewässer um England als Kriegsgebiet erklärt und die Versenkung feindlicher Kauffahrteischiffe wird angekündigt.

Unterschrieben: von Pohl, Chef des Admiralstabes.

von Bethmann Hollweg, Reichskanzler.

Auf S. M. S. „-Hamburg" türmen sich die Akten des Schriftwechsels mit den dem Führer der U-Boote übergeordneten Stellen.

Kapitän Bauer legt eine seitenlange Anordnung des Admiralstabes in die umfangreiche Mappe für unerledigte Sachen. Er konnte nur den Kopf schütteln über so viel Bedenklichkeiten.

Kapitänleutnant Lützow kommt. Sie haben beide dieselbe Sorge. Lützow ist ein vortrefflicher Mitarbeiter. Er hat einen tiefen Einblick in die Tätigkeit der U-Boote gewonnen. Er sieht, genau wie sein Chef, die erschreckenden Gegensätze zwischen den Erfordernissen der U-Front und den Erkenntnissen in Berlin.

„Dieser Papierkrieg", sagt Lützow, „dieser Leerlauf."

„Wir sitzen hier so richtig als ausgleichende Stelle dazwischen, aber was ist zu machen", antwortet Bauer.

„Die Juristen in Berlin haben aus dem unsichtbaren Tauchboot ein Überwasserfahrzeug gemacht", spricht er weiter. „Was nutzt uns ein U-Boot, wenn es den feindlichen Dampfer sichtbar angreifen muss. Das macht alle Erfindungen illusorisch und vernichtet den Kampfwert der Boote."

„Gibt es denn keine Möglichkeit, das Notwendigste durchzudrücken?", fragt Lützow.

„Es wird schon einmal werden", sagt Bauer, „arbeiten und nicht verzweifeln."

Admiral von Ingenohl abgesetzt!

Admiral von Pohl Flottenchef!

Admiral Bachmann Chef des Admiralstabes!

Der Handelskrieg mit U-Booten gegen England erklärt!

Das ist etwas viel auf einmal, denkt Fregattenkapitän Bauer und liest die Blockade-Erklärung nochmal. Er ist vollkommen überrascht. Noch mehr über die Unterschrift. Tatsächlich! gez. v. Pohl steht da.

Bauer schüttelt den Kopf.

Wenn Bachmann die Bekanntmachung unterschrieben hätte, das wäre ihm klar gewesen, aber Pohl? Doch das war nun gleich. Vierzehn Tage standen ihm nur zur Verfügung, alles einzuleiten. Das hatte man wohl in der Aufregung in Berlin vergessen.

Er klingelt den Läufer herbei.

„Kapitänleutnant Lützow soll kommen."

Der Mann wiederholt den Befehl und verschwindet lautlos. Lützow tritt ein. Bauer überreicht seinem Mitarbeiter die Hiobsbotschaften.

„Es geschehen noch Zeichen und Wunder."

„Endlich", antwortet Lützow. Dann rechnen beide, denn sie haben die Kehrseite der Sache zu bestreiten.

„19 Boote", sagt Lützow, „wenn die jetzt in See stehenden heil zurückkommen."

Der Führer der U-Boote blickt mit hartem Gesicht zum Bullauge hinaus. Das ist wenig, denkt er. Da zog draußen „U 29" vorbei. Der Kommandant stand an Deck. Es war Otto Weddigen, der U-Bootsvolksheld. Das war ein gutes Zeichen.

„Hat Weddigen schon Befehl?"

„Nein," er fährt das neu übernommene Boot ein!"

Damit gingen sie an die Arbeit.

Seewärts!

Der Felsen Helgoland steht sturmumtost in den entfesselten Gewalten der Deutschen Bucht. Eine U-Bootflottille gleitet in die kalte, finstere Nacht. Der Weg geht schnurgerade durch die schäumende See. Die Wachen sehen nur pechschwarzes Wasser und weißen Gischt. Schwer kämpfen die Boote gegen das Unwetter an, mühsam stoßen sie vorwärts, jäh rutschen sie in tiefe Wogentäler, torkeln von Backbord nach Steuerbord, stemmen sich zitternd und ächzend gegen die See.

Längst ist die Flottille auseinandergerissen. Dunkle See und Finsternis wühlen alles durcheinander. Jedes Boot nimmt für sich allein den Weg zur feindlichen Küste.

Otto Weddigen geht mit „U 29" nordwärts nach den Orkney-Inseln. Valentiner steuert sein Boot „U 38" zur Themsemündung. „U 12" und „U 14" ist die Ostküste Englands zugewiesen. „U 21" unter Hersing und „U 24" unter Kapitänleutnant Schneider gehen wieder durch den Kanal.

Des Nachts melden Funksprüche die mühsame Tagesbeute, denn die Boote müssen immer noch nach Prisenordnung arbeiten. Doch die Erfolge mehren sich. Zwei, drei, fünf Dampfer werden oft täglich rings um England auf den Grund gelegt.

Die abgelösten U-Boote schleppen gekaperte Dampfer als Prisen ein. Unter den Heimatswimpeln wehen die Ziffern der versenkten Tonnage: 12 000 Tonnen, 18 500 Tonnen. Eins zeigt sogar 26 000 Tonnen an.

Auch Verluste treten ein.

England selbst hält die Meldung vernichteter deutscher U-Boote zurück. Die Ungewissheit des Schicksals der nicht zurückkehrenden Boote soll abschreckend wirken auf die deutschen Seeleute. Verschollen, das grauenhafte Wort wird mit teuflischer Absicht künstlich großgezogen.

Und so ist es auch.

„U 2" ist überfällig. „U 12" noch nicht zurück. Von „U 29" seit 16. März keine Nachricht. Fregattenkapitän Bauer richtet den Blick über die glitzernde Fläche des

Jadebusens. Gestern 7 Tage, heitre 8 Tage. „U 29" mit Otto Weddigen. Verschollen. Das kann er nicht glauben.

Er sieht nicht die grauen Linienschiffe, gewahrt auch nicht die vorbeistiebenden Torpedoboote, bemerkt nicht die Lichtzeichen der Signalstation Schillig.

Ein anderes Bild steht vor seinen Augen. Er sieht die Felsen der Orkney-Inseln, die Hügel Schottlands, dazwischen die Wogen der Bucht von Scapa Flow. Auf der weiten Wasserfläche zahllose Kriegsschiffe. Die Grand Fleet. Und mitten in der Höhle des britischen Löwen ein Periskop. „U 29." Torpedolaufbahnen. Wassersäulen. Ankeraufgehende Schiffe, Zerstörer. Ein wildes Durcheinander der großen Flotte.

„U 29" wird gejagt, gestellt. Es muss auftauchen. Warum? Deutlich sieht Bauer den mächtigen Steven eines Kriegsschiffes. Da weiß er, Otto Weddigen ist nicht mehr.

Eine Ordonnanz legt die eingetroffene Post auf den Tisch. Bauer sichtet sie. Zeitungsausschnitte. Agentenmeldungen. Eine Nachricht aus Holland: „U 29" ist das Opfer einer U-Bootfalle geworden.

Das glaubt Bauer nicht.

S. M. S. „Hamburg" ist ankerauf nach Helgoland gegangen. Am Nachmittag stehen zwei soeben von der Ostküste Englands kommende U-Bootskommandanten vor Bauer.

Dem Lederzeug haftet noch der Geruch des U-Bootes an und die Bartstoppeln in den gebräunten Gesichtern zeigen die Kehrseite des U-Bootlebens.

Beide berichten übereinstimmend das Zeitraubende des Anhaltens und Untersuchens der Dampfer. Oft haben die sich jetzt mehr bemerkbar machenden englischen Zerstörer ihnen die Beute wieder abgejagt. Die meisten Dampfer aber laufen einfach fort. Dann hört es Bauer wieder.

„Rücksichtslos versenken. Ohne Warnung. Jedes nach England steuernde Schiff."

„50 000 Tonnen würde ich garantieren pro Tag."

„Des Nachts können wir jetzt gar nichts unternehmen."

Fregattenkapitän Bauer erklärt von sich aus, alles zu tun, den Kommandanten den klarsten und schärfsten Befehl zu erwirken.

Die Versenkungszahlen erhöhen sich sprunghaft.

Ein deutsches U-Boot im Atlantik. 650 Tonnen Wasserverdrängung. 35 Mann Besatzung. Der als Hilfskreuzer ausgerüstete englische Passagierdampfer „Lusitania" durchquert das Jagdgebiet des winzigen U-Bootes.

Gewaltig sind die Ausmaße dieses Ozeanriesen. 30 000 Bruttoregistertonnen, vier gewaltige Schornsteine, turmhoch über dem Wasser, so rauscht es daher.

Reisende sind an Bord, kanadische Truppen und über 100 000 Granaten. Trotz Warnung der Behörden. Trotz Warnung der Passagiere hat die „Lusitania" mit der Pulverladung Neuyork verlassen. Die Menschen an Bord sollten vielleicht ein Freibrief sein für den Munitionstransport. Und dann die Amerikaner, Dollarmillionäre, die neue Geschäfte abschließen wollen in England.

Der deutsche U-Bootskommandant sieht nur die mächtigen Ausmaße des Ozeandampfers. Die Bauart: Hilfskreuzer „Lusitania".

Ein Torpedoschuss.

Die Wirkung ist fürchterlich. Eine ungeheure Detonation brüllt auf. Die explodierende Munition. In kurzer Zeit ist das Riesenschiff versunken. Nur einige hundert Passagiere können sich retten.

Während das U-Boot auf dem Rückmarsch nach Deutschland ist, schwingt durch den Äther ein dringendes Staatstelegramm. Die Protestnote Amerikas. Stichwort: Lusitania-Fall!

Die englische Station Poldhu sendet irreführende Berichte. Die ganze Welt wird verrückt gemacht: Seht diese Deutschen! Diese Hunnen! Diese Barbaren!

Nauen antwortet. Ein umfangreicher Notenwechsel entsteht.

In allen Kreisen Deutschlands stoßen die amerikanischen Anmaßungen auf Widerstand.

„Dieser Schulmeisterton." — „Wer ist denn dieser Wilson?" — „Was wollen die Amerikaner eigentlich?" — „Diese Munitionslieferanten unserer Feinde." — „Alles Geschäft" — „Diese Heuchler."

So drückt jeder Satz die Empörung des einfachen Volkes aus. Dann macht es sich in Forderungen Luft.

„Gar nicht lange warten." — „Ganz England absperren." — „Im Kriegsgebiet hat kein neutraler Dampfer etwas zu suchen." — „Immer runter damit." — „Krieg ist ein Ausnahmezustand, auch auf See."

Abgeordnete des Reichstages werden bei der Reichsregierung vorstellig. Zeitungen verlangen kein Zurückweichen, sondern weitere Aufhebung von Einschränkungen des U-Handelskrieges. Parteien und Verbände fordern den rücksichtslosen U-Bootkrieg.

Indessen heben weitere U-Booterfolge gegen Kriegsschiffe das Ansehen dieser gefürchteten Waffe.

Mitte Mai taucht plötzlich im Mittelmeer ein deutsches U-Boot auf. Die Straße von Gibraltar hat es ungehindert passiert und läuft nun nach 20tägiger Fahrt in Cattaro ein zur Ergänzung des Heizöls.

Es ist „U 21", das unter Kapitänleutnant Hersing mit seiner bewährten Mannschaft nach den Dardanellen detachiert war.

Ende Mai steckt „U 21" mitten unter der englischen Blockadeflotte der Dardanellen und dann meldet der Draht:

„Das deutsche Unterseeboot ‚U 21' vernichtete vor den Dardanellen das englische Linienschiff ‚Triumph" und bei Gallipoli das englische Linienschiff ‚Majestic'.

‚U 21' ist wohlbehalten in Konstantinopel eingelaufen. Kommandant und Besatzung sind stürmisch gefeiert worden."

Im Finnischen Meerbusen jagt Kapitänleutnant Freiherr von Berkheim durch Torpedoschuss von „U 26" den 1600 Tonnen großen russischen Minenleger „Jenissei" in die Luft.

Vor Venedig versenkt Oberleutnant z. S. von Heimburg mit „UB 15“ ein italienisches U-Boot.

In der Nordsee torpediert „U 38“, Kapitänleutnant Valentiner, den englischen Panzerkreuzer „Roxourgh“.

England aber erkennt die drohende Gefahr. Trotz des vollständig gedrosselten U-Handelskrieges fühlt das Britische Inselreich die Grundlagen seines Wirtschaftssystems wanken. Es antwortet schon jetzt mit sich überstürzender Nervosität.

Steigen der Frachtsätze um ein Vielfaches. Starke Erhöhung der Schiffsversicherungsprämien. Verteuerung der Lebensmittel. Riesige Auffüllung aller Lagerhäuser.

Die Abwehrmittel sind krampfhaft. Missbrauch neutraler Flaggen. Bewaffnung vereinzelter Dampfer. Ausrüstung von U-Bootfallen. Aufbietung tausender von Fahrzeugen zwecks Aufspürung deutscher Unterseeboote. Hunderttausende von Tonnen an Schiffsraum, ganze Armeen englischer Seeleute sind in der U-Bootabwehr tätig. Sie haben leichtes Arbeiten, denn die deutschen U-Boote müssen sich jedem Handelsdampfer zwecks Untersuchung über Wasser nähern. Gegen getaucht angreifende U-Boote wären sie völlig machtlos gewesen.

Die englische Admiralität stand der drohenden Gefahr kühl gegenüber. Diese kaltblütige Ruhe der britischen Führer hatte ernste Hintergründe. Zuverlässige Agentenmeldungen aus Deutschland besagten, dass die deutsche Regierung vorläufig ein uneingeschränktes Einsetzen der U-Boote nicht wollte. Außerdem wusste man aber, dass jede Woche ein bis zwei neue U-Boote in Dienst gestellt wurden. Dadurch spitzte sich der Zwang zur vollen Anwendung der furchtbaren Waffe von selbst zu. Doch bis es dazukam, hatte man die Abwehrmittel verbessert. Die jetzige deutsche Kriegsführung war zum Einarbeiten dazu wie geschaffen. Und dann stand ein letzter Machtfaktor hinter Großbritannien: Die Vereinigten Staaten von Amerika.

Englands Presse züchtete indes den Hass gegen die U-Bootspest groß. Die Regierung setzte Kopfgelder aus für vernichtete deutsche U-Boote. Teile der Abwehrkräfte arbeiteten mit Hinterlist, Gemeinheit und Vergewaltigung.

Hinterlist!

Zwischen den Orkney-Inseln und den Sethland-Inseln, wo Nordsee und Atlantik sich berühren, hat das deutsche Unterseeboot „U 23“ einen Dampfer mit neutraler Flagge angehalten.

Jetzt sieht man vom Turm des U-Bootes dem Ausbringen der Jolle zu, die die Schiffspapiere zwecks Einsicht überbringen sollte.

„Langweilige Kerls“, brummt der Wachoffizier und der Kommandant ruft eine Frage in die Zentrale. Von dort antwortet der Funker: „Dampfer hat keine Signale gegeben.“

„Das ist sonderbar“, denkt der U-Bootsführer und blickt ungeduldig nach drüben, wo endlich die Jolle abstößt.

Indessen hat ein mit dem Dampfer zusammenarbeitendes englisches U-Boot aus nächster Nähe ein Torpedo gelöst und die Blasenbahn läuft schnell und ungesehen auf „U 23“ zu.

Da zwingt irgendetwas den Blick des jungen Kommandanten nach der anderen Seite.

Er sieht die Torpedolaufbahn, seine Hand tastet nach der Alarmglocke.

Ein Befehl an die Maschine. Zu spät. Mit dem Aufschrillen der Alarmglocke und dem Anspringen der Motoren bricht „U 23“ unter der Explosion des Torpedos auseinander.

Gemeinheit!

S. M. „U 36“ kreuzt wenige Tage später im gleichen Gebiet. Wieder steht eine Rauchfahne am Horizont. Bald entwickelt sich die Silhouette eines Frachtdampfers. Ein Schornstein in der Mitte des hohen Aufbaudecks. Zwei Ladebäume.

Der Kommandant vergleicht den Schattenriss.

„Highland Typ“, sagt er. Dann ein Befehl an die Geschützmannschaft: Warnungsschuss!

Der Dampfer stoppt sofort. Er trägt die englische Handelsflagge. Zwei Boote werden ausgebracht und rudern hastig vom Dampfer in weitem Bogen weg.

Das Geschütz geht gerade in Feuerstellung, um das Vernichtungsfeuer zu führen. Da stürzt aus dem Innern eine Gestalt an Deck, hastet zur Reling und winkt verzweifelt den Booten. Die kehren sich nicht daran, sondern pullen weiter.

„Blödsinnige Kerls“, sagt der Kommandant. Der englische Seemann zeigt jetzt einen verschmutzten hellen Lappen und gestikuliert ihnen zu.

„U 36“ dreht auf, um längsseits zu gehen und den sonderbaren Knaben zu holen.

„Das ist auch noch nicht dagewesen“, sagt der Geschützführer. Auf hundert Meter ist das Boot heran. Der Kommandant will das Sprachrohr ansetzen und dem Mann etwas zurufen. Da sieht der Wachoffizier das höhnische Grinsen dieses Menschen. Im selben Moment fällt die eingebaute Fallstaffage der Bordwand und donnernd speien zwei Kanonen Tod und Verderben auf die ahnungslosen Deutschen.

Der Geschützführer kann noch die Abschussleine losreißen. Der Schuss geht in die Wolken. Im gleichen Augenblick versinkt „U 36“ unter heftigen Explosionen.

Vergewaltigung!

Ein dänisches Kauffahrteischiff wird auf der Höhe von Esbjerg durch englische Bewachungsfahrzeuge angehalten und bewaffnete englische Marinesoldaten eingeschifft.

Der dänische Dampfer fährt mit Bannware nach England. Die englischen Seesoldaten stellen also kein Prisenkommando dar. Sie haben nur die Aufgabe, dem neutralen Schiffskapitän den nötigen Nachdruck zu verleihen, seinerseits durch Rammversuche und sonstige Überfälle gewalttätig gegen zur Untersuchung längsseits kommende deutsche U-Boote vorzugehen.

Vor Aberdeen wird der Däne durch Warnungsschuss eines U-Bootes zum Stoppen aufgefordert. Jetzt handeln die Engländer. Ein Flaggensignal zeigt dem U-Boot an, dass die Boote nicht klar sind. Der Dampfer dreht und nähert sich dem U-Boot mit kleiner Fahrt. Noch zweihundert Meter, da geht die Bugwelle höher, mit äußerster Kraft schäumt der Dampfer auf das U-Boot zu.

Dort hat man rechtzeitig den falschen Dänen erkannt und taucht weg. Oben wendet eilends der Dampfer und hält Kurs auf den rettenden Hafen.

Kurz vorm Einlaufen, stopp! Ein englisches Kriegsschiff kommt längsseits. Die Briten steigen von Bord. Der Dampfer fährt ein, als ob nichts gewesen. Aber die Dänen wissen jetzt, wie es gemacht wird.

Ein kühnes Unternehmen

Tapfere U-Bootkommandanten, Steuerleute, Maschinenpersonal und Matrosen schmachten in einem englischen Kriegsgefangenenlager in North-Wales nach Freiheit.

Der Kommandant von „U 18", ein klardenkender Seeoffizier, ist der Organisator eines großzügig angelegten Fluchtplanes. Ein reger Briefwechsel mit der Heimat entsteht. Etwas fantastische Umschreibungen eines Schachspieles. Zweideutige Satzbildungen. Unklare Wortzusammensetzungen.

Die englische Zensur merkt nichts. Dafür desto mehr maßgebende deutsche Marinestellen. Fregattenkapitän Bauer gibt die letzten Anordnungen. Der Treffpunkt ist vereinbart. Der Tag festgelegt.

Bauer ist umsichtig. Zwei Boote schickt er in See. „U 38" mit Kapitänleutnant Valentiner und „U 27" mit Kapitänleutnant Wegener. Beide Offiziere haben sich freiwillig für diesen Sonderauftrag gemeldet.

Die Boote treffen frühzeitig vor Gr. Ormes Head in der Irischen See ein. Der Lichtbüschel des Leuchtturms an der Spitze dieses felsigen Landvorsprunges wischt über die nächtliche See. Kleinere Fahrzeuge gleiten durch die Nacht. Es ist stockfinster. Fast gleichzeitig entdecken sich die beiden deutschen U-Boote. Erkennungszeichen werden gewechselt. Dann liegen sie nebeneinander. Die Freude ist groß. Kurzer Austausch der Erlebnisse. Kapitänleutnant Wegener fühlt sich überflüssig. Echt seemännischer Abschied. „U 27" verschwindet lautlos in der Nacht.

Der Ausbruch aus dem Gefangenenlager war gelungen. Drei deutsche U-Bootkommandanten marschieren zur nahen Küste der Irischen See. Ohne Karten orientieren sie sich nach den Sternen. Dann hielten sie sich links und erreichten das Felsengestade mit dem Leuchtturm.

Angestrengt spähten sie in die Nacht hinaus. Ihre Schläfen hämmerten zum Zerspringen. Sie sahen nicht die schmale Landzunge, hinter der das rettende U-Boot lag. Als der Morgen graute und die Meeresfläche leer blieb, zwang die Hoffnungslosigkeit sie nieder. Erschöpft schliefen sie ein und erwachten erst, als die Sonne am höchsten stand.

„U 38" aber lag keine hundert Meter hinter dem verhängnisvollen Landvorsprung auf dem Grunde des Meeres. Die Besatzung holte die durchwachte Nacht im Schlaf nach.

Wieder kam die Nacht.

Ein Feuerzeichen an Land. Suchende Scheinwerferlichtkegel auf See. Die drei Männer laufen erregt hin und her. Das Brausen des Meeres nimmt ihre Rufe weg.

Sie kommen nicht zusammen. Da war etwas auf See. Das fühlten alle drei. Niedergedrückt wachten sie sich gegenseitig in den Tag.

„U 38" aber machte sich schweren Herzens auf den Rückmarsch.

Mord!

Südlich Queenstown außer Sicht der irischen Küste donnert die Kanone des deutschen U-Bootes „U 27" gegen den von der Besatzung verlassenen englischen Dampfer „Nicosian", der mit Maultieren von New Orleans nach Queenstown unterwegs war.

Kapitänleutnant Wegener leitet das Zielfeuer gegen die Backbordseite der „Nicosian", um durch Flachschüsse unterhalb der Wasserlinie das Schiff schnell zum Sinken zu bringen.

Da nähert sich mit auffallender Geschwindigkeit ein Dampfer. Am Heck weht das Sternenbanner und an der dem U-Boot jetzt zugekehrten Seitenwand hängen große Schilder mit aufgemalter amerikanischer Flagge.

Wegener stutzt einen Augenblick, er erkennt auf dem Dampfer ein Flaggensignal, welches bedeutet, dass er Hilfe leisten wolle.

Auch die in den Rettungsbooten seitlich treibende Besatzung der „Nicosian", darunter einige amerikanische Seeleute, lesen das Signal ab, sehen die Hoheitsabzeichen der Vereinigten Staaten und drehen deshalb auf den Dampfer zu.

Als der fremde Dampfet die Steuerbordseite der „Nicosian" passiert hatte und so plötzlich dem U-Boot in nächster Nähe gegenüberstand, knallten vom Bug des Amerikaners Gewehrschüsse auf und zwei U-Bootmatrosen am Geschütz stürzten getroffen ins Wasser. Im gleichen Moment fielen Fallklappen nieder und aus den verkappten Geschützen platzten die Granaten mitten hinein in das ahnungslose U-Boot.

Wegener konnte nur noch den Befehl zum Räumen des Bootes geben, als schon in die klaffenden Löcher das Wasser rauschte und „U 27" zu sinken begann.

Kapitänleutnant Wegener, ein Bootsmaat und vier Matrosen lagen als erste im Wasser und schwammen auf den „Nicosian" zu. Der Strudel des untergegangenen Bootes spie noch eine ganze Anzahl deutscher U-Bootmänner aus.

Und jetzt kommt das Entsetzliche.

Mit Kanonen und Handwaffen schießt die wildgewordene Besatzung unter der amerikanischen Flagge auf die wehrlosen Deutschen.

Englische Laute des bestialischen Kapitäns peitschen die ihm unterstellten Leute an. Es ist ein scheußliches Morden.

Vier U-Bootsmatrosen und Kapitänleutnant Wegener retten sich auf den „Nicosian". Vereinzelte Verwundete halten sich an den herabhängenden Leinen der ausgesetzten Rettungsboote fest.

Das Geschützfeuer ist eingestellt. Dafür hat der wahnsinnige Kapitän seine Mannschaft an die Reling verteilt und lässt nun die an den Leinen sich Festhaltenden glatt abschießen.

Aber auch das genügt der Mordgier noch nicht.

Der Dampfer mit dem Sternenbanner legt breitseits an. Englische Matrosen stürzen an Deck der „Nicosian", die letzten U-Bootsleute zu suchen.

„Keine Gefangene", schreit der englische Schiffskommandant. Das ist das Todesurteil über wehrlose deutsche U-Bootsmatrosen.

Im Maschinenraum, im Wellengang tobt ein heftiger Kampf. Schwere Schläge, dumpfes Röcheln, Schüsse. Die Bestien bleiben Sieger. Vier tapfere deutsche Matrosen lassen die Engländer hingemordet liegen.

Etwas verbeult, blutend, einer mit gebrochenem Arm, so stürzen sie an Deck. Matrosen der Grand Fleet als Mörder Schiffbrüchiger.

Dann kommt der letzte Akt.

Der U-Bootskommandant ist vom Bug des „Nicosian" wieder ins Wasser gesprungen. Da sieht er den Namen des Mörderschiffes: „Baralong".

Wieder Schüsse. Getroffen hebt Oberleutnant Wegener die Hände. Ein Schuss in den Mund. Seine Faust ballt sich. Noch einmal sieht er die riesige amerikanische Flagge. Blutigrot wischt der Name „Baralong" darüber hin. Dann versinkt Wegener in die Tiefe des Ozeans.

Der englische Hilfskreuzer aber verließ schnell den Schauplatz seiner Schande.

In der Irischen See

Firth of Solway.

Die herbe Stille eines Augustmorgens wurde jäh von Kanonendonner unterbrochen und dann flogen unter schweren Explosionen die Behälter der Benzolfabrik bei Harrington in die Luft.

Im Frühlichts der aufgehenden Sonne zog vom Pulverdampf umwallt das deutsche U-Boot „U 24" über die leicht bewegte See. Das Krachen der Abschüsse dröhnte gegen die englische Küste, die grau und regungslos sich hinter dem Morgendunst verbarg, und als „U 24" sein Feuer einstellte, drohte nur die riesige dunkle Brandwolke dem kleinen U-Boot nach.

Stunden später versinkt unter dem Zielfeuer des Schnellladegeschützes ein Handelsschiff, das mit Bannware auf dem Wege nach Whitehaven war.

Die Irische See ist ein gutes Jagdgebiet.

Auch „U 38" unter dem kühnen Kommandanten Valentiner arbeitet hier. Der missglückte Versuch der Befreiung seiner U-Bootkameraden lässt den besonnenen Seeoffizier keine Minute seine Ruhe verlieren. Aber die Scharte wollte er auswetzen. Und das tat er.

„U 38" fuhr grimmig unter die von und nach Liverpool, Chester und anderen Hafenstädten der Irischen See laufenden Handelsschiffe.

Drei Tage lang riss die Kette der Versenkungen durch Artilleriefeuer und Sprengbomben nicht ab. Dampfer mit Getreide, Dampfer mit Kriegsgeräten und Munition, Dampfer mit Kohlen, Dampfer mit anderer Bannware. 4000- und 5000-Tonner waren darunter.

Die Besatzung leistete übermenschliches. Oft gellte nach dem letzten Schuss gegen den sinkenden Dampfer die Alarmglocke. Wie vom Blitz weggefegt verschwanden die Männer am Geschütz und vom Turm, versank das U-Boot in die Tiefe. Unten nahmen sie schnell das fällige Essen ein, kreuzten unter Wasser weiter, tauchten auf, griffen erneut in Sicht kommende Dampfer an. Nur des Nachts gönnten sie sich einige Stunden Schlaf auf dem Meeresgrund.

Die Beute überstieg alles bisher Dagewesene.

Als „U 38“ den Rückmarsch antrat, konnte Kapitänleutnant Valentiner die Höchstleistung von 70 000 Tonnen melden.

„U 24“ steht im Süden der Irischen See und macht durch Artilleriefeuer einem gekaperten Dampfer den Garaus. Da nähert sich ein großes Ozeanschiff dem Schauplatz.

Mit vier Ladebäumen und einem Schornstein in der Mitte sieht es aus wie der Typ eines der vielen großen englischen Passagierdampfer mit mindestens 15 000 Tonnen Schiffsraum.

Das schnellfahrende Schiff kommt mit einem drohenden Manöver, welches Kapitänleutnant Schneider als einen Rammversuch deutet, näher.

„U 24“ geht kurz entschlossen zum Angriff über und versenkt den Dampfer durch gut angebrachten Torpedoschuss.

Und abermals wiederholt sich das gleiche Theater wie bei der Versenkung der „Lusitania“. Über den ahnungslosen U-Bootskommandanten hinweg gehen die Protestnoten Amerikas und Englands. Diesmal unter dem Stichwort:

Arabic-Fall.

Admiral von Müller

Der Kabinettchef Admiral v. Müller wacht sorgfältig über die restlose Erhaltung der Hochseeflotte. Als Ratgeber des Kaisers in marinepolitischen Fragen tut er alles, was den Angriffsgeist der Flotte lähmen kann.

Die nach Tirpitz unbedingt sofort zu erstrebende Seeschlacht hat er zu hintertreiben gewusst. Alle Gelegenheiten dazu gingen deshalb verloren. Jetzt macht er seinen lähmenden Einfluss gegen den U-Bootskrieg geltend. Natürlich im Namen des Völkerrechts, der Paragraphen und der Vorsicht. Die Neutralen könnten Deutschland den Krieg erklären. Vor allen Dingen Amerika.

Doch diesen Einwendungen wird schon vom Auswärtigen Amt und anderen amtlichen Stellen viel zu viel Bedeutung beigemessen. Juristische und völkerrechtliche Bedenken verdienen volle Beachtung, aber es darf nicht auf Kosten der Kriegsführung gehen. Und doch geschieht es. Der U-Handelskrieg wird systematisch gedrosselt. Allerhöchste Befehle des Kaisers. Einschränkungen durch besondere Behandlung auch feindlicher großer Passagierdampfer. Verbot, neutrale Dampfer überhaupt anzugreifen.

So nimmt die Abschwächung des U-Bootkampfes gefährliche Formen an, die einer Aufhebung des U-Handelskrieges gleichkommen.

Eine kurze Reise

Wichmann hat sich freiwillig zur Unterseebootsdivision gemeldet. Durch einen Fehler bei der schon acht Tage später erfolgten Abkommandierung landet er überraschend auf einem zum Auslaufen klaren Hilfskreuzer.

S. M. S. „Meteor".

Ein als Minenschiff ausgerüsteter Handelsdampfer. Hinter Kulissen Kanonen und Torpedorohre. Zwei Schornsteine. Einer ist aus Segeltuch hergestellt und zusammenlegbar.

Wichmann ist der Steuerbordwache zugeteilt. Er findet sich schnell in seine unverhoffte Rolle. Es sind viel berufsmäßige Seeleute an Bord.

Mit Anbruch der Nacht sticht der Hilfskreuzer in See. Keiner weiß, wohin die Reise geht. Nur der Kurs hat sich rumgesprochen. Nordwärts.

„Freiwache klar bei Hängematten!"

Wichmann hat Wache am Geschütz. Er starrt in die dunkle Nacht. Das Schiff rollt schwer. Die dünnen Bordwände klappern, der Rumpf vibriert, die Wellen rauschen und schäumen in schweren Zügen.

Da war das Fahren auf „Seydlitz" doch angenehmer. Um Mitternacht Wachwechsel. Wichmann klettert in die aufgehängte Hängematte.

Das ist hier wieder ein Vorteil. Aber der Schlaf kommt nicht. Die Hängematten schwingen lang aus. Immer mit den Bewegungen des Dampfers.

Die Seitenwand dröhnt von den dagegen schlagenden Wogen. Dazu das ungewohnt Neue. Zweimal hört er die Schiffsglocke glasen. Dann erst versinkt er in leichten Schlaf.

Jedes ungewohnte Geräusch schreckt Wichmann hoch. Den Allemannspfiff hört er schon, wie er an Oberdeck ausgepfiffen wird.

„Alle Mann auf dem Promenadendeck antreten!"

Wichmann fragt sich zur ersten Division durch. Es tagt schon. Der zweite Schornstein ist verschwunden. Auch sonst sind einige Veränderungen während der Nachtfahrt vorgenommen.

„Rumschließen!"

Der Kommandant spricht. Es ist ein Korvettenkapitän, wie Wichmann nach den Ärmelstreifen feststellt.

„— — — unsere Aufgabe ist Minenlegen an der englischen Küste, danach Handelskrieg im Ozean. Setze jeder einzelne seine ganze Tatkraft ein, für das Gelingen unserer ehrenvollen Aufgabe. Unser Kaiser, das Vaterland Hurra! — Hurra! — Hurra!"

Beim Wegtreten hört Wichmann näheres. „Der Alte ist gut." — „Ein Admiralssohn." — „v. Knorr heißt er." — „Sein Vater hat auch schon mal einen ‚Meteor' geführt."

Bei diesigem Wetter wird die englische Blockadelinie durchbrochen. Des Nachts fallen Minen im Moray Firth. Die Besatzung kommt nicht aus den Sachen.

Eines Morgens:

S. M. S. „Meteor" steht südöstlich der Orkney-Inseln. Wichmann meint, in der Ferne die Umrisse von Land zu sehen. Auch sein Kamerad am Geschütz, ein Fahrensmann, erkennt die unklaren Gebilde am Horizont als Land.

Da ein Ruf: „Schiff voraus" — „Alarm!"

Das Schiff ist ein feindlicher Hilfskreuzer. Beide Schiffe nähern sich mit Eilzugsgeschwindigkeit. Der Engländer weiß nicht, was er von dem Frachtdampfer halten soll. Ein Freibeuter mit zwei Schornsteinen ist signalisiert, aber dieser Dampfer hat nur einen.

Korvettenkapitän v. Knorr weiß, wen er vor sich hat. Er sieht die englische Flagge. Deutlich entziffert er den Namen.

„The Ramsey." Ein Maschinenkommando. „Meteor" dreht auf. Befehle des Torpedooffiziers. Keine zweitausend Meter trennen die Schiffe. Durch Sprachrohr ein Ruf über Deck.

Die deutsche Kriegsflagge geht hoch. Fast gleichzeitig verlässt ein Torpedo das Unterwasserrohr. Torpedo und Hilfskreuzer laufen auf einen Punkt zu. An Deck des Engländers hastiges Laufen. Die deutsche Flagge ist erkannt.

Treffer! Dampf, Wasser, dunkler Rauch. Schwer neigt sich das Schiff seitlich. Ein Funkspruch knattert auf. Deutlich hört es der Bordfunker des „Meteor". Jetzt waren sie signalisiert.

„The Ramsey" ist verschwunden.

Ausgesetzte Boote bringen ein halbes Hundert Engländer an Bord. Achtern werden sie untergebracht.

Die Fahrt geht weiter. Korvettenkapitän v. Knorr versucht, längs der norwegischen Küste den Atlantik zu gewinnen.

Wachfahrzeuge der zweiten Blockadelinie drücken den „Meteor" südöstlich. Ungesehen entweicht er. Am anderen Tag hält er einen dänischen Schoner an. „Schoner ‚Jason' mit Grubenholz auf dem Wege nach England!"

Bannware!

Die Dänen werden an Bord genommen. Das Grubenholz wird in Brand gesteckt. Starke Rauchentwicklung. Die turmhohe und breite Wolke wird „Meteor" zum Verhängnis.

Englische Kreuzer werden angelockt. Von allen Seiten eilen sie herbei. „Meteor" ist umstellt. Ein Entkommen unmöglich. Gegenwehr aussichtslos. Dazu die Verantwortung für die Gefangenen an Bord und für die Dänen.

Erste Sorge gilt diesen. Sie werden geborgen.

Schwedische Fischkutter kreuzen auf. Signalwechsel. „Meteor" ist klar zum Versenken. Die Besatzung wird von den Schweden übernommen. Der deutsche Hilfskreuzer sinkt.

Das deutsche U-Boot „U 28" hat den ganzen Vorgang beobachtet, wird selbst von englischen Zerstörern gejagt und muss wegtauchen.

Die Nacht macht ein Suchen zwecklos.

Erst am andern Tag sichtet „U 28" die schwedischen Fischkutter wieder. Geht längsseits und nimmt die Kameraden an Bord.

Wichmann ist sprachlos. Nun war er noch schneller auf ein U-Boot gekommen als er dachte. Mit Bewunderung blickt er auf die U-Bootmänner. Viel ist nicht zu sehen bei dem Gedränge. Auch die Fahrt dauert nicht lange. In List auf Sylt werden sie wohlbehalten abgeliefert.

Freiwillig zur U-Waffe

Die Bindung der Hochseeflotte an den verhängnisvollen Plan des Abwartens wird durch den neuen Flottenchef Admiral v. Pohl vollkommen im Sinne des Reichskanzlers v. Bethmann Hollweg und des Kabinettschefs Admiral v. Müller durchgeführt.

Die Schlachtkreuzer und Linienschiffe kommen kaum über die äußersten Vorpostenlinien der Deutschen Bucht hinaus und die Vorstöße der schnellen Kreuzer und Torpedoboote gehen meist ins Leere.

Der sich von Monat zu Monat erhöhenden Zahl an frontbereiten Unterseebooten schränkten unerhörte Bestimmungen die Erfolge ein. Aber die Boote kamen an den Feind und so wurden sie das Ziel vieler der Besten der großen Schiffe.

Setzte sich das Seeoffizierkorps der U-Boote nur aus Freiwilligen zusammen, so stellte sich der größte Teil der Deckoffiziere, Maate und Mannschaften ebenfalls freiwillig.

Auch Maschinistenmaat Kasten gehört zu denen, die erkannt haben, dass die Entscheidung bei den U-Booten liegt und dieser Erkenntnis folgt der Schritt, sich freiwillig zur U-Waffe zu melden.

Oberingenieur Willrodt, selbst von der Wichtigkeit der U-Boote in diesem Kampfe überzeugt, befürwortet das Gesuch, obwohl er weiß, in Kasten einen seiner tüchtigsten Maate zu verlieren.

Vier Wochen später nimmt Kasten im Schiffsbüro die Papiere der Abkommandierung entgegen. Kleidersack packen, vorschriftsmäßige Abmeldungen nehmen die letzten Stunden an Bord des Schlachtkreuzers „Derfflinger“ in Anspruch.

Überall spürte Fritz Kasten helfende Hände der Leute seiner Gefechtsstation Heizer Brückner half beim Spind räumen. Oberheizer Meyer brachte ihm den Marschproviant. Scholz regelte die Abgabe der Hängematte.

Dann schrillte der Pfiff des Abendwächters.

„Verkehrsdampfer kommt längsseits.“

Nun war es so weit. Schnell klettert Kasten nach oben. Die Wachmaate riefen ihm letzte Grüße nach. Dann kam er an Oberdeck. Sein Seesack stand schon an der Reling. Das Backbordmitteldeck wimmelte von Heizern und Matrosen. Die Maschinistenmaate Rothe, Flohr, Riede, Koschinsky, Ahrens tauchten auf. Sein Maschinist. Der Wachingenieur und Oberingenieur Willrodt.

Das hätte Kasten nicht gedacht. Er ist gerührt. Der Oberingenieur drückt ihm beide Hände. Maate und Heizer drangen herzu.

„Auf Wiedersehn!“ — „Viel Glück!“ — „Heil und Sieg!“

Dann steht er an Deck des Verkehrsdampfers. Seegang ist aufgekommen. Spritzer schlagen hoch. Flüchtige Grüße. Der Dampfer legt ab, dreht bei. Langsam verschwindet S. M. S. „Derfflinger“ im abendlichen Dunkel.

Unterseeboots-Division Kiel.

Maschinenhulk „Acheron".

Das ist Kastens neue Anschrift während der dreimonatlichen Ausbildung zum U-Bootfahrer. Der theoretische Dienst auf der U-Bootschule Kiel-Wik lässt an Gründlichkeit und Beschleunigung nichts zu wünschen übrig. Er gibt den richtigen Vorgeschmack für die praktische Fahrschule.

Unter der stattlichen Zahl der U-Bootschüler, meist Maate und Obermaate, fand Kasten was er suchte. Unerschrockene Männer, die Strapazen und Tod nicht fürchteten und die stolz darauf waren, der U-Waffe anzugehören.

Die theoretische, technische Schulung umfasste Motorenkunde, U-Bootskunde, Elektrotechnik. Nach den Schulstunden mussten sie das Gelernte verarbeiten, um es am anderen Tag selbständig vorzutragen. zwischendurch griffen immer wieder die Wiederholungen des Vorherigen systematisch ein.

Kasten saß oft bis spät nachts über den Büchern und Schreibheften, er hatte sich ganz in das Neue eingefügt. Draußen fiel das Laub von den Bäumen, sie sahen es kaum. Schnee deckte die Straßen Kiels, sie achteten nicht darauf.

Dann kam die praktische Ausbildung.

Sie war unerhört hart, ließ von Anfang an keine Illusionen aufkommen und schied rechtzeitig die zum U-Bootsdienst Ungeeigneten aus.

Die Schulboote „B 11" und „C11" düngten sie mit ihrem Schweiß. Über- und Unterwasserfahrten, Bedienung der Öl- und elektrischen Maschinen, Tauchübungen, Handhabung der Sauerstoffapparate, Eintrimmen des Bootes, Pressluftgebrauch, Fluten der Tanks, Schnelltauchen, Dienst als Zentralmaat, Dienst als Batteriemaat, Verhalten bei Schießübungen und hundert andere Dinge.

Durch planmäßige Arbeit wurde ein Höchstmaß von Leistung des Gehirns und von körperlicher Ausdauer erreicht. Schnelles Erfassen der Lage, blitzschnelles Ausführen erhaltener Befehle gingen in Fleisch und Blut über.

Freizeit blieb ihnen wenig und abends sanken sie erschöpft und todmüde in die Koje. Ihre persönlichen Ansprüche gingen auf im richtigen Erfassen aller Anforderungen des U-Bootsdienstes.

Es kam Weihnachten 1915.

Da spannten sie für zwei Tage zum ersten Mal richtig aus. Sie spielten Karten, schrieben Briefe oder machten sich landfein. Andere saßen in Gruppen und besprachen die Kriegsaussichten. Alle wünschten brennend recht bald an die Front zu kommen. Das Schlimme war, dass sie dann auseinandergerissen wurden. Denn jeder kam auf ein anderes Boot.

Zuerst als überzählige Reserveunteroffiziere. Das wussten sie schon.

Kasten hatte eine heimliche Freude. Nicht bloß hier, auch bei den freiwilligen Mannschaften stellte er eine Auslese prächtiger Menschen fest. Bei den Offizieren war es dasselbe.

Ruhe, Unerschrockenheit, Kaltblütigkeit, Hilfsbereitschaft waren die hervorstechenden Eigenschaften dieser Männer. Dazu kam persönlicher Mut.

Schon der Entschluss, zur U-Waffe zu gehen, war eine Entscheidung auf Leben und Tod, und zwar eher auf Tod als auf Leben. Denn bis heute war jedes dritte Boot vorm Feind geblieben.

Das war ihnen bekannt. Doch der Tod schreckte sie nicht, das war eine Angelegenheit, die dann zur Erörterung stand, wenn es so weit war.

Der harte Dienst auf den Schulbooten galt wiederum als Vorgeschmack der Strapazen einer richtigen Fernfahrt. Doch diese entschlossenen Männer nahmen alles gelassen auf sich. Offiziere, Deckoffiziere, Maate, Mann. Sie trugen alles gemeinsam. Der Vorgesetzte aber stets mehr als der Untergebene.

Dann kam die letzte Ausbildungswoche.

Das System der ständigen Wiederholung bewährte sich glänzend. Oft hatten sie an Bord der großen Schiffe darüber gemurrt. Hier sahen sie plötzlich mit offenen Augen nach kurzer Zeit das dadurch Erreichte.

Vor drei Monaten noch hatten manche von ihnen kopfschüttelnd vor dem Labyrinth von Röhren, Leitungen, Hebeln, Rädern und Ventilen gestanden. Heute beherrschten sie aus dem Schlaf aufgejagt im Nu die zugewiesene Gefechtsstation.

Der Ausbildungsoffizier war zufrieden.

Fritz Kasten erhielt ein besonderes Lob und gleichzeitig den Befehl, mit zehn Kameraden sofort nach Flandern aufzubrechen. Zwei Tage später trafen sie in Brügge ein, und da waren sie plötzlich in nächster Nähe der Front. Das Gerummel schweren Feuers begrüßte sie beim Verlassen des Bahnhofes und sie verloren es stundenlang nicht aus den Ohren. Mal flaute es ab, mal wurde es stärker.

Sie kamen sofort auf die Boote.

Im Hafen sah es öde aus. Außer den U-Booten lagen einige kleine Torpedoboote am Kai. Ein altes belgisches Schulschiff lag quer vor der Einfahrt des Kanals nach Zeebrügge. Das war ihnen als Wohnschiff angewiesen.

„Villa Schlamassel" hieß es in der U-Bootssprache.

Kasten hatte Glück, das ihm zugewiesene Boot machte bereits klar zur Fernfahrt. Noch am selben Nachmittag vollzog er seine erste amtliche Eintragung in die Anschriftenliste von S. M. Unterseeboot „B 13".

Als nächste Angehörige, die bei einem etwaigen Draußen bleiben zu benachrichtigen seien, schrieb er:

„Königlicher Eisenbahnzugführer Ferdinand Kasten,
Boblitz/Lübbenau
Spreewald."

Dann überflog er die Liste. Vierzehn Mann hatten sich eingezeichnet. Er war der Fünfzehnte. Das war die gesamte Besatzung. Sinnend gab er den Bogen zurück. Nun konnte es also losgehen.

Am Abend steigen sie einzeln auf das neben dem Wohnschiff liegende Boot über. Es ist stockfinster draußen. Kein Licht darf nach außen fallen, wegen der Fliegergefahr. Kasten ist noch nicht ganz sicher. Vorsichtig tastet er sich über Deck. Ein kalter Wind fegt sein Gesicht. Schwarze Wolkenmassen jagen über Brügge. Sonst ist alles ringsum von einer niederdrückenden Dunkelheit. Dumpfes Murren liegt in der Luft. Das ist die nahe Front. Kasten kann das schwere Feuer beider Seiten genau unterscheiden. Gestalten stehen neben dem Kommandoturm. Das sind die Matrosen, die die Leinen losmachen. „U B 13" scheuert an der Bordwand des Wohnschiffes auf und nieder. Kasten verschwindet in das Innere des Bootes. Jetzt ist ihm doch etwas sonderbar zu Mute.

„Man rin in die Leichenkiste" hört er einen bereits im Maschinenraum hantierenden Obermaat sagen. Schweigend nehmen die anderen ihre Stationen ein. Oben hört man die Stimme des Kommandanten. Der Leitende wiederholt einen Befehl. Dann umfängt Kasten ohrenbetäubender Lärm. Der Körting-Dieselmotor arbeitet und treibt das Boot vorwärts.

An Sprechen ist nicht zu denken. Kasten sieht nur die kantigen Gesichter der anderen Maschinistenmaate. Sie kommen ihm plötzlich so sonderbar starr vor. Das mag die Beleuchtung sein und der aufs Äußerste beschränkte Raum.

Auf der ersten U-Bootsfahrt dauert es noch 3 Stunden, ehe das feindliche Seegebiet erreicht wird. Es ist das Durchlaufen des Kanals bis Zeebrügge. Dann nimmt die Nordsee „B 13" liebevoll in die Arme.

Kasten ist doch etwas sonderbar zu Mute.

Aber da ist der Sturm und schwerer Seegang, eine mannhafte Ablenkung. Das Boot rennt Wellenberge hoch und stürzt jäh in tiefe Täler hinab. Kasten muss alle Aufmerksamkeit in dem hin- und her- und auf- und niedergeschleuderten Boot dem schwer arbeitenden Körting-Dieselmotor zuwenden. Ein Dutzend Beulen und Schrammen hat er schon weg. Es ist gut, dass die engen Räume nicht allzu weite Zwischenräume lassen, denn dann wären die Verletzungen viel großer.

„Ausbalancieren!" schrie ihm der eine Maat immer wieder zu, wenn er ungewollt gegen die Hebel und Handräder rammelte.

„Ausbalancieren!"

Nach vielen Stunden Fahrt lernte er auch das. Mit losen Knien fing er die hinterlistigen Bewegungen des Bootes ab. Plötzlich fuhr ihm die Alarmglocke in die Knochen. Machte er einen Handstand, oder war es die Schwebe? Aber er stand ja schon wieder auf den Beinen. Das Boot sank und ging bei 42 Meter wie ein Fahrstuhl auf den Meeresboden nieder.

„Feindliche Fischdampfer. — Hundert Meter voraus." — „Zerstörer an Steuerbord" hört Kasten durchsagen.

Kapitänleutnant Neumann ordnet Ruhe an. Zerschlagen legt sich Kasten in die Koje und schläft sofort ein.

Nach zwei Stunden muss er wieder hoch. Auftauchmanöver. Bei 20 Meter wurde das Boot schon wieder in die Grundseen des oben tobenden Sturmes gerissen. Der hat noch zugenommen. Kasten fing mit dem Ausbalancieren wieder von vorn an. Er vollführte richtige Akrobatenkunststücke, wahre Eiertänze und sah grimmig auf die gelassenen Bewegungen der anderen. Auch die hatten zu tun und er tröstete sich damit, dass es denen zu Anfang auch nicht besser ergangen.

Der Kommandant ließ wieder tauchen. Er und die Steuerleute kamen klatschnass unten an. Es war einfach unmöglich, oben etwas zu sichten. Ein Torpedoschuss erst recht nicht anzubringen.

Erste Nacht auf dem Meeresgrund. Wieder wirft sich Kasten vollkommen zerschlagen auf die Koje. Doch der Schlaf wird gewaltsam unterbrochen. Schwere Erschütterungen dröhnen durchs Boot. Es knallt von den wütenden Grundseen hin und hergeworfen, auf den Meeresboden auf.

Kasten rollt aus der Koje. Ein anderer fällt quer über seinen Leib. Schreie, Flüche, Gelächter. Dann die Stimme des Kommandanten: „Alles aufstehn!"

Am Nachmittag geht es mit Überwasserfahrt südlich.

„B 13“ steht oberhalb Blankenberghe. Die See ist immer noch bewegt. Kasten steckt zum ersten Mal seinen Kopf zum Luk raus. Da muss er schon wieder runter. Fliegeralarm! In einer Minute ist das Boot bereits auf Grund.

„Zehn Meter“ schreit der Steuermann. Und dann kommt Kastens Feuertaufe. Der Flieger sieht natürlich auf diese geringe Tiefe den Schatten des getauchten U-Bootes im Wasser. Er löst seine Bomben nacheinander und kreist wie ein Raubvogel über seiner Beute.

Rums! Eine ungeheure Explosion brüllt an Steuerbord aus. Krach! Eine zweite folgt achtern. Das Boot zittert und bebt in allen Teilen.

Kasten war ganz blass. Die Pupillen seiner Augen blickten stahlhart. Er sah die grinsenden Gesichter seiner Kameraden. Einer hatte den Daumen nach oben gewandt. Da rammten weitere Bomben nieder. Haltung! schrie es in ihm. Er biss die Zähne zusammen. Sie mahlten verzweifelt, denn das Boot schien unter den Detonationen auseinanderzubrechen.

Dann war auch das vorüber. Noch zwei Bomben fielen.

Kasten schrak wieder zusammen, obwohl sie schon weit weg lagen.

Der Schaden wurde festgestellt: Zwei Wasserstandsgläser waren geplatzt.

„Das ist nicht schlimm“ meint Neumann und ließ aufsteigen und Sehrohr ausfahren. Er stellt in nächster Nähe eine schwarze Boje fest.

„Flieger hat eine Boje geworfen“ ruft er ins Boot zurück

„Mal holen“ schreit einer.

„Lieber nicht, vielleicht ist eine Mine damit verkuppelt“ antwortet der Kommandant. „Schnell raus aus dieser ungesunden Ecke.“

Zickzackkurs! Zwei Stunden unter Wasser nördlich! Auftauchen! Kaum ist die Wache raus. Alarm! Wieder runter auf Grund. Diesmal 21 Meter.

„Flieger wie die Hornissen“ schreit einer der Turmwächter. Es folgen keine Bomben. Unter Wasser weiter nach Süden. Nach einer Stunde vorsichtig hoch. Ein Schiff steht an Horizont. Es liegt still.

„Westhinder Feuerschiff“ erklärt Neumann.

„Hier Backbord quer ab ist die französische Grenze und etwas weiter südlich bereits Dünkirchen.“

„B 13“ dreht auf Gegenkurs und marschiert in Richtung Thornton Bank nach Norden. Es dunkelt schon. Der gedrungene Schatten eines Zerstörers kommt auf. Daneben schießt ein zweites Fahrzeug einen weißen Stern. Der Zerstörer antwortet und verschwindet wieder.

Es ist schon zu dunkel. Neumann kann die Identität des Fahrzeugs nicht feststellen. Er muss es laufen lassen. Gegen die Vorschriften von oben kann auch er nicht an.

„Tochterkompass versagt“ hört Kasten melden. Der Kommandant ruft ärgerlich etwas nach unten. Dann sagt er:

„Nun pumpt euch alle nochmal ordentlich die Lungen voll, dann wollen wir tauchen und uns mal richtig ausschlafen.“

Zu zweien ging es abwechselnd auf den Turm. Kasten betrachtete den Nachthimmel. Durch die Wolken segelte der Mond. Die See war unruhig, der Horizont zeigte Dunststreifen, die das Blickfeld unsicher machten.

Runter auf Grund. Kasten übernahm anschließend die Luftwache.

Am anderen Tag wurde ein kleiner Dampfer versenkt. Neumann wollte ihn erst als Prise einschleppen, aber da mahnten Rauchfahnen zu schnellem Handeln.

Der Torpedoschuss macht ganze Arbeit. Der Dampfer bricht mitten entzwei und versinkt schnell. Hoher Seegang lässt „B 13" bei Thornton Bank wenden mit Kurs auf Zeebrügge. Als sie in den Kanal einlaufen, hören sie mächtiges Artilleriefeuer von der Landfront herüber grollen.

Wasserflugzeuge kommen von Brügge und fliegen nach See zu. Fünf Stück zählt Kasten. Kaum im Hafen angekommen wird Proviant übernommen und da geht es schon wieder raus.

„Hier ist alles kriegsmäßig" denkt Kasten und das gefällt ihm. Dieses Tempo, diese Hast, und immer im Hintergrund das dumpfe Murren der Westfront. Diese gewaltige Mahnung an die Willensstärke der Feldgrauen.

Ostende wird von einem Schwarm Flieger heimgesucht. Deutlich hören sie auf „B 13" das Abwehrfeuer der Flakgeschütze. Dazwischen die dumpfen Schläge der Fliegerbomben. Winzige Punkte, Sprengwolken der Granaten kann Neumann im Fernglas ausmachen.

Ein deutsches Torpedoboot passiert von Ostende kommend in Eile. Es wünscht „B 13" durch Flaggensignal „Glückliche Reise". Das Flugzeugabwehrfeuer der Batterien Ostendes verstummt. Dafür aber nimmt der Kanonendonner der Front zu.

Von See her schreckt sie Propellergeräusch auf. Die deutschen Wasserflugzeuge kommen zurück. Es sind nur noch drei.

„Die haben einen Sprung nach England gemacht."

„Das geht hier fabelhaft schnell."

Langsam zog „B 13" bei 270 Grad westlich. Dann pendelte es bis zum Anbruch der Dunkelheit hin und her und patrouillierte des Nachts dicht an der Küste auf und ab.

Im Zwielicht des Morgengrauens Backbord achteraus ein U-Boot. Die Silhouette ist erkannt. Feindlich. Franzose.

„Hart Steuerbord!" — „Alarm!"

Die Steuerbord-E-Maschine wird angestellt, die Tauchtanks geflutet. Nur neun Meter Wasser. Wie Neumann durch das Sehrohr den Gegner sucht, ist er verschwunden.

„Weggetaucht." — „Schade."

Als „B 13" wieder auftaucht, wird es hartnäckig von einem französischen Flieger angegriffen. Neumann nimmt den Kampf an. Das Maschinengewehr wird in Stellung gebracht. Es steht wie ein dreibeiniges Insekt auf dem Rücken des Bootes und rasselt seine Geschosse dem Flieger entgegen. Der antwortet ebenfalls mit Maschinengewehrfeuer, versucht ein paar Bomben zu landen, macht dann schließlich kehrt und verschwindet.

Rückmarsch. „B 13“ umfährt in seiner äußersten Linie das engbegrenzte Operationsgebiet. Den ganzen Tag bleibt die See leer. Kasten lernt so richtig die Ausdauer und Zähigkeit des Abwartens kennen, weil sich hier alles auf Tage und Stunden zusammendrängt.

Endlich am Abend ein Dampfer mit Kurs auf Rotterdam. Abgestoppt lag er vor ihnen, als Kasten auf den Turm kam. Ein Holländer. Er setzte schleunigst seine Fahrt fort.

„Die fahren alle für England. Es ist unverzeihlich, soviel Ausnahmen zu machen.“

„Immer runter damit“ pflichtet Kasten bei.

Sie näherten sich Zeebrügge und liefen dann gleich in den Kanal ein.

„Nun ist ihre Zeit rum bei uns, Maat Kasten.“

„Das ist bedauerlich, Herr Kapitänleutnant.“

„Wir sind hier bloß Durchgangsstation für die Schüler.“

„Das muss auch sein.“

„Ganz recht, Maat Kasten. Sie sind ziemlich schnell seefest geworden.“

„Vielleicht komme ich wieder nach Flandern?“

„Dann sind wir nicht mehr.“ Das sagte der Kommandant ohne jede Erregung. Es war nur eine Feststellung, mit der man rechnen musste.

Kasten wusste darauf nichts zu entgegnen.

Die Frauen der U-Helden

Auch die Frauen stehen im Dienst der Sache des Vaterlandes. Zu Tausenden sind sie beim Roten Kreuz tätig. Zu Tausenden leisten sie anderen Hilfsdienst.

Besonders ausgeprägt ist das Zusammengehörigkeitsgefühl bei den Frauen der U-Bootfahrer. Die Gattin des Führers der U-Boote leitet die Fürsorge für die Hinterbliebenen der U-Bootmänner.

Das ist ein segensreiches, aber auch schweres Amt, denn die zu betreuende kleine Gemeinschaft kommt aus dem Bangen um die Väter und Söhne nicht heraus.

Und das ist das Große an den Frauen und Müttern der draußen Gebliebenen. Sie trauern in lichten Kleidern. Sie zeigen vor den Menschen ein gelassenes Gesicht. Der Verlust des U-Bootes muss geheim gehalten werden, so lange wie möglich.

Frau Hanna Bauer ist auf dem Wege zu einer Familie, um die Nachricht vom Untergang des Bootes zu überbringen, mit welchem der Familienvater vor drei Wochen zur Fernfahrt ausgelaufen.

Das feine Gesicht der selbstlosen Frau ist ernst, als sie die Treppe emporsteigt. Beim Schrillen der Flurglocke schrickt sie zusammen.

Nun kommt wieder das Schwerste.

Die Frau des Deckoffiziers öffnet selbst. Die Begrüßung ist herzlich, denn sie kennen sich schon. Schweigend gehen sie zum Wohnzimmer. Wie ernst und still die gnädige Frau heute ist, denkt die Deckoffiziersfrau, als sie in die wohnliche Stube treten.

Zwei Kinder, ein Mädel und ein Knabe, spielen am Fenster. Artig begrüßen sie Hanna Bauer. Ihre Hand liegt lange auf dem blonden Scheitel des Jungen und zwei schwere Tränen tropfen nieder, als sie sich herabbeugt und in die klaren großen Kinderaugen blickt.

Die Mutter kennt die Herzensgüte dieser wirklich vornehmen Frau. Doch heute ist da noch etwas anderes. Und plötzlich sieht sie mit den Augen der Seele. Erkennt die stumme Klage in dem ernsten Antlitz. Eine wahnsinnige Angst ist in ihr. Etwas Bedrohliches senkt sich herab. Sie weiß um das Schwerste.

„Mein Mann ist geblieben", sagt sie tonlos, dann ist ihre Kraft zu Ende. Haltlos weinend sinkt ihr Kopf an die Brust der Gattin des Fregattenkapitäns Bauer.

Leise zog die Sonne ihre Strahlen aus dem Zimmer. Wohltuend war das milde Helldunkel in dem Raum der Klage um den toten Gatten und Vater.

Doch auch stille Freude bringt das ausopfernde Wirken. Reiche Spenden stehen zur Verfügung, Geld, Lebensmittel, Bekleidungsstücke.

Die Gaben werden verteilt. Unaufdringlich ist dies Geben. Damen der Gesellschaft, Hanna Bauer, auch die Gemahlin des Prinzen Heinrich überbringen den Familien die Spenden. Dankbare Blicke der Hinterbliebenen, leuchtende Augen der beschenkten Kinder sind unschätzbare Dankeszeichen.

Nach auswärts werden Pakete versandt. Sorgfältig von Frauenhänden gepackt. Alles atmet den warmen Ton helfender Liebe.

Prinz Heinrich ist dem Führer der U-Boote sehr verbunden. Er unterstützt das Hilfswerk der Gattin Bauers in großzügiger Weise.

In stillen Stunden erfreut sich Hanna Bauer an den vielen Dankesbriefen der Betreuten.

So schreibt Frau Erna Laute aus Westerrade:

„... ich finde auch wirklichen Trost in Ihren liebevollen Zeilen und freue mich über Ihre unermessliche Güte, die Sie meinem Jungen und mir angedeihen lassen. Ich weiß meinen Dank nicht besser zu geben, als dass ich es mir zur Pflicht mache, meinen Sohn, den kleinen Unterseebootsmann, zum tüchtigen Jüngling zu erziehen, auf dass er einst den Beruf seines Vaters vertreten kann — — —."

Frau Gertrud Knüsel aus Zoppot schreibt:

„... und ist mir die Geldspende eine große Hilfe. Sage auch dem Herrn Fregattenkapitän meinen innigen Dank. Gott wolle ihn beschützen und erleuchten in Gedanken und Taten, damit alle Boote, die er ausschickt, glücklich und siegreich zurückkehren — — —."

Ein Brief aus Parchim:

„... Die U-Bootsabteilung sorgt in so dankenswerter Weise für mich, dass ich in Geldnot nicht geraten dürfte. Dennoch, werte Frau Bauer, kommt oft der Gedanke: alles, alles gäbe ich hin, hätte ich nur den geliebten Gatten wieder. Trotzdem, mit Stolz will ich meinen großen Schmerz zu tragen versuchen, es geschieht ja für unser liebes Vaterland. Mein Mann war so mit Leib und Seele Soldat, sein ganzes Interesse gehörte dem U-Bootswesen. Voll stiller Verehrung sprach er oft von seinem Kommandanten, Freiherrn von Berckheim … Mit dankbarem Herzen für Sie will ich schließen. Ihre sehr ergebene Emma Ave."

Frau Trude Moll, zurzeit Böhmisch-Leipa, Österreich, schreibt:

„… Ich will Ihnen nichts vorjammern, ich will und muss meines tapferen Mannes tapfere Frau sein.

Mein Mann war freiwillig, und seine Annahme zur U-Bootsabteilung war die Erfüllung seines höchsten Wunsches. Er war Schiffsoffizier der Handelsmarine. Bei Ausbruch des Krieges drüben in Amerika, hat er sich so untätig sehr unglücklich gefühlt und war erst wieder froh, als er nach mancherlei Fährlichkeiten herüberkam, um seinem Vaterlande seine Dienste anbieten zu können.

Nun hat das Schicksal ihn schon erreicht, meinen lebensfrohen, an Leib und Seele gesunden Mann …"

Sinnend legt sie die Briefe beiseite. Neue Todesnachrichten müssen überbracht werden. Der U-Bootstod ist rasch und hält reiche Ernte.

Da regt sich im Zimmer nebenan etwas. Eine Kinderstimme ruft die Mutter. Rasch steht sie auf, eilt an das Kinderbett und drückt ihren Jungen an ihr Herz.

„Max Hermann", flüstert sie, „auch du sollst einst die See befahren."

Zweiter Ausbildungslehrgang

Kasten war wieder in Kiel.

Die U-Schule hatte sich in der kurzen Zeit stark vergrößert, die Zahl der Boote sehr vermehrt.

In den Baracken am U-Bootshafen traf er mit Wichmann zusammen. Beide bemerkten, dass sie recht schmal aussahen. Sie hatten sich viel zu berichten.

Wichmann hatte bereits zwei Fernfahrten mitgemacht. Jetzt war er vom Urlaub zurück und erwartete ein neues Bootskommando.

An den Tischen der Mannschaften ging es lebhaft her. Boote der II. U-Flottille machten gerade seeklar. überall sah Kasten die Leute gleichmäßige Fragebogen ausfüllen. Er ließ sich von einem jungen U-Bootmatrosen einen der umfangreichen Bogen geben. Kasten las:

Wichtige Mitteilungen für meine Angehörigen.
Frage Antwort
Personalangaben.
Mein Name Gustav Reinhold Vehse
Dienstgrad Matrose
Mein Stammarineteil Unterseeboots-Abteilung Kiel-Wik.
Meine Stammrollennummer? U. A. 924/15
Mein Boot S. M. Unterseeboot „U 58"
Mein Verband in der Flotte? II. U-Flottille
Wo ist mein Testament hinterlegt? —

Und dann folgten noch zehn Fragen für den Fall des Todes, die der junge Seemann noch nicht ausgefüllt hatte. Als Kasten den Bogen zurückgab, bemerkte Wichmann: „Vehse stammt aus Elster an der Elbe, das ist doch in der Nähe des Spreewaldes."

Kasten bejahte erfreut und dann sprachen alle drei von der Heimat. Als Kasten dann ging, sagte Wichmann zu, vorm Auslaufen ihn noch mal aufzusuchen.

Wieder stürzt sich Kasten mit Eifer auf den Lehrstoff. Der neue Kursus umfasst das Wesen des Kreiselkompasses.

Seine schnelle Auffassungsgabe, seine Gründlichkeit in allen Dingen, dazu Kapitänleutnant Neumanns Frontzeugnis bewirken, dass er bereits Mitte Februar 1916 zwecks Ausbildung zur technischen Nr. 1 auf Schulbooten fährt.

Kasten ist besessen vom Dienst. Er ist ganz Pflichterfüllung. Seinen Mitschülern ein vorbildlicher Kamerad, achten und schätzen diese wiederum seine Fähigkeiten.

Die praktische Abschlussprüfung legt er mit „sehr gut" ab und das will etwas heißen bei den hohen Anforderungen der Lehrer. Hauptsächlich bei Oberingenieur Kalb.

Seine Ernennung zum Obermaat folgt wenige Tage später. Er darf nun die Krone über dem Anker tragen. Auch darauf ist er stolz.

Und Kasten ist nicht der einzige.

Hunderte solcher prächtigen Menschen sammelten sich in den Unterseeboots-Divisionen.

„U B 13" Ende im U-Bootnetz

„Steuermann", die Stimme von Kapitänleutnant Neumann setzte einen Atemzug lang aus, „wir stecken im Netz fest."

Unheilbergend hallten die Worte wie in einem Grabgewölbe wider. Arnold Castor blickte seinem Kommandanten fest in die Augen und horchte dann auf das Schlieren, Rascheln, Kratzen und Scharren, welches sich von allen Teilen der Außenbordwand durch die Räume fraß.

„Äußerste Kraft voraus!"

Wieder brummte die gewaltige E-Maschine, zerrte mit ganzer Kraft an dem Hindernis und kam doch nur wenige Meter vorwärts. Irgendetwas hielt das kleine, wendige Boot eisern fest.

Dann ruckte es etwas vor. Laut knallten die zerreißenden Netztrossen gegen den Bootskörper, knirschte der Draht in übermäßiger Belastung dagegen, paarten sich alle Geräusche zu einem monotonen Gepolter.

Kalter Schweiß steht auf den Stirnen der beherzten Männer. Eine furchtbare Drohung ist dieses Stoßen, Hämmern und Schrapen.

„Stopp!" — „Äußerste Kraft zurück!"

Die ganze Gedankenkraft der vierzehn U-Bootmänner wirft sich mit dem zurückrennenden Boot gegen den unsichtbaren Feind. Es stößt gegen den Meeresboden, legt sich seitlich, dröhnt mit dem Achtersteven gegen die Maschen, windet sich nach Backbord, aber kommt nicht los.

Und oben?

Die heftigen Bewegungen des gefangenen Bootes übertragen sich auf die an der Wasseroberfläche schwimmenden Netzbojen und Glaskugeln.

Die Fischer eines in der Gegend kreuzenden Seglers werden durch die in den stark bewegten grünen Glaskugeln aufblitzenden Sonnenstrahlen angelockt.

Sie stehen lauschend an der Brustwehr und hören aus der Tiefe des Meeres verhaltenes Brummen, sehen das Hin und Her der Netzteile auf dem Wasser.

„Da steckt ein U-Boot drin", flüstert der Jüngste.

„Wie ein Fisch im Netz", antwortet der Ältere.

„Können wir den tapferen Männern nicht helfen?"

Der Blick des alten Fischers suchte den Horizont ab und blieb sorgenvoll an den Rauchfahnen hängen. Sein Arm wies nach Westen.

„Ja, wenn wir allein wären. Aber dort kommen sie schon, die seit Jahrhunderten die Freiheit der Meere vergewaltigen."

Der Alte drohte mit der Faust nach Westen, dann wandte er sich und rief dem Jungen zu:

„Komm, lass uns schnell hier fort."

Und während sie mit vollen Segeln der neutralen Zone zu glitten, hörten sie im Rücken das Triumphgeheul der feindlichen Sirenen, trug das Meer dumpfe, schwere Schläge an ihr Ohr.

Sie wandten keinen Blick achteraus, denn ihre Sympathien galten den deutschen U-Bootsmännern, die dort unter englischen Wasserbomben ihr Leben aushauchten.

Kastens erstes Frontboot war nicht mehr.

Um Tirpitz

Der Kampf um den uneingeschränkten U-Bootkrieg in den verantwortlichen Stellen der Kriegsführung ist ein einziges Ränkespiel gegen den Großadmiral von Tirpitz.

Da sich die Front für den schärfsten Einsatz der U-Boote ständig verbreiterte, musste die Reichsleitung in Kürze eine klare Entscheidung fällen und so setzten die Gegner des U-Bootkrieges alles daran, den Großadmiral, der mit seiner gewaltigen Autorität, einem ragenden Turm gleich, in dem Hin und Her der Meinungen stand, zu stürzen.

Die unheilvollen Ratgeber des Kaisers, Admiral von Müller, Valentini, Treutler und der Reichskanzler v. Bethmann Hollweg mit seiner Gruppe der Leisetreter gegen England, haben diesmal ein leichtes Spiel.

Admiral von Holtzendorf als Chef des Admiralstabes sekundiert. So schließt sich der Ring in den oberen Schichten.

Auch das Volk wird bearbeitet. Durch die Frankfurter Zeitung werden amtliche Leitartikel in loyaler Abfassung in die Presse geleitet. Reichstagsabgeordnete versuchen sich an dem Objekt des U-Bootkrieges. So der Abgeordnete Matthias Erzberger. Er führt, von keiner Sachkenntnis beschwert, Fraktionskollegen gegenüber aus:

„Der extreme U-Bootkrieg kann überhaupt keinen entscheidenden Erfolg gegen England bringen." — „Zwölf U-Boote stehen bloß zur Verfügung und die können höchstens 100 000 Tonnen im Monat versenken" — „Und meist nur mit den teuren Torpedos." — „Bedenken Sie, meine Herren, 20—30 000 Mark kostet so'n Ding. Auch wenn es vorbeigeht." — „Mit Kanonen ist überhaupt nichts auszurichten." — „Und dann, der Krieg ist militärisch für uns doch gar nicht zu gewinnen." — „Das können wir nur machen als Diplomaten. Deshalb ist es zwecklos, England noch mehr zu reizen." „Der Herr Reichskanzler ist ganz meiner Meinung." — „Abkürzung des Krieges." — „Sonderfrieden mit England."

Das sagt Herr Erzberger und weiß doch ganz genau, dass seit Beginn des ersten U-Bootkrieges trotz den, für die U-Bootmänner so gefährlichen und erschwerenden Einschränkungen bereits annähernd 3 Millionen Tonnen Schiffsraum vernichtet sind. Und weiß weiter, dass über 50 U-Boote im Kriegsgebiet tätig sind und über 100 Boote im Bau sich befinden. Denn ihm stehen unverständlicherweise die geheimsten Akten darüber zur Verfügung. So kommt die entscheidende Beratung im Großen Hauptquartier am 6. März 1916. Der Großadmiral v. Tirpitz wird nicht hinzugezogen. Die ihm auf Grund seiner Leistungen und seines seherischen Weitblicks schriftlich garantierte beratende Stimme wird nicht gehört. S. M. dekretiert den „verschärften U-Bootkrieg", der alle Vorteile der jetzigen einfachen Durchführung noch beseitigt.

Tirpitz liest mit Entsetzen dieses Müllersche Machwerk.

„Finis Germaniae" denkt er voll Bitternis, „damit will ich nichts mehr zu tun haben."

Am gleichen Tage schickt er seine Krankmeldung ins Große Hauptquartier. Abschiedsgesuch und genehmigende Kabinettsordre sind der Abschluss der 51-jährigen Dienstzeit des getreuen Ekkeharts der deutschen Kriegsmarine.

Beim Führer der U-Boote Bauer stauten sich nach Wochen einerseits die Anordnungen, Befehle, Ergänzungen und Kommentare des „verschärften" U-Bootkrieges und anderseits die vielartigen Frontberichte der U-Bootkommandanten.

Zwischen den formal juristischen Bedingungen der Diplomaten und den Notwendigkeiten der draußen kämpfenden U-Bootmänner klaffte ein meilenweiter Gegensatz. Nur eins brachten sie gemeinsam zum Ausdruck: Der U-Bootkrieg war tatsächlich „verschärft", allerdings nur für die den Handelskrieg führenden Kommandanten.

In eins der Kriegstagebücher hat ein junger Bootskommandant in grimmigem Humor den Satz geschrieben:

„Der Kopf eines U-Bootkommandanten ist doch kein Paradeplatz. Denn solche Ausmaße muss er haben, um all den Unsinn des grünen Tisches folgerichtig zu behalten."

Aber auch der ganze Jammer der gefesselten U-Bootwaffe sprach aus den Berichten. Da las es Bauer wieder.

„— — — und musste ich, ohne einen Schuss abgeben zu dürfen, nach der Heimat zurück, weil die einschränkenden Instruktionen es mir verboten, die gesichteten Dampfer anzugreifen — — —."

Unerhört, denkt Bauer und greift zur nächsten Meldung. Was er den Zeilen entnimmt, erinnert ihn an die Fahrtberichte von 1914.

„Ich habe 4 Dampfer mit insgesamt 9000 Tonnen versenkt. 18 Dampfer musste ich passieren lassen, weil die vorgeschriebenen Bedingungen zum Torpedieren oder Vernichten durch Artillerie nicht gegeben waren. Alle Dampfer hatten Kurs nach französischen Häfen und führten sicher Kriegsmaterial und Lebensmittel für Frankreich mit sich."

Das war ja direkt niederdrückend. Deshalb also war Tirpitz gegangen. Und plötzlich reifte der seit langem aufkeimende Gedanke, eine der nächsten großen Fernfahrten mitzumachen, zum Entschluss.

Des Führers Fernfahrt

Anfang April trifft Kommodore Bauer in Emden ein.

Abends Besprechung mit den Halbflottillen-Chefs auf dem Wohnschiff „Rugia". Dann Essen mit U-Bootskommandanten. Es ist ein zwangloses kameradschaftliches Beisammensein. Die Namen der anwesenden U-Bootsoffiziere: Gayer, Pranze, Schwieger, Nieland, Weisbach, Hillebrand, Strauch.

Die Gespräche drehen sich um die Erfordernisse des U-Bootkampfes. Diese jungen Seeoffiziere sehen unerhört scharf. Das hört Bauer aus jedem Satz, der hier geprägt wird.

„Admiral Bachmanns Abberufung war der erste Schlag gegen den U-Bootkrieg."

„Exzellenz v. Tirpitz' Rücktritt ist vielleicht der schwerste."

„Verzeihung, Herr Kapitän", wendet sich Kapitänleutnant Schwieger an Kommodore Bauer, „des Großadmirals Rücktritt hängt doch nur mit dem U-Bootkrieg zusammen?"

„So ist es. Exzellenz v. Tirpitz wird das unverantwortliche Spiel der Diplomaten nicht mehr mit seinem Namen decken wollen."

„Danke." Schwieger hebt sein Glas: „Erlaube mir, auf Ihr Wohl, Herr Kapitän!"

Bauer tut Bescheid. Das Thema wechselt. U-Booterlebnisse. Böse Erfahrungen mit der Tücke des Feindes. Das Widersinnige der Befehle. Das langsame Sich steigern der Gegenwirkungen.

„Herr Kapitän werden sich ja selbst überzeugen."

„Sehr richtig, meine Herren! Wir müssen trotz allem unsere Pflicht tun. Seine Majestät will sicher das Beste für unser Vaterland."

Um Mitternacht eine Überraschung.

Kapitänleutnant Schwieger steigt in ein neues Jahr. Mannhafte Geburtstagswünsche. Der erfolgreiche U-Bootkommandant ist erfreut. Des Vorgesetzten herzlicher Glückwunsch macht tiefen Eindruck auf den pflichtgetreuen Offizier.

Bauer schätzt Schwieger sehr. Er kennt den Kommandanten von „U 29" sehr gut, der mit einem Torpedoschuss die „Lusitania" versenkte. Der bereits über 100 000 Tonnen Schiffsraum auf den Meeresgrund geschickt hat.

Da sagt es schon einer:

„Auf das nächste Hunderttausend, Schwieger."

„Sie werden noch Millionär."

„Prosit!" — „Prosit — ex!"

Ein Lied steigt:

„Heute wollen wir ein Liedlein singen,
trinken wollen wir den kühlen Wein,
und die Gläser sollen dazu klingen,
denn es muss geschieden sein.
Gib mir deine Hand, deine weiße Hand,
leb' wohl, mein Schatz, leb' wohl,
denn wir fahren, denn wir fahren,
denn wir fahren gegen Engelland."

Am anderen Tag. „

S. M. U-Boot „U 67" sticht in See.

An Bord: Fregattenkapitän Bauer, Kommodore der U-Boote der Hochseeflotte. Oberleutnant Nieland, Kommandant von „U 67". Leutnant zur See Arnold, Wachoffizier. Der Leitende Ingenieur. Ein Offizier der Handelsmarine, der Steuermann und 32 Maate und Mannschaften.

Starker Südost empfängt das Boot und entbietet so dem Führer der U-Boote einen würdigen Gruß des Meeres.

Da arbeitet auch schon der Funkempfänger. Kapitänleutnant Gayer, der bereits in See steht, funkt: „Empfehle, nicht auslaufen, schwerer SO, Barometer stark fallend."

Kommodore Bauer denkt nicht an Umkehren. Er ist froh, endlich wieder U-Bootsplanken unter den Füßen zu haben.

„Das bisschen Wind", meint er zu Nieland und wischt sich das Salzwasser aus den Augen, denn die Sprühflagen machten keine Rangunterschiede.

„Alle Mann auf Tauchstationen!"

Das Probetauchen klappt, Nieland meldet: „‚U 67' klar zur Fernfahrt."

Auftauchen! Kurs: Nord.

Die freie See ist gewonnen. Der Wind hat nachgelassen. Nur eine starke Dünung steht dem Boot entgegen.

„Voraus U-Boot" meldet der Ausguck. Es wird runtergesagt zum Offiziersraum; Bauer und Nieland kommen auf den Turm.

Zwei passierende U-Boote. Das neuzeitlichste Bild der See. Bauer empfindet das so recht beim Anblick des einlaufenden Bootes. Es ist „U 44", von der Westküste Englands zurückkehrend. Die Offiziere grüßen ernst. „U 44" setzt ein Flaggensignal: Glückliche Fahrt.

Abenddämmerung. Nacht.

Fregattenkapitän Bauer steckt noch einmal den Kopf zum Turmluk raus, atmet die kühle, frische Luft, ein letzter Blick nach den Sternen, dann klettert er nach unten und legt sich ermüdet in die Koje.

„U 67" wiegt auf und ab. Das Schlagen der Wellen und das Arbeiten der Maschinen vermischt sich zu einem verworrenen Geräusch. Es kommt durch immer dickere Wände. Zuletzt klingt es wie ferne dumpfe Glocken. Noch einmal schrickt Bauer auf. Menschenstimmen in nächster Nähe. Sie entfernen sich meilenweit, sind nicht mehr zu hören. Schlaf kommt, tief, wohltuend.

Zweiter Reisetag.

Erste Unannehmlichkeiten machen sich bemerkbar.

Auf dem Kajütenboden wird der Lotapparat aufgerichtet. Bauer darf vor 7 Uhr die Koje nicht verlassen. Dann wird ihm das Waschwasser zugeteilt. Selbst das W. C. unterliegt den Einschränkungen, es ist eng und hinter einen Vorhang versteckt. Die Einnahme des Frühstücks ist nicht ganz ungefährlich, denn auch das Ausbalancieren der Gefäße mit Flüssigkeiten will bei den Schlingerbewegungen des Bootes gelernt sein.

Doch das alles wird hundertfach entschädigt durch die Stunden an Deck. Nordwest-Wind. Sonnenschein. Langgestreckte Wogen. Aber leerer Horizont.

Kommodore Bauer unterhält sich eingehend mit den Ausguckposten. Er entdeckt unter den Mannschaften erfahrene Seefahrer. Der neben ihm stehende Matrose hat als Steuermann und Kapitän Schiffe in Südamerika gefahren. Die dunkle Bräunung des Gesichts bestätigt dies. Er ist im November 1914 auf und davon gegangen, hat sich von Santos nach Genua durchgeschlagen.

„Ich habe es einfach nicht mehr ausgehalten drüben, trotz meiner Stellung", erzählt er.

„Und dann die Lügennachrichten der englischen Presse, Herr Kapitän!

Hamburg in Brand geschossen. 39 deutsche Kriegsschiffe in den Grund gebohrt. 500 000 Russen 20 Kilometer vor Berlin.

Als die letzte Nachricht durch Extrablätter verbreitet wurde, wir saßen gerade im Avenida-Hotel zu Rio, da stand ein Landsmann auf und rief durch den Raum:

‚Gentlemen! Das ist eine Zahlenverwechslung. Es muss heißen: 20 Russen stehen 500 000 Kilometer vor Berlin.'"

Da musste auch Bauer lachen, genauso wie im Avenida-Hotel die anwesenden Deutschen und Amerikaner gelacht haben.

Ein anderer, der Lotse, war Kapitän eines an der englischen Südküste stationierten Bergungsdampfers. Er kannte die Gewässer um England und Irland und wusste in der Biscaya Bescheid.

Seit Stunden durchquerten sie das Minengebiet.

Wieder dunkelte es.

Das Boot lief die ganze Nacht hindurch nach Norden.

Die Gefahr lauerte im Dunkel. Das Unheil verbarg sich im Schoß des Meeres. Jederzeit konnten aus der Finsternis ringsum Torpedobootzerstörer oder Patrouillenfahrzeuge hervorbrechen. Urplötzlich konnte eine Mine sie mit Gebrüll hochreißen.

Um vier Uhr morgens wechselten die Wachen. Es war noch dunkel. Kühl streifte der Wind die Gesichter der Ausguckposten. Gespannt horchten sie in die Nacht hinaus.

Dumpf rauschte das Meer. Die Motoren brummten, doch sonst waren sie allein auf dem Ozean. Sechsunddreißig Männer. Zwanzig schliefen, die andern wachten.

Dritter Reisetag.

Die Minenfelder liegen glücklich hinter „U 67". Unabsehbar dehnt sich die Fläche des Meeres. Keine Rauchfahne, keine Masten, kein Schiff.

Vor Anbruch der Dunkelheit eine Unterbrechung der Gleichförmigkeit: Prüfungstauchen.

Alles klar. Beim Abendessen meldet die Turmwache voraus Fahrzeuge. Schnell hoch. Oben ist es schon ziemlich dunkel. Blinder Alarm. Es sind nur Fischdampfer. Sie werden in flachem Bogen umfahren.

Die Nacht bringt Sturm. „U 67" kommt nur schwer vorwärts. Kommodore Bauer lässt sich um 12 Uhr wecken. Er geht die Mittelwache mit. Die abgelösten Mannschaften raunen es sich unten zu: „Der Chef ist gut." — „Die Königswache geht er am liebsten, hat er gesagt." — „Ich habe mit ihm auf dem Turm gestanden", sagt der Handelsschiffskapitän, „da hat er mit mir gesprochen." — „Das ist ein Seeoffizier, der seinen Kram versteht" „Der hat es nicht leicht, sich gegen Berlin durchzusetzen."

„Gorch!" — „Schläfst du schon!" Keine Antwort.

Zwei Stunden Turmwache. Ehern und gewaltig zeigten die nachtdunklen Wogen ihre schaumgekrönten Häupter. Grimmig blies der Wind den Männern direkt von vorn ins Gesicht. Südwester und Ölzeug tropften vom überkommenden Wasser. Der Rudergänger steuerte von der Zentrale aus nach den Angaben des Wachoffiziers vom Turm. Kommodore Bauer wuchs in diesen Stunden als festes Glied in die große Familie an Bord des U-Bootes hinein und als er in dem schweren und nassen Regenzeug auf den Rückweg zur Kajüte die vier engen Schottlöcher durchkrochen und die zwei Mannschaftsräume passierte, streifte den Führer der U-Boote manch anhänglicher Blick der harten Seemänner.

Vierter Reisetag.

Am Morgen wollte „U 67" vor der norwegischen Insel Utsire stehen, aber es war noch kein Land in Sicht. Endlich gegen ½ 10 Uhr tauchte in leichte Nebel gehüllt die Küste Norwegens auf. Der Kurs war gut abgesteckt, was die gepeilte Landmarke von Utsire bestätigte.

Kurswechsel nach Backbord. Das Boot geht längs des 60. Breitengrades quer über die Nordsee nach den Shetlands-Inseln. Auch der Wind hat sich gedreht. Er kommt schräg von vorn.

Der Kommandant hat Bettruhe angeordnet. Dreiviertel der Besatzung liegt in den Kojen und schläft. Der Ingenieur bleibt den ganzen Tag unsichtbar hinter dem Vorhang seiner Koje. Es gilt, alle Kräfte aufzusparen für die Tätigkeit im Operationsgebiet.

Kapitän Bauer ist ebenfalls zur Bettruhe verurteilt Die Ventilationsmaschinen arbeiten gut und halten die Luft frisch. Auch das Essen wird in der Koje eingenommen. Obermatrose Welsch verpflegt jeden einzeln.

Spiegeleier, Spinat, Bratkartoffeln werden serviert. Die Zinkblechteller sehen aus wie schweres Silbergeschirr. Das Essen mundet gut. Bald herrscht wieder Ruhe in den Wohnräumen.

Oben kein Feind, nichts.

Nachmittags Windstärke 9. Das Boot arbeitet sich nur mühsam vorwärts. 10 Seemeilen, 8 Seemeilen. Wieder dunkelt es. Zehn Stunden Nachtfahrt.

Fünfter Reisetag: „Land voraus!“

Die Shetlands-Inseln. „U 67“ ändert Kurs, um westlich zu passieren. Immer noch schweres Wetter. Bauer wird früh plötzlich geweckt.

„Havarie! Tiefenruder gebrochen!“ — „Boot kann tauchen, aber nicht Tiefe steuern!“

Oben merkt man den Schaden erst richtig. Das lose Tiefenruder schlägt willkürlich hin und her. Der Horizont ist leer. Die Fahrt wird gestoppt. Doppelter Ausguck auf dem Turm. Bauer, Nieland, der Wachoffizier, der Ingenieur, Maate und Matrosen stehen an Deck.

Leutnant Arnold meldet sich freiwillig, das Tiefenruder festzukeilen. Schnell entledigt er sich der Oberkleidung. Ein baumstarker Matrose fiert die Rettungsleine, an welcher sich Arnold befestigt.

Die Wogen umspülen das stillliegende Boot heftig. Arnold lässt sich ins Wasser. Die Temperatur ist empfindlich kalt. Sein Herz stockt, doch nur einen Moment, dann pulst das Blut wieder schneller durch die Adern.

Mühsam zwingt er unter Wasser das Tiefenruder in Ruhestellung. Zweimal setzt er verzweifelt an, dann hat er es fest verteilt. Triefend reicht er das Werkzeug hoch, dann wird er an Bord gezogen.

Unten gucken sie nicht schlecht, als er vollständig durchnässt dort ankommt. Welsch packt Arnold sofort in wollene Decken und sorgt für die Stärkung des Magens. Bauer spendiert von seinem 1858er Kognak einen anständigen Eisbrecher.

Oberleutnant Nieland fragt: „Umkehren?“ Kommodore Bauer entscheidet: „Weiterfahren!“

Sechster Reisetag.

„U 67“ befindet sich im Atlantik. In der Frühe drei Segler in verschiedenen Entfernungen. Der nächste ist ein großes norwegisches Vollschiff. Unter Sturmsegel liegt es auf Gegenkurs. Anhalten unmöglich, da zu weit ab. An Einholen wegen des Seegangs nicht zu denken.

Der Sturm ist noch im Steigen begriffen.

Auch Bauer hat wie alle im Boot dauernd Hunger.

Zwischen den Mahlzeiten muss Zwieback und Schokolade dagegen helfen. Jeder ist an seinen Platz gebannt, da es oben so stur, dass sich die Wache hat festknoten müssen. Die schweren Bewegungen des Bootes sind im Innern gut ausgeglichen und wenn es nicht schlimmer kommt, ist es auch ohne Frischluft noch angenehm.

Erste Anzeichen des Feindes. Weit hinten ein Kriegsschiff, das bald wieder verschwindet. In der Abenddämmerung nochmals ein Segelschiff. Es treibt mit kleinen Sturmsegeln vor dem Wind und ist schnell vom Dunkel verschluckt.

Siebenter Reisetag.

Immer noch Sturm. „U 67" rennt die Wellenberge empor, stürzt die klaffenden Täler hinab, liegt sekundenlang unter der nächsten Woge, taucht tränenüberspült auf, um über die nächste Welle hinwegzusetzen.

Fregattenkapitän Bauer steht mit im Turm. Nasskalte Luft fegt durch das Luk hinein. Es ist alles andere als gemütlich, denn die 120 Stunden Fahrt in dauernd stürmischer See wirken sich nun doch aus.

„Barometer fällt weiter", meldet der Steuermann.

„Herr Kapitän haben sich ausgerechnet schlechtes Seewetter ausgesucht", sagt der Kommandant.

„Nutzt nichts, lieber Nieland, man lernt gleichzeitig den U-Bootskampf von der schwersten Seite kennen"

Unten poltern Stimmen. Der Ingenieur wird gerufen. Maschinendefekt. Ein Kolben der Steuerbord-Maschine ist gerissen.

Bauer klettert nach unten. Die Maschinistenmaate sind schon bei der Reparatur. Es riecht nach Öl und Säure. Dazu der Lärm der schwer arbeitenden Maschinen. Das technische Personal hat auch auf dem U-Boot den schwersten Teil zu bestreiten.

Oben fegen Regenböen über den Turm. Der Wind dreht hin und her. Das Boot schneidet vorn tief unter. Deshalb Fahrterhöhung: 9 Seemeilen.

Für Mannschaft erster Waschtag. fällt aus wegen Seegang. Alles, was Freiwache hat, versucht zu schlafen. Wieder stößt das Boot in die Nacht hinein.

Bauer steht mit auf dem Turm. Der Wind ist im Abflauen, das nächtliche Dunkel von einem grellweißen Mondregenbogen überhellt. Ein eigenartiger Anblick. Spät geht Bauer in die Koje.

Achter Reisetag.

Es tagt. Ein Felsen im Meer. St. Kilda, die winzige englische Insel im Atlantischen Ozean.

2 Uhr nachmittags. Alarm!

Bauer und Kommandant hoch. Ein großer Dampfer mit vier Masten liegt mit schrägem Kurs vor ihnen. „U 67" läuft höchste Fahrt. Ein Signal weht am Flaggenmast: „Stoppen Sie sofort!"

Es ist ein dänischer Motorpostdampfer. 6000 Tonnen. Nichts Verdächtiges. Er wird entlassen. Die Unterbrechung bringt etwas Gesprächsstoff.

Abends: Klar zum Tauchen!

Zwei Stunden Unterwasserfahrt. Es werden Arbeiten am vorderen Tiefenruder vorgenommen. Das Boot läuft auf 20 Meter Tiefe sehr ruhig.

Nach dem Auftauchen Nachtmarsch.

Neunter Reisetag.

Stürmischer Westwind. Standort westlich Irlands. Der Atlantik tobte mit allen Gewalten gegen das winzige Boot. Es steht dauernd unter Wasser und der Turm kommt immer nur für Minuten frei. Dies genügt einigermaßen zur Orientierung für die Ausguckposten. Sie werden stündlich abgelöst. Sonst lässt sich oben keiner blicken. Auch Bauer bleibt in der Röhre. Sie starren die Decke an. Essen schweigend. Warten. Ab und zu wechseln die Gesichter. Die Untätigkeit wirkt ermüdend.

Leutnant Arnold und der Handelsschiffskapitän sichten gegen Mittag plötzlich auf 3000 Meter einen großen Passagierdampfer. Engländer. 10 000 Tonnen. Kurs Tory Island-Nord Kanal.

Der Dampfer steht jäh an Steuerbord zwischen den hohen Wasserbergen und entfernt sich schnell. Verfolgung zwecklos, da die Kanone durch den Seegang nicht verwendet werden kann.

„Schade“, sagt der Obermatrose, „sicher ein Transporter.“

Zehnter Reisetag.

Letzter Anmarschtag zum Operationsgebiet. Außer Sicht wird die Südwestküste Irlands passiert. Das Wetter hat aufgeklart. Barometer 765. Kühn gleitet „U 67“ durch die noch ziemlich starke Dünung. Aber immer noch rollen die Wogen über Vor- und Achterschiff. Der Dienst bringt neues Leben in die vom Sturm geschüttelten Körper. Geschützreinigen. Instandsetzungen an Deck. Der vordere FT-Mast ist zweimal geknickt, der achtere oben abgebrochen. Die arbeitenden Seemänner haben sich durch Sicherheitsleinen festgemacht, denn oft stecken sie bis zum Hals im Wasser und dann ist es ihnen, als ob das Deck unter ihren Füßen weggezogen wird.

Auf dem Turm stehen und sitzen die Männer des technischen Personals. Dort ist es trocken und die Sonne öffnet die verschmierten Poren. Bartstoppeln von zehn Tagen machen rechte Seeräuber aus den sonst so schmucken blauen Jungens. Es wird stark getaucht. Das beeinträchtigt wieder das bisschen Frischluft auf dem Turm. Aber dagegen ist nichts zu machen.

Die Dünung lässt nach. Es ist alles klar. Kanonen und Torpedos können verwendet werden, aber der Horizont bleibt leer.

Der Ingenieur taucht auf und meldet dem Kommandanten Ölverlust. Eine Verschraubung hat sich gelockert. Fehler ist beseitigt.

„Da müssen wir einige Tage vom Programm streichen“, sagt der Kommandant.

„Leider“, antwortet Bauer.

Das abendliche Probetauchen klappt. Als die Turmwache wieder rausklettert, ziehen Nebelstreifen über das Meer und an beiden Seiten bewegt sich durch den Dunst je ein Dampfer.

„U 67“ befindet sich in einer besonderen Lage. Schnelles Handeln ist geboten. Der Nebel ist etwas hinderlich.

„Eintausendfünfhundert Meter“ schätzt Nieland das Fahrzeug an Backbord. Er entwickelt sich als ein Dampfer der Holland-Amerika-Linie. Grauer Anstrich. Längs der Bordwand sind die holländischen Farben gemalt.

„Soera Karta-Rotterdam“ liest Bauer den Namen des mindestens 7000-Tonners.

Kurswechsel, auf das noch halb im Nebel stehende Schiff an Steuerbord. Signal: „Stoppen Sie sofort, oder ich schieße!“

Beide Schiffe stoppen. Denn auch der Holländer hat das Signal abgelesen. „U 67" liegt in der Mitte. Der zweite Dampfer hat die schwedische Flagge achtern hängen. Er legt sich quer zur See und bläst stark Dampf ab.

„Vorsicht!" mahnt Bauer.

Wieder Signal: „Schicken Sie sofort Ihre Papiere an Bord!"

Kommodore Bauer durchpulst ein stolzes Gefühl, hier mit dem zwerghaften U-Boot zwischen zwei großen Dampfern zu liegen und ihnen Forderungen zu diktieren.

Der Holländer antwortet: „Ich werde ein Boot schicken!"

Der Schwede rührt sich nicht. Nieland ruft einen Befehl ans Geschütz. Der Abschuss kracht über die dämmernde See. Die Granate schlägt vor dem Bug ins Wasser.

Da blitzt es drüben auf. Schnellfeuer. Bauer sieht drei, vier Mündungsfeuer. Ein Treffer in nächster Nähe. Dann rutscht er schon durch das Luk nach unten. Zwei weitere Mann folgen. Zuletzt der Kommandant. Das Turmluk schließt sich. „U 67" sinkt mit unheimlicher Schnelligkeit. Bei 30 Meter fängt es der Ingenieur ab.

Stille entsteht. Die Stimme Nielands: „U-Bootsfalle."

„Auf 12 Meter gehen!"

Da rammt der Druck schwerer Explosionen gegen den Bootskörper. Die Zeiger der Apparate vibrieren. Das waren Wasserbomben. Das neueste Kampfmittel Englands.

Wieder auf 30 Meter runter. Dauernd Kurswechsel. Das Tiefenruder funktioniert so leidlich. Nach 30 Minuten aufgetaucht. Beide Schiffe sind verschwunden.

Das Deck wird sofort abgesucht. Backbord hinterer Tauchtank zeigt ein faustgroßes Loch und eine geplatzte Naht.

„Wahrscheinlich Granatsplitter" meint Arnold.

„Das ist noch mal gut abgegangen", sagt Nieland und Bauer antwortet: „Da haben wir wieder den Flaggenmissbrauch."

„Jedes U-Boot müsste, anstatt des Handelsschiffskapitäns, einen der weisen Paragraphenmenschen der hohen Diplomatie mit auf die Fernfahrt nehmen."

Elfter Reisetag.

Kurs: Scilly-Inseln.

„Voraus ein Segler." — „Steuerbord voraus ein zweiter Segler."

„Alles auf Stationen!"

Der zweite Segler ist der größere. Ein Vollschiff mit Kurs auf den Bristol-Kanal. „U 67" hält darauf zu. Eine halbe Stunde aufregende Jagd. Das auf eine Entfernung von vier Seemeilen gesetzte Stoppsignal wird nicht beachtet.

Warnungsschuss!

Das Vollschiff geht vor den Wind und versucht fortzukommen. Die geblähten Tuchflächen, vier Masten, so treibt es über die blaugrünen Wogen des Ozeans. Das Bild alter vergessener Seefahrtszeit.

Beim zweiten Schuss schreckt Bauer hoch aus seinen Betrachtungen. Das Segelschiff dreht bei. Es trägt keine Flagge. Feiner Sprühregen staubt über den Turm. Drüben bootet sich die Besatzung aus.

„U 67“ taucht. Unterwassertorpedoschuss! Der Kommandant beobachtet im Sehrohr. Treffer achtern. Das Schiff sackt hinten weg wie ein schwerbeladener Packesel. Als Kommodore Bauer ins Okular blickt, liegt das Vollschiff mit allen Segeln auf dem Wasser, kommt vorn senkrecht hoch und geht dann so unter.

Das ist das Ende einer sechsmonatlichen Reise.

„U 67“ taucht schnell auf. Zahlreiche Schiffstrümmer treiben an der Untergangsstelle. Viele Holzgegenstände. Alles schönes Mahagoni. Kein Name ist festzustellen. Der Südamerikafahrer fischt noch etwas Helles raus.

„Ein Souvenir“ schreit er, „der Strohhut des Kapitäns.“ Alles lacht. Spaß muss sein. Bauer blickt auf. Die zwei Boote sind schon weit weg. Doch die könnten wichtige Auskunft geben, also nach.

Engländer, Chinesen, Neger sind in den Booten.

„Die Papiere!“ — „Well Sir!“

Das ist der ganze Wortwechsel. Das U-Boot entfernt sich. Aufatmend blickt die zusammengewürfelte Segelschiffbesatzung dem gefürchteten Ding nach.

Bauer und Nieland studieren die Papiere: Vollschiff „Caronia“, früher deutsch „Orlanta“. Vom Prisengericht an Herrn Bailli in Cardiff verkauft. Kam aus Seattle im Staate Washington Südamerika. Unterwegs seit 8. November 1915 mit 120 000 Bushel Weizen. Schiffsraum 2200 Tonnen.

Schweres Wetter kommt auf. Es wird immer unsichtiger. Nieland lässt den Turm räumen und tauchen. Erste Nachtfahrt unter Wasser. Luft aus Flaschen. Keine Bewegung. Wenig sprechen. Schlaf.

Zwölfter Reisetag.

5 Uhr 30 früh auf Seerohrtiefe. Im Okular schwere See. Sonst alles klar. Auftauchen. Alle Luks auf. Ventilatoren arbeiten. Nacheinander alles an Deck.

„Achteraus Rauchwolke!“ — „Gegenkurs!“ — „Große Fahrt!“

Der Dampfer entweicht. Sturm wird immer heftiger. Muss untertaucht werden. 30 Meter Tiefe. Die Wachfreien in die Kojen.

Bauer wacht mitten in der Nacht durch schweres Getöse auf. „Die Grundsee“, denkt er im Halbschlaf. Das Boot wird hin- und hergeworfen. Die Geräusche sind durch das Unfeststellbare geradezu unheimlich. Bauer fällt plötzlich ein, dass doch an irgendeinem Tag mal Sonntag gewesen. Das hatte man ganz vergessen. Zeitlos ist hier alles. Er denkt an seine Frau, an seinen kleinen Sohn, an sein Heim. Deutschland, Krieg, Wasserbomben, U-Bootsfallen. Der Hochseechef damals, als er den ersten mündlichen Antrag stellte, den englischen Handel durch Versenkung aller Schiffe zu treffen. Diese Augen starrten ihn an, als ob er ein Phänomen wäre. Und heute kämpft er immer noch um die Durchführung desselben Gedankens. Wie das Boot schlingert. Was der Mensch so alles aushält. Dreißig Meter unter der Wasseroberfläche. Wir leben noch.

Wieder kommt Schlaf.

Dreizehnter Reisetag.

Sturm hält an. Nieland blickt Bauer ziemlich trostlos an. Ein letzter Versuch: Südkurs auf Finisterre.

„Dort laufen alle Dampferwege von Südamerika, Afrika, Indien, Australien und Ostasien vorbei, Herr Kapitän.“

Unter Wasser weiter. Welsch bedient das Grammophon. Die Musik heitert etwas auf. Nach dem Essen Sehrohr ausgefahren. See wild bewegt. Horizont ringsum leer. Also hoch.

Der Ingenieur macht Batterie klar zum Aufladen. Steuermann und W. O. nehmen Besteck. Mitten in den Arbeiten meldet der Ausguck eine starke Rauchwolke. Ein großer Öldampfer tritt darunter hervor und zieht in weiter Ferne vorbei. Der W. O. schimpft gewaltig. Es war doch wirklich kein Spaß. Abends wieder unter Wasser. Nachtfahrt ohne Störung.

Vierzehnter Reisetag.

Die Sonne meint es gut. Ein großer Dampfer tritt ins Blickfeld. Engländer. Hastig klettert ein Signal hoch: „Stoppen!" Dann: „Verlassen Sie das Schiff!"

Dampfer macht Scheinmanöver. „U 67" hebt sich auf und nieder mit den mächtigen Wogen, dann donnern die Kanonen über den Atlantik.

Wassersäulen und Schiffssplitter spritzen hoch.

Dampfer schwingt Boote aus. Die Besatzung markiert Aussteigen. Plötzlich glühen feurige Striche auf. Donnergrollen folgt, aufsteigende Einschläge.

Schnelltauchen! In dem Gedränge nach unten sagt einer: „U-Bootskrieg nach Prisenordnung."

Der Führer der U-Boote macht ein hartes Gesicht.

Fünfzehnter Reisetag.

„U 67" quert ein riesiges Trümmerfeld. Baumwollenballen, Holzteile, zerbrochene Masten.

Auf dem Turm rauchen die Wachfreien wie die Schlote. Die Posten stehen in einer richtigen blauen Wolke. Fregattenkapitän Bauer sagt: „Kinder, wir qualmen ja wie ein Torpedoboot" und stößt dabei dicke Wolken seiner Zigarre in die Luft. Ein aufkommender Dampfer jagt die Siesta auseinander. Die Zigaretten und Zigarren fliegen zum Teil über Bord. Die Sparsamen zerdrücken die Glut und lassen den Rest in die Tasche verschwinden.

Unterwasserangriff.

Beim Näherkommen warnen die Zeichen des roten Kreuzes. Es ist ein Lazarettschiff.

„Bitte Herr Kapitän!" Damit gibt Nieland seinem Chef das Sehrohr frei. „Und wer garantiert, dass dort keine Truppen oder Munition transportiert werden?" — „Ich möchte mal ein Torpedo riskieren. Wir würden eine schöne Überraschung erleben."

Zwei Stunden später.

Wieder Unterwasserangriff. Ein großer Dampfer steht im Okular. dunkler Anstrich. „Westminster-Linie" bestätigt der Offizier der Handelsmarine. Oberleutnant Nieland setzt zwei Anläufe an. Erst beim dritten gelingt ihm ein Heckschuss auf 1600 Meter.

Boot schneidet jäh unter. Bei 15 Meter Tiefe bekommt es erst wieder Auftrieb und geht in die alte Lage zurück. Als das Periskop die Oberfläche durchbricht, blendet heller Schein Nieland, dann erst sieht er das Seebild. Ringsum alles leer.

Nach sofortigem Auftauchen wird die Wrackstelle gesucht. Zwischen den Trümmern ein leckes Boot, darin ein Mann, der sofort an Bord gezogen wird. Er scheint leblos und ist ganz steif. Energische Wiederbelebungsversuche haben Erfolg. Es ist ein Japaner.

Ein zweiter Seemann treibt mit einer Boje auf und nieder. Er ist aber schon tot. Die Matrosen von „U 67“ können den stummen Mann nur noch dem Meer überantworten.

Der Dampfer kam von Südamerika, hat in Spanien gelöscht und dort neue Ladung genommen. Hauptsächlich Erz. „Smatt stones“, sagt der Japaner immerfort.

Sechzehnter Reisetag.

„Karfreitag“ meldet der Bursche Welsch beim Wecken. Dann ist in zwei Tagen Sonntag, denkt Bauer und macht sich klar, um nach oben zu gehen.

Plötzlich Alarm! Tauchen!

Leider ein Norweger. Gut gekennzeichnet. Passiert ungefährdet. Nieland ist untröstlich.

Am Nachmittag bei ruhigem Wetter schöne Überwasserfahrt. Rauchfahnen in weiter Ferne. Alles sonnt sich an Deck. Endlich gleich zwei Fahrzeuge, kommen direkt auf „U 67“ zu. Ein großer Bewachungsdampfer und ein Fischdampfer. Nieland lässt abdrehen, um in flachem Bogen seitlich vorbeizukommen.

Das nützt nichts. Der Große heult mit der Sirene. Eine grüne Rakete steigt in die Luft. Der Fischdampfer macht kehrt. Dann eröffnet der Bewachungsdampfet Artilleriefeuer.

Die Alarmglocke rasselt. Blitzschnell verschwindet die Turmbesatzung. Genauso schnell geht „U 67“ unter Wasser.

Siebzehnter Reisetag.

„Herr Kapitän!“ und nochmals: „Herr Kapitän!“

Aus schwerem Schlaf fährt Bauer hoch und starrt den Ruhestörer an. „Ein Segler wird gejagt.“

Mit einem Satz ist Bauer raus. Der Raum liegt im Halbdunkel. Die anderen Kojen sind leer. Also ist alles schon auf Stationen. Bauer eilt nach oben, umgeben vom Lärm der Maschinen.

Ein prächtiges Nachtbild. Mondschein. Und lichtübergossen ein Viermaster. Die mächtigen Tuchflächen glänzten wie Silberschilder. Dazu weißer Anstrich der Bordwand mit schwarz markierten Kanonenpforten. Jetzt zog das Königsschiff vor dem Mond vorbei. Es lief gute 10 Seemeilen. Die Segel verdunkelten sich, dann überflutete das Mondlicht wieder die hohe Takelage.

Da griff Oberleutnant Nieland mit rauer Hand ein. Vielmehr als erster der Geschützführer.

Ein Schuss vor den Bug. Das Vollschiff brasst den Kreuzmast back und nimmt Segel weg. Ohne Fahrt liegt es willenlos in den Fängen des U-Bootes.

Bauer ist es, als hörte er die Segel klappern und die Rahen knarren. Deutlich sieht er im Fernglas das Fieren der Boote. Die Besatzung steigt ein. Über 30 Mann zählt Bauer. Dann stoßen sie ab und bringen die Papiere.

„Torpedo — los!“

Das ist Nieland, denkt Bauer. Ein silberner Streifen eilt vom U-Boot zum Segler. Schnurstraks. Vor dem hell schimmernden Wundergebilde steigt eine breite schwarze Sprengwolke hoch. Als sie niedergeht, ist das Segelschiff verschwunden.

Es blieb still auf dem Turm. Die alten Seefahrer wussten, was jeder Schuss gegen ein Segelschiff bedeutete. Schweigend nahm unten Arnold die Papiere entgegen. Dann empfahl sich „U 67“ mit einem Gruß an Poincare. Die Neger in den Booten grinsten und die Franzosen machten ein betrübtes Gesicht.

In der Kajüte studierten sie die Papiere. Das stolze Segelschiff hieß „Charnaral“, stammte aus Dünkirchen, fasste 2400 Tonnen und hatte 82 000 Zentner Salpeter geladen. Es war am 11. Januar aus Chile abgesegelt. Besitzer Mr. Bordes, Paris.

„Das ist die größte Segelschiff-Reederei der Welt“, sagt der Offizier der Handelsmarine. Dann fügt er erklärend hinzu: „Die Weltfirma arbeitet mit dem Geld der französischen Klöster. Die Seeleute nennen deshalb die Schiffe ‚Nonnenschiffe‘.“

„Was es nicht alles gibt“ meint Nieland und damit legen sie sich wieder in die Koje.

Die Sonne stand schon hoch am Himmel, als Bauer und Nieland wieder geweckt wurden. Diesmal galt es einem Dampfer und einem Segler.

Der Dampfer macht auffällige Manöver. Er setzt schließlich eine große rote Flagge. Das heißt: „U-Boot in Sicht.“

Dann dreht er „U 67“ das Heck zu.

Bevor er mit dem vertarnten Heckgeschütz feuert, ist „U 67“ unter Wasser. Nieland beobachtet den Burschen, der aufgeregt hin und her kreuzt. Mal am Horizont verschwindet und an anderer Stelle dann wieder hervortritt.

Bauer warnt vor einem Angriff. Die zwei hohen Masten mit den großen Mastkörben als Ausguck, dazu die typische Baralongform, das ist nichts Gutes.

Seegang macht sich stark bemerkbar. „U 67“ geht auf 30 Meter und kreuzt unter Wasser weiter.

Der Leitende meldet 30 Tonnen Ölverbrauch. Das ist fast die Hälfte des Bestandes vor der Abfahrt. Achtzehnter Reisetag. 2 Uhr morgens. — Der Ausguckposten weist mit der Hand schräg voraus. Jetzt sieht es auch Arnold. Ein abgeblendetes Fahrzeug. Keine 150 Meter entfernt wächst es als dunkler Schatten höher.

Die Alarmglocke übertönt alle Geräusche und reißt jeden im Boot mit brutaler Unhöflichkeit hoch.

„U 67“ ist schon unter Wasser.

Dauernd gehen Schraubengeräusche darüber hin, verhallen, werden stärker, kommen wieder zurück. Alles bleibt auf Stationen. Der Japaner ist sehr ängstlich. Er hält sich an den Koch, dem er gern Hilfsdienste leistet.

Drei Stunden, fünf Stunden. Oben muss es schon taghell sein. Im Schallapparat ist immer noch das feine Mahlen von Schrauben zu hören. Aber weit entfernt an Backbord.

Nieland geht auf 12 Meter und lässt das Sehrohr ausfahren. Da hat er den Quälgeist. Ein Zerstörer. Wieder runter in die Tiefe. Vier Stunden Schlaf. Dann wieder hoch. Nichts mehr in Sicht.

Gegen Mittag kommt das Biest wieder an. Runter auf 30 Meter. Nach ruhiger Einnahme des Mittagessens wird aufgetaucht. Das Barometer fällt. Wind weht aus Süd. Daher schnelle Fahrt.

Sturm kommt auf. Die Brecher schlagen über den Turm ins Boot. Die abgelösten Posten kommen vollständig durchnässt unten an.

Im Offiziersraum meldet Welsch nachträglich, dass heute Ostern ist. Erster Feiertag. Bauer hatte in der Frühe daran gedacht, auch Nieland. Aber keiner hatte dann davon gesprochen. Es war ja auch sinnlos.

Neunzehnter Reisetag.

Als Bauer aufwacht, brummen nur die Unterwassermotoren. Nieland erzählt, dass nach Mitternacht so viel Wasser übergekommen, dass sie oben bis zur Brust im Wasser gestanden haben. Auch jetzt schlingert „U 67" noch heftig.

Sie bleiben also in den Kojen. Die schlagenden Bewegungen lassen nach. Der Kommandant schaut nach der Uhr. Es ist 8 Uhr. Das Barometer ist gestiegen.

„Alle Mann aufstehn!"

„Turmwache sich klar machen!"

Oben weht noch immer eine gute Brise, diesmal aus dem Westen. Dauernd große Fahrt nach Norden. Parole Heimat. Nichts gesichtet. Nacht.

Zwanzigster Reisetag.

Schwache Rauchfahne in der Morgendämmerung. Verschwindet, wie der Tag aus dem Meere steigt. Herrlicher Sonnenaufgang.

Gegen Mittag ein Dampfer. Neutral. Holländer. 7000 Tonnen. Nationalfarben ringsum. Riesiger Name „Cambangen". Großes Transparent für die Nacht mit Namen und Ort.

„Querab U-Boot" „U 67" taucht. Das andere Boot auch. Es ist „U 45", wie der Funkmaat meldet, welches mit Unterwassertelegraphie „U 19" anruft. „U 67" kann nicht antworten, weil eigene F.T. unklar.

Aufgetaucht. „U 45" lässt nichts von sich sehen. Rückmarsch weiter fortgesetzt.

Einundzwanzigster Reisetag.

Bei dichtem Nebel Fair Island passiert.

Zweiundzwanzigster Reisetag.

Vor Zerstörer weggetaucht. Dann über Wasser weiter. Dicker Nebel. Fahrt vermindert. „U 67" gleitet wie durch Wolken. Das Grammophon unten bietet keine Abwechslung mehr. Kommodore Bauer zwängt sich nach dem Turm hoch. Das Auf und Nieder des Bootes wird ausgeglichen durch den schaukelnden Gang des eigenen Körpers. Er merkt das gar nicht mehr, wie alle anderen auch nicht.

Oben ist nichts zu sehen. Nur Nacht und Nebel. Bauer klettert wieder nach unten, legt sich in die Koje. Schlaf ist die beste Medizin.

Dreiundzwanzigster Reisetag.

Zwischen Fär Oer und den Shetlandsinseln geht es in die Nordsee. Von den englischen Bewachungsfahrzeugen ist nichts zu sehen.

Vierundzwanzigster Reisetag.
Die norwegische Küste! Skagerrak!
Fünfundzwanzigster Reisetag.
Jütland!

In der Nacht werden zahlreiche Lichter passiert. Gegen Morgen des letzten Reisetages deutsche Vorpostenboote. Die nordfriesischen Inseln grüßen herüber. Deutschland. Dann der Felsen von Helgoland. Stolz zieht „U 67" an Wangerooge vorbei. Die Jade hinauf. Ein Schiff wartet dort. S. M. S. Hamburg.

Die Flaggen eines Willkommengrußes wehen vom Signalstand des U-Bootführerschiffes. Stolz steht die Besatzung von „U 67" an Deck. In der Mitte, neben dem jungen Kommandanten, der Führer der U-Boote Bauer. Die Hurras der Hamburgbesatzung umbrausen sie wie der wilde Nordwest beim Auslaufen.

Als Bauer mit Kapitänleutnant Lützow und den anderen zu den Arbeitsräumen ging, erwartete den Führer der U-Boote eine erschreckende Überraschung.

Schweigend las er die Abschrift eines Telegramms. Es lautete:

„Hochseechef an Chef des Admiralstabes. 27. 4. 1916.

Da Führung Handelskrieg mit U-Booten gemäß Prisenordnung nach bisherigen Erfahrungen nicht durchführbar und U-Boote unnötig der Vernichtung preisgegeben, habe ich alle U-Boote vom Handelskrieg zurückgerufen. Der Handelskrieg mit U-Booten gegen England hört damit auf."

Kommodore Bauer ließ sich schwer in den Sessel fallen Das kam ja immer dicker. Da war ja Deutschland drauf und dran, den Krieg zu verlieren. Was sich in vier Wochen so alles ändern kann.

Begegnung mit Gorch Fock

Obermaat Kasten ist zur Bauinformation des U-Bootes „U B 31", das bei Blohm & Voß seiner Indienststellung entgegensah, nach Hamburg kommandiert.

Dort hat er eine Begegnung, die auf ihn großen Eindruck macht. Bei einem Streifzug durch die Gaststätten trifft er in einer kleinen Klause einen Mariner, dessen markante Gesichtszüge ihm bekannt vorkommen.

„Gorch Fock" raunt es von einem der Tische, an denen Kasten vorbeigeht. Da weiß er, wer der Seemann ist, dessen frohes Lachen eben den Kreis der Freunde ansteckte.

Obermaat Kasten steuert direkt auf Gorch Fock zu. Der steht auf und nimmt militärische Haltung an vor dem unbekannten Vorgesetzten"

Kasten grüßt freundlich, dann weist er auf das Abzeichen seiner Charge und sagt: „Das gilt jetzt nicht, Gorch Fock, ich suche den Dichter und nicht den Matrosen."

Das gefällt Gorch Fock, seine Augen blitzen in die Kastens, als er in die dargebotene Rechte schlägt.

Kasten stellt sich auch den anderen vor und nimmt Platz. Hamburger Platt und Hochdeutsch schwirren durcheinander.

„Auf ‚Wiesbaden' bin ich kommandiert. Einer der neuen kleinen Kreuzer." — „U-Boot, da muss ich wohl auch noch mitfahren, denn ich muss alles sehen, Herr Obermaat. Die Geschichte des Seekriegs will ich schreiben" — „En Upstand soll dat wörn, wenn wi as Sieger in Hamburg eentrecken." — „In mir ist alles Aufbruch." — „Seefahrt wird immer herb und männlich sein."

So lauschte Kasten in eine große Seele hinein. Germanentum, Naturerleben, Furchtlosigkeit, das sind Gorch Focks Hauptmerkmale. Als Kasten ging, lag eine Stunde voll Kraft und trotziger Treue zum Vaterland hinter ihm und wieder fühlte er es auf dem einsamen Heimweg zum Quartier, es gab noch Männer.

Mit S. M. U-Boot „U B 31" nach dem Osten

„U B 31" ist ein Tauchboot, ausgerüstet mit allen Errungenschaften der Technik. In Stahl gebetteter menschlicher Wille. Eine scharfe Waffe in den Händen kühner, furchtloser Männer.

Das Boot hat einen Aktionsradius von rund 3500 Seemeilen. Es kann über Wasser 10 Seemeilen und im getauchten Zustand bis zu 8 Seemeilen in der Stunde zurücklegen.

Bei einer zugelassenen Tauchtiefe von 60 Meter und einer Tauchgeschwindigkeit von zirka 30 Sekunden, um auf 10 Meter Tiefe zu kommen, war es wirklich eine Spitzenleistung des U-Bootbaues.

Das 1Hinsahten des Bootes ist beendet. Tauch-, Rollen und Gefechtsübungen haben die kleine Besatzung eingespielt.

Der Kommandant, Oberleutnant z. S. Vesper, hatte sich bereits als Führer des Minen-U-Bootes „U C 4" einen Namen gemacht und gab seinen Leuten durch seine Handfestigkeit den nötigen Rückhalt.

Steuermann Schepers, leitender Ingenieur Klappstein und Wachoffizier Leutnant z. S. Feddersen waren tragbare Vorgesetzte, wie Obermaat Kasten bereits festgestellt.

Nun ging es gegen die Russen.

In der Ostsee herrscht die deutsche Kriegsflagge. Das gibt der Kriegsführung in diesen Gewässern ein besonderes Gepräge. Der U-Bootskampf steht unter dem ständigen Druck eines zäh und erbittert geführten Minenkrieges. Dazu schatten die internationalen Verflechtungen mit den Neutralen über den Kampf der U-Boote in der Ostsee.

Ein Beispiel:

Die Abriegelung der Zufahrtsstraßen aus der Nordsee, Belte und Sund, ist in der neutralen Zone durch die Kogrundrinne durchbrochen.

In Swinemünde erzählten die Ablösungen der Sperrfahrzeuge davon und Kasten wollte es dort nicht glauben, aber als sie jetzt die Sundbewachung einige Tage im Sonderauftrag unterstützten, da sah er es mit eigenen Augen.

Dampfer auf Dampfer zog unbehindert längs der schwedischen Küste nach Osten. Decksladungen mit Flugzeugen, Automobilen, Munitionswagen zeigten die Transporte an. Das Gesicht der Neutralen erschien Kasten furchtbar verzerrt.

„Das Loch im Osten", meint Vesper spöttisch.

„Diese Herausforderung", ruft Kasten und fragt dann: „Und ist dagegen gar nichts zu machen?"

„Das schon, aber wir sind auf die Erzlieferungen Schwedens angewiesen und dann die Zauderpolitik unseres Auswärtigen Amtes. Die Art Englands, Neutrale zu beeinflussen, macht in ihrem Pochen auf die Stärke mehr Eindruck."

„Die Lieferungen gehen doch alle nach Russland für die Ostfront gegen uns." — „Todsicher." Kasten ballt die Faust und sagt zu Vesper: „Es ist bloß gut, dass das Volk nicht alles weiß und sieht, es würde manche Dinge der Bethmänner in seiner einfachen urwüchsigen Denkungsart als glatten Landesverrat auffassen." „Dies hier tatenlos Mitansehen kommt doch einer strafbaren Verlängerung des Krieges gleich", pflichtet Schepers bei.

Acht Tage später sind sie auf dem Marsche nach Libau.

Die langen Anmarschstunden nach dem Osten sind von unerhörtem Reiz. Sie liegen stundenlang an Deck, lassen sich tagsüber von der Sonne bescheinen, sinnen nachts den Gestirnen nach und führen gelehrte Gespräche über den Lauf der Welt, Krieg und Frieden. Es kommt jeder zu Wort, ob Offizier, Maat und einfacher Mann.

Sie schlafen in einem Raum, essen aus einem Topf und die Vorgesetzten haben nur den Vorzug der erhöhten Verantwortung. Der Kommandant aber gilt ihnen in allen Dingen als der Führer. Seine unerschütterliche Ruhe, seine Tüchtigkeit und seine tatkräftige Bootsführung sichern ihm trotz des engen Zusammenlebens genügend Abstand.

Hier gilt nicht der Ärmelstreifen oder die eichenlaubbestickte Mütze, sondern die Persönlichkeit. Denn immer ist sein ganzes Tun den Augen seiner Untergebenen preisgegeben, von denen jeder ein Held sein konnte.

Die gesamte Besatzung konnte als ein geschlossenes Ganzes angesehen werden, wenn der Maschinistenmaat Lage nicht wäre. Kasten als Technische Nr. I hatte sofort festgestellt, dass die Ideenwelt dieses Unteroffiziers den Gedanken der anderen entgegengesetzt war. Er huldigte Anschauungen, die in den Kreisen rotorganisierter Kieler Werftarbeiter mit der Länge des Krieges wieder lauter vertreten wurden.

„Frieden, Maat Lage", schaltet sich Kasten in ein Gespräch ein, „den konnte doch die Welt haben, als unser Kaiser ihn Ende 1915 angeboten. Aber die Feinde wollten doch nicht."

„Die Völker wohl, vielleicht die Regierungen nicht", antwortet Lage unsicher.

„Ja, das ist doch nicht Deutschlands Schuld."

„Der ganze Krieg wird aber als ein riesengroßes Geschäft betrieben. Hauptsächlich von Amerika und den Neutralen". gibt Lage dem Wortwechsel eine andere Wendung.

„Und trotzdem müssen wir alles tun, ihn zu gewinnen", erwidert Kasten.

„Denn wenn Deutschland unterliegt, braucht dein Vater nicht mehr zur Kieler Werft arbeiten zu gehen", spricht ein anderer.

„So schlimm wird das alles nicht", antwortet Lage gereizt.

„Wir müssen jetzt alle an einem Strang ziehen", schlichtet Kasten, „je gründlicher wir es tun, desto besser ist es für uns."

Der Koch Muschke meldet das Abendessen klar und so klettern sie schnell ins Boot hinab.

Als „U B 31" in Libau festmachte, erreichte sie schon neue Ordre. Am nächsten Tag waren sie bereits wieder auf dem Weitermarsch zum Finnischen Meerbusen.

Einer ungeheuren Ebene gleich lag das Meer vor ihnen. Hundert Seemeilen hatten sie bereits zurückgelegt und jedes Mal, wenn die Wachen wechselten, sahen sie oben das gleiche Bild. Ringsum bis zum fernen Horizont in gleichem Rhythmus die Ostsee.

„Was ist das nun eigentlich mit den Russen?" wendet sich Becker an Kasten, der wachfrei mit an Deck stand und über die leere See blickte.

„Ja, Becker, die machen's dem Engländer nach. Legen dicke Minenfelder und warten ab."

Der Oberheizer schweigt. Aus dem Luk klettert der Steuermann. „Das ist ja die reine Paradefahrt", sagt er und versenkt die Fäuste tief in die Hosentaschen. Die andern lachen breit und zufrieden. Aber trotzdem liegt allen eine gewisse Spannung in den Gliedern. Sie spüren die Nähe der russischen Minengebiete.

Wieder wechselten die Wachen. Der Horizont rückte näher. Die Dämmerung kam. Plötzlich blickten sie alle erregt nach Backbord. Unvermittelt stand dort über der Kimm eine schwache Rauchfahne, die sich sonderbar gegen den graugelben abendlichen Himmel abhob.

Hastig geht die Meldung nach unten zum Kommandanten. Die erste Rauchwolke. Freudige Erregung fiebert durchs Boot.

Kurswechsel wendet den Bug von „U B 31" direkt auf dieses erste Anzeichen eines Feindes. Die Motoren gehen auf höhere Tourenzahl. Schärfer weht der Wind über den Ausguckturm. Höher geht die Bugwelle.

Doch die sinkende Nacht ist schneller. Wesenlose Schatten fallen wie hauchfeine Jalousien am Horizont nieder. Verdecken Grad um Grad den verräterischen Rauch, bis er ganz verschwunden ist. Rücken den Horizont bedenklich nahe, so dass jede Verfolgung zwecklos ist.

Schade. Oberleutnant Vesper befiehlt Vorbereitungen für die Nacht. Kasten überwacht das Aufladen der Batterien, dann geht's gegen 11 Uhr runter auf den Meeresgrund.

Obermaat Kasten wird um 4 Uhr geweckt. Schmoldt sitzt mit in der Zentrale. Da schreckt sie eine ferne dumpfe Detonation auf. Der kurze Zeit später eine zweite folgt. Ein leises Zittern läuft durch die Apparate. „Wie ein Erdbeben", sagt Schmoldt. Beide halten den Atem an und lauschen. Da meldet sich die Unterwassertelegraphie. Schmoldt hört Zeichen des U-Bootes „U 10" ab, die aber schnell schwächer werden und dann gänzlich ersticken. Alle Versuche seinerseits, mit „U 10" wieder in Verbindung zu kommen, scheitern. Er ist ganz blass. Eine Katastrophe war da irgendwo in der Unendlichkeit des Meeres, aber was, das können sie nur ahnen.

Schweigend macht Kasten seine Eintragung in das Maschinentagebuch. Um 5 Uhr weckt Schmoldt die andern. Den Bericht Kastens hört Oberleutnant Vesper still zu, geht dann plötzlich zurück und holt die Geheimpapiere hervor.

Richtig, da steht es, „U 10“ sollen sie hier ablösen und dann selbst weiter nach den Aalandinseln zu operieren.

Außerdem ist „U 36“ ebenfalls vor Kurland tätig. Als Vesper dann durch die Zentrale in den Turm klettert, bemerkt Kasten einen sonderbaren Zug im Gesicht des Kommandanten. Da weiß er, dass „U 10“ den gefährlichen russischen Minen zum Opfer gefallen ist.

Ihre Ausdauer unterliegt harten Prüfungen. Sie beobachten Minenleger bei der Arbeit. Sehen Linienschiffe auslaufen und stellen so die Fahrtstraßen durch die Minenfelder fest. Kommen aber nicht zum Schuss, da die Kriegsschiffe vorzeitig kehrt machen.

Frachtdampfer müssen sie unbehelligt ziehen lassen, da ihre Ordre sich nur gegen Kriegsfahrzeuge richtet. Mit Anbruch der Dunkelheit gehen sie in Überwasserfahrt nordöstlich.

Skagerrak

Die Hochseeflotte ist in See.

Die Grand Fleet ist in See.

Die beiden größten Flotten der Welt haben ihre Stützpunkte verlassen und steuern zufällig zur gleichen Zeit das Skagerrak an.

Sechzig Seemeilen vorm Gros führt Hipper seine fünf Schlachtkreuzer nordwärts, weit voraus umgeben von der fächerartig auseinandergezogenen Vorhut.

Der zweite englische Schlachtkreuzerverband mit sechs Einheiten unter Beattys Führung steuert 100 Seemeilen vor der Grand Fleet südöstlich. Die schnellen Kreuzer der Arethusa-Klasse klären dabei auf.

Es geht auf 3 Uhr nachmittags.

Die Ausguckposten des am weitesten rechts sichernden englischen Kreuzers „Galatea“ suchen eifrig den Horizont ab. Der die Steuerbordseite beobachtende Midshipmann peilt plötzlich über die Gradeinteilung und meldet dann nach unten:

„40 Grad eine Rauchfahne!“ Wenige Minuten später dreht das Schiff einige Strich nach Steuerbord und stößt mit erhöhter Fahrt in Richtung der Rauchfahne vor. Gespannt blickt von der Brücke alles voraus, wenigstens eine kleine Abwechslung. Dann schallt es vom Ausguck hernieder:

„Die gemeldete Rauchfahne ist ein Frachtdampfer!“

Näher jagt „Galatea“ heran. Schon ist die dänische Flagge auszumachen, da sieht der Midshipmann hinter dem Steamer dünnen Rauch über der See. Er wischt das Glas nochmals aus. Verdammt noch eins, wo hat er bloß heute die Augen. Das sind doch deutsche Torpedoboote, die dort bei dem Dampfer kreuzen. Und dort am Horizont. Wie Silber glänzt es; darüber vier schmale Schornsteine. Es verschlägt ihm fast die Sprache. Schärfer stellt er das Fernglas ein. Dann schreit er es hastig ins Telefon: „Voraus feindliche Torpedoboote und kleine Kreuzer!" Das kam doch überraschend und plötzlich schien die Zeit zu rasen. Zustand herrschte auf der Brücke. Noch kämpfte der englische Kommandant leise Zweifel nieder. Ausgeschlossen, dachte er, hier oben im Norden.

„Ship clear for action!", gellte es über Deck.

Jetzt erkannte man auch von der Brücke die deutschen kleinen Kreuzer.

Im Funkraum klappert der Zeichengeber. Die Nachricht vom Sichten des Feindes geht zum Flaggschiff „Lion".

Dumpf schallt der Donner der 10,5-cm-Kanonen in den Raum. Die Bilder an den Wänden scheuern hin und her.

Tack — tack — tacktack — tack, hämmert der Taster. Die Tür wird aufgerissen, der Läufer bringt neue Meldungen und wieder geht ein Funkspruch durch den Äther:

„Rauchwolken wie von einer Flotte!"

Zur gleichen Zeit sendet der deutsche Halbflottillenchef der IV. Torpedobootsflottille von „B 109" an das Führerschiff „Regensburg": „Einzelne feindliche Streitkräfte gesichtet" und der kleine Kreuzer „Elbing" funkt zwischen den Abschüssen seiner Kanonen: „Feindliche Schlachtkreuzer in West zu Nord."

Auf S. M. S. „Lützow", dem Spitzenschiff der Schlachtkreuzer, ein Signal: „Äußerste Kraft voraus!"

Hoch leckt die Bugwelle. Wie schäumende Renner folgen „Derfflinger" — „Seydlitz" —— „Moltke" — „von der Tann".

Die Geschützrohre der schweren und mittleren Artillerie weisen drohend nach den am Horizont stehenden Rauchwolken. Tiefer wühlen die Schrauben das Heck der Schiffe ins Wasser, hoher hebt sich das Vorschiff, schneller jagen sie dahin.

Im Artillerieleitstand des „Lützow" herrscht drückende Enge. Gespannt blicken die Artilleriespezialisten durch die Richtweiser voraus nach Norden. Wie Wetterleuchten zuckt das Mündungsfeuer der leichten Kreuzer über die See. Leise mahnend stößt das Rollen der Salven an ihr Ohr. Neue Meldung vom Ausguck: „280 Grad starke Rauchwolken!" Die Nachricht wird schnell weitergegeben zum Admiral auf der Brücke. Während die Geräte nach Backbord wenden, ergeht der Befehl neuer Kursänderung an den Gefechtsrudergänger. Beim Drehen des Schiffes sieht der Entfernungsmesser, wie an Steuerbordseite die kleinen Kreuzer zurückjagen.

Die Spannung wächst, denn schon schälen sich unter den dunklen Rauchschwaden die Aufbauten gewaltiger Schiffe hervor. Das Aufkommen dieser Kolosse zwingt eine eigenartige Stille um die todernst dahinbrausenden Schiffe. Es ist die Ruhe vor dem Sturm. Unwiderstehlich schieben sich die Schiffsriesen heran, werden größer und größer.

4 Uhr 30.

Längst wusste Admiral v. Hipper, wer dort herandampfte.

Langsam ließ er die Schiffe des Gegners durch das Okular seines Fernrohrs laufen. „Lion" führte. Hochbordig, vorn übersetzte Türme, Dreibeinmast, drei

Schlote, so folgten drei Schiffe gleicher Bauart. Den Schluss bildeten zwei Schiffsriesen der Indefatigable-Klasse.

Prächtig hoben sich die dunklen Umrisse vom hellen Hintergrund ab. In eisiger Ruhe liefen beide Geschwader mit höchster Fahrt südlich und ordneten dabei die Schlachtstellung.

Plötzlich weht im Vortopp des „Lützow“ ein blutrotes Zeichen: „Feuer eröffnen!“

Im krachenden Donner der ersten Breitseite bäumt sich das deutsche Spitzenschiff, doch schon liegt es wieder in richtiger Bahn und durchfurcht in schäumender Fahrt die See. Laut grollen achteraus die Salven der anderen Schiffe, dann blitzen auch beim Engländer die Feuerschlünde auf.

Über die mit „großer Fahrt“ in Kriegsmarschordnung den außer Sicht stehenden Panzerkreuzern folgenden Großkampf- und Linienschiffe der Hochseeflotte steht die Sonne des letzten Maientages und malt lange Schatten auf die breiten Decks.

Die abstumpfende Ruhe der seit Jahr und Tag wartenden Besatzungen ist aufgeschreckt durch Nachrichten aus den Funkräumen, die mit eigenartiger Schnelligkeit sich durch die Schiffe verbreiteten.

Auf den Brücken stehen die Offiziere eng beieinander.

Mittschiffs aber und auf der Back ballen sich dichte Gruppen der Freiwachen.

S. M. S. „Nassau“ zeigt das gleiche Bild.

Da hastet der „Läufer Funkenraum“ zur Brücke hinauf. Er rennt an der Kombüse bald den biederen Bayern Sepp Schlager über den Haufen. Dann steht er atemlos vor Kapitän zur See Klappenbach.

Das Gesicht des Mannes glüht. Weiß er schon die Kunde, die er bringt? Der Kommandant liest Wort für Wort des abgefangenen Funkspruches:

„Sechs feindliche Schlachtkreuzer und leichte Streitkräfte steuern Südost. Bin im Gefecht mit den Schlachtkreuzern.“

„Endlich“, ruft er erleichtert und reicht dem hinzutretenden Artillerieoffizier v. Richthofen die Meldung. Da zieht gleichzeitig der „Gefechtsposten Fahrtball“ die Fahrtbälle bis dicht unter die Signalraa. Vom Flottenflaggschiff „Friedrich der Große“ aber laufen Signale durch sämtliche Geschwader, sich von Schiff zu Schiff fortpflanzend. Auf und nieder wehen an den Leinen die bunten Flaggen. Die Winker kommen von den Nocken nicht mehr runter und unten schmettert Hornruf durch die Kasematten, rasselt dumpf die Trommel, geilen die Bootsmaatspfeifen, rufen die Wachmaate:

„Klar Schiff zum Gefecht!“

Indessen jagen die kämpfenden Gruppen der Schlachtkreuzer wie gewaltiger Gewittersturm über das Meer.

„Hie Hipper!“ — „Hie Beatty!“

Der englische Admiral hat einen schlechten Tag. Das Brüllen der schweren Kaliber und das Krachen der Mittelartillerie schwillt zum Orkan an und lässt die Luft erzittern. Haushohe Wassersäulen stehen um die englischen Schiffe. Grell zuckt sprühendes Eisen auf, wenn Treffer einschlagen. Schwarzgelber Rauch, Fetzen von Pulverdampf ziehen übers Wasser. Auf „Lion“ und dem zweiten englischen Schiff schlägt rote Lohe empor. Deckend und immer wieder deckend liegen die deutschen Salven. Die Granaten des Engländers aber heulen in hohen Bogen über die deutschen Panzerkreuzer hinweg. Minutenlang; denn immer wieder staffeln diese näher heran. Um 5 Uhr ist die Entfernung durch den Willen des Admirals Hipper auf zwölf Kilometer herabgemindert. Nennenswerte Treffer sind auf den deutschen Schiffen noch nicht eingetreten.

S. M. S. „Indefatigable“, das Schlussschiff der englischen Linie, steht im Artillerieduell mit S. M. S. „von der Tann“.

Der englische Artillerieoffizier zernagt sich fast die Lippen, er kann die Feuerüberlegenheit der Germans nicht fassen und zuckt jedes Mal zusammen, wenn Treffer auf Treffer sein Schiff erschüttert.

Längst sind die 5 Minuten verstrichen, die er hochmütig den deutschen Schiffen bis zur Niederkämpfung eingeräumt hatte und noch immer liegen seine Aufschläge nicht am Ziel.

Durch den hellen Anstrich ist der Gegner aber auch verdammt schwer auszumachen und dann steuert der deutsche Schlachtkreuzer verteufelt kühn und staffelt trotz der schnellen Fahrt immer näher heran.

Ein Druck auf die Zentralabfeuerung. Wieder donnert eine Breitseite nach drüben. Gespannt starrt er durchs Okular. Wie feurige Augen riesiger Drachen glühen drüben die Mündungsfeuer der schweren Kaliber auf. Darunter zucken Sekunden später durch den Pulverdampf fünf, sechs kleinere rote Punkte, die Salven der Mittelartillerie.

Während seine Geschoßaufschläge wieder weit hinter „von der Tann“ aufsteigen, treiben die deutschen Granaten riesige Wassersäulen dicht vorm Schiff hoch. Hart und kurz reißen neue Treffer Vor- und Mittschiffs riesige Löcher

Explosionsartige Erschütterungen rollen durchs Schiff. Dazwischen kracht und splittert es in den Aufbauten.

Aus dem vorderen Geschützturm zischt eine riesige Stichflamme. Bis in den Beobachtungsstand hoch oben im vorderen Mast leuchtet das grelle Rot.

„Ein schwerer Treffer hat den Turm zerstört“, das ist die letzte Nachricht, die der A. O. im Leitstand erhält. Dann heult es wieder heran. „Von der Tann“ hat sich festgebissen und macht es kurz. Wie ein Wirbelsturm rast es über „Indefatigable“. Ein Treffer löscht alles Leben im Leitstand aus. Reiche Ernte hält der Tod. Das Schiff scheint ein gewaltiger Stoß festzunageln, dann rollen wie unterirdische Gewitter zwei, drei Explosionen durch die Unterwasserräume. Feuer zuckt überall hoch. Dampf, Sprengwolken, schwarzer Qualm quillt aus allen Öffnungen. Tiefer sackt das Vorschiff. Dreißig — vierzig Sekunden vergehen, dann hagelt die nächste Vollsalve an Backbordseite in den stählernen Leib. Panzerplatten, Eisenträger, glühende Eisenblöcke ziehen schwerfällige Kurven. Masten und Schlote sacken nach innen zusammen. Schwer holt das Schiff nach Backbord über und zieht über 1000 britische Seeleute ins kühle Seemannsgrab. Es ist wenige Minuten nach 5 Uhr.

Torpedobootsdurchbruch!

In rasender Fahrt brechen durch die Schlachtlinie der deutschen Panzerkreuzer Torpedoboote. Kaum sind die schwarzen Boote zu sehen in dem Gewühl von Wasserbergen, Geysiren, Rauch und Dunst.

Zur selben Zeit preschen auch die englischen Zerstörer vor. Grimmig fahren sie gegeneinander. Die Geschütze bellen. Vereinzelt klatschen Torpedos ins Wasser. Die Blasenbahnen sind kaum zu sehen in dem aufgewühlten Meer. Schnell passieren die gegnerischen Boote. Ein wilder Nahkampf tobt unter den hallenden Bögen der schweren Breitseiten beider Schlachtkreuzergeschwader.

Flachschüsse durchschlagen die hohen Steven der englischen Zerstörer. „Nomad" bleibt liegen, sinkt. „V 27" geht unter. Deutsche Torpedoboote stoppen die jagende Fahrt und retten Freund und Feind aus dem Getümmel. Dann löst sich das wirbelnde Chaos. Die Boote rasen zurück.

Der Kampf der Schlachtkreuzer geht ununterbrochen weiter.

Mit der Vernichtung der „Indefatigable" ist der Ausgleich geschaffen. Jetzt steht es fünf zu fünf. „Lützow" kontra „Lion". „Derfflinger" wider „Princess Royal", „Seydlitz" gegen „Queen Mary". „Moltke" streitet mit „Tiger" und „von der Tann" hat als neuen Gegner „New Zealand".

Für die Entfernungen, welche die Riesengeschosse der schweren Artillerie durchrasen, gelten 12 000 Meter als Nahkampf. Die dauernd sich verändernden Zwischenräume, Windeinwirkungen, Kurs des Gegners, eigene Fahrt, alles dies macht das Schießen auf See zu einem Problem des Kopfes.

Die deutschen Artillerieleiter sind erstklassige Spezialisten. Korvettenkapitän Mahrholz auf „von der Tann", der durch sein Zielfeuer das englische Schlussschiff vernichtet, gabelt sich schnell an das Flaggschiff „New Zealand" heran.

Das feindliche Spitzenschiff „Lion" verlässt in diesem Augenblick unter den gewaltigen Schlägen des „Lützow" die Linie. Eine kurze Feuerpause entsteht vorn und als S. M. S. „Derfflinger" seine Geschosse wieder nach drüben schickt, bemerkt der Artillerieoffizier v. Hase, dass er das Ziel gewechselt hat.

H. M. S. „Queen Mary", Englands modernster Schlachtkreuzer, 27 500 Tonnen, 1400 Mann Besatzung, steht in allen Zielfernrohren des „Derfflinger" und des „Seydlitz".

Beide Panzerschiffe halten „Queen Mary" in ihren Fängen.

Lauter brüllt der Schlachtendonner jetzt wieder übers Meer. Durch turmhohe Wassersäulen stoßen die Schiffe. Dicke Rauchwolken hüllen sie nach jeder Breitseite ein.

In fabelhaft kurzer Zeit folgen die Vollsalven der 34,3 cm des Engländers. Hart und kurz rasselt ein Geschoß ins Achterschiff „Derfflingers".

Oberingenieur Willrodt, als leitender Ingenieur, bekommt weitere Arbeit. Sprachrohre brüllen Meldungen. Telefone bimmeln, Läufer überbringen Nachrichten. Das Klappen der Eisenwände, der aufwallende Roststaub, das Arbeiten der Maschinen und das Rattern der Munitionsaufzüge vermengt sich mit dem dumpfen Krachen der Breitseiten zu einem trutzigen Lied der Kraft. Dazwischen ein Geschoßeinschlag. Das ist ein anderer Ton.

„Treffer im Achterschiff."

Willrodt teilt Leute der Reparaturguppe ab. Weitere Störungsmeldungen kommen. Der Leitende muss alles wissen in diesem gewaltigen Labyrinth. Und er weiß es. Ruhig gibt er seine Anordnungen in dem aufregenden Betrieb.

Und oben? In kühnem Manöver steuert der Kommandant das Schiff aus der Gefahrenzone.

Die Artillerie aber ist eingeschossen und nun bricht ein Stahlgewitter über die „Queen Mary". Schornsteine und Aufbauten gehen über Bord. Aus dem Vorschiff zuckt eine masthohe grelle Flamme. Dumpf rollt eine gewaltige Detonation übers Meer. Mittschiffs fliegen Schiffsteile hoch, der schwere Panzerturm ist verschwunden. Dann lässt eine noch größere Explosion die Luft erzittern. Die Masten stürzen nach innen zusammen. Dunkle Teile wirbeln durcheinander. Dampf und Rauch umhüllen alles. Eine riesige schwarze Rauchwolke strebt wohl tausend Meter zum Himmel und steht wie ein Kreuz über dem Grab der 1400 Seeleute der „Königin Marie".

Die Kampfkraft der englischen Linie ist durch die Vernichtung der zwei Schiffsriesen erschüttert.

Da greift rechtzeitig die schnellste Division der Engländer ein. Vier Queen Elizabeths. Großkampfschiffe modernster Art. 38-cm-Geschütztürme.

Auf Riesenentfernungen nehmen sie Deutschlands Panzerkreuzer unter Feuer. Doch sie können das Unheil Beattys nicht mehr wenden. Die übrig gebliebenen vier Schlachtkreuzer des ersten und zweiten englischen Geschwaders wenden und räumen brennend und schwer zerschossen das Schlachtfeld. Den Rückzug decken die Schiffsriesen der Queen Elizabeth-Klasse.

24 Kilometer zeigt das Entfernungsgerät „von der Tanns".

Wasserdome treiben die 38er aus dem Meer, tasten sich näher, treffen: „Von der Tann", „Seydlitz", „Derfflinger" Turmhohe schwarze Pfeiler brechen nacheinander aus den Schiffen, sinken zusammen und hinterlassen breite, dunkle Löcher. Ohnmächtig, zornig, wütend durchlaufen Deutschlands Schlachtkreuzer die Gefahrenzone, denn ein Erwidern des Feuers auf über 20 Kilometer ist vollkommen zwecklos.

Jetzt aber greift rechtzeitig das deutsche Gros ein. Um 6 Uhr abends donnert die erste Salve der „Königsschiffe nach Norden.

Hochseeflotte gegen Grand Fleet.

In weitem Bogen nach Norden laufend hält sich das V. englische Linienschiff-Geschwader infolge überlegener Fahrtgeschwindigkeit außerhalb des Feuerbereichs der deutschen Geschütze und zieht die deutsche Flotte auf die hinter dem Dunstkreis im Nordosten aufmarschierende englische Hauptstreitmacht.

Die deutschen Panzerkreuzer sind eingeschwenkt und laufen befehlsgemäß an der Spitze der Hochseeflotte.

6,2o Uhr kommen „Lützows" Turmgeschütze wieder zum Tragen und bald rollen die schweren Breitseiten aller abermals übers Meer.

Mit höchster Fahrt geht die wilde Jagd nach Norden.

Der Artilleriekampf tobt auf weite Entfernungen und setzt infolge der schlechten Sicht zeitweise aus.

Das I. Geschwader am Schluss der Linie steht plötzlich englischen Kreuzern gegenüber. Der Entfernungsmesser des vorderen Artilleriestandes S. M. S. „Nassau“, Gorch Schmidt, stemmt sich fest auf den Boden. Eisern halt er den Feind im Okular. Ruhig bringt er das Dreieck mit der Mastspitze des Gegners überein.

„132 Hektometer!“ liest der Bg.-Offizier ab.

Kapitänleutnant v. Richthofen leitet das Feuergefecht der schweren Geschütze. Der Richtweiser-Unteroffizier hält das Ziel im Okular fest. Feuerwerksmaat Scholthold bedient die Schieberverbesserung und führt Liste.

Richthofen ist ein guter Schütze. Die zweite Lage liegt deckend und dann jagt er Breitseite um Breitseite aus den Rohren. Die Aufschlaguhren blöken. Treffer, meldet der Vormars und: „Der Gegner läuft ab!“ — „Halt! Batterie halt!“

7 Uhr abends.

Die zwischen den Flotten stehenden leichten Streitkräfte haben das Feld geräumt. Die Schussbahn ist frei.

Scheer wider Jellicoe!

Am ganzen nördlichen und nordöstlichen Horizont stehen englische Schiffe. Aber die neun Geschwader Schlachtschiffe der großen Flotte entwickeln sich zu langsam zur Gefechtsformation. Das gleicht die jetzt ungünstige Stellung Scheers etwas aus. Undeutlich heben sich die englischen Schiffe im vorgelagerten Dunst ab. Und mit jeder Vollsalve verdeckt der Pulverdampf die Sicht. Doch schnell steigert sich der Schlachtenlärm der Spitze zu voller Stärke.

S. M. S. „Lützow“ steht als Spitzenschiff im Brennpunkt eines unbarmherzigen Feuers mehrerer britischer Schlachtschiffe. Es ist oft minutenlang nicht zu sehen in den Sprengwolken und Wassersäulen. Aber unentwegt pflügt diese Stahlburg das Meer.

An den Geschützen arbeiten die Bedienungsmannschaften in rasendem Tempo. Schuss auf Schuss grollt mit dem Schrillen der Feuerglocken aus den Rohren. Heiß und stickig ist die Luft in den Türmen und Kasematten. Unaufhörlich rattern die Munitionsaufzüge und bringen neue Nahrung.

„Lützow“ tobt wie ein Berserker. Einem Riesen gleich wehrt er sich gegen die Überzahl des Gegners. Schlägt zornig zu mit seinen Panzergranaten. Immer hinein in die Menge der feindlichen Schiffe.

Eine Viertelstunde tobt der Kampf.

Das krachende Einschlagen im eigenen Schiff wird übertönt von den Hurras an den Geschützen. Eine riesige Flamme steht mitten in der englischen Linie. Minutenlang. Das Flaggschiff des I. Panzerkreuzergeschwaders ist explodiert.

H. M. S. „Warrior“ und „Duke of Edinburgh“ rennen in die niederfallenden Trümmer.

Doch das ist nicht alles.

Unter der Wucht des Stoßes der deutschen Panzerkreuzer wird das ganze englische Schlachtgeschwader zersprengt.

„Warrior“ wird vollkommen zusammengeschossen. Das Kriegsschiff kreiselt sinkend aus der Linie. „Black Prince“ schert schwer getroffen aus und „Duke of Edinburgh“ irrt außerhalb des Feuerbereichs in Dunst und Qualm umher.

Entschlossen stoßen Hippers Panzer jetzt gegen das II. englische Schlachtkreuzergeschwader vor.

Deutschlands Großkampfschiffe der König-Klasse stehen der „Queen-Elizabeth“-Division gegenüber. Hart und verbissen ist hier der Kampf. Die Kolosse speien ihre Breitseiten grollend übers Meer und furchen in schäumender Fahrt die aufgewühlten Wogen.

Pulverdampf, Schlotrauch, Gase bilden oft undurchsichtige Dunstberge vor Old Englands Riesenschiffen. Dann stehen nur die Mündungsfeuer, mattrot und gelb, wie hineingestanzt in die verschleierten Gebilde am Horizont. Die 38 er-Geschosse aber werfen ganze Wasserberge über die deutschen Schiffe.

Treffer hüben und drüben.

Die englischen Geschosse krepieren sofort beim Aufschlagen bröckeln Stücke aus dem Panzer oder zerreißen die Bordwand und zertrümmern im Innern ungeschützte Abteilungen. Sie dringen aber kaum bis zu den lebenswichtigen Teilen der gepanzerten Schiffe vor.

Die deutschen Panzersprenggranaten durchbrechen die starken Stahlschichten und explodieren erst im Innern. Sie löschen das Leben ganzer Türme aus. Sprengen Kommandostände. Durchstanzen das Deck und dringen bis zu den Heiz- und Maschinenräumen vor, dort alles zerstörend.

Doch keins der Schlachtschiffe weicht.

Sie jagen verbissen ineinander mit wechselnden Kursen im laufenden Gefecht durch Rauch- und Nebelschleier. Da übertönt eine schwere dumpfe Detonation den Geschützdonner.

Vom achteren Leitstand des deutschen Spitzenschiffes sieht man auf einem der „Queen Elizabeth“-Riesen eine Feuersäule aufsteigen und dunkle Schiffsteile wie schwarze Flocken niederdrücken. Dann verdeckt quellender Rauch jede Sicht.

Minuten später sackt ein zweiter dieser Schiffsriesen achtern tiefer und treibt brennend und mit Schlagseite aus der Feuerlinie.

Ein weiteres englisches Schlachtschiff wird dermaßen eingedeckt, dass die gesamte Artillerie außer Gefecht gesetzt ist. Doch immer wieder schließt sich die im Halbkreis von Horizont zu Horizont reichende Kampflinie der Grand Fleet.

Das vernichtete Panzerkreuzergeschwader und das auseinandergesprengte Schlachtschiffgeschwader lassen keine allzu großen Lücken entstehen. Die Verluste gleichen nur die Stauchungen in der englischen Linie schneller aus.

Einzelbilder:

Das Großkampfschiff H. M. S. „Warspite“, ein Koloss von 30 000 Tonnen, schleppt sich zusammengeschossen aus dem Bereich des Schlachtfeldes. Trübe ragte der vordere Mast über den Qualm, der das gewaltige Schiff einhüllt. Geisterhaft zuckt Feuerschein hier und dort auf und überhellt hin- und herrennende Gestalten. Die Fahrt ist verlangsamt. Drohend grollt der Schlachtendonner beider Flotten in die eigenartige Stille.

Unter den Brandwolken, die über das Seegebiet schatten, gleiten Zerstörer näher, das schwer havarierte Riesenschiff sicher nach einem englischen Hafen zu geleiten.

Zwanzig Seemeilen südöstlich liegt bewegungsunfähig der kleine Kreuzer „Wiesbaden“ zwischen den Linien. Drei schwere Treffer, einen Torpedoschuss, zwei Dutzend Geschosse der Mittelartillerie hat das ungepanzerte Schiff erhalten und jetzt ist es erneut schwerem Feuer ausgesetzt.

Vom Fockmast des todgeweihten Kreuzers blickt einer mit hartem Gesicht nach dem Getümmel der Schlacht. Matrose Kienau, genannt Gorch Fock, der große Dichter der Nordsee.

Seine Augen haben zwei englische Schlachtschiffe sinken sehen. Unvergessliches prägte sich diesem Kopf ein. Wie hatte der Kommandant der „Wiesbaden“ gesagt, als er an einem Abend in der Offiziersmesse aus seinen Werken vorgelesen?

„Ausguck im Fockmast soll Gorch Focks Gefechtsstation sein, damit er von oben alles überblicken, und seine Eindrücke in neuen Büchern schildern kann.“

Ja, das wollte er. Und so blickte Gorch Fock furchtlos in die ringsum aufstiebenden Splitter und Rauchmassen.

Ein Geschützturm des „Derfflinger“.

Drückende Hitze breitet hinter dem Panzer. Der Turmoffizier sieht sich die Augen wund, er kann in der diesigen Schicht nur vage Umrisse erkennen. Auf Momente hat die Feuerglocke ausgesetzt. „Derfflinger“ aber wird weiter beschossen. Wieder bebt das Schiff unter der Wucht der Treffer. Bis in den Turm zittert der Geschoßeinschlag nach.

7 Uhr 30 zeigt die Armbanduhr des Turmkommandeurs. Entsetzlich langsam kriecht die Zeit dahin.

Da steht plötzlich im Sehrohr hart umrissen die Silhouette eines Schlachtkreuzers. Vorn zwei breite Schlote, am achtern Mast ein schmaler Schornstein.

„Flaggschiff Invincible.“ — „Der Unbesiegbare.“

Der Seeoffizier muss an Falkland denken. Dieser Schiffskoloss hatte dort die weit unterlegenen Kreuzer des Grafen Spee abgeknallt, ohne dass die deutschen Auslandskreuzer das Feuer erwidern konnten.

„90 Hundert!“ — „Salve! — Feuern!“

Schuss auf Schuss brüllt alle 20 Sekunden auf. Gleichmäßig fallen die anderen Türme ein. Grimmig grollen die Breitseiten: Rache für Falkland!

Auch auf S. M. S. „Lützow“ hat man „Invincible“ im Okular. Donnernd rollt es vom Spitzenschiff herüber: Rache für Falkland!

Admiral Hoods Flaggschiff will einen neuen Sieg an seine Fahnen heften. Doch hier kämpft es mit gleichstarkem Gegner. Der Schlachtkreuzer rollt unter den wütend einhauenden deutschen Granaten.

Nach drei Minuten:

Die Artillerieoffiziere, Turmkommandeure, Stückmeister und Geschützführer „Derfflingers“ und „Lützows“ starren wie gebannt durch die Zielfernrohre.

Lautlos geht im Okular etwas Grausiges vor sich. Drüben reißen die Geschosse wie unsichtbare Geisterhände alles nieder. Grelle Flammen zucken kurz nacheinander aus dem dunklen Schiff. Die Masten brechen zusammen. Eine breite dunkle Wolke strebt zum Himmel. Wieder die schwerfälligen Kurven hochsteigender Schiffsteile. Flammen zucken auf und verlöschen mit dem versinkenden Schlachtschiff „Invincible".

Heisere Stimmen schreien: „Unser Gegner ist vernichtet."

Hurrarufe pflanzen sich dröhnend durch alle Abteilungen der Siegerschiffe.

Gefechtspause!

Das Getöse des unerhört gewaltigen Kampfes brach ab.

Die Geschütze schweigen. S. M. S. „Lützow" machte unregelmäßige Fahrt. Tief steckte das Vorschiff im Wasser. Aus dem aufgerissenen Deck der Back quoll dunkler Qualm.

Das Spitzenschiff konnte die von Scheer befohlene Kehrtwendung nicht mehr ausführen, mit 20 schweren Treffern und vielen Tausend Tonnen Wasser im Bauch trat es mit Süd-Kurs den Rückmarsch an. Torpedoboote hüllten den schwerverwundeten Riesen in schützende Rauchschleier.

Admiral Hipper hatte seine Flagge niedergeholt und jagte auf einem Torpedoboot den Schlachtkreuzern nach.

Die englische Flotte stand um 8 Uhr halbkreisförmig um die deutschen Schiffe und hatte infolge der zahlenmäßigen Überlegenheit eine sehr günstige Stellung.

Als Admiral Jellicoe die Vernichtung des Flaggschiffs „Invincible" gemeldet wird, ringt er sich schnell zu neuen Entschlüssen durch, denn so wie bisher durfte es nicht weitergehen.

Die immer noch schwimmende „Wiesbaden" wird zum Angelpunkt für Admiral Scheers zweiten Vorstoß gegen die englische Linie.

Torpedoboote preschen zum Entsatz der „Wiesbaden" vor. Ein junger Bootskommandant ruft es seinen Leuten zu:

„Wir holen Gorch Fock und die anderen."

Doch der Eisenhagel, der wie ein Sperrfeuer um den kleinen Kreuzer liegt, ist nicht zu durchbrechen. Die Boote fluten größtenteils beschädigt zurück.

Als nun die deutsche Flotte erneut gegen die Mitte der englischen Linie vorstößt, hat Jellicoe die Neuordnung seiner Schlachtlinien beendet. Ein furchtbarer Geschoßhagel wütet wieder gegen die Panzerkreuzer und greift auf das III. Geschwader über.

Ringsum am Horizont glühen die Mündungsfeuer auf. Der schaurig-schöne Anblick lässt starke Männerherzen erbeben. Admiral Scheer erkennt die drohende Gefahr. Jetzt gilt es, die Flotte unbemerkt aus der Umklammerung zu bringen. Schnelle Entschlusskraft findet sofort das Richtige.

Drei Befehle jagen in Minutenabständen an die Verbände der Hochseeflotte. Zuerst: „Schlachtkreuzer ran an den Feind, voll einsetzen!" dann: „Torpedoboote zum Angriff!" und 8 Uhr 16 an die Linienschiffe: „Gefechtskehrtwendung nach Steuerbord!"

Und wieder. Gegen den gelbroten Himmel stehen auf den Brückennocken der deutschen Schlachtkreuzer hart umrissen die Gestalten der Signalmatrosen. Hastig spreizen sie die Arme mit den roten Winkflaggen, drehen sie wie Windmühlenflügel.

Winkspruch der Derfflinger: „Rücksichtslos folgen!"

Die Fahrtbälle stehen dicht unter den Rahen. Dreimal äußerste Kraft voraus! Mehr Umdrehungen! 21 Seemeilen! 22 Seemeilen! 24 Seemeilen! Tollkühn stürmen die Heldenschiffe „Derfflinger" — „Seydlitz" — „Moltke" — „von der Tann" mitten in den Halbkreis der aufglühenden Abschüsse der Grand Fleet.

Vier deutsche Panzerkreuzer gegen vierzig englische Schlachtschiffe. Brandwolken decken den abendlichen Himmel. Eine turmhohe Kappe! dröhnender Zerschmetterung hängt über dem kleinen Geschwader. Kreischender Lärm klirrt herunter. Ein Trommelfeuer 10facher Übermacht hämmert auf die Schlachtkreuzer nieder. Riesige Wasserkatarakte umstehen wie Ehrenpforten die vier deutschen Schiffe. Zehntausende Kilo Stahl zerdonnern die Luft. Der Tag des Jüngsten Gerichts bricht über sie herein. Ein furchtbares Brausen, begleitet vom unablässigen Wummern neuer Breitseiten erschüttert die Luft. Die Seelen der wenigen Männer auf den Brucken kriechen in sich zusammen und die Augen starren fassungslos in die Hölle voraus. Wie D-Züge in Bahnhofshallen donnern, so durchbrechen Riesengeschosse die Decks der Schiffe.

Die Wirkung der Treffer ist verheerend. Auf allen Schiffen lodern Brände auf. Feuerlöschgruppen arbeiten. Lecksicherungspersonal ist überall tätig. Die Geschütze aber jagen in schnellem Salventakt ihre Granaten immer hinein in die Massen der feindlichen Schiffe.

Auf „Derfflinger" Oberingenieur Willrodt.

Sein Gesicht ist verschlossen. Sein Innerstes hat er abgekapselt gegen Regungen, die in diesem gewaltigen Kampf hinderlich sind. Er ist ganz Führer. Er ist überall.

Die Hast des Vorstürmens dringt in alle Tiefen des „Derfflinger". Ungeheure Massen Kohlen verschlingen die Feuerungen und immer neue Berge werfen die Kohlentrimmer aus den Bunkern vor die Feuerlöcher. Wie Teufel der Unterwelt wühlen sie die schwarzen Klumpen vor, viele Stunden nun schon, unermüdlich. Donnernd brechen die Kohlenberge nieder, wenn in nächster Nähe Treffer ins Schiff dröhnen. Trübe brennt die Notlampe, die Luft ist von Kohlenstaub erfüllt.

Vor den Feuern stehen halbnackt die Heizer. Höllenglut schlägt ihnen entgegen, doch unbarmherzig werfen sehnige Arme Schaufel um Schaufel auf die Roste.

Lange Schatten tanzen gespenstisch an den Wänden. Zitternd flackert das Feuer, bis zur Weißglut bringt man es. Erschrocken horchen sie auf, denn das Getöse wird jetzt öfter von starken Erschütterungen unterbrochen. Sekunden nur, — dann stehen sie wieder im Banne der Arbeit. Das Schiff muss höchste Fahrt halten.

Das muss das Ende sein. Treffer auf Treffer hagelt auf „Derfflinger". Ein 38 er zerstört den Geschützturm „Cäsar". Das krepierende Geschoß zerschmilzt und verkohlt alles. Masthohe Flammen schlagen aus dem ausgebrannten Turm. Augenblicke später fällt der Nachbarturm einem Treffer zum Opfer. Rauch und

Flammen künden den Tod der gesamten Turmbesatzung. — In den Kasematten der Mittelartillerie dasselbe Bild. Zerschmetterte Rohre, verbogene Geschützpforten, riesige Löcher an Deck. Die Zahl der Toten und Verwundeten ist groß.

Torpedobootsmassenangriffe!

In Feuerlee den Schlachtkreuzern Hippers folgend, sammelt das Führerschiff „Regensburg" in jagender Fahrt die Boote der VI. und IX. Flottille. Angesichts der wie leuchtende Perlketten aufglühenden Breitseiten der Grand Fleet preschen die schwarzen Boote gegen Old Englands Stahlburgen vor.

Wasserberge, aufsprühende Bugwellen, voraus und achtern das Grollen der schweren Breitseiten und dann Geschoßaufschläge, Treffer, Wälder von Wassersäulen. Zurück! Im Wenden klatschen die Torpedos ins Wasser und eilen gen Osten. Zwei Boote bleiben liegen.

Die III. Flottille passiert jetzt die zurückflutenden Schwesterboote und in der wilden Hast des Gewaltvorstoßes folgt bereits die V. Torpedobootsflottille als dritte Welle.

Auf „V 3" dirigiert Kapitänleutnant Manfred v. Killinger sein Boot zur schnellsten Fahrt. Endlich sind die auf dem Wasser lagernden Qualm- und Dunststreifen durchlaufen. Killinger lässt das Fernglas nicht von den Augen. Die Schlachtkreuzer liegen an Steuerbord weit hinten bereits auf Gegenkurs. Sie feuern nur noch vereinzelt. Von der britischen großen Flotte aber sind bloß noch die Rauchfahnen der Großkampfschiffe zu sehen, davor schieben sich jetzt feindliche kleine Kreuzer und Zerstörer.

An den Aufbauten erkennt v. Killinger Schiffe des l. und III. englischen leichten Kreuzergeschwaders. „Galatea" — „Falmouth" — „Chester" ruft er seinen Leuten zu, während „V 3" einem Befehl S. M. S. „Rostocks" folgt und in flachem Bogen wendet.

Dann hellen die Geschütze auf. Auch der Engländer schießt. Geschoßaufschläge werfen Sprühflagen über sie hin. In Eilzugsgeschwindigkeit zieht die V. Flottille den Feind auf die deutschen Linienschiffe.

Noch einmal brüllt das Grollen der schweren Artillerie des Gros auf. Wieder lodern Brände auf den englischen Kreuzern hoch. Doch schnell verstummt der Kanonendonner. Die feindlichen Streitkräfte verschwinden im immer näher rückenden Dunst.

Gegen 9 Uhr stößt nochmals eine Torpedobootsflottille nach Osten vor. Sie sichtet keine Schiffe mehr. Die Wucht des Vorstoßes der deutschen Schlachtkreuzer und Torpedoboote hatte die englische Führung getäuscht. Jellicoe das Manöver des Gros der Hochseeflotte nicht erkannt.

Die Sonne des letzten Maientages tauchte blutrot ins Meer. Ihre letzten Strahlen woben güldenen Glorienschein um das Wrack des kleinen Kreuzers „Wiesbaden".

Seit drei Stunden mühte sich die Meute der englischen Kreuzer in zwanzigfacher Übermacht das steuerlose Schiff niederzukämpfen. Fahl und gelb blitzte es immer wieder ringsum in der Dämmerung auf. Treffer auf Treffer drückten den todwunden Schiffskörper tiefer in die Flut. Gurgelnd strömte das Wasser durch die Granatlöcher der Bordwände.

Zu Berge getürmt liegen die stillen Helden um die zerschossenen Geschütze. Nur spärlich antwortet noch eine Kanone. Dann versinkt auch diese in Trümmer und Dampf.

Und Gorch Fock?

Ein Volltreffer hatte den Mast über Bord gefegt, die Insassen des Krähennestes herausgeschleudert. Der junge Leutnant versank und kam nicht mehr hoch. Noch einmal hob eine große Welle Gorch Fock empor. Dann gingen auch über ihn die Wogen des Skagerraks hinweg. Der Dichter der Nordsee starb den Seemannstod an der Stelle, wo sein Großvater geblieben und wo Klaus Mewes, der Held seines Werkes „Seefahrt ist not" mit seinem Kutter versunken.

Der Nachtmarsch der Hochseeflotte.

Mit südlichem Kurs zieht die siegreiche deutsche Flotte durch die Nacht, die lauernd auf der See liegt. Das I. Geschwader ist durch die Kehrtwendung an die Spitze gekommen. Die Nachhut bilden drei Panzerkreuzer. — „Lützow" und „Seydlitz" fehlen.

Hunderte von Augenpaaren spähen von jedem Schiff ins nächtliche Dunkel. Gespannt lauern die Bedienungsmannschaften an den Scheinwerfern. — Abgeblendet nach außen taucht Schiff auf Schiff aus dem Dunkel achteraus und verschwindet lautlos in die gähnende Nacht voraus.

Im Halbdunkel liegen die Kasematten des Spitzenschiffes „Westfalen", die Notlaterne wirft den Schein direkt auf den Boden vor der Schotttür, die Decklampe ist abgeblendet und spendet nur ganz mattes Licht. Die 15-cm-Geschütze sind kriegswachmäßig besetzt. Hin und her schwabbert das übergespülte Wasser durch das Schwanken des Schiffes, klatschend schlagen die Wellen gegen die Geschützpforten.

„Achtung!" ruft der Befehlsübermittler der IV. Kasematte plötzlich und schon gellt die Alarmglocke. Schnarren die Aufsatztelegraphen: 1200 Meter! Bootsmaat Markiewicz starrt durchs Geschützfernrohr. Scheinwerferlicht glitzert auf dem Wasser, tastet voraus. Da! Englische Zerstörer!

„Feuern!"

Durch die Nacht zucken Glutstrahlen. Granate auf Granate schlägt in die heranrasenden Zerstörer. Rotglühend treiben diese achteraus. Schaurige Todesfackeln der Besatzungen.

Noch tasten die Scheinwerfer zögernd voraus, da ist die nächste Welle heran. Wieder grollt der Donner durch die Nacht. Wieder sacken ein, zwei Boote ab. Die andern werden von „Nassau" und den folgenden Schiffen abgefertigt. Dann ist der Spuk vorbei. Die Lichtbündel erlöschen. Dunkelheit hüllt alles wieder ein.

Längst ist Mitternacht vorüber. Der Gefechtsrudergänger Rudolf Geßner von S. M. S. „Nassau" peilt nach dem leuchtenden Kielwasser dies Vordermannes.

Plötzlich hastige Rufe draußen auf der Brücke. Die vorderen Scheinwerfer flammen auf. Da rast auch schon keine 200 Meter entfernt ein englischer Zerstörer heran. 150, 100, 60 Meter.

Hart und klar sieht man von „Nassau" aus die Mannschaften am Geschütz stehen. Feuer zuckt aus seinem Rohr.

Über die Häupter des Brückenpersonals prasselt es. Jäh erlöschen die Scheinwerfer. — Todesschreie. Dann Stille der Nacht.

„16 Strich Backbord!"

Ein Kommando zur rechten Zeit.

„16 Strich Backbord", wiederholt ruhig Bootsmaat Geßner und schon dreht „Nassau" hart nach Backbord.

Ein furchtbarer Stoß erschüttert das Schiff. Grell sprühen explosionsartig Flammen hoch, erleuchten Back und Brücke und dann sinkt alles ins nächtliche Dunkel zurück.

Im Kommandoturm „Nassaus" ist nur der verhaltene Atem der Männer zu hören. Feuerwerksmaat Scholthold würgt ein Schlucken runter. Dann kommen aus allen Abteilungen die Klarmeldungen.

Von dem gerammten englischen Zerstörer ist nichts mehr zu sehen.

Weit weg von der Hochseeflotte ein anderes Bild:

Schwach leuchtend brechen sich die Wellen an dem Bug des sich langsam durch die See schiebenden deutschen Panzerkreuzers „Lützow". Ungleichmäßig pochen die Maschinen. Schwächer wird das hohle Brausen in den Schloten. Dann liegt das riesige Schiff still. — Es geht nicht mehr. Lichtzeichen geben den begleitenden Torpedobooten Nachricht. Traurig ragen die Maste in den nächtlichen Himmel, niedrige Wolken streicheln es leis.

Befehle halten durch die Nacht.

Ein letzter Allemannspfiff: Alle Mann an Deck!

Torpedoboote übernehmen die Besatzung. Zuerst werden die Schwerverletzten geborgen, dann die anderen Verwundeten. Als letzter geht der Kommandant von Bord.

Todernste Stille lastet über den Hunderten, die dicht gedrängt auf den ablegenden Torpedobooten stehen. Verstohlen tasten schwielige Seemannshände zum Abschied noch einmal die Bordwand des „Lützow".

Drei Hurras schreien das stumme Weh hinaus in den kommenden Morgen. Ein Befehl wie ein Peitschenschlag: „Torpedo klar!"

Bewegung geht durch die Massen der Seemänner.

Klatschend schlägt das Geschoß ins Wasser. Groß und mahnend liegt das riesige Schiff da. Sekunden vergehen Eine breite Wassersäule schäumt mittschiffs auf. Laut rollen Explosionen durch die Räume, hoch bäumt sich das Vorschiff, dann gleitet S. M. S. „Lützow" mit auswehender Kriegsflagge ins Meer.

Die Nachtkämpfe der nach Süden marschierenden Hochseeflotte ziehen sich ins Endlose. Immer wieder schreckt Kanonendonner, Scheinwerferleuchten und fernes Mündungsfeuer die Besatzungen hoch. Torpedolaufbahnen zeichnen das dunkle Meer. Bei den Ausweichmanövern wird der kleine Kreuzer „Elbing" vom Linienschiff „Posen" gerammt.

Brennende Wracks britischer Torpedoboote treiben längs der deutschen Marschlinie. Der englische Zerstörer „Sparrowhawl" wird vom eigenen Führerschiff „Broke" über den Haufen gerannt. Beide Schiffe bleiben liegen.

Schwer havarierte deutsche und englische Kriegsschiffe ziehen vereinzelt durch das nachtdunkle Meer.

Funksprüche knattern auf:

„Kleiner Kreuzer ‚Rostock' von Besatzung verlassen und durch eigenen Torpedoschuss versenkt" — „S. M. S. ‚Elbing', da manövrierunfähig, durch eigene Besatzung gesprengt. Mannschaft geborgen."

Auch der Engländer ist hörbar: „Panzerkreuzer ‚Warrior' beim Rückmarsch zum nächsten Hafen gesunken." — H. M. S. „Warspite", ein englisches Schlachtschiff der Queen Elizabeth-Klasse, fordert weitere Schlepphilfe, da in höchster Seenot.

Als der Morgen graut, hat die Hochseeflotte die Massen der vor Hornsriff stehenden Grand Fleet durchbrochen.

Letzte Verluste dieser gewaltigen Seeschlacht:

Der englische Panzerkreuzer „Black Prince", die Zerstörer „Ardent" und „Turpulent" gesunken. Das veraltete deutsche Linienschiff „Pommern" durch Torpedotreffer vernichtet.

Lachender Sonnenschein umflutete am Morgen des 1. Juni die den Heimathafen ansteuernde siegreiche deutsche Flotte. Höher reckten die grünen Wogen der Nordsee die schaumgekrönten Köpfe, um die Schiffe zu sehen, welche dem die, Meere beherrschenden Albion eine Niederlage beigebracht hatten. Der Wind sang das Lied des Sieges in vollen Akkorden und den Leuten der Freiwache tat die frische Luft an Oberdeck nach durchwachter Nacht gut. Nun sie nach der Tagesschlacht und nach dem Dunkel der Nachtkampfe wieder Gottes leuchtende Sonne sahen, weitere sich der Blick nach innen und sie dankten dem Höchsten für das große Erlebnis. Führer und Mannschaften hatten den Kampf als Männer bestanden und sie waren Sieger geblieben, dank der jahrelangen oft harten und sich immer wiederholenden Übung. Der alte germanische Heldenmut und die Kameradentreue hatten sich neuen Ruhm erworben. Der Bann des Wartens war gebrochen. Jetzt lag es an der obersten Führung, das Eisen zu schmieden.

Späte Erkenntnis

Telegramm an Großadmiral von Tirpitz:

„Nach dem Besuche Meiner aus schwerem Kampfe siegreich heimgekehrten Flotte ist es Mir ein Bedürfnis, Ihnen nochmals Meinen Kaiserlichen Dank zu sagen für das, was Sie in Meinem Auftrage auf organisatorischem und technischem Gebiete geschaffen haben. Unsere Schiffe und Waffen haben sich glänzend bewährt. Der Schlachttag in der Nordsee ist auch ein Ruhmestag für Sie geworden.

Wilhelm I. R."

Und so ist es.

Den Totalverlusten Deutschlands von rund 60 000 Tonnen stehen englischerseits fast die doppelte Anzahl mit 150 000 Tonnen gegenüber.

Bei den mit schwersten Beschädigungen heimkehrenden Schiffen ist das Verhältnis 1:4.

Alle Befürchtungen der Miesmacher um S. M., der Herren v. Müller, Valentini, Bethmann Hollweg, Wahnschaffe, Delbrück, Stein, hat Skagerrak über den Haufen geworfen.

Der Altmeister der deutschen Kriegsmarine, Großadmiral von Tirpitz, sah einen Teil seines Hochzieles verwirklicht. Er hatte in allen Dingen recht behalten. In diese Freude der Bestätigung seines Könnens fiel seine seit langem auch schriftlich festgelegte Erkenntnis: Die Schlacht kam ein Jahr zu spät.

Ernstes Gedenken

Das Unterseeboot „B 31" ist in diesen Tagen bei den Aalandsinseln und im Finnischen Meeresbusen tätig. Beim Rückmarsch nach Libau begegnet es „U B 36". Sein Kommandant Graf v. Kayserlingk steht auf dem Turm und lässt Zeichen zum Näherkommen geben.

Kapitänleutnant Vesper, Leutnant Feddersen, Schepers und Kasten sind bei „B 31" an Deck. Die Meldung, die sie von „U B 36" erhalten, reißt sie heraus aus ihrem Eingesponnensein in die engumgrenzten harten U-Bootspflichten:

„Großer Seesieg am Skagerrak gegen Grand Fleet!

Die englischen Schlachtkreuzer ‚Indefatigable' — ‚Queen Mary' — ‚Invincible', die Panzerkreuzer ‚Warrior' — ‚Defence' — ‚Black Prince' gesunken, das Großkampfschiff ‚Warspite' vernichtet. Drei Zerstörerführerschiffe und ein Dutzend feindliche Zerstörer versenkt."

„Und bei uns?"

„Schlachtkreuzer ‚Lützow' verloren und das alte Linienschiff ‚Pommern'. Dazu die kleinen Kreuzer ‚Wiesbaden' — ‚Elbing' — ‚Rostock' — ‚Frauenlob' und einige Torpedoboote."

Und dann kam noch ein Nachsatz: „Von ‚Pommern' und ‚Wiesbaden' kein Mann gerettet." Da blickte Kasten still ins Blau des Himmels. Er musste an Gorch Fock denken, an den lachenden Seemann, dessen lebenssprühenden Geist er in Hamburg kennen gelernt und dessen Bücher er schon vordem mit Andacht gelesen.

Schweigend sehen sie „B 36" nach.

Dann aber kam es übervoll aus ihren Herzen. Sie riefen es hinunter zu den Kameraden. Überstürzten sich in Vermutungen. Die Hochseeflotte, die großen grauen Schiffe, von denen jeder auf einem gefahren, stand vor ihnen. Kasten holte

Weyers Taschenbuch der Kriegsflotten hervor. Sie wollten Näheres wissen von den zahlreichen Schiffen, welche die Grand Fleet verloren.

So hatten sie ausreichenden Gesprächsstoff für die nächsten Fernfahrten.

Bevor Kasten abends in die Koje ging, machte er hinter jedem gesunkenen Schiff einen Vermerk. Dann rechnete er die Gesamtverluste der Grand Fleet seit Kriegsausbruch zusammen.

„10 Linienschiffe — 3 Schlachtkreuzer — 11 Panzerkreuzer — 9 geschützte Kreuzer — 8 Kanonenboote — 34 Zerstörer — 20 Unterseeboote und 14 Hilfskreuzer“ liest er vor.

„Das ist fast die Stärke unserer Flotte“, sagte Feddersen.

„109 Kriegsschiffe mit 500 000 Tonnen“, ergänzte Kasten zusammenfassend.

Die Beleuchtungen erloschen. Nur das Licht der Notlampen blinzelte in den Raum. Noch einmal setzte Kasten zum Sprechen an.

„Gorch Fock war auf ‚Wiesbaden‘.“

„Gorch Fock?“ wiederholte eine Stimme wie aus Grabestiefen. Der Holsteiner Feddersen wusste, welch herben Verlust Deutschland damit erlitten.

„Obermaat Kasten, ich habe einen eigenhändigen Merkspruch von Gorch Fock vor kurzem gelesen. Der hieß: ‚Ich beneide nur zwei, Theodor Körner und Otto Weddigen‘.“

Ein tiefer Atemzug des Sprechers: „Nun braucht er es nicht mehr.“ Wieder das schwere Atmen. Da formt das ernste Zwiegespräch einen Vers: „Sein Leben krönte dieser Tod“ — „Denn Seefahrt ist not.“

Streiflichter um den U-Bootkrieg

Admiralstab an Hochseeflotte:

„— — — Seine Majestät der Kaiser haben befohlen, dass die Unterseeboote im Monat Juli nach dem Vorschlag des Kaiserlichen Kommandos vom 20. Juni 1916 rein militärisch verwendet werden.“

Eine Besprechung beim Flottenchef.

Es geht um das weitere Einsetzen der von Monat zu Monat steigenden Anzahl der U-Boote. Admiral Scheel die Kapitäne zur See v. Trotha und v. Levetzow, der Führer der U-Boote Bauer und einige Stabsoffiziere sind anwesend.

Admiral Scheer wiederholt:

„62 U-Boote stehen jetzt in der Nordsee und standen gegen England zur Verfügung. Und in der Ostsee?“

„Operieren zurzeit 6 Boote.“

„Und im Mittelmeer?“ — „Zwölf, Exzellenz!“ — „Im Mittelmeer zeigen sich die fortdauernden Steigerungen der Versenkungszahlen.“ — „Valentiner, Hersing, Forstmann haben dort hervorragende Erfolge.“

„Wie ist die Verlustkurve?“

„Im Juni ging kein Boot verloren. Im Juli drei. Im August eins. Keins der Boote ging im Mittelmeer verloren, wo der Handelskrieg doch ununterbrochen weitergeführt wurde“

Dann tritt die Aussprache in den Kernpunkt ein.

„Was jetzt die Kommandanten und Leute wieder sehen müssen, ist eine unerhörte Nervenbelastung." — „Da wird selbst der einfache Mann stutzig." — „Die Flandernboote melden einen ununterbrochenen Dampferverkehr nach Frankreich. Kriegsgerat, Munition, Truppen. Und sie dürfen nicht angreifen."

Dem Sprecher steht trotz der Beherrschung die Röte des Zornes im Gesicht.

„Nach England ergießen sich die Lebensmitteltransporte von Holland, Dänemark, Schweden, Norwegen." — „Die Insel verproviantiert sich." —— „Jeder Tag ist für uns ein unersetzlicher Verlust." — „Und das nun schon seit Monaten." — „Das hat den Anschein, als ob die Diplomaten den Erfolg des unausbleiblichen vollen Einsatzes der U-Boote mit Gewalt zum Scheitern bringen wollen."

„Bethmann", sagt einer mit harter Stimme.

Scheer schließt die Besprechung: „Ich werde alles tun, den Booten weitere Bewegungsfreiheiten zu verschaffen."

Kriegsrat im Großen Hauptquartier.

Auch hier Hauptpunkt: Einsatz der U-Boote.

Zwei Namen tauchen auf: Hindenburg und Ludendorff. Die Gegner der U-Waffe laden eine Riesenschuld auf sich. Bethmann Hollweg, Jagow und Helfferich bieten alles auf, dem Generalfeldmarschall die Unrichtigkeit des U-Bootkrieges zu beweisen.

„Holland wird uns den Krieg erklären."

„Und Dänemark und Amerika."

„Amerika eines Tages doch", wirft Ludendorff ein. Dann erklärt der Generalquartiermeister unter Zustimmung Hindenburgs:

„Wenn die Diplomaten der Ansicht sind, dass Holland und Dänemark sofort gegen uns vorgehen würden, dann will ich dafür erst genügend Vorsorge treffen."

Der Reichskanzler bejaht das. Daraufhin wird das Einsetzen der U-Boote verschoben.

U-Boote im Eismeer

„Kapitänleutnant Beitzen", meldete die Ordonnanz.

Kommodore Bauer stand auf und ging dem Kommandanten von „U 75" entgegen, der mit seinem Boot vom Eismeer zurückgekommen war, und dessen Minen Feldmarschall Lord Kitchener mit dem englischen Panzerkreuzer „Hampshire" zum Opfer fiel.

Der Bericht Beitzens ist militärisch kurzgefasst und von bestimmender Klarheit. Das ist das, was Bauer verlangt. Keine langen Umschreibungen, sondern gleich an den Kern der Dinge heran.

„Die Nachrichten bestätigen sich. Es herrscht an der Murmanküste ein überaus starker Schiffsverkehr. Der Dampferweg nach Archangelsk, den wir mit Minen verseucht haben, ist ein regelrechter Taubenschlag ein- und auslaufender Schiffe."

„Und Sie meinen, dass trotz des langen Anmarschweges der Erfolg dort überwiegt?"

„Jawohl, Herr Kapitän, es müssten aber mehrere Boote gleichzeitig operieren." Bauer macht einige Notizen, dann entlässt er Beitzen.

„Gute Erholung auf Urlaub", ruft er ihm noch nach.

Ganz geheim! 16. September 1916.

Abschrift! Seine Majestät der Kaiser befehlen:

Die beschleunigte Entsendung von 3 Unterseebooten zu einem möglichst erfolgreichen Streifzug nach der Murmanküste. Die Boote sollen dort Handelskrieg nach Prisenordnung führen.

Am 20. September stehen drei deutsche U-Boote am nördlichen Ausgang des minenfreien Weges Nord. Die Begleitschiffe haben gewendet und dampfen nach der Deutschen Bucht zurück. Noch lange sehen die U-Bootsmänner das so bekannte Flaggensignal: „Glückliche Reise!" wehen.

„U 43" unter Korvettenkapitän Jürst führt die kleine Flottille. „U 46" und „U 48" folgen. Befehl: Handelskrieg im Eismeer führen!

Der Flottillenchef Jürst lässt durch Winkflaggen noch einige Anweisungen für den Nachtmarsch signalisieren. Dann trennt die schnell herabsinkende Dunkelheit die Boote.

Zwei Tage später.

Die englischen Blockadelinien liegen achteraus. Das in der zweiten Bewachungslinie stehende Hilfskreuzergeschwader hat „U 46" sogar mit Überwasserfahrt passiert.

„Nordost zu Ost", wiederholt Wichmann, das Ruder übernehmend. Dann blickt er über die langauslaufenden Wogen des Ozeans. Das Boot macht ruhige Fahrt. Es hebt sich gleichmäßig über die Wellenberge und gleitet weich in die Taler hinab.

Nur ab und zu schaut Wichmann auf den Kompass. Die Freiwache steht an Deck. Vereinzelt hört er einige Worte des Kommandanten, der mit dem Steuermann spricht. Dann kommen beide auf den Turm. Der Wachoffizier ruft einen neuen Kurs. Wichmann wiederholt und legt das Ruder. „U 46" dreht etwas nach Steuerbord, wo sich eine riesige graue Wand über den Horizont erhebt.

Sonderbare Wolkenberge, denkt Wichmann. Da ruft Kapitänleutnant Hillebrand den Leuten an Deck zu: „Die schwedische Küste."

Mit jeder Seemeile, die das Boot zurücklegte, traten die nordischen Alpen deutlicher hervor. Erst nahmen die Berge einen bläulichen Schimmer an, dann dunkelten sie nach und auf den Kuppen zeichneten sich weiße Decken ab.

„Schnee", sagte einer und da staunten sie das jetzt deutlich auszumachende Land an. Davor Inseln. Schären. Zwischen ragenden Bergwänden ein tiefer Wassereinschnitt. Ein Fjord. Dunkle Wälder, darin wie Schwalbennester Gehöfte.

Möwen flattern auf. Zu Hunderten gleiten sie nach Fraß spähend um das einsame Fahrzeug. Ihr lautes Kreischen steht sonderbar in der erhabenen Stille.

Doch immer weiter geht die Fahrt nordwärts. Sechzehn Stunden Nacht. Acht Stunden Tag. Der nördliche Polarkreis wird überquert. Menscheneinsamkeit schwebt um die U-Bootmänner. Und dann ein Erlebnis. Die Lofoten.

Unzählige schroffe Inseln, die zwerghaft, aber scharf modelliert gegen den hellflimmernden Himmel standen. Kein Baum, kein Strauch. Nur brauner Felsen, durchsetzt von grünem Moos, das im Fernrohr wie Patina schimmerte.

Die Brandung aber legte silberne Streifen um das düstere Felsengestade.

Und dann war es wieder Nacht. Die Lofoten versanken seitwärts im Dunkel. Was nicht Dienst hatte, ging nach unten und schlief dem Nordkap entgegen. Auch Wichmann warf sich angezogen auf seine Koje.

Zur Ablösung geweckt, taumelte er oben in ein Naturschauspiel von übernatürlicher Wirkung. Ein Nordlicht ergoss seinen Schein über Meer und Berge und ließ die Wogen in allen Farben schimmern.

Wichmann merkte gar nicht den schneidenden Wind und die raue Kälte, so hielt ihn die flammende Nacht in ihrem Bann. Die Abgelösten waren nicht nach unten gegangen, sondern hatten es in die Wohnräume gerufen: „Nordlicht“ und konnten sich nicht satt sehen an dem wechselnden Farbenspiel einer überirdischen Nacht.

Die Heizer und Maschinistenmaate, die ewig im elektrischen Licht zwischen den lärmenden Motoren, von Öl und Fett beschmutzt, hantierten, Unterlagen der Allgewalt der Natur am meisten. Sie kletterten nachher wie trunken in die kleinen Höhlen ihrer Station zurück.

Nordkap.

In zehn Tagen und zehn Nächten hatte „U 46“ die Kurve bis ins Eismeer genommen. Die gleiche Zeit war die Besatzung nicht aus den Sachen gekommen. Auf der Ems trug Wichmann nur das blaue Hemd, Hose und Seestiefel. Jetzt steckte er gut verpackt in warmer Unterwäsche, Wolljumper, Überzieher, Lederzeug und Filzstiefeln. Da war die Kälte der arktischen Gewässer machtlos, wenn es auch in den Ohren zwickte und das Gesicht schmerzte.

„Mit der Zeit wird man alles gewohnt“, sagte einer der Ausguckposten und schlug die Arme auf den Rücken, um durch diese Bewegungen sich etwas zu erwärmen.

„Da können wir ja gleich einen Abstecher nach dem Nordpol machen, Herr Kapitänleutnant“, ruft Wichmann dem Kommandanten zu. Der nickt und antwortet: „Auf den Rückmarsch, Wichmann, wenn uns noch Zeit bleibt, dort, werden wir dann froh sein, wieder in gemäßigtere Zonen zu kommen.“

„Mastspitzen!“ — „Rauch!“ — „Noch zwei Rauchfahnen!“ Das ist an Steuerbord, während Backbord voraus eine schwache Qualmwolke hochstößt. Bald sind zwei weit auseinanderlaufende Dampfer auszumachen.

Zwei Kanonenschüsse sprengen die eiskalte Luft. Zwei Aufschläge direkt vorm Bug. Eine dringende Warnung. Die Dampfer stoppen. Sie sind vollständig überrascht. Hier oben im Eismeer deutsche U-Boote. Auch das noch.

Boote werden zu Wasser gelassen und rudern schnell auf „U 46" zu. Zwei Engländer sind es. Hillebrand nimmt die Papiere entgegen. Eine Mahnung auf Englisch: „Die Schiffe müssen in zehn Minuten geräumt sein!"

„Yes, Sir!"

Beide Dampfer sind verlassen. „U 46" geht etwas zurück. Die Rettungsboote liegen weiter landwärts. Munition, Autos, Flugzeuge haben beide Schiffe an Bord.

Artilleriefeuer! Donnernd schollern die Schüsse dem ersten Dampfer in die Flanken. Da brüllt drüben eine Explosion auf. Der Luftdruck knallt den U-Bootmännern wie ein Faustschlag ins Gesicht. Sie klammern sich fest, sehen Feuer, Dampf und hochsteigende Schiffsteile, dann prasseln überall die Sprengstücke ins Meer. Vom Dampfer ist nichts mehr zu sehen.

„Recht so! Auf den Nächsten!"

Wieder das Krachen der Abschüsse, das Detonieren der Munitionsladung, das Hineingurgeln in die Tiefe.

„8000 Tonnen weniger", sagt Hillebrand, „und über 300 000 Schuss Munition." Auch die anderen zwei U-Boote haben das Eismeer erreicht. Fast 3000 Kilometer Fahrtstrecke liegen hinter ihnen. Kälte, Schnee, Eis sind der Willkommensgruß der nördlichen Zonen.

Und dann Rauchfahnen.

Das wischt alle Müdigkeit der öldurchtränkten Gesellen weg. Sie arbeiten beim Versenken nur mit Granaten und Sprengbomben. Die teuren Torpedos werden gespart.

Drei Dutzend Männer trägt jedes der U-Boote. Sie vernichten Dampfer mit Kriegsgeräten und Munition, die gewonnenen Schlachten an Land gleichkommen.

Ein Beispiel:

Der Dampfer „Bistritza" führte rund 400 000 Granaten, über 12 Millionen Hülsen für Maschinengewehre, an 2 Millionen Schuss Maschinengewehrmunition, 50 000 Stahlhelme, 10 000 Gewehre, 100 Autos, 1000 Tonnen Stahl, Nickel und Blei mit sich.

Segelschiffe, Trampdampfer mit Kohlen, Fischladungen und immer wieder Dampfer mit Heeresgut versinken vor ihren Augen.

Zwanzig Stunden Dienst, vier Stunden Halbschlaf und der Kommandant oft zehn Stunden ununterbrochen an Deck. Es ist ganz Ungewöhnliches, was die Männer leisten.

Dann schaltet die Natur Ruhepausen ein. Nebel hemmt jede weitere Arbeit. Er quillt so dicht, dass die Ausguckposten kaum bis an Deck sehen können.

Auf „U 46" blickt Wichmann vom Ruder aus in das bleierne Grau. Sie scheinen in einem Wolkenmeer zu liegen.

Die Stille ringsum ohne Licht ist erdrückend. Dazu diese fressende Kälte und unter ihnen die gegen das Boot stoßenden Eismassen.

Die Wachen wechseln stündlich. Das bedeutet diesmal sechs Stunden Schlaf. Wichmann sinkt nach der Ablösung todmüde auf seine Koje nieder.

Einen Tag hält der Nebel an. Alle sind wie benommen nach dem langen Schlaf. Die unmenschliche Kälte frisst sich durch das ganze Boot. Einzelne haben von oben erfrorene Ohren und Finger mitgebracht.

Doch nichts kann sie hemmen.

Vor Alexandrowsk, an der Murmanküste, vorm Eingang zum Weißen Meer, räumen die Boote unter den Handelsschiffen auf.

Kapitänleutnant Buß von „U 48" wagt eine kühne Tat. Er setzt auf den russischen Dampfer „Suchan" ein Prisenkommando von sechs Mann unter Führung des Oberleutnants z. S. Hashagen mit dem Befehl, das Schiff mit seiner wertvollen Kriegsladung, darunter 100 000 Schrapnells, 500 000 Zünder, 400 000 Kilo Sprengstoff und einer Viertelmillion Kilo Blei nach Deutschland zu bringen.

Ende Oktober kehren alle drei Boote in ihren Heimathafen zurück.

„U 43" versenkte 11 Dampfer.

„U 46" insgesamt 18 300 Tonnen.

„U 48" rund 12 000 Tonnen und außerdem brachte Hashagen die 6800 Tonnen große Prise mit ihrer Ladung im Werte von mindestens 20 Millionen Mark ein.

London — Neuyork

London.

Geheimkonferenz der Reeder. Regierungsvertreter und Admiralstabsoffiziere sind anwesend. Es geht um die Bewaffnung sämtlicher Kauffahrteischiffe.

„Wir dürfen uns nicht verhehlen, dass die Tonnageverluste sich von Monat zu Monat drückender bemerkbar machen. Die Bewaffnung aller Handelsschiffe ist ein Gebot der Stunde. Mittel dazu wird die Regierung bereitstellen und auch die nötigen ausgebildeten Leute."

„Jeder bewaffnete Dampfer ist dem U-Boot überlegen, denn er kann nicht bloß schießen, sondern auch versuchen, das Boot zu rammen. Einzelne Beispiele sind vorhin erläutert worden."

„Gefühle spielen im Krieg keine Rolle und die Handelsschifffahrt ist die Grundlage des britischen Weltreiches."

In voller Einigkeit wird die Bewaffnung als äußerst dringlich beschlossen.

Neuyork.

Ein kleiner Kreis Finanzmagnaten und einiger Vertreter der englischen Bankwelt besprechen die weiteren Schritte Amerikas zugunsten Englands.

„Die Stimmung für einen Krieg ist immer noch schwach im Volk."

„Wilson kann nur unter der Parole des Friedens durchgebracht werden. Das andere werden dann schon die Zeitungen besorgen. Denn nichts ist schneller als die öffentliche Meinung umgewandelt."

„Sind die Zusicherungen aus Washington auch zuverlässig?", fragt einer der Engländer.

„Yes, Sir! Ob mit oder ohne uneingeschränkten U-Bootskrieg, wenn die Lage für England zu gefährlich wird, greift Amerika ein."

„Das Auftreten der deutschen U-Boote an der amerikanischen Küste hat kolossalen Eindruck auf unsere Bevölkerung gemacht."

„Es ist auch unzweifelhaft eine Leistung."

„Die Deutschen bauen jetzt sogenannte U-Kreuzer. Fast 100 Mann Besatzung. Außerdem stellen sie jeden Monat zehn kleinere U-Boote in Dienst. Unsere Agenten und Vertrauensmänner berichten übereinstimmend, dass die Gefahr des radikalen U-Bootkrieges immer näher rückt."

„Noch ist es nicht so weit, die Namen Bethmann, Erzberger, Scheidemann verbürgen uns etwas anderes."

„Im Vertrauen gesagt, es gibt überall Schweinehunde, aber was sich Deutsche als Vertreter ihrer Arbeiterparteien leisten, übersteigt alles bisher Dagewesene."

„Nervus rerum."

„Uns kann es nur recht sein."

Einer von Zwanzig

„U B 31" ist von den Aalandinseln kommend in Libau eingetroffen. Es wurde Zeit, dass sie alle die Stahlröhre mal mit einem anderen Quartier vertauschten.

„Verdammter Zustand", schimpft Maat Lage und blickt auf sein öldurchsetztes Zeug. „Dieser Säuredreck zerfrisst alles."

„Das geht uns allen so", beruhigt Maat Müller und Jakob ruft: „Schimpfen ändert es auch nicht."

„Der ganze Kriegskram ist belämmert", erwidert Lage.

„Wir haben den Krieg doch nicht gewollt", antworten die andern und Jacob setzt hinzu: „Und die Arbeiter aller Länder haben ihn nicht verhindert." „Es gibt doch Dinge, die stärker sind als Parteiprogramme", ergänzt Müller.

„Zum Beispiel Minen und U-Bootnetze", sagt Lage ironisch.

„Das schon", setzt Jakob entgegen, „aber davor hat ein rechter U-Bootsmann keine Furcht."

Lage schweigt ärgerlich. Immer wieder merkt er, dass es unmöglich ist, ihre vaterländische Haltung irgendwie zu erschüttern.

Als Jakob an Bord kam, dachte Lage, ihn auf seine Seite zu ziehen. Aber der war ja mit Kasten ein Herz und eine Seele. Die kannten sich von der „Rheinland" her und er ließ auf den Obermaat nichts kommen. Und gerade der war ein ganz Unbeugsamer. Dazu kam noch, dass dieser Kasten ein ausgezeichneter Fachmann war und außerdem über ein reiches Wissen auch in politischer Hinsicht verfügte. Die Offenheit dieses Mannes fand Lage überraschend.

„Sie werden nicht lange bei uns mitmachen", hatte er vor kurzem gesagt. Das war doch allerhand.

Hüte dich England!

Endlich

Der Front, verkörpert in Hindenburg—Ludendorff—Admiral Scheer und Kontreadmiral v. Trotha, ist es endlich gelungen, den tapferen U-Bootleuten freie Bahn zu schaffen.

Hier die Bekanntmachung des uneingeschränkten U-Bootkrieges:

„Vom 1. Februar 1917 ab wird in den nachstehend bezeichneten Sperrgebieten um Großbritannien, Frankreich und Italien herum und im östlichen Mittelmeer jedem Seeverkehr ohne weiteres und mit allen Waffen entgegengetreten — — — ."

Das Echo in Volk, Heer und Marine ist gewaltig. Ein Druck ist von dem schwerringenden Volk genommen und aus den Herzen der gegen Hunger und eine Welt von Feinden ankämpfenden Deutschen kommt der Schrei: „Hüte dich, England!"

Alle U-Bootstellen treffen fieberhafte Vorbereitungen.

Der Führer der Boote ist Tag und Nacht tätig. In den Diensträumen der Flottillenchefs gleichwie in den Wohnräumen der Mannschaften tauchen weiße Pappschilder auf mit dem vielsagenden Wort: „Endlich!"

Dann bricht die so lange gefesselte U-Bootskraft aller Einschränkungen ledig gegen das Inselreich los. Fast zu spät in diesem gigantischen Kampf eines Volkes, aber vielleicht doch noch zeitig genug, die Lage zugunsten Deutschlands zu wenden.

Von Zeebrügge, Emden, Wilhelmshaven, Helgoland, Brunsbüttel und List steuern die U-Flottillen in See. Aus dem Stampfen der Maschinen, dem Rauschen der Wogen und dem Heulen des Windes aber klingt es wie eine Erlösung: Endlich! Endlich! Endlich!

Und England?

Hat zweiundeinhalbes Jahr Zeit gehabt, die U-Bootsabwehrmittel in aller Ruhe auszubilden, zu verbessern und zu vergrößern. Hunderte von U-Bootfallen geistern um die Insel. Horchstationen lauschen auf Schraubengeräusche. Schallbojen übermitteln die Anwesenheit von U-Booten, Tausende von Hilfsfahrzeugen stehen bereit, um mit Netzen und Stahlleinen die Teufelsboote zu fangen. Zerstörer jagen über die See oder liegen in den Hafen unter Dampf, um auf einen Notruf hin sofort hinauszubrausen und mit Wasserbomben dem gefährlichen Gegner den Garaus zu machen.

All das aber hatte noch vor einem Jahr gefehlt.

Doch die großzügig organisierte Abwehr kämpft jetzt gegen den meist unsichtbar arbeitenden Feind.

Zu Dutzenden sinken an manchen Tagen im Sperrgebiet die Dampfer auf den Grund des Meeres.

Hier nur einige Tageserfolge:

„U 85", Kapitänleutnant Petz an B. d. U. „Heute drei Dampfer und einen englischen Hilfskreuzer versenkt. Gesamttonnage aller vier Schiffe 52 000 Tonnen."

„U C 65", Kapitänleutnant Steinbrück an Brügge. „Tagesbeute ein Segler, eine Yacht, zwei Handelsschiffe, insgesamt 12 500 Tonnen."

Bei den Kurlandbooten.

Auf „B 31" hält der Kommandant vor versammelter Mannschaft eine kurze Ansprache:

„Der Kaiser hat endlich den uneingeschränkten U-Bootkrieg erklärt. Wir haben Befehl erhalten, sofort aufzubrechen und nach Flandern zu gehen."

Bei dem Wort Flandern zuckt der Maschinistenmaat Lage zusammen. Nur Kasten hat es bemerkt. Er fragt Lage nachher.

„Ist Ihnen schlecht?" — Maat Lage verneint.

Obermaat Kasten, der seit Jahr und Tag den ungehemmten U-Krieg ersehnte, ist durch eine andere Nachricht niedergedrückt. Das U-Boot „U C 15", auf dem sein Bruder Wilhelm als Maat fuhr, wurde amtlich als im Schwarzen Meer vermisst gemeldet.

Flandern ist der Tod

Schneidende Kälte. Dazu Nacht.

Schneewolken decken den nächtlichen Himmel Holsteins von Meer zu Meer. Sie hängen schwer und drückend über der Winterlandschaft und können doch nicht jene eigenartige Helle nächtlicher Schneegebiete ersticken.

Im schützenden Bett des Kaiser-Wilhelm-Kanals laufen die U-Boote „U B 30" — „U B 31" — „U B 32" — „U B 36" und „U C 61" auf Brunsbüttel zu.

Von Libau kommend, hängt das Eis und der Schnee von 600 Seemeilen Überwasserfahrt an den Kurland-Booten. Eisbrecher bahnen den Weg. Bedächtig folgen die fünf Tauchboote. Flandern ist ihr fernes Ziel.

Die Wache auf dem Kommandoturm von „U B 31" steht genauso unbeweglich wie die der anderen Boote.

Jede Regung gilt als uberflüssig. Die Kälte ist zur Gewohnheit geworden. Nur die Gedanken zucken lebenswarm auf und überspringen in Sekunden Kontinente. packen instinktartig den Kernpunkt der Sache und wundern sich zum Schluss über die gewaltigen Ausmaße des kriegerischen Geschehens.

Eigenartig das, denkt Bootsmaat Ströbel, nun ziehen wir von Osten kommend durch das in tiefstem Frieden liegende Vaterland, nach dem Westen. Von einem Kriegsschauplatz zum andern.

„Flandern", sagt er plötzlich laut. Das Wort erstarrt wie der warme Hauch des Mundes in der grimmigen Kälte zu Eis. Hohl klingt es durch die Stille der Nacht. „Flandern ist der Tod!"

Im Boot herrscht die abendliche Stille des U-Bootslebens. Der Großteil der Besatzung liegt angezogen auf den Kojen. Die Unteroffiziere Kasten, Müller, Meter und Weidemann halten eine tiefsinnige Aussprache über die Furchtlosigkeit. Das ist auf den Maschinistenmaat Lage gemünzt, der plötzlich erkrankt in Brunsbüttel aussteigen will und der gedrückt an seinem Kleidersack hantiert.

Dann sprechen sie über den Kommandantenwechsel. Oberleutnant Vesper hatte in Kiel „U B 31“ an Oberleutnant Bieber übergeben.

„Ein guter Torpedoschütze“, sagt Kasten.

„Der hat schon in Flandern ein Boot geführt“, ergänzt Müller. Da schreckt sie ein Befehl von oben auf: „Alle Mann auf Stationen!“

Rücksichtslos reißt der Dienst alle in seinen Bann. Schnell sind die Manöverstationen besetzt. Kasten leitet die Maschinenwache. Weber und Müller schalten die elektrischen Maschinen.

Der neue Kommandant steigt nach oben.

Eng aufgeschlossen warten die fünf U-Boote vor dem Schleusentor. Blinksignale vom vordersten Boot. Lichtzeichen auf der Schleuse. Das Tor öffnet sich. Die Boote laufen ein und machen fest.

Auf „U B 3x“ meldet sich Maschinistenmaat Lage von Bord. Seine Stimme ist unsicher, er weicht dem Blick des Kommandanten aus. Oberleutnant Bieber kennt die Krankheit des Unteroffiziers. Die Kameraden Lages kennen sie auch.

Die gedrückte Stimmung der Mannschaft schlägt in Empörung um. Stimmen zischeln: „Feigling!“ — „Der spielt krank.“ — „Der drückt sich.“

„So ein Hund“ schimpft einer laut.

Der Maat verschwindet schnell. Das Grauen der U-Bootshölle Flandern sitzt ihm im Nacken. Er fühlt nicht einmal das Erbärmliche seines Tuns.

Kalt und klar steigt der Morgen des 21. Februars 1917 hoch. Eine Polarlandschaft tut sich auf. Eisschollen zu Bergen getürmt. Schnee in Massen. Wieder Eis.

Dazwischen drei mächtige Kriegsschiffe. Das Großkampfschiff „König“ Und die Linienschiffe „Preußen“ und „Hannover“.

Rauch stößt in dicken Massen aus den Schloten. Die Kolosse dampfen auf, setzen sich schwerfällig in Bewegung. Donnernd bricht Eis. Krachend schieben die Kriegsschiffe mit ihren zehntausend Pferdestärken die Eismassen zur Seite.

In den Fahrtrinnen folgen, von Schleppern gezogen, die U-Boote. Dahinter schließen sich die Eisschollen wieder umso dichter zusammen.

Um 1 Uhr wird Cuxhaven passiert.

Flaggensignal beim Führerboot. Die Schlepper werden entlassen. Abschiedwinken nach den großen Schiffen, einige vielleicht letzte Flaggengrüße, schnell vergrößert sich der Abstand, das Wasser wird freier. Die U-Flottille zieht sich allmählich auseinander. Treibeisfelder werden umfahren. Noch lange stehen die Rauchfahnen der Linienschiffe am Horizont.

Die schneebedeckte Küste verliert sich, die fünf Boote sind allein auf der See. Mit unverminderter Fahrt streben sie westwärts. Dann auch hier einige letzte Flaggensignale von Boot zu Boot.

„Glückliche Fahrt, Kameraden!“

Immer mehr ziehen sie sich auseinander. Jedes dieser Boote, mit seinen 20 Seeleuten an Bord, ist jetzt auf sich allein gestellt.

„Backbord voraus Rauchwolken!“ meldet die Turmwache von „U B 31“.

„Schillig Reede“, sagt der Wachoffizier und deutet mit der Hand nach den zahlreichen Rauchfahnen.

Mit eigenartigen Gefühlen blicken die U-Bootmänner dorthin. Das Boot nimmt Kurswechsel. Langsam versacken die Rauchfahnen in der hereinbrechenden Dämmerung.

Am nächsten Morgen, gegen 6 Uhr, steht „U B 31“ auf der Höhe von Schiermonnikoog.

Dunkelheit, Kälte und eine sture See vermögen nicht die Wachsamkeit der verstärkten Morgenwache niederzudrücken.

Bootsmaat Ströbel und Leutnant Feddersen sichten plötzlich einen schwarzen Schatten, der mit schäumender Bugwelle näherstürmt.

„Zerstörer!“

Die Alarmglocke reißt die Besatzung hoch. „U B 31“ kommt schnell unter Wasser. Verdutzt sehen sich die aus dem Schlaf gerissenen Männer an. Hören die klaren Befehle aus der Zentrale und irgendwo über ihnen, schon weit ab, Schraubengeräusche mit der drohenden Melodie: „Flandern ist der Tod!“

„U B 31“ löste sich vergeblich aus dem dünnen Streifen des Morgennebels.

Immer wieder quoll es weiß und milchig heran, zerflatterte für Momente, um sich desto dichter über die See zu wälzen.

Gegen 10 Uhr stand das Boot inmitten einer undurchsichtigen Nebelbank. Weiß in Weiß umstand es den Ausguckturm und es war unmöglich, auch nur drei Meter weit zu sehen.

Kälte, Nebel, in nächster Nähe Minenfelder, das sind Dinge, die zur Vorsicht mahnen.

Die Wachen werden eingezogen, die Luks dichtgemacht. Tauchen.

10 Uhr 20 liegt „U B 31“ in der Scheldemündung auf Grund. Die Grundwache zieht auf. Es ist still und kalt im Boot. Dazu wird es durch eine starke Strömung wie eine Tonne hin- und hergeworfen. Das Schieben auf dem Meeresboden tönt schaurig durch die Räume. Die Viertelstunden schleppen sich erbärmlich langsam dahin.

Oberleutnant Bieber studiert mit Steuermann Schepers die Karte. Sie müssen hier irgendwo in der Nähe der Ansteuerungsboje von Zeebrügge sein. Aber wo? Wortlos nehmen sie ihre Berechnungen vor. Das blöde Schaukeln wirft ihnen oft die Zahlen durcheinander. Doch das macht nichts. Es ist der beste Zeitvertreib. Besser als vor sich hindösen.

Um 12 Uhr sagt der Kommandant zum Wachoffizier gewendet: „Wollen doch mal den Spargel rausstecken und sehen, was oben los ist.“

Also auftauchen. Sehrohr ausfahren. Nebel immer noch dick. Das Okular sieht aus wie eine Milchglasscheibe. Wieder runter.

Dienstplan auf dem Meeresgrund: „Alles schlafen bis auf die Luftwache.“ Schweigend und ohne Hast wird vorher noch das fällige Mittagessen genossen. Es ist reichlich und gut. Kommandant und letzter Matrose essen aus einem Topf. Unterschiede gibt es nur insofern, als der Heizer Matthes zwei Portionen zu sich nimmt, während Oberleutnant Bieber sich mit einer Mahlzeit begnügt.

Gleichzeitig legen sich 18 Mann angezogen auf die Kojen.

Zehn Minuten später schläft die wachfreie Besatzung befehlsgemäß.

Nach vier Stunden.

„Sechs Uhr, Obermaat!“ Ärgerlich dreht sich Kasten auf die andere Seite. Doch der Wachmann ist hartnäckig.

„In zwanzig Minuten Auftauchen!“

Kasten fährt auf. Überall klettern sie aus den Kojen. Also raus. Steuermann Schepers geht vorbei. Bootsmaat Ströbel macht einen derben Witz. Weidemann reibt sich die Knie. Meier pustet in seine Fäuste. Dann sucht jeder schnell seine Station auf.

Es kommt Leben in die toten Räume. Die Lenzpumpen springen an. Pressluft faucht. Schnell löst sich „U B 31“ vom Meeresgrund und steigt nach oben.

Das Turmluk fliegt auf. Es ist stockdunkel. Die Nachtkälte fährt eiskalt herein. Der Nebel ist weg. Aber kein Stern am Himmel.

Tiefenlotung und FT-Peilung bestimmen den Schiffsort. „U 31“ liegt noch in der Scheldemündung. Die Fahrt wird fortgesetzt. Endlich nach Mitternacht ist die Mole von Zeebrügge erreicht.

Was nun? Das Durchlaufen des Kanals von Zeebrügge ist für Uneingeweihte äußerst gefährlich. Bieber will nicht einlaufen. Alle aber sind zum Umfallen müde. Jeder sehnt sich endlich mal nach ungestörtem Schlaf. Das entscheidet. Kasten kennt den Kanal als einziger.

„Herr Oberleutnant, ich werde das Boot durchlotsen“, ruft er. Der Kommandant sagt zu. Jetzt geht es schnell. Mit einer Batteriehandlampe bewaffnet, steht Kasten in dicken Filzstiefeln am Bug des Bootes. Nächtliches Dunkel, leise fallender Schnee, im Lichtschein der Lampe aufblinkendes Wasser. Die Stimme Kastens: „Mehr Steuerbord!“ — „Recht so!“ — „Mehr Backbord!“ — „Gut!“

Der Schnee scheint warm zu halten. Kasten spürt keine Kälte mehr. Wenn er einen Blick zum Rudergänger wirft, sieht er, wie der Schnee die Stahlleinen hochgeklettert ist, wie helle, weiße Decken sich überall häufen.

Matrose Thalmann steuert oben. Er gleicht einem Schneemann. Gleichmäßig wiederholt er Kastens Zurufe. Das Ruder bedient er mit Leichtigkeit. Zwei Stunden dauert die Fahrt, dann liegen sie am U-Bootswohnschiff fest.

„S. M. S. ‚Schlamassel‘, macht Kasten mit einladender Handbewegung. Von der Wache des Wohnschiffes kennt er niemand mehr. Es sind alles neue Gesichter. Ungeduldig warten sie an Oberdeck. Endlich kommt Oberleutnant Bieber.

„Also, Herrschaften, wir bleiben diese Nacht hier, morgen gibt es Landquartier. Wünsche allen eine gute Nacht.“

Damit verschwand er, der Nachtgruß seiner Leute scholl hinter ihm her.

„Der is gut“, sagt Jacob beim Gang zu den Kammern.

„Alle sind nicht so“, meint Ströbel.

„Ein anständiger Kerl“, schließt Kasten das Gutachten ab.

Seit Wochen zum ersten Mal wieder entkleidet klettern sie in die Kojen und schlafen ein, jäh, todmüde, steinschwer.

Am andern Tag wurden sie im Kloster St. Ursula untergebracht. Die Betzellen der Nonnen kamen ihnen groß vor, gegenüber den Miniaturräumen im U-Boot und für die Säle fanden sie zuerst gar keinen Vergleich.

Kasten prüfte die Wände und Decken. Befriedigt stellt er fest, dass der ganze Bau ziemlich bombensicher war:

„Hier wohnen wir nun“, sagte Bootsmaat Ströbel, und dann machten sie sich mit den anderen Insassen des Klosters bekannt. Die musterten die Neuangekommenen argwöhnisch

„Von hier aus wollt ihr nun den Krieg gewinnen helfen?“ — „Sicher!“

„Wo habt ihr denn so lange gesteckt?“ — „In Kurland.“ — „So! Na, hier pfeift es aus einer anderen Ecke“ — „Flandern ist der Tod.“

Und da waren sie bei den Verlusten gelandet. Eine Kunstpause leitete das ernste Thema ein. Dann fragte Kasten:

„Wie sieht das ‚hier jetzt eigentlich aus?“

„Seit Anfang Dezember vorigen Jahres zählen wir hier sechs Boote als verloren“, antwortet ein Maat von „U B 21“.

„‚U B 29‘ ist beiden Scylli-Inseln geblieben.“ — „‚U C 19‘ im Kanal vermisst“

„‚U B 37“ im Kanal gesunken.“ —

„Durch U-Bootsfalle“, ruft ein anderer grimmig dazwischen.

„‚U C 39‘ in der Nordsee durch Zerstörer.“ — „‚U C 46‘ im Kanal durch Zerstörer.“ — „Und ‚U C 63‘ vor Dover durch englisches U-Boot abgeschossen.“

„Das sind zwei Boote im Monat“, sagt Kasten, „ein bisschen knapp für Flandern.“

„Und die Erfolge?“, fragt Ströbel dazwischen.

„Wir haben in einigen Tagen 17 Fahrzeuge mit insgesamt 24 000 Tonnen versenkt“, gibt der Maat von „U C 21“ Bescheid.

„Das lässt sich hören“, meint Kasten.

„20 000 Tonnen ist hier der Durchschnitt.“

„Soeben ist ‚U C 17‘ eingelaufen. Es hat 22 000 Tonnen versenkt“, ergänzt eine hinzutretende Ordonnanz. Und dann: „Alles von ‚U B 31‘, ‚U B 36‘ und ‚U C 11‘ sofort an Bord. Seeklar Befehl!“

„Das geht hier aber zackig“, ruft Kasten.

„Wegen der Spionage, Kameraden“, erklärt ein alter Steuermann, „das ist auch für euch wichtig.“ Damit eilen die Alarmierten in ihre Wohnräume, um sich klarzumachen.

Zwanzig Seemeilen westlich Goodvinsand kreuzt ein Fischdampfer. Sein harmloses Aussehen verdeckt gut die in seinem Innern angebrachten Apparate zur Aufspürung deutscher U-Boote. Die holländische Flagge ist ein weiterer Schutz.

Ein hochempfindlicher Horchapparat und eine gute Funkstation sind das Hauptsächlichste an Bord. Die Netze und das sonstige Fischereigerät dienen nur der Täuschung neugieriger Kriegsfahrzeuge.

Der Mann am Horchapparat spricht englisch. Er ruft durch ein Sprachrohr zur Brücke etwas hinauf. Von oben kommt ein „Nein“ zurück. Schon viele Meilen, bevor das Fahrzeug am Horizont erscheint, hört der Beobachter die Geräusche der arbeitenden Maschinen. Er unterscheidet sofort den Ton der Überwasser- und Unterwassermotoren bei U-Booten oder die Schraubengeräusche flinker Torpedoboote. Alles andere hat für ihn kein Interesse.

Jetzt steht das eigenartige Mahlen eines über Wasser fahrenden U-Bootes im Schallgerät und kommt immer näher. Ein kurzer Anruf der Funkstelle und schon tönt gleichlautende Funkzeichen minutenlang durch den Äther.

Keine Minute später wendet ein weitab lauernder englischer Zerstörer und jagt mit Südkurs auf Goodvinsand zu. Fast gleichzeitig aber hält ein englischer Flieger ebenfalls darauf zu.

Die Wache des U-Bootes „B 31" sichtet den Fischdampfer nimmt aber weiter keine Notiz davon. Bootsmaat Ströbel fällt auf, dass das Fahrzeug ihnen seit geraumer Zeit anscheinend folgt. Die Entfernung ist dabei immer die gleiche. Er macht Leutnant Feddersen darauf aufmerksam, da steht am westlichen klaren Horizont plötzlich ein Flieger, noch klein aber mit unheimlicher Schnelligkeit näherkommend.

Alarm! Im Nu taucht „U B 31", geht auf 40 Meter Tiefe und schlägt einen Haken. Nach zehn Minuten Unterwasserfahrt stößt Schraubengeräusch herab, das sich hartnäckig in nächster Nähe hält. Da Muschke bereits das Mittagessen fertig hat, befiehlt Bieber: Alle Mann Mittag, danach auftauchen!

„Nordhinter querab", ruft Steuermann Schepers nach oben.

„Stimmt auffallend", kommt Antwort zurück. Schepers legt Zirkel und Lineal beiseite und klettert hoch. Die Kälte draußen ist besser als im Turm. Der abendliche Himmel zeigte erste Sterne, gleich muss der Mond hochkommen. Da steht im Zwielicht der Dämmerung hart Steuerbord ein Fahrzeug. Direkt aus dem Wasser dorthin gehen. Ein U-Boot.

Feddersen reißt die Signalpistole heraus und schießt ein Erkennungssignal in die Luft. Der drüben antwortet richtig mit rotem Stern. Dann blinken Lichtzeichen auf. Es ist „B 36". Ein kurzer Grußwechsel, dann verlieren sich beide Boote wieder aus den Augen.

Kasten steckt gegen 11 Uhr nachts den Kopf zum Luk raus. Am sternenklaren Himmel hängt der Mond groß und rund.

„Herrliches Fliegerwetter", ruft er Ströbel zu. Der nickt und antwortet „hoffentlich setzen sie uns nicht gerade solch Ding in unsere Räume".

Da flammt weit hinter dem gut abgesetzten Horizont ein Feuer auf, anzusehen, wie wenn jemand im Dunkel ein Streichholz anzündet, das der Wind sofort wieder verlöscht. Eine dumpfe Explosion lässt sich erst nach Sekunden hören.

„Dort ist ‚B 36' an der Arbeit", sagt der Wachoffizier. Noch lange spannen sie in die Nacht, aber es bleibt alles still.

„An Backbord Treibmine."

Im Mondschein glänzend treibt das hässliche Ungetüm in kaum 10 Meter Entfernung vorbei. Kasten läuft es eiskalt den Rücken herunter. Diese Biester hasst er wie die Pest. Frierend klettert er nach unten und wirft sich auf seine Koje.

Kaum eingeschlafen reißt ihn die Alarmglocke hoch. Er stürzt in die Zentrale, noch im Halbschlaf die gewohnten Befehle ausführend. Ein Dampfer. Nachtangriff. Zwischen den Lärm der Motoren Befehle durch Zeichen. Der Schuss ist raus. Aspirant Gerlach hat fluten lassen. Ein dumpfer Schlag hallt herunter. Treffer!

„Wieder einer weniger", hört Kasten Schepers im Turm rufen.

Im Kanal und der Nordsee taucht hier und dort ein Dampfer auf, der den Namen „Helios" trägt und für einen Kaufmann aus Rotterdam fährt.

Dieses unter holländischer Flagge fahrende Kauffahrteischiff verkehrt nur zwischen neutralen Staaten, wie die Schiffspapiere bei jeder Untersuchung nachweisen.

Und doch ist es eins der gefährlichsten Schiffe im Dienste der feindlichen U-Bootsabwehr und Seespionage. Es signalisiert von Norwegen nach Deutschland abgehende Frachtdampfer, meldet Bewegungen der deutschen Flotte, funkt die Anwesenheit deutscher U-Boote und schreckt selbst vor Überfällen nicht zurück.

Ein Beispiel:

Vorm Humber sichtet die „Helios" ein in havariertem Zustand fahrendes U-Boot. Es ist „U C 19", welches mit knapper Not, aber schwer getroffen den Wasserbomben des englischen Zerstörers „Landrail" entgangen ist und nun schon über eine Woche steuerlos an der feindlichen Küste herumirrt. Das sich jetzt südöstlich bewegende Boot ist „Helios" eine leichte Beute. Das neutrale Schiff eröffnet aus einer versteckten Kanone und mit Handwaffen ein gut gezieltes Feuer. „U C 19" wird getroffen, entgeht durch Schnelltauchen, kehrt aber nie wieder in den Heimathafen zurück.

Jetzt liegt die „Helios" weit in See vor Rotterdam und macht die deutsche U-Bootsfunkstation Brügge durch fingierte Funksprüche auf das In-See-gehen englischer Dampfer aufmerksam.

Die Sache klappt.

Mit höhnischem Grinsen hört der Kommandant des Schiffes selbst den Chiffre-Funkspruch Brügges an drei in See stehende deutsche U-Boote ab. Er kann sich den Inhalt denken. Die englischen Zerstörer sind bereits im Anmarsch. Draußen ist Nebel, hoffentlich verhindert er die Aktion nicht. Gespenstisch zieht das Teufelsschiff durch die weißen Dunstmassen und verschwindet nach Norden.

In demselben Nebelmeer, bloß 30 Seemeilen südlicher, zieht „B 31" mit langsamer Fahrt dahin. Während die Turmwache mit einem aus dem Nebel tretenden U-Boot Erkennungssignale wechselt, hört FT-Heizer Schmoldt einen geheimen Funkspruch Brügges ab. Die Entzifferung lautet: Am 3. März abends, 7 Uhr, gehen von Rotterdam sieben englische Dampfer in See.

Das gesichtete U-Boot ist wieder „B 36". Es kommt näher. Bieber lässt vom Turm den Funkspruch rüber signalisieren. „B 36" zeigt klar und beide Boote nehmen Kurs auf Rotterdam.

Eine mondklare Nacht erhellt die See. Tauchklar liegt „B 31" auf der Lauer. Die Torpedos sind auf drei Meter Tiefgang eingestellt. Alles steht unter dem Druck höchster Spannung. Zwei Stunden. Es rührt sich nichts in Richtung der Küste. Leutnant Feddersen zwingt irgendetwas immer nach der westlichen Seite. Da schäumt es heran.

„Zerstörer" brüllt er. Alle Köpfe fliegen rum. Ein halbes Dutzend Schatten über breitleuchtenden Bugwellen sehen sie. Der Kommandant setzt die Alarmglocke in Bewegung. Kopfheister stürzt alles durchs Turmluk ins Innere. Eine

Stockung. Aspirant Gerlach kommt nicht schnell genug nach unten. „B 31" liegt mit geschlossenen Luks noch auf der Wasseroberfläche. Da springt entschlossen Kasten ein und reißt das Boot rücksichtslos auf 30 Meter Tiefe. Das Abfangen ist eine Glanzleistung. Sie liegen im Boot alle durcheinander und oben donnern die Zerstörer über sie hin. Kasten hat sich zuerst gefasst, er meldet dem Leitenden, der jetzt in der Zentrale gelandet ist, die Ausführung des rettenden Befehls.

Ein Funkspruch: „An ‚B 31' und ‚B 36'. Sofort zurück!"

Am Nachmittag des anderen Tages machen beide Boote in Brügge fest. Über dem Hafen liegt die ewig gleich bleibende Hast, die der kriegsmäßige Seedienst mit sich bringt. Nach Einteilung der Hafenwache machen sich die Wachfreien auf den Weg in die Quartiere.

Vier Tage später lag „B 31" schon wieder draußen. Diesmal an der Schouvenbank. Zwei Flottillen Torpedoboote passierten in Richtung Zeebrügge. Sie zogen flüchtig, wie die wilde Jagd vorbei. Die Turmwache sah ihnen nach und Kasten, der mit Wiedemann auf dem Achterdeck stand, zitierte aus einem Seemannsgedicht den treffenden Vers:

„Ein schwanker Wald von Masten
Entsteht in Eil und Hasten."

Plötzlich schreckte sie ferner Kanonendonner auf. Immer wieder bumste es. Dann war nichts mehr zu hören. Leutnant Feddersen ließ Kurs in dieser Richtung nehmen. Beim Maasfeuerschiff zog geruhig eine holländische Fischerflotte vorbei und da es bereits dunkelte, sahen sie die ausgesteckten Lichter noch lange weit hinten über dem Wasser tanzen.

Um Mitternacht Alarm!

Kasten stürzt in die Zentrale. Der Leitende folgt ihm auf dem Fuß. Hentschke, der Bursche Gerlachs, reicht noch das Jackett nach. Ströbel ruft dem Torpedomaat zu:

„Wiedemann, es gibt Arbeit."

„Großer Frachtdampfer." — „Hat Lichter gesetzt." — „Mindestens 5000 Tonnen." — „Kurs Hoek van Holland." — „Dampfer hat keine Begleitung."

So folgen von oben die präzisen Sätze und unterrichten die Männer im Boot. Die Zeit zieht sich endlos.

„Oberes Rohr fertig zum Schuss!"

Noch drei Minuten, dann: „Oberes Rohr — — — los!"

— — — achtunddreißig, neununddreißig, vierzig. Ein dumpfer Schlag, der im Boot eigenartig klingt, ist hörbar. Treffer. Nur Bieber, Kayß, Ströbel und Schnitters sehen etwas. Eine breite Wassersäule genau am Schornstein. Die Lichter versinken nach unten, verlöschen. Der Dampfer ist verschwunden.

Durch die Wolkendecke bricht der Mond. Gespenstisch hell liegt sein Schein auf dem U-Boot. Die Wellenköpfe ringsum leuchten silbern. Scharf umrissen heben sich Kisten, Fässer, Rettungsboote auf dem riesigen Ölfleck der Untergangsstelle ab.

„U B 31" hält darauf zu. Da tritt der Mond hinter den Wolkenmassen zurück. Im Augenblick ist nichts zu erkennen. Ströbel aber hat einen gedrungenen Schatten gesehen. Angestrengt zwingt er seine Augen dorthin. Nichts.

Und wieder kommt der Mond durch die Wolken. Über die dunklen Formen eines Zerstörers läuft das weiße Licht. Rasend kommt er näher.

Die Alarmglocke schreit auf und schon ist „B 31" unter Wasser. Sackt wie ein Stein weg. Stoppt bei 35 Meter und gleitet dann auf den Meeresgrund nieder.

Vier schwere Wasserbomben explodieren viele hundert Meter seitlich. Das Boot dröhnt, die Instrumente zittern, die Zeiger der Manometer schlagen hin und her, nur die Herzen der Männer bleiben ruhig.

Um die zu erregen, musste es viel dicker kommen.

In der Morgendämmerung ein Segler. „B 31" jagt ihn. Er flüchtet in die Zone außerhalb des Sperrgebietes. Zwei Schuss bringen ihn zum Stoppen. Es ist ein holländischer Fischer. Oberleutnant Bieber entlässt den Mann, der außer seinem Schiff nichts sein Eigen nennt. Eilends kreuzt er zur Küste.

Ein holländischer Regierungsdampfer läuft ungeschoren vorbei. Er hat freies Geleit.

„Die sind auch nicht echt", ruft Feddersen dem Dampfer nach.

„Des Kaisers Huld geht viel zu weit", bestätigt Bieber und ruft dem Rudergänger anschließend einen neuen Kurs zu.

„Kayß, schnell Bootshaken!"

Ein Gegenstand treibt durch die Wellen. Es ist ein Rettungsboot. Kayß und Bootsmaat Ströbel fischen das Ding raus, dazu eine Kiste mit Schwimmwesten. Beides gehörte einst dem norwegischen Dampfer „Davanger".

„Das ist von dem Geschützdonner gestern der Rest", meint Ströbel und mannt die Schwimmwesten hoch. Alles andere bleibt dem Meer überlassen.

Es geht gegen Abend. Aufbrisender Wind steht „U B 31" entgegen. Im matten Schein der Abendsonne markiert sich an Steuerbordseite die Silhouette eines U-Bootes.

Feddersen lässt drei Sterne schießen. Sie steigen funkelnd durch das Dämmerlicht und stellen in schneller Kurve abfallend die Frage: Freund oder Feind?

Die Antwort schwingt sich einem Kometen gleich eilends gen Himmel: Freund!

Schnell nähern sich beide Boote bis auf Rufweite. Es ist „UB 27". Eine kurze Unterhaltung auf hoher See. Die Hände zu einem Trichter geformt, ruft Feddersen: „Hier treiben Schiffstrümmer von einem Dampfer ‚Davanger'."

„Den haben wir gestern durch Artilleriefeuer versenkt und noch zwei andere", kommt es zurück. Dann eine Frage: „Wie steht's bei euch?"

„Gestern Nacht einen dicken Dampfer. Heute nichts", brüllt Feddersen.

„Reiche Beute" schallt es beiderseitig über die aufspringenden Wogen und bald ist „B 31" wieder allein.

„Fünfzig Meter", schrie Kasten in den abschwächenden Lärm des sinkenden Bootes. Sie standen wie angenagelt auf ihren Plätzen und blickten zur Decke, als ob von dort die Erlösung käme.

Das Boot lief Zickzackkurs, dann stoppten auf Befehl alle Maschinen und in diese künstliche Stille drang das Rumoren der oben wild umhersausenden Zerstörer.

„Ein halbes Dutzend waren das."

„Die hat sicher der Fischdampfer herbeigerufen."

„Der hielt sich auch dauernd in respektabler Entfernung."

„Man müsste alles in den Grund bohren."

Da schlierte etwas an der Außenbordwand entlang und „B 31" schien sich vorn zu heben. Zwei Schraubengeräusche standen rechts und links.

Kasten sieht Gerlach an. Dann sagt er hastig: „U-Bootsdrachen" und ruft Bieber zu: „Maschinen rückwärts, Herr Oberleutnant."

Das Kollern und Tasten außen wächst ins Unheimliche. Bieber gibt den Befehl zurück. Die Elektromotoren springen an. „B 31" geht über den Achtersteven. Da ein dumpfer Schlag, gefolgt von einem ohrenbetäubenden Krach. Dann drückende Stille. Aber es ist nichts passiert. Das Boot läuft ruhig weiter rückwärts.

„B 31" ist auf dem Rückweg nach Zeebrügge.

Gegen 10 Uhr nachts, Geheimfunkspruch: Morgen Konvoi fahrtbereit gemeldet Hoek van Holland. Position zum Angreifen einnehmen.

Jetzt meidet sich Muschke in seiner Eigenschaft als Koch. Lebensmittel und Wasser reichen nur noch bis vormittags.

Der Kommandant verzichtet auf die Hälfte des ihm etatmäßig zustehenden. Auch Feddersen, Gerlach, Schepers, Ströbel und Kasten. Die Notgemeinschaft tritt ohne Verordnungen in Tätigkeit. Dabei immer die Führer voran.

Sonntag.

Der Konvoi kommt nicht. Die Sonne meint es gut und die See ist ruhig. Die Hälfte der Besatzung liegt an Deck. Glaskugeln von U-Bootnetzen werden gefischt. In dem Tauwerk hängen unzählige Miesmuscheln. Oberleutnant Bieber macht sich mit den Leuten der Freiwache darüber her, sie zu entfernen.

„Eine Delikatesse zum Abendbrot", sagt er mit Betonung, „genau so gut wie Austern."

Muschke schafft einen ganzen Berg nach unten.

An Backbord treibt eine Leiche vorbei. Zwei Treibminen kommen näher. Gelbe Ungetüme. Englisches Fabrikat.

Handwaffen werden hochgereicht. Schüsse knallen. Die Biester versaufen ohne Explosion. So vergehen die Stunden. Endlich eine hauchfeine Rauchfahne. Der Konvoi? Nein! Ein einzelner Dampfer.

„Holländer", sagt Bieber und setzt das Fernglas ab, „‚Madelaine' steht am Bug."

Der Warnungsschuss stört den Sonntagsfrieden. Ein Boot geht drüben zu Wasser. Bieber nimmt die Papiere entgegen. Es ist eine gute Prise: 7000 Doppelzentner Lebensmittel. Eier, Butter, Zwiebeln usw. nach London bestimmt.

„Die schmecken uns auch“, ruft Bieber, dann „Schleppleinen mannen!“

Die Trossen straffen sich. Mit der „Madelaine“ im Schlepp nimmt „B 31“ Kurs auf Zeebrügge.

Stundenlang zieht das U-Boot mit dem Dampfer durch das Sperrgebiet. Rauchfahnen werden vorsichtig umgangen und so die Prise wohlbehalten in Zeebrügge abgeliefert.

Großes Hallo im Hafen, denn Lebensmittel stehen überall hoch im Kurs. Nach ordnungsmäßiger Abwicklung des Einbringens weiter.

Die Durchfahrt nach Brügge ist gehemmt. „U C 70“ schleppt sich durch den Kanal. Das Boot steckt den Steven tief unter Wasser, fast bis zum Geschütz spült die Flut. Der Turm weist Spuren eines Treffers auf und auch die achteren Tanks sind zerfetzt. Dreckig, durchnässt, mit heruntergerissenen Sachen verrichten Offizier und Mann den notwendigen Dienst.

Kasten sieht den jungen Bootskommandanten mit dem Steuermann auf dem zerschossenen Turm stehen. Die tiefstehende Sonne zeichnet dies Bild mit besonderer Klarheit und es prägt sich ihm ganz besonders ein, weil er fühlt, dass im Kampf der U-Boote eine Wendung zum Schlimmeren eingetreten ist.

„Die Abwehrmittel“, sagt er nur und Bieber antwortet, als ob er die Gedanken des Obermaats gelesen. „Sind stärker und wirkungsvoller geworden.“

Und dann fügt er ergänzend hinzu: „Solange hat unsere hohe Diplomatie nun mit dem uneingeschränkten U-Bootkrieg noch gewartet.“

Von Zerstörern, Flugzeugen und Hilfskreuzern war „U C 70“ angegriffen worden. So viel hatten sie schon erfahren. 27 000 Tonnen Schiffsraum, 1 Zerstörer und 1 Flugzeug hatte es vernichtet.

In Brügge angekommen, stehen die Kameraden von „U C 70“ im Mittelpunkt des Interesses.

„An der französischen Küste waren wir“, erzählt ein Obermatrose, „vor Bordeaux. Zerstörer hatten uns gejagt und mit Wasserbomben belegt. Die Detonation hättet ihr hören müssen. Wir lagen alle platt. Das Licht war weg und unser Boot hatte Auftrieb und stieg nach oben.

Dann glomm die Beleuchtung wieder auf. 10 Meter las der Leitende ab und dann ging es schnell. Turmluk auf. Geschützbedienung raus. Statt des Zerstörers kam ein großes Schiff auf uns zu. Ein französischer Hilfskreuzer. Das war ein schweres Gefecht. Drei Treffer hatten wir schon. Auch der Hilfskreuzer brannte. Da war die Störung beseitigt. Blitzschnell unter Deck. Noch ein Treffer am Turm, dann noch ein schwerer seitlich. Unser Boot torkelt und saust dann in die Tiefe. 60 Meter zeigte das Manometer.“

Der Obermatrose macht eine Pause. Kasten reicht ihm eine Zigarette. Er nimmt sie und spricht weiter:

„Das Boot lag achterlastig, dazu plätscherte und rauscht Wasser im Innern. Wassereinbruch! Entsetzt blickten wir uns an. Mit Pressluft hoch. Bis zum Bauch standen wir beim Leckagendichten im Wasser. Und oben wieder Zerstörer. Wir wehrten uns verzweifelt. Einen jagten wir in den Grund. Der andere verschwand in Richtung einer schweren Brandwolke, die am nördlichen Horizont stand.

Und jetzt sind wir wieder hier.“

Damit schließt er seinen Bericht, denn er hat noch nie eine so lange Erzählung gemacht.

„U C 70“ ist nicht das einzige Boot, das beschädigt zurückkehrt.

„U C 21“ schleppt sich mit eingedrücktem Bug in den Hafen von Brügge. Beute: 10 Dampfer, 14 Segler mit insgesamt 32 000 Tonnen.

„B 18“ kommt mit verbogenem Sehrohr zurück. Es ist von einem Dampfer gerammt worden. Versenkter Schiffsraum: 22 000 Tonnen.

„B 10“ wird bei Nordhinder durch Wasserbomben eines Zerstörers schwer beschädigt und kann sich nur noch mühsam bis Ostende schleppen.

Neben „U B 31“ hatte „U C 66“ festgemacht und daneben „U B 39“. Da sah Kasten zum ersten Male Kapitänleutnant Pustkuchen, einen der erfolgreichsten Kommandanten der Flandernboote. Aus dem Gespräch einer Gruppe hörte er, dass Pustkuchen mit „U C 66“ wiederum 37 000 Tonnen auf den Meeresgrund geschickt hatte.

Das andere Boot kam aus der Irischen See und hatte 14 000 Tonnen versenkt, war auf dem Rückmarsch von einem 5000 Tonnen großen Dampfer angegriffen worden und hatte diesen dann ebenfalls in den Grund gebohrt.

Unterwegs nach dem Kloster erzählte ein Obermaat, dass „U B 6“ in Holland interniert wäre.

„War da nicht ein Haeker Kommandant?“, fragte Kasten, „den hatte ich auf dem Schulschiff ‚Vineta‘ als Seekadetten in der Korporalschaft beim Maschinenunterricht.“

Im Quartier angekommen, fanden sie eine ganze Menge Post vor. Briefe, Feldpostkarten, Liebesgabenpakete. Jeder war reichlich bedacht. Behaglich lümmelten sie umher, rauchten Pfeife und verdanken die Briefe der Heimat.

Es war meist wenig erfreulich, was von zu Hause berichtet wurde und dann war dieser oder jener merklich stiller. Sie merkten bald, dass sie zwischen zwei Fronten standen. Draußen gegen den unerbittlichen Feind. Wenn sie zurückkamen, mussten sie gegen die Verzagtheit der Heimat mit dem ganzen Drum und Dran berechtigter Beschwerden über skandalöse Vorgänge im Lande ankämpfen. Und dieser Kampf war am aussichtslosesten.

Bootsmaat Ströbel hatte einem kurzen Brief einen Zeitungsausschnitt und eine Art Flugblatt entnommen. Beim Lesen stand eine schwere Falte zwischen den Augen. Als er fertig war, pfiff er durch die Zähne.

„So ist das“, stieß er hervor und sah sich eingehend die abgekämpften Gestalten seiner Kameraden an. Dann wandte er sich an Weidemann, der ihm am nächsten saß und sagte:

„Hör mal, jetzt kommt das tollste, was ich je gelesen habe.“

Weidemann steckte seine Post ein. Auch die andern horchten auf. Ströbel las zuerst die Zeitungsnotiz vor: „Bei dem gestrigen Brand im Getreidespeicher der Reichsgetreidestelle sind schwere Missstände zutage getreten, die bei der Bevölkerung berechtigte Empörung hervorgerufen haben. Die zur Bergung des Getreides herbeigeeilten Bewohner stellten fest, dass der gesamte lagernde Vorrat vollständig verfault und vermodert war, so dass ein Sicherstellen zwecklos war. Es handelt sich nach Schätzungen um viele Tausend Zentner.“

„Das ist die Rathenausche Kriegsversorgung", sagt Kasten nähertretend.

„Diese Judenwirtschaft", unterstreicht Weidemann.

„Die wollen uns mit Gewalt kaputt machen", meint Müller, „ein bekannter Eisenbahner hat mir erzählt: Die Reichskartoffelstelle schickt planmäßig Kartoffeln von Westen nach Osten und von Osten nach Westen oder lässt sie so lange spazieren fahren durch Deutschland, bis die Erdäppel verfault ankommen."

„Planwirtschaft", antwortet Ströbel.

„Und dann der Wucher. Bei uns hat eine solche Kriegsgesellschaft Gemüsekonserven beschlagnahmt, für ein Spottgeld aufgekauft und dann nach einigen Monaten denselben Firmen für ungeheure Wucherpreise wieder verkauft" wirft Heizer Hartwich ein.

„Solche Schieber."

„Jetzt haben wir sie namentlich. Gleich mit dem entsprechenden Jahresgehalt zum besseren Verständnis für uns" antwortet Ströbel.

„Alles mal herhören."

Ströbel liest das Flugblatt vor.

„Wer sitzt in den Kriegsgesellschaften? Gehälter der Direktoren:

Dr. Loeser	30 000	Mark	Reichsgetreidestelle
Dr. Moritz Abendroth	14 280	„	Schiedsgericht
Aquilin Kaiserwerth	14 080	„	Reichskartoffelstelle
Georg Nathan	24 000	„	Reichsfischversorgung
Regensberger	18 720	„	Dörrgemüse
Dr. E. Salomon	16 300	„	Gemüsekonserven
Dr. Israel	18 720	„	Z. E. G.
Dr. Kahn	31 000	„	Nesselbaugesellschaft
Dr. Frank	24 000	„	Mineralölversorgung
Alfred Arnthal	24 000	„	Reichstextil-A. G.
Siegmund Kohn	27 000	„	Öle und Fette."

„Lauter Juden", unterbricht Weidemann.

„Kommt noch besser", betont Ströbel und liest weiter:

„Berliner	25 000	Mark	Chemikalien
Dr. Stadthagen	24 700	„	Chemikalien
Chromowitz	23 000	„	Tabakeinkauf
Weinreich	23 000	„	Tabakeinkauf
Mosel	22 000	„	Tabakeinkauf
Oppenheimer	13 900	„	Reichsgetreidestelle
Dr. Manasse	13 900	„	Dörrgemüse
Loewensberg	15 000	„	Dörrgemüse
Siegmund Kaiser	16 000	„	Reichstextil-A.-G
Dr. Jakob Zucker	15 700	„	Reichswoll-A.-G.
Siegfried Croner	16 000	„	Öle und Fette."

Atemholend setzt er aus. Dann hebt er nochmal das Blatt und sagt:

„Darunter steht ‚Etwas zum Nachdenken für Deutsche'." — „Das genügt für zwei Fernfahrten." — „Es wäre besser, wir räumten erst mal in Berlin auf." — „Das ist ja unerhört." — „Ob denn so etwas möglich ist?"

Der Flugzettel ging von Hand zu Hand. Tatsächlich! Da stand es schwarz auf weiß. Sie schüttelten die Köpfe. Kasten bat sich von Ströbel das Blatt aus und steckte es zu sich. So etwas durfte nicht verlorengehen.

Ein besonderer Auftrag

Sechs Stunden nach Verlassen Zeebrügges mit 8 Seemeilen Marschfahrt in Richtung Hoek van Holland sind um.

Oberleutnant Bieber öffnet befehlsgemäß die versiegelte Ordre. Sie lautet:

„Aus Maasmündung auslaufenden Geleitzug von Norden angreifen. Auf starke feindliche Gegenwirkung durch Zerstörer, kleine Kreuzer, U-Boote wird jetzt schon hingewiesen, da Konvoi für England wichtigen Transport führt. Der Geleitzug wird beim Morgengrauen im Sperrgebiet erwartet. Torpedos auf vordere Schiffe anbringen."

„B 31" liegt auf Lauerstellung. Es ist weggetaucht und nur das Sehrohr steht über dem Wasser, kaum dass es in dem auf und ab der Wogen zu erkennen ist. Zahlreiche Rauchfahnen kränzen den morgendlichen Horizont ein. Englische Zerstörer und moderne schnelle Kreuzer, wie Bieber schon festgestellt hat. Da ist etwas im Werden.

Und richtig. Das ganze Gebiet nach dem Festland zu ist eine einzige, breite Qualmwolke. Unter Wasser zieht „U B 31" näher. Jetzt zerfällt die Rauchwand in über ein Dutzend Einzelteile. Dampfer werden sichtbar. Alle Größen. Sie schwenken auf Westkurs und müssen so direkt an „B 31" vorbei.

Bieber klopft das Herz vor Freude. So etwas hat er im Periskop noch nicht gesehen. Schepers, Gerlach, auch Kasten lässt er einen Blick durchs Okular werfen. Kasten sagt nur: „Junge, Junge!"

„Das sind die vom Sonntag", meint Bieber und beginnt seine Berechnungen. Immer wieder muss der Steuermann das Sehrohr ausfahren, um die Lage zu peilen. Zwischendurch mal ein Rundblick. Die Sache wird kritisch. Kreuzer und Zerstörer dampfen auf. Bieber lässt sich nicht beirren. Das erste Torpedo verlässt „B 31" und sofort nimmt Bieber den nächsten Dampfer aufs Korn. Der fährt ja unter den gleichen Bedingungen.

Bums! Bums! Da nochmals Bums! Was ist denn das?

Die ganze Linie scheint ins Wanken zu geraten. Ein Torpedoschuss, drei sinkende Dampfer. Das war auch noch nicht dagewesen.

„Münchhausen" denkt Bieber, weiß aber, dass von der anderen Seite noch einige Kollegen tätig sind. Da läuft schon der zweite Dampfer wieder beidrehend ins Schussfeld.

„B 31" wird auch das zweite Torpedo los. Jetzt aber sind die Zerstörer heran. Das Periskop verschwindet. Wasserbomben zerreißen schon überall das Meer. Bei 30 Meter Tiefe erhält „B 31" einen gewaltigen Stoß. Alle knicken zusammen oder fallen kopfüber gegen die engen Wände. Finsternis herrscht und das Boot scheint zu steigen. Oberanwärter Müller krabbelt als erster hoch. Er tastet an sich herum. Es ist alles heil. Dann findet er die Hebel und schaltet auf Ersatzstromkreis um.

Das Licht bringt Leben. Gerlach liegt bewusstlos in der Zentrale. Ein Blick Kastens auf das Tiefenmanometer. Zwanzig Meter, neunzehn, achtzehn. Kasten flutet. Endlich gehorcht „B 31“. Es sinkt auf die vorgeschriebene Tiefe.

Im Turm aber leckt es. Auch einige Tanks müssen beschädigt sein. Das Boot krängt nach Backbord. Oben wirtschaften die Zerstörer herum.

Bieber lässt eine Kurve nach Norden schlagen. Vorsichtig steigt „B 31“ auf Sehrohrtiefe. Ein Blick nach Süden. Dort ist der Weg verlegt. Unaufhörlich tropft das Wasser. Noch weiter nordwärts. Dann auftauchen.

„Der Schaden ist bedenklich“ — „Die Tauchfähigkeit beschränkt.“ — „Rückweg nach Zeebrügge über Wasser gefährlich.“

„Kurs Nord!“ — „Nach Deutschland!“

Sie brachten ihr Boot in die Werft.

„14 Tage dauert die Reparatur“, erklärte der Werftingenieur und da hatten sie auf ganz unmanierliche Weise 12 Tage Heimatsurlaub vom Kommandanten weg. Nur Bieber, Kasten, Gerlach und der Heizer Hartwich blieben freiwillig zurück. Dazu Matrose Thalmann und Oberanwärter Müller, der sich immer an Kasten hielt.

Der Nachzügler

6. April 1917: Kriegserklärung Amerikas.

Es ist dies nur der letzte Akt des seit 1914 mit den Vereinigten Staaten schwebenden latenten Kriegszustandes.

Amerika hat sofort mit versteckten Munitionslieferung über Portugal für Frankreich und England gegen Deutschland gearbeitet.

Als Herr Bethmann Hollweg von Rechts wegen die Lieferungen als legal anerkannte, fielen alle Schranken und mit echt amerikanischer Großzügigkeit schwammen unter dem Sternenbanner über den Atlantik zu Hunderttausenden die Granaten, die an der Westfront und im Osten den deutschen Feldgrauen den Tod brachten.

Dass die Massenware meist nicht ganz einwandfrei war, vergrößerte nur den Umsatz. Die Großfirmen Shell und Oilstandard aber belieferten die Entente mit Öl und Benzin und machten von sich aus eine besondere Hetze gegen Deutschland.

Die amerikanischen Farben auf See aber galten als das „Rühr mich nicht an“. Und wehe dem U-Bootkommandanten, der es wagte, solche Munitionsladung in die Luft zu jagen. Der Zorn seines Kaisers traf ihn.

Alle Falle auf See: „Lusitania“, „Arabic“, „Sussex“ usw. sind Beweise, wie Wilson und seine Hintermänner bestrebt waren, das amerikanische Volk für den Krieg gegen Deutschland reif zu machen. Dass es nicht so schnell ging und dass die Kriegserklärung erst einige Monate nach Beginn der uneingeschränkten U-Boottätigkeit erfolgte, ist ein weiterer Beweis, dass der U-Bootkrieg nur als vorgeschobener Grund galt.

Die Bedrängnis Englands, der Schiffsraummangel, die Nahrungsmittelknappheit und die Zusage Wilsons, mit allen Mitteln zu helfen, das war es, weshalb die amerikanische Regierung ihre Völker in den Krieg hetzte.

Und dann, auch die Kerndeutschen Amerikas rührten sich. Eine vorzügliche Organisation über das riesige Land verbreitet, erfasste die Wehrfähigen, bildete sie aus, schaffte Geldmittel herbei, um Schiffe zu chartern. Das Ziel war ein Hilfskorps für Deutschland auszurüsten und unter Einsatz aller Kräfte in Europa zu landen.

Zehntausende hatte die im Stillen arbeitende Bewegung erfasst, die Kriegserklärung ließ den Erfolg nicht ausreifen, die meisten wanderten in Internierungslager.

Vier Wochen später.

Deutschland ist drauf und dran, England in sechs bis acht Monaten friedenswillig zu machen. Die steigenden Verlustziffern machen ein leichtes Rechenexempel auf.

Im Februar: 470 000 Tonnen.

Im März: 620 000 Tonnen.

Im April: 840 000 Tonnen.

Das sind Schläge gegen die Handelstonnage, nach denen man sich das Ende des überhaupt verfügbaren Schiffsraums und damit die Unmöglichkeit für Großbritannien, den Krieg fortzusetzen, ausrechnen kann.

Die englische Admiralität weiß das und macht die verdammt kritische Lage dem Retter Amerika schonungslos klar.

London fordert: sämtliche bewaffnete Geleitfahrzeuge aller Art.

Washington liefert: Zerstörer, Fischdampfer, Patrouillenschiffe, Schlepper und als Spezialität U-Bootjäger.

Sabotage

Obermaat Kasten hatte eine erschreckende Entdeckung gemacht. Er starrte geistesabwesend auf zwei vor ihm liegende Schraubenbolzen. Wieder hob er einen hoch und untersuchte im Schein der elektrischen Deckslampe. Der Schraubenbolzen war an zwei Seiten angefeilt. Auch der zweite. Die haarfeinen Einschnitte genügten, um in kurzer Zeit den Bruch der Bolzen herbeizuführen.

Ein furchtbarer Gedanke zuckt in Kasten auf. Seine sonst so ruhige Hand zittert, als er Schraube für Schraube prüft und feststellt, dass die Verbindungsschrauben vom Fundament und den Grundplatten der Ölmaschine lose und alle anderen Schrauben stark gelockert sind. Kalter Schweiß perlt auf seiner Stirn. Das also war es, was ihn seit Tagen bedrückte. Dieses Gefühl von etwas Unheimlichem, was sich um ihn zusammenzog. Nicht bloß um ihn. Um Alle. Um ihr Boot. Keine Minute lässt ihn der Gedanke an Sabotage los. Der Vorwurf ist ungeheuerlich. Doch das sind keine Materialfehler. Ein halbes Dutzend Schrauben wies starke Risse auf, die nur durch gewaltsame Eingriffe entstanden sein konnten. Kasten fluchte in sich hinein und ging zum Kommandanten, um Meldung zu machen.

Der pfiff nur durch die Zähne, betrachtete die Schrauben und sagte nichts. Er hatte das Gefühl, als ob ihm plötzlich der Boden unter den Füßen weggezogen würde. Das war nur einen Augenblick. Dann meinte er hart: „Sabotage! Obermaat! Hundsgemeine Sabotage!"

Kasten pflichtete bei. Bieber überlegte und sagte dann: „Kasten, wir müssen auf der Hut sein. Es ist einfach entsetzlich. Denken Sie sich das mal aus. Durch die ständigen Erschütterungen der arbeitenden Maschinen ist eine Lockerung der Verbindungen, durch die losen Schrauben, die Folge."

„Das kann in kritischen Tagen vom Maschinenbruch bis zum Untergang des Bootes führen", ergänzte der Obermaat Kasten.

„Wir müssen alles genau überholen."

„Wird gemacht, Herr Oberleutnant." Damit gingen beide zur Maschinenzentrale und Bieber besah sich sehr genau die Schraubensammlung.

Einige davon steckte er zu sich und kletterte damit nach oben, während Kasten sich wieder an die Arbeit machte.

Fünf Tage später machte „B 31" wieder in Brügge neben dem Wohnschiff „Schlamassel" fest. Bieber entließ die Besatzung sofort in die Quartiere, nur ein Wachkommandant blieb an Bord.

Obermaat Kasten fand im Kloster alles noch so vor, wie er es verlassen, nur eine schwache Staubschicht zeigte, dass der Raum wochenlang nicht betreten war.

Am Abend kam überraschend Oberleutnant Bieber selbst in ihr Quartier. Das hat etwas zu bedeuten, denkt Kasten und sieht in das ernste Gesicht seines Vorgesetzten. Da hört er es schon:

„Es ist Befehl gekommen, Sie sofort nach Kiel in Marsch zu setzen. Sie sind zur Deckoffizierschule abkommandiert. Nun müssen wir uns trennen, Obermaat Kasten. Leider, ich betone das ausdrücklich, denn Sie haben „B 31" vorzügliche Dienste geleistet. Ich fühle mich als Kommandant des Bootes verpflichtet, Ihnen dafür meinen Dank auszusprechen, denn auch uns bleibt wenig Zeit zum Verabschieden, wir gehen Morgen schon wieder in See." „Ja so" antwortet Kasten verwirrt, „da muss ich wohl nun gleich fort?" „Mit dem nächsten Fernzug. Die Papiere liegen schon seit zwei Tagen fertig auf der Divisionsschreibstube. Ihre anderen Kameraden haben Brügge schon verlassen."

„Hier ist alles so plötzlich", sagt Kasten sinnend und packt wahllos seine Utensilien zusammen.

„Das ist Flandern, Obermaat."

Er reicht Kasten die Hand: „Alles Gute für Ihr ferneres Fortkommen. Vergessen Sie uns nicht und kommen Sie als tüchtiger Maschinist zurück."

„Danke, Herr Oberleutnant, auch Ihnen Heil und Sieg."

„Na schön Obermaat Kasten, danke — es ist gut."

Bieber ging. Er wusste, dass er dort einen tüchtigen, befähigten Maschinistenmaat zurückließ. Das U-Bootleben war doch in dieser Hinsicht oft recht hart.

In Herbesthal betrat Kasten wieder deutschen Boden.

Nun saß er im Zug nach Köln. Er musste an Ströbel, Schepers, Müller, Weidemann denken. An Gerlach, Feddersen und Bieber. Jetzt lagen sie ohne ihn draußen. Das kam ihm fast wie Fahnenflucht vor.

Wie der Wagen schaukelte. Es war beinahe so wie an Bord. Nur das Klatschen der Wogen fehlte und das Arbeiten der Maschinen. Maikühle wehte durch das offene Abteilfenster herein. Lichter standen in dem Dunkel draußen.

Ein schlecht beleuchteter Bahnübergang huschte vorbei. Die mitfahrenden Matrosen und Feldgraue saßen eng aneinander und schliefen. Auch Kasten nickte ein.

Münster — Osnabrück — Bremen — Hamburg — Kiel

Der Reiseweg war vorgeschrieben. Zerschlagen kam Kasten in Kiel an und meldete sich sofort bei der U-Boot-Inspektion.

Am andern Tag begann der Dienst in der Deckoffiziersschule.

Das späte Opfer einer Intrige

Die Seefront ist weltumspannend.

Die Operationsgebiete der deutschen Unterseeboote umfassen die Meere beider Erdteile. Nord- und Ostsee, die Ozeane, das Eismeer, Mittelmeer und das Schwarze Meer spüren die Tätigkeit der kühnen Tauchboote. In rastloser Tätigkeit leitet Kapitän zur See Bauer mit seinem Stab diese gewaltige Front. Die Hauptlast bei der Ausführung trägt dabei Kapitänleutnant Lützow. Noch immer hat Bauer mit zahlreichen Unzugänglichkeiten der übergeordneten Stellen zu kämpfen. Seine Zähigkeit in allen Dingen kommt ihm sehr zugut, er versteht, das als richtig Erkannte Tat werden zu lassen.

Sein klarer Blick und seine Kenntnis der Front verlangen die Stationierung von U-Kreuzern im Atlantik an der Westküste Englands. Der Gedanke ist gut. Die Gründe Bauers treffend. Aber er dringt nicht durch. Die Flottenleitung will auf die Paradefahrten nach Afrika und Amerika nicht verzichten.

Indessen steigen die Versenkungsziffern ins riesenhaste. 600 000 Tonnen monatlich hat die Admiralität vom grünen Tisch aus garantiert. Das war etwas vermessen bei der immerhin noch geringen Zahl der Boote, die im Operationsgebiet tätig sein konnten. Aber sie schaffen es. Der uneingeschränkte U-Bootkrieg wartet mit Höchstleistungen auf. 620 000 Tonnen, 840 000 Tonnen, 780 000 Tonnen. Und jetzt hatte die statistische Abteilung des Admiralstabes bereits über eine Million Tonnen gezählt, obwohl der Monat Juni noch gar nicht vorbei war.

Das waren Keulenschläge gegen den wirtschaftlichen Imperialismus Großbritanniens. Erreicht mit oft nicht einem halben Hundert in See stehenden Booten. Wie musste sich das auswachsen, wenn man die doppelte Anzahl, wenn man gar 150 U-Boote hinausschicken konnte. Kapitän Bauer wiegt sich in diesen großen Gedanken. Er kennt den unerschrockenen Geist der U-Bootkommandanten und ihrer auf Gedeih und Verderb zusammengeketteten Besatzungen. Er weiß um das Geheimnis dieses Korpsgeistes. Denn er war selbst mit draußen, hat die Strapazen mit ihnen geteilt und persönlich die Tatkraft Einzelner gesehen.

Da mitten in der Arbeit, im Hochgefühl des bereits Erreichten, erhält der verdienstvolle Führer die Ablösungsordre. Vielleicht die verspätete Auswirkung einer seit langem gesponnenen Intrige. Kein Mensch weiß es. Nur die nackte Tatsache grinst Kapitän zur See Bauer entgegen. Das ist ein schwerer Schlag gegen die Schaffenskraft dieses Mannes. Bauer ist so überrascht, dass er das Tragische der Abberufung in der ersten Erregung übersieht. Nur eine maßlose Hoffnungslosigkeit um Deutschland ist plötzlich um ihn. Er muss an Tirpitz denken. An Admiral Bachmann und andere. Nun ist auch ihm Gelegenheit gegeben, darüber nachzudenken, wie er sich erlauben konnte, mit der ihm unterstellten Waffe solch unerhörten Erfolge zu erzielen. Ausgerechnet noch gegen das geheiligte England.

S. M. S. „Westfalen“ wurde ihm gnädigst unterstellt. Dort konnte er Denkschriften verfassen und die Monatsmeldungen der versenkten Tonnage sammeln.

Grimmig starrte er zum Fenster hinaus. Es war ein Hohn sondergleichen.

Ein Drama auf hoher See

„U 44“ steht bereits wochenlang in See. Havarie und Unwetter haben den Rückmarsch verzögert. Die Lebensmittel sind aufgebraucht. Letztes Hartbrot stillt den größten Hunger.

Der Kommandant entschließt sich, den kürzesten Weg nach Deutschland zu nehmen, durch den Kanal, es ist zugleich der gefährlichste und immerhin auch noch rund 400 Seemeilen.

Die hageren, ausgemergelten Gestalten seiner Leute sehen ihn an. Er selbst fühlt das Brennen des Hungers im Innern. Sein Entschluss ist gefasst. Der nächste Dampfer muss zum Eindecken mit Lebensmitteln angehalten werden.

Endlos ziehen sich die Stunden hin.

Unten liegt wie tot die Freiwache in den Kojen. Da ein matter Ruf von oben: „Dampfer in Sicht.“

Es ist ein Holländer. Der Aufforderung zum Stoppen leistet er sofort Folge. Dem Kommandanten kommt das Schiff sehr bekannt vor. Er hat es irgendwo in der Nordsee schon einmal angehalten.

Das Schiff hat keine Bannware. Es ist ein von einem Rotterdamer Kaufmann in Schweden gekaufter Frachtdampfer, der nun unter holländischer Flagge fährt.

Doch das alles interessiert den Kommandanten nicht, er geht längsseits, um Nahrungsmittel einzuhandeln. Der Schiffskapitän ist äußerst zuvorkommend, etwas zu weltmännisch in seinen Bewegungen. Seine Frau kommt an Deck. Ein seltener Anblick hier auf See für die U-Bootmänner. Sie spricht etwas deutsch und ist von bestrickender Liebenswürdigkeit. Dann gehen beide, die Verpflegung selbst fertig zu machen.

Sie ist billig und reichlich, wie der Wachoffizier feststellt. Fleisch, Wurst, Butter, Mehl. Wie die harten Augen der ausgehungerten Männer strahlen, als ihr Boot abgelegt und der Koch ein Festmahl bereitet.

Zwei Stunden später treibt ein deutsches U-Boot breitschiffs durch die Wogen. Die Ausguckposten liegen leblos auf dem Turm. Zusammengebrochen unter Vergiftungserscheinungen.

Auch im Innern das gleiche Bild. In den Kojen und auf den Stationen liegen und sitzen sie zusammengekrümmt von den Wirkungen der vergifteten Lebensmittel.

Und immer weiter treibt das steuerlose U-Boot.

Da fährt einer aus totenähnlichem Schlaf hoch. Entgeistert starrt er in die verzerrten Gesichter der aus den Kojen gefallenen Kameraden. Die drückende Stille presst sein Herz zusammen. Er stürzt in die Zentrale. Entsetzt weicht er zurück. Auch dort alles tot. Grauen spiegeln seine Augen.

Im Turm liegt der Steuermann und oben nur noch der Wachoffizier. Alle andern hat die See bereits weggespült. Des U-Bootmatrosen Haare flattern im Wind. Er reckt sich und blickt über die See. In weiter Ferne ein Segler, er kommt langsam näher.

Das kann ein Neutraler, das kann ein Feind sein. Im Kopf des Mannes zuckt ein Kriegsartikel auf:

„Ein deutsches Kriegsschiff darf nicht in Feindeshand fallen."

„Alarm" brüllt er plötzlich und setzt die Glocke in Bewegung. Minutenlang jagt er den gellenden Ton durchs Boot. Und wenn er noch so laut und durchdringend ist, Tote ruft er damit nicht ins Leben zurück.

Hastig stürzt er noch einmal nach unten. In allen Räumen liegen sie, still und ruhig. Auch der Kommandant. Seine Rechte hat ein Blatt des Tagebuchs herausgerissen und verkrampft, so liegt er unter dem schmalen Schreibtisch. Die Augen blicken den Obermatrosen starr an, als wollten sie sagen: „Ich habe genug torpediert und vernichtet, nun lasst mich in Ruhe."

Zwei Sprengbomben und Zündschnur greift er schnell, dann hastet er wieder hoch. Oben ist der Segler auf tausend Meter heran.

Nach Anbringung der Bomben brennt er die Zündschnur an. Ein Hechtsprung und mit langen Stößen schwimmt er unter Aufbringung letzter Kräfte vom Boot weg.

Die Detonationen schrecken die Fischersleute des Seglers hoch, sie bemerken den jetzt treibenden Schiffbrüchigen, halten näher und ziehen den Bewusstlosen an Bord.

Papiere finden sie nicht bei ihm. Nur Troyer, Hose, Blauhemd und Jumper sind mit dem Namen „Wichmann" gezeichnet.

Bedenkliche Gegensätze

Viele der Besten aller Chargen auf den großen Schiffen gehen freiwillig zu den U-Booten.

Oberingenieur Willrodt vom „Derfflinger" ist als II. Ingenieur bei der U-Flottille Flandern tätig.

Er kam in Zeebrügge an, als Kasten schon einige Monate weg war zur Deckoffizierschule. Das bedauerte Willrodt sehr. Denn hier hörte er viel von Kastens Kaltblütigkeit und Ruhe.

„B 31“ hatte das erste 100 000 versenkter Tonnage voll. Jetzt lag das Boot zur Instandsetzung in der gegen Flieger gut vertarnten Werkstatt Zeebrügges. Hier traf Willrodt Maschinistenmaat Jakob. Sie kannten sich von S. M. S. „Rheinland“ her. Jacob war damals der beste Fußballspieler an Bord. Das wusste Willrodt noch genau.

Auf „B 31“ schwört alles auf Kasten. Das machte Willrodt ordentlich stolz auf seinen langjährigen Untergebenen.

Zeitungsnachrichten:

„Im Monat Juni versenkten unsere U-Boote an Schiffsraum 1 Million zweihunderttausend Tonnen.“ — „Einer unserer U-Kreuzer unter Kapitänleutnant Meusel beschoss Ponta Delgada auf den Azoren und versenkte im dortigen Sperrgebiet zahlreiche Schiffe.“ — „Kapitänleutnant Steinbrück vernichtete mit ‚U C 65‘ im Kanal 3 Dampfer und den englischen Panzerkreuzer ‚Ariadne‘.“ — „‚U 52‘ Kapitänleutnant Hans Walther versenkte in der Nordsee das englische U-Boot ‚C 34‘.

Obermaat Kasten verfolgte all das während des Deckoffizierskurses mit brennendem Interesse, trotz des reichlich bemessenen Unterrichts.

Ein Schatten fiel auf die gewaltigen Erfolge. Es waren dies die düsteren Eindrücke in den Hafenstädten und in der Heimat. Sie sahen und hörten so manches, was ihrer geraden Gesinnung zuwider war, obwohl auch sie unter dem Druck der Hungerblockade Englands standen.

Steckrüben, Dörrgemüse, Zusammengehauenes, zweimal in der Woche Fleischkost, Marmelade, Margarine, 100 Gramm Brot pro Tag, Dienstag und freitags Wurstzulagen, damit standen sie der Landbevölkerung nicht nach.

Abends tauschen sie ihre Gedanken aus. Es sind immer dieselben, die zusammen diskutieren. Die Gruppe Kasten, Wackernagel, Hillmann, Kunert, Kühne, Peters und Rönspieß ist unzertrennlich. Dazu sind Kühne und Kasten noch Schulkameraden.

Ihre Hauptsorge ist, so schnell wie möglich wieder an die Front zu kommen.

In Berlin tagt der Reichstag.

Matthias Erzberger, der Abgeordnete der Zentrumspartei, spricht. Seine großangelegte Rede schildert die Lage Deutschlands als vollständig verzweifelt.

Das konnte eine Warnung an die Regierung sein. Aber dann kamen Worte und Sätze, die nur Signale für den Feind sind. Sie gipfeln in folgenden Ungeheuerlichkeiten:

„Der Krieg ist für Deutschland verloren.“ — „Der Unterseebootkrieg hat geradezu katastrophal versagt.“ — „Nur ein sofortiger Frieden der Verständigung unter Verzicht Deutschlands auf Eroberungen und Entschädigungen kann Schlimmeres verhüten.“

Auf der Tribüne ein Zwischenfall. Die hagere Gestalt eines Sturmsoldaten der Westfront reckt sich hoch, auf dem feldgrauen Waffenrock blinkt das Eiserne Kreuz I. Klasse. Eine Stimme, geladen voll Wut und Grimm, schleudert die Anklage der Front in den Saal:

„Das ist Verlängerung des Krieges um viele Jahre!"

Großadmiral von Tirpitz beobachtete mit geheimer Sorge den Umschwung im Innern des Reiches, wo durch die haltlose, schwankende Politik der Reichsleitung neue Gefahren entstanden. Die Unsicherheit der Regierung übertrug sich auf das schwerleidende Volk. Es fing an zu murren. Dies machten sich volksfeindliche Gruppen zunutze.

Der Großadmiral grollt seinem kaiserlichen Herrn nicht.

Weit vorausschauend stellt er sich an die Spitze der aktiven nationalen Bewegung, um dem unterirdischen Treiben der Spartakisten, Unabhängigen, Demokraten, Sozialdemokraten und des Zentrums einen Damm entgegenzustellen.

Warnend erhebt er seine Stimme:

„Dieser aus wirtschaftlichen Verhältnissen geborene, so furchtbare Krieg wird nicht beendet durch einen formalen Frieden, sondern er wird wirtschaftlich weitergehen."

Oder:

„Ein Arbeiter, der die Augen aufmacht und vorurteilslos ohne Parteibrille und ohne Parteizwang die Lage ansieht, der muss wissen, dass Elend und Arbeitslosigkeit für ihn und seine Kameraden das Los sein muss, wenn wir einen Verzichtfrieden schließen."

Die Worte des Großadmirals verhallen ungehört in den durch die englische Hungerblockade stark entnervten Massen des Kriegsjahres 1917.

Ein Blick in die deutschen Zeitungen.

Die Inserate sind ein Spiegelbild deutscher Not. Schuhe mit Holzsohlen, Trockenmilch, Pilzwurst, Kriegsmus, Süßstoff, Papierbindfaden, Tonseife aka Kohlrübenkaffee, Gummiersatz, Lederersatz, Stoffersatz.

Über Holland und durch die Schweiz erhalten die feindlichen Spionagezentralen zwei Tage nach Erscheinen die deutschen Zeitungen. Sie liefern dem Feind wichtige Anhaltspunkte über die Lage Deutschlands. „Berliner Tageblatt" — „Vorwärts" — „Frankfurter Zeitung" — „Vossische Zeitung" geben in ihrer demagogischen Kritik der Zustände im Innern der Entente wichtige Waffen.

Hier setzt der Krieg im Dunkel wirksam an. Spionage und Sabotage nehmen gefährliche Formen an, seit der amerikanische Dollar in Deutschland rollt.

Explosionen in Pulverfabriken, Brände von Speichern mit Erntevorräten, Attentate gegen Zeppelinhallen, Entdeckungen von fahrlässigen Arbeiten bei U-Bootreparaturen mehren sich erschreckend. Gegenspionage und Wachsamkeit vereitelt den Großteil der Untaten.

Die Königlichen Landräte schicken Schreiben an zuverlässige Einwohner ihrer Kreise. Text:

„Zufolge höherer Anordnung ist im hiesigen Kreis mit dem Sitz im Landratsamt ein Aufklärungsausschuss zur Belehrung der Bevölkerung über vaterländische Fragen gebildet worden.

Der Aufklärungsausschuss in Herzberg hat in allen Städten des Kreises Hilfsausschüsse gegründet.

Ich habe mir erlaubt, Sie zum Vertrauensmann für dort zu ernennen, und bitte, das Amt anzunehmen. Keine Antwort betrachte ich als Zustimmung."

Dem entgegen hetzen sozialdemokratische und unabhängige Abgeordnete im Schutze der Immunität Deutsche in Streiks, fordern Soldaten zur Fahnenflucht auf und empfehlen den noch nicht zu den Waffen Gerufenen, die Gestellungsbefehle nicht zu befolgen.

Ein herber Verlust

Abenddämmerung auf dem Ozean.

Dort, wo sich die Südwestküste Irlands als schwacher Strich aus dem Meere hob, stand der Widerschein eines matten Abendrotes und davor zog ein einsamer Dampfer seinen Weg.

Der Zweimaster liegt tief im Wasser. Er scheint schwer beladen, denn auch die Fahrt ist mäßig. An Deck stehen einige Seemänner in wollenen Jumpern und Jacketts. Sie blicken gelangweilt über das Meer.

Plötzlich eine Detonation. Sie schrecken auf, rennen zum Vordeck und sehen gerade noch, wie eine Wassersäule vorm Bug zusammensinkt.

Von der Brücke weisen erregte Arme Backbord seitlich, wo weit hinten auf den Wogen ein U-Boot liegt. Am Mast weht ein Flaggensignal: Verlassen Sie das Schiff!

Der Dampfer stoppt. Erregt laufen Leute über Deck. Aus dem Innern quellen die Heizer nach oben. Halbnackt, verdreckt, wie sie vor den Kesseln gearbeitet. Zusammengerafftes Zeug, Kleiderbündel schleppen sie mit sich. Die Boote werden hastig zu Wasser gelassen. Dann stoßen sie ab und rudern schnell von dem Dampfer weg, der verlassen auf der Dünung schlingert.

Vom U-Boot hat der Kommandant Korvettenkapitän Schwieger jeden Vorgang genau beobachtet. Auch die Turmwache und die paar Mann am Geschütz lassen keinen Augenblick den Dampfer aus den Augen. Langsam steuert „U 88" näher, um zu den Rettungsbooten zu kommen.

Korvettenkapitän Schwieger ist es, als ob der gestoppt liegende Dampfer etwas gedreht habe, aber das kann auch eine Täuschung sein, hervorgerufen durch den Wellengang. Doch er kann sich irgendeines unangenehmen Gefühls nicht erwehren. Zu viele Beispiele warnen vor der Hinterlist des Feindes. Um das Artilleriefeuer sicher zu führen, muss „U 88" noch näher heran.

Alle Nerven der Männer sind angespannt. Das ganze Boot steht unter dem Willen des Kommandanten, beim geringsten Zeichen des Verrats zu tauchen.

„Achthundert Meter" schätzt er. Nichts rührt sich. Leer und verlassen liegen die Decks des feindlichen Frachtschiffs. Noch immer zögert Schwieger.

Und doch ist Hinterlist im Spiele.

Englische Matrosen kauern geduckt hinter versteckt eingebauten Kanonen und Haubitzen. Wie Verbrecher schleichen Gestalten im Schutze der täuschenden Kulissen, hinter denen die geladenen Kanonen genau eingestellt auf das U-Boot starren.

Stimmen zischeln. Breites Grinsen. Kopfgelder gibt es für den Mord an einem ritterlichen Gegner. 200 Pfund für ein vernichtetes U-Boot. Die Gegensätze sind zu groß. Auf der einen Seite oft die Besten des um sein Leben ringenden Volkes. Auf der anderen Seite meist das Gegenteil. Ungleicher Kampf muss mit dem Siege der dunklen Mächte enden.

Der Anführer des Überfallkommandos verfolgt durch ein Sehrohr jede Bewegung des U-Bootes.

Jetzt liegt es genau in der Schusslinie der Breitseite. Ein halblauter Befehl. Die Bordwände klappen rasselnd herunter. Mündungsfeuer zuckt auf. Zwei-, dreimal. Im Krachen der Salven scheint die Seite des Schiffes auseinanderzuklaffen. Flachschüsse reißen Teile des U-Bootturmes weg. Eine Kanone stürzt um. Blitzschnell sind die U-Bootmänner ins Innere verschwunden. „U 88“ kommt unter Wasser. Die nächste Breitseite der U-Bootfalle reißt nur Wassersäulen hoch. Dann aber kommt durch den Gischt der Körper des U-Bootes mit dem Bug zuerst hoch. Dunkle große Löcher gähnen im Schiffskörper. Menschen sind nicht zu sehen. Jäh sackt das Boot dann weg. Es kommt nie wieder ans Tageslicht.

Wieder an der Front

„Ich habe Befehl erhalten, mich beim Stab der V. U-Flottille in Bremerhaven zu melden.“

Stabsingenieur Gille durchblättert die Papiere, dann blickt er auf und sagt:

„Ihre Prüfungsergebnisse sind gut, Obermaat Kasten, solche Männer können wir hier gebrauchen. Sie werden noch heute die technische Leitung von „U B 22“ übernehmen. Alles weitere erfahren Sie vom Kommandanten Oberleutnant Wacker.“

Damit stand Kasten wieder draußen. Er sucht sich im Hafen nach „UB 22“ durch. Flaggen knattern, Wind kräuselt das Wasser, Sirenen heulen, es ist alles Leben und Bewegung hier. Eine Reihe dunkelgrauer U-Boote, Stahlleinen, Laufplanken, Tauwerke, offene Luken, in gleicher Linie die Türme. fast am Ende der Reihe „UB 22“.

Zwei Steuerleute begrüßen Kasten an Deck, Steuermann Edler von „B 22“, ein handfester Seemann, Steuermann Lissy „von „B 34“, groß und breitschultrig. Die drei schließen vom ersten Augenblick des Sehens an Freundschaft.

Der Kommandant taucht auf. Groß und schlank steht er vor Kasten. Ein fester Handschlag. „Es ist gut, dass Sie schon da sind, Obermaat“, das ist alles, was Oberleutnant Wacker sagt, dann kriechen beide ins Boot. Übernahme des Bootes und Regelung der Organisationsfragen lassen einige Tage in Hast und Unruhe vergehen.

Dann eines Nachts: Seeklar! Vierundzwanzig Stunden später hat „UB 22" glücklich die Minenfelder hinter sich. Noch einmal zehn Stunden glatte Überwasserfahrt, dann hat das Boot das Jagdgebiet erreicht.

Wolkengebirge mauern den Horizont ringsum ein und beschleunigen das Herabsinken der Dämmerung. Oberleutnant Wacker ist mit auf dem Turm, denn das gefahrvolle Zwielicht erfordert doppelte Wachsamkeit.

Geisterhaft stehen die Segel eines kleinen Fahrzeuges im Halbdunkel. Auch Wacker sieht es und plötzlich ist alles verschwunden.

„Sonderbar", denkt er und lässt zur Vorsicht das Boot etwas weiter südlich laufen, um dann wieder auf den alten Kurs zu gehen. Acht Augenpaare suchen unermüdlich das Graudunkel der See ab. Da reißt einer der Ausguckposten den Mund auf. Ein Schrei: „Torpedolaufbahn!"

Doch es ist schon zu spät. Das Kommando Wackers reißt das Boot nicht mehr herum. Ein Stoß, ein Krach, sonst nichts. Vier Männer beugen sich über die Brustwehr. Das Torpedogeschoß versinkt, ohne zu explodieren.

„Schnelltauchen!" — „20 Meter!"

Im Nu ist der Turm geräumt und „B 22" verschwindet unter Wasser. Kasten fragt Edler, was los war.

„Wir sind eben von einem Torpedo getroffen worden. Das Ding ist nicht explodiert", antwortet der Steuermann lakonisch. Da lief es Kasten doch eiskalt über den Rücken und er gab die Nachricht in die Maschinenräume weiter.

In derselben Nacht.

Kasten hat den Kopf zum Luk rausgesteckt und beobachtet den Auspuff beim Aufladen der Batterie. Da regen sich die Turmwachen. Gleich danach die Stimme Edlers: „Kommandant melden, Fahrzeuge in Sicht."

Wenige Augenblicke spater ist Oberleutnant Wacker oben. Kasten hat indessen die Maschinen einkuppeln lassen und jetzt lief „U B 22" neben einem unter Fischdampferschutz fahrendem Handelsschiff her.

Kurs und Fahrt sind ermittelt. Mit großer Fahrt zieht „U B 22" voraus, dreht auf und erwartet den Dampfer. Wacker schießt auf fünfhundert Meter den Torpedo und läuft sofort mit A. K. ab.

Die Blasenbahn schneidet das Heckwasser eines der seitlichen Fischdampfer und trifft das Handelsschiff direkt unter der Brücke. Es bricht nach innen zusammen und versinkt unter dumpfem Grollen.

Am anderen Tag.

Die englische Küste bei Blyth ist in Dunst gehüllt. Ein kalter Wind fegt den Turm. Die Körting-Dieselmotoren brummen laut, an den Seiten rauscht weiß brodelnd das Wasser und spült schäumend über das Achterdeck.

Der Vormittag vergeht ohne Ereignis. Am Nachmittag endlich Mastspitzen und Segel. Wacker, gewarnt durch die zahlreichen Verluste durch U-Bootfallen, lässt auf zwei Seemeilen das Artilleriefeuer eröffnen. Nach den ersten Schüssen geht die Besatzung in die Boote. Bei der zwölften Granate fängt das Segelschiff an zu brennen, eine turmhohe Rauchwolke in ganzer Breite des Schiffes wirbelt zum Himmel.

„U B 22“ muss vor heranjagenden Zerstörern wegtauchen. Wasserbomben tasten sich näher. Immer lauter dröhnt das grässliche Krachen durchs Boot.

„Auf 40 Meter gehen!“ befiehlt Wacker. Die Explosionen bleiben beharrlich in nächster Nähe. Und dann rammt eine Detonation gegen den Turm, die nur im Aufschrei der 20 Männer einen Widerhall findet. Eine zweite Sprengung folgt, aber sie ist schon wieder über ihnen. Obermaat Kasten hat das Boot auf 60 Meter gedrückt. Alle anderen krabbeln sich zusammengestoßen auf den engen Stationen in die Höhe.

„Fliegerbomben“, sagt Wacker zu Edler und wischt den Schweiß von der Stirn, obwohl es ungemütlich kalt im Turm ist.

Als sich nichts mehr rührte, stieg „U B 22“ auf 20 Meter und trat den Nachtmarsch an, um jedem Mann wenigstens vier Stunden Schlaf zu verschaffen.

Schon im Hinsinken auf die Koje sind Wasserbomben, Nacht und Grauen vergessen. Nur die diensttuende Steuerbordwache ist noch an das letzte Erleben gebunden. Die überkommende Müdigkeit wird durch einen starken Kaffee verscheucht. Kasten zieht behaglich den Duft des Getränkes ein. Gesprochen wird wenig. Leise summen die elektrischen Maschinen. Unheimlich brütet die Stille des Meeres um „UB22“. Ab und zu kontrolliert ein Blick Kastens die vielen Manometer. Der Tiefenmesser weist gleichbleibend auf 29 „Meter. Mit 4 Seemeilen Marschfahrt schwebt das Boot durch die Tiefen des Meeres.

Morgendämmerung. Vorsichtig löste sich „U B 22“ aus den leichten Nebelstreifen, die das ganze Seegebiet dauernden Veränderungen unterwarfen und den Ausguckposten die Sicht sehr erschwerten.

Oberleutnant Wacker ließ die Turmwache stündlich ablösen, denn auch die durchdringende feuchte Kälte machte jedem zu schaffen.

Da stand plötzlich wie hingezaubert an Backbordseite ein komisches Fahrzeug. Im Fernrohr Wackers verschwammen alle Begriffe der Linienführung dieses Schiffes. Dunkle und hellere Flecke, verschobene Quadrate, schwarze Querstreifen, hervorstehende Dreiecke, dazu die Nebelschleier.

„Das sind mehrere Schiffe, die direkt auf uns zulaufen.“ — „Es sind zwei Dampfer, ich erkenne Rauch von zwei Schloten.“ — „800 Meter“ — „1200 Meter“ — „2000 Meter“.

So gehen die Ansichten auseinander. Endlich haben es Wacker und auch Edler erkannt. „Es ist ein phantastisch bemalter Dampfer, der schräg zu unserm Kurs liegt.“ Indes lichtet sich der Nebel und bestätigt die Feststellung.

„So lange hingucken kann man da nicht“, sagt einer der Posten. „Eine verdammt gefährliche Malerei.“ — „Den wollen wir aber eins brennen.“ Damit verschwinden sie ins Innere und „U B 22“ taucht.

Im Okular sieht das bemalte Fahrzeug ganz verheerend aus. Entfernung und Kurs sind kaum zu schätzen. Wacker schießt den Torpedo nach Gefühl. „500 Meter“ hatte er gerechnet. Da erfolgt nach kaum zwanzig Sekunden eine Explosion am Vorschiff des Dampfers, der schon im Wenden begriffen ist.

Eine aufspringende Welle überspült das Sehrohr, doch was ist das? Ein drohender Schatten überdeckt das Blickfeld, kommt drohend näher. Erschrocken fährt Wacker zurück.

„Sehrohr ein!" — „Auf 20 Meter gehen!" schreit er. Edler bringt das Sehrohr ein. Kasten reißt das Boot herunter. Noch während des Tiefergehens ein schwerer Stoß. Wie Messerschnitte klingt feines Splittern und Bersten aus dem Turm in die Zentrale. Dann rauscht etwas Riesenhaftes an der Außenwand vorbei in die Tiefe. „Der versenkte Dampfer", schreit Wacker heiser und hilft Edler hoch, den das Sehrohr umgerissen. Wasser leckt in den Turm. Sie dichten es notdürftig ab. Die Stationen melden. Es ist alles klar. Das Boot gehorcht jedem Hebeldruck. Nur als sie versuchen, das Sehrohr auszubringen, geht es nicht. Es rührt sich nicht einen Zentimeter. Sie tauchen blind auf und haben Glück. Dichter Nebel wallt ringsum. An Deck sieht es wüst aus. Das Geländer ist zum Teil weggerissen, der Turm oben eingedrückt, das Sehrohr ineinander gerammt.

So treten sie die Heimfahrt an.

S. M. Unterseeboot „U B 34"

Der Kommandant von „U B 34" sitzt im Arbeitszimmer des Stabsingenieurs Gille.

„Mein Leitender ist erkrankt, ich brauche einen Ingenieur, der ganz besonderer Spezialist für Benz-Dieselmaschinen ist."

„Hm, ich konnte Ihnen den Obermaat Kasten vorschlagen. ‚B 22' liegt in der Werft. Bis das Boot klar zum Auslaufen ist, sind von Kiel weitere Kräfte hier eingetroffen."

Oberingenieur Gille reicht Freiherrn v. Ruckteschell die Führungszeugnisse. Der antwortet: „Von Kasten habe ich schon gehört, Wacker ist sehr zufrieden mit ihm, ich bitte also die Kommandierung vorzunehmen."

So kam Obermaat Kasten auf „U B 34".

Freiherr v. Ruckteschell empfängt seinen neuen Leitenden mit den Worten: „Sind Sie seefest. Sind Sie nervös?"

Kasten erwidert: „Herr Oberleutnant, ich bin front-u-bootsfest und freue mich, schnellstens wieder an den Feind zu kommen."

Darauf reicht der Kommandant ihm die Rechte und sagt: „Das sollen Sie bald haben. Hals- und Beinbruch!"

„Ein Draufgängerboot", damit umriss Kasten „U B 34".

Kolossale Tauchgeschwindigkeit: 18 bis 20 Sekunden.

Unbedingt zuverlässig in allen mechanischen und elektrischen Teilen. Die Maschinen unverwüstlich. Das Boot gut eingetrimmt. Der Bootskörper von hoher erprobter Widerstandsfähigkeit. Die Öltanks wie aus einem Stück. Bei Unterwasserfahrt nicht zu entdecken, weil es keine verräterischen Ölstreifen nach oben schickte. Raumverhältnisse wie auf „B 31". Bewaffnung dieselbe. Aktionsradius: 3600 Seemeilen. Besatzung: 38 Mann.

Kasten streckte mit innerem Wohlbehagen seine ermüdeten Glieder auf der Koje. Die neue Heimat gefiel ihm ganz gut. Nun konnte also der Schlamassel wieder losgehen. 11 Uhr nachts war seeklar.

Er schob die Beine in einem Winkel von 45 Grad nach oben und verharrte sinnend in dieser Stellung. So stellte er Betrachtungen über die Besatzung an und ließ sie in Reihenfolge der Rangstufen vorbeidefilieren.

Da war zuerst der Kommandant Oberleutnant zur See Freiherr v. Ruckteschell. Deutschbalte, in Hamburg beheimatet, mit scharfgeschnittenem, bartlosem Gesicht, war er ein furchtloser Mensch, wie solche die U-Bootwaffe als Führer braucht. Dabei ein Kavalier von vollendeter Form. Die Mannschaften verehrten ihn. Er wurde in der U-Bootssprache „Rucki" genannt.

Als nächster kam der Wachoffizier Leutnant zur See Freiherr v. Feilitzsch. Bayrischer Adel. Stand seinen Mann. Verschlossener Charakter.

Dann kam der Steuermann Lissy. Deckoffizier. Ein echter Friese. Knochig und stramm. Ausgezeichneter Seemann aus alter Seefahrerfamilie stammend, aufrechter deutscher Charakter. Verheiratet. Seine Augen hatten etwas von Meer und Sonnenschein an sich.

Dann kam er selbst als Leitender des Bootes. Angehender Deckoffizier. Das genügte. Weiter. Der nächste.

Obermaat Groth eröffnete die Reihe der Unteroffiziere. Er stammte von der Waterkant. Robuster Mann. Hummel, Hummel! M'Oas! Draufgänger. Technisch tüchtig, guter Kamerad.

Obermaat Oberschmidt hieß „Seppel", weil Oberbayern seine Heimat. Ein gutes Haus, von handfester Freundlichkeit: „Jungs, ich helfe euch. Aber Dienst ist Dienst".

Obermaat Niederklopfer vertrat das Rheinland. „Rudi" wurde er genannt, als Dank für seine mitempfindende Hilfsbereitschaft für jeden seiner Bordkameraden.

Obermaat Groß war Pfälzer, die Schuhmetropole Pirmasens sein Heimatort. Als tüchtiger Praktiker war er allen Anforderungen gewachsen.

Dann kam der Obermaat Hollemeyer. Ein Saarländer. Er hatte nicht die Sympathien der Kameraden. Über seine französischen Allüren sah man hinweg. Es war ihm nichts fein genug. Auch das mochte sein. Aber die heimlichen Wühlerreien, das gegenseitige Ausspielen der Kameraden, das war unverzeihbar, weil es im Blut lag.

Den Schluss der Unteroffiziere bildete Torpedomaat Evers, der Hannoveraner. Es lag etwas Ruhiges in diesem befähigten Torpedomaat. Seine Hauptsorge galt den ihm anvertrauten Torpedos.

Aus der Reihe der Mannschaften war zuerst zu nennen der FT-Ober-Gast Hinzberg. Ein äußerst tüchtiger Fachmann der Funk-Telegraphie. Er hatte seine Gefechtsstation neben Kasten, bediente das Unterwassermikrophon und den Motor für das vordere Sehrohr. Außerdem lag ihm die Listenführung für den Maschinisten ob.

Der Heizer Becker war ein tüchtiger, braver Kerl. Westfale. Von Beruf Schlosser. Grobknochig und treu.

Heizer Schuh, noch jung, kam anscheinend nicht aus dem Lampenfieber heraus. Er war willig, aber Kasten hatte seine Bedenken.

Heizer Rutzen war ein arbeitsamer stiller Mann, nahm die hohen Anforderungen des U-Bootdienstes gelassen auf seine kräftigen Schultern.

Schmidt, von Beruf Heizer in Kohlengrube, machte seinen Dienst.

Bethge, ebenfalls Heizer, war nicht echt. „Der Mann sieht aus, als strebt er nach einem Druckposten", hatte einer der Obermaate gesagt. Jedenfalls den offenen Blicken Kastens wich Bethge stets aus und das war bedenklich.

Obermatrose Schulz machte seinen Dienst korrekt. Er hatte es viel mit dem Essen zu tun. Obermatrose Feddersen musste zu jeder Anordnung seine Randbemerkung machen. Sein altbackenes Benehmen ersetzte er durch seine militärische Haltung.

Matrose Harmßen, Holsteiner, von Beruf Fischer, hatte seine Hauptsorge mit dem Ernährungsproblem.

Torpedo-Oberheizer Döring, Fischersohn von der Halbinsel Hela. Bursche des Kommandanten. Die Seele des Bootes. Ohne Furcht und Tadel. Ein echter Seemann, gewohnt in einer Nussschale bei jedem Wetter zur See zu fahren. Bei Windstärke 10 war ihm am wohlsten.

Kasten zog plötzlich die Beine an, sein Magen knurrte und da stellte er fest, dass er einen vergessen hatte, den Koch. Das war doch immerhin eine der Hauptpersonen. Kiefer hieß er. Der Mann hatte seine eigenen Ansichten über Seekrieg. Sein Essen schmeckte. Und das war die Hauptsache.

Damit stand Kasten auf und ging nach der Zentrale, um die Tanks zu peilen und den Trimm des Bootes zu prüfen.

„Harmßen! Schnell Erkennungssignale!"

Die vermummten Gestalten auf dem Ausguckturm des U-Bootes „B 34" bewegen sich und dann schmeißt eine Morselampe die Anrufzeichen der deutschen Flotte für den 8. Dezember 1917 in die frostklare Winternacht.

Prompt folgt aus den hart am Horizont stehenden Umrissen die richtige Antwort.

„Die Begleitboote", sagt der Wachoffizier.

„Schon Außenjade", antwortet Feddersen und pustet mit vollen Backen gegen die aufkommende Kälte. Leutnant v. Feilitzsch holt mit seinem Nachtglas die dunklen Fahrzeuge näher heran. Es sind die drei Vorpostenboote, die „B 34" bei Außenjade erwarten.

Aufkommender Nebel hindert am Weiterfahren. Die Kunstpause dauert zehn Stunden. Dann bringen die Fischdampfer „U B 34" sicher durch die Minensperre. „U B 34" ist wieder allein und kreuzt den ganzen Tag über Wasser nach Westen und auch die ganze folgende Nacht hindurch. Rauchsäulen werden gesichtet und verlieren sich wieder. Feindliche Fahrzeuge tauchen auf. Ihr Sichten wird funkentelegraphisch nach Emden gemeldet. Tauchbereit gleitet das Boot durch die nächtliche See. Tag und Nacht sind zeitlos. Die Besatzung steht immer auf dem Sprung. Auch im Schlaf.

Morgens 3 Uhr. Ein Dutzend englischer Fischdampfer an Steuerbord. Im flachen Bogen weicht „B 34" aus. Dann Lichter feindlicher Fahrzeuge an Backbord. Wieder Kurswechsel.

Auch Hinzberg hat Arbeit. Er meldet starken feindlichen FT-Verkehr. Das lässt auf Fahrzeuge aller Art im weiten Umkreis schließen.

2 Uhr nachmittags.

Am hellblauen Himmel steht plötzlich ein grauer kurzer Strich. Evers hat ihn zuerst entdeckt.

„Feindliches Luftschiff!“ — „Alarm!“

Der Kommandant steht groß und breitbeinig an Deck. Harmßen, Schulz und Kiefer sind am Geschütz. Das Luftschiff nähert sich langsam. Sie wissen oben vielleicht nichts, was sie mit dem Punkt im Wasser anfangen sollen.

„B 34“ bellt den Mond an. Es eröffnet auf 2000 Meter das Feuer. Die Schrapnells des 8,8-cm-Flakgeschützes liegen deckend, aber kurz.

Die eingestellte Entfernung wird verbessert.

Der Geschützführer äugt scharf nach jeder Bewegung des Luftschiffes. Es scheint bewegungslos in der Luft zu hängen. Doch an den Gradstrichen im Geschützfernrohr sieht er deutlich, dass es sich bewegt. Sein Atem verfliegt eiskalt. Schuss auf Schuss schickt er durch den Druck seiner rechten Hand nach oben. Alle 5 Sekunden flammt der Glutschein des Abschusses kurz auf. Der Pulverdampf streift warm sein Gesicht, dann wischt der Wind wieder kalt darüber hin. Die Sprengwolken stehen hoch über dem Luftschiff wie hingehext in der blauen Fläche des Himmels, silberweiß, blitzende Boten des Todes.

„Treffer“ schreit Harmßen. Das Luftschiff senkt sich plötzlich nach unten, fängt sich einige Meter über dem Wasser, wendet und sucht flügellahm das Weite.

Deutsche Seeflieger von Zeebrügge sind auf dem Weg nach London. Das donnernde Dröhnen der 180-PS-Maschinen verliert sich im Weltall. Der Sprung von Flandern nach England ist nicht weit. Mit 120 Kilometer Stundengeschwindigkeit nähern sich die Flugzeuge der Themse.

Der deutsche Seeflieger Christiansen sichtet voraus eine sture graugelbe Wolke. Im Näherbrausen erkennt er ein feindliches Luftschiff. Es scheint beschädigt. Es ist das von „U B 34“ beschossene englische Luftschiff C 27.

Christiansen geht sofort zum Angriff über. Ein Zwerg gegen einen Riesen. Knatternd schraubt sich das Flugzeug höher. Maschinengewehrfeuer spult ab. Brandbomben fallen. Eine Stichflamme zischt hoch. Brennend stürzt das Luftschiff in die Themse.

Weiter singen die Propeller der deutschen Flugzeuge das hohe Lied der Kraft. Ein kurzer Gleitflug über die Stelle des Absturzes. Christiansen kann nichts mehr erkennen als die graue, trübe Fläche der Themse.

Er gibt Vollgas. Nun den andern nach. Ziel: London.

Mitternacht.

Funksprüche überspannen die Sektoren des Seegebietes. Die englische Station Poldhu sendet den alliierten Heeresbericht. Der B. d. U. gibt chiffrierten Funkspruch an den U-Kreuzer „U 153“ im Atlantischen-Ozean. Brügge meldet an „U 86“ und „U 89“ im Kanal an der französischen Küste starken Konvoi-Verkehr. Nauen funkt Staatstelegramme. Helgoland Wetternachrichten. Von irgendwo der

SOS-Ruf eines torpedierten Dampfers. Dann wieder englische Chiffresprüche. Ein neutraler Dampfer meldet vor Rotterdam deutsche U-Boote.

Es gärt und brodelt im Äther. Ein riesiges Überblicksfeld tut sich dem Funker auf, der die tönenden Signale abhört. Die Funktelegraphie gibt dem Seekrieg ein besonderes Gepräge. Ein eigener Kampf wird da geführt. Die Entzifferungsstellen sind beiderseitig rastlos tätig. Die englischen Funkpeilstellen lauern gespannt auf Funksignale in See stehender deutscher U-Boote, um deren Standort festzustellen und die in nächster Nähe liegenden U-Bootjäger und Zerstörer zu alarmieren.

Die erfahrenen U-Bootkommandanten wissen das und sind deshalb im Senden sehr sparsam, denn mit Wasserbomben und Suchgeräten kommen sie immer noch zeitig genug in Berührung.

Dreißig Meter unter dem Meeresspiegel kreuzt „B 34“ längs der englischen Küste nach Süden. Es geht auf 8 Uhr vormittags, das Boot ist klar zum Auftauchen. Die Gesichter der Männer in der Zentrale sind gespannt. Hinzberg lauscht angestrengt am Unterwasserschallapparat. Plötzlich hebt er die Hand. Schraubengeräusche. Sein feines Gehör hat es schon aus weiter Ferne wahrgenommen.

Der Kommandant beugt sich vor. Hinzberg nickt. Kasten ist im Bilde. Also vorsichtig auftauchen. Das Sehrohr wird ausgefahren. Freiherr v. Ruckteschell presst das Okular ans Gesicht. Grünlicher Schein zuckt auf, blendend stößt das Tageslicht in seine Augen. Da. Wohl eine Seemeile westlich ein Regierungsdampfer, mehrere Fischdampfer, Schleppnetze.

„Sie suchen uns bereits.“

„Sehrohr einfahren!“

„Auf 30 Meter gehen!“

„Im Zickzackkurs nach Osten ablaufen!“

Die Tiefenruder rattern. „B 34“ senkt sich auf die befohlene Tiefe und steuert unter dauerndem Kurswechsel östlich.

Vier Stunden Unterwasserfahrt mit einer Wache. Um 12 Uhr wird das Mittagessen auf den Gefechtsstationen eingenommen, um die Trimmlage nicht zu ändern.

Kasten fragt den Steuermann Lissy nach dem Standort.

„Vor Withby“, antwortet der und schiebt einen mächtigen Löffel Brei hinter. Kasten fasst einen zweiten Schlag.

Das Sehrohr bleibt nachmittags ausgefahren. Es zeigt immer nur Fischdampfer. Der Kommandant lässt sich einen Topf Kaffee in den Turm hinaufreichen, um der Kälte zu begegnen.

Endlich gegen vier Uhr Bewegung in der Zentrale.

Befehle zum Auftauchen. Rufe und Antworten.

„Konvoi gesichtet!“ — „Überwasser schnell heran!“ — „Auf ihn!“

Der Kommandant ist mit den Ausguckposten schnell oben. Ein starker Konvoi passiert in weiter Entfernung. „Sechs, acht, zehn Dampfer“ zählt Obermaat Hesse. Ein wunderbares Bild. Die schrägstehenden Rauchfahnen der Dampfer aller Größen, dazwischen wirbelnder Rauch der Torpedoboote. An der Spitze ein englischer Kreuzer.

Rucki beißt ärgerlich die Zähne zusammen. Ein Angriff ist wegen zu weiter Entfernung ausgeschlossen. Zu gern hätte er einen der dicken Dampfer aus dieser Herde geschossen. Plötzlich weist Harmßen auf den Zerstörer am Schluss des Konvois, der wohl gewendet hat und mit dem Bug direkt auf sie gerichtet ist. Tatsächlich. Schlotrauch und Vorschiff wachsen zusehends.

„Alarm!"

„B 34" ist schnell unter Wasser. Zehn Minuten später läuft der Zerstörer über sie weg. Dann verliert sich das Schraubengeräusch in flachem Bogen nach Süden. Als der Kommandant eine Stunde später durchs Periskop sieht, weiten sich seine Augen erschreckt. Kaum 500 Meter weit steht gegen den abendlichen Himmel ein Segler. Unhörbar gleitet er über dem Wasser direkt auf sie zu. Oberleutnant v. Ruckteschell befiehlt Kurswechsel. Der Segler folgt.

„Kasten! U-Bootfalle folgt uns. Auf 30 Meter gehen!"

Mit „Großer Fahrt" läuft „B 34" ab, um den heimtückischen Gegner abzuschütteln. Nach Gefühl steuert der Kommandant das Boot im steten Kurswechsel. Die Maschinen laufen die für Horchverfolgung erprobten günstigsten Umdrehungen.

Zwei Stunden später wird das Sehrohr ausgefahren. Es ist oben bereits dunkel. Vom Feind nichts zu sehen.

In Hast wird das Abendbrot eingenommen. Dann aufgetaucht. Der Wind treibt Schneeflocken über die dunkle See. Nach Einteilung der Wachen schickt Rucki alle anderen in die Koje.

Während des Nachtmarsches wird die Batterie geladen und Luft aufgefüllt. Die Turmwache hat nichts zu lachen. Das Schneegestöber hat nachgelassen, aber dafür die Kälte zugenommen.

Stunde um Stunde zog das einsame Boot seinen Weg. Automatisch wechselten die Wachen. Ab 2 Uhr nachts ging es mit einer Ölmaschine der Küste zu. Die See lag wie ein schwarzes knurrendes Tier um sie. Der Himmel war bedeckt. Schräg voraus blinkten matt und verwaschen einige Sterne.

Der Morgen ließ lange auf sich warten.

Unendlich langsam schob sich im Osten ein schwacher Schein höher. Der über dem Wasser liegende Dunst ließ den Horizont noch nahe erscheinen.

Die Gesichter der Gestalten auf dem Turm schimmerten blass. Das Lederzeug war weiß überzogen. Sie standen wie angefroren auf ihren Plätzen. Der Schein des aufsteigenden Tages wurde heller. Da regte sich der Wachoffizier. Er rief etwas in den Turm.

„8 Uhr", antwortete eine Stimme.

„Zeit zum Wecken", wandte sich Leutnant v. Feilitzsch an Obermatrose Schulz. Der stieg schwerfällig nach unten und holte einen nach dem andern aus den Kojen. Zuletzt den Steuermann und den Maschinisten.

Torpedooberheizer Döring weckte den Kommandanten selbst. Das ließ er sich nicht nehmen. Er war überhaupt der Unermüdlichste an Bord. Dem auf dem Meere Großgewordenen machte das aufreibende U-Bootleben nichts aus.

Jetzt legte er die Hand auf die Schulter des Schlafenden. „Herr Oberleutnant!"

Der drehte sich mit einer schweren Bewegung um und schlief weiter. Er spürte es bis in den Schlaf, dass keine Gefahr im Anzuge. Sonst wäre er schon längst auf gewesen. Aber Döring ließ nicht locker. Dienst ist Dienst.

„Herr Oberleutnant!" Und nochmals: „Herr Oberleutnant!"

Dann hat er ihn munter. Noch etwas benommen vom Schlaf reckt Freiherr v. Ruckteschell seine Glieder. Döring legt das Lederzeug klar. Der Wachoffizier lässt melden:

„Besatzung auf Tauchstationen!" Gleich danach steigt Oberleutnant v. Ruckteschell in den Turm. Das Echo des Morgengrußes seiner Leute verhallt in den Winkeln des Bootes.

Steuermann Lissy meldet.

„20 Meter Grund." Sein Finger weist auf den Standort vor Blyth an der englischen Küste. Nach der Seekarte müssten es noch gute 5 Seemeilen sein. Da ruft oben der Ausguckposten:

„Land voraus!"

Maschinist Kasten sieht nach der Uhr. Es ist genau 8 Uhr 20. FT-Gast-Hinzberg registriert dies sofort im Maschinentagebuch. Dann kommt Befehl zum Tauchen. Die Motoren werden umgeschaltet. Wasser geflutet. Die Tiefenruder rattern. Herrisch bringt Kasten das Boot unter Wasser. Und da stellt et es wieder fest: Die vorher noch so gelöst aussehenden Gesichter weisen wieder den alten kantigen Zug auf.

Bis auf 500 Meter gleitet „U B 34" unter Wasser an die Küste heran. Der Hafen von Blyth ist in Dunst gehüllt. Rucki kann im Sehrohr wenig erkennen. Langsam zieht das Periskop an der Küste entlang. Einige Patrouillenfahrzeuge tauchen auf. Der Kommandant geht im flachen Bogen etwas weiter nach See zu.

Um 10 Uhr markieren sich zahlreiche Rauchfahnen auf der Mattscheibe. Wenig später sieht Oberleutnant v. Ruckteschell im Okular zahlreiche Zerstörer, Fischdampfer und mittendrin Dampfer. Ein starker Geleitzug. Entschlossen lässt Rucki zum Angriff aufdrehen.

Fünfundzwanzig Minuten nach zehn verlässt das Torpedo das Rohr.

10 Uhr 26.

Das Meer bebt unter dem Stoß einer gewaltigen Detonation. Wie von Riesenfäusten gepackt wird „U B 34" geschüttelt und nach oben gedrückt. Die Besatzung fliegt buchstäblich durcheinander. Schreie ersticken in den folgenden Donnerstößen und das Dröhnen, welches sich wellenförmig durch die Stahlwände frisst, kriecht ihnen grauenhaft durch den Körper. Zusammengestoßen von einer unsichtbaren Macht starren sie sich mit harten Augen an. Die Herzen pochen laut. Sekunden nur. Trotzig stehen sie auf und nehmen ihre Gefechtsstationen ein.

Maschinist Kasten stemmt seinen Körper unter der Wucht des Stoßes auf seinen Platz in der Kommandozentrale vor dem Tiefenmanometer fest. Er beißt die Zähne zusammen, blickt weder links noch rechts, sondern konzentriert seinen Willen auf die Maschinenleitung und Tiefensteuerung. Gegen den Gedanken des unfreiwilligen Auftauchens wirft er seine ganze geistige Energie und drückt, entgegen den feindlichen Gewalten, „U B 34" immer tiefer und tiefer.

Beide Maschinen arbeiten mit „Äußerster Kraft“. 1200 Ampere werden jeder Batteriehälfte der Akkumulatoren entnommen. Der Urlaut der arbeitenden Maschinen beherrscht die Räume. Die Befehle Kastens sind kurz und entschlossen. Die Ausführung durch die Tiefensteurer schnell und exakt.

Das vordere Tiefenruder liegt hart nach unten. Das hintere 15° nach oben. Mit 28° Neigung saust „U B 34“ in die Tiefe. In Sekunden ist es auf 50 Meter.

„Ruder vorn aufkommen! Hinten 2° weniger!“—“Beide Maschinen. Halbe Fahrt!“ Obermaat Groß wirft blitzschnell seine Schalter herum. Das brave Boot folgt willig den Manövern der erprobten Männer. Die Maschinen arbeiten mit „Halber Fahrt“.

„Auf 58 Meter Boot abgefangen!“ meldet Maschinist Kasten dem Kommandanten.

„Allright!“ gibt Freiherr v. Ruckteschell zurück und an den Rudergänger: „20° Backbord! — Recht so! — Kurs 270° steuern!“

Im letzten Widerhall des nervenzerreibenden Dröhnens der Bootswände ein zischender Ton, als ob Wasser ins Boot rauscht.

Die Besatzung duckt die Köpfe.

Das Brodeln und Rauschen nehmen die Stärke eines Wasserfalls an. Gespannt horchen die U-Bootmänner auf die Meldung des Funkmaats Hinzberg, der die Hand erhoben, in der Zentrale am Unterwassermikrophon angestrengt lauschend, Ruhe bietet.

Da — ein schwerer Aufschlag — in nächster Nähe auf dem Meeresboden an Steuerbord achteraus.

Hinzberg dreht seine Hand, Daumen nach unten und schreit es förmlich ins Boot.

„Dampfer auf Grund!“

„Hurra!“

Obermaat Groß notiert im Maschinentagebuch hinter den Aufzeichnungen der Maschinenkommandos: H;

„10 Uhr 30 einen dicken Transporter durch Torpedoschuss zur Handkoffergesellschaft auf Grund gelegt.“

Das Tiefenmanometer zeigt 53 Meter.

Der Kommandant v. Ruckteschell schreibt indessen im Kriegstagebuch nieder: „Munitionsdampfer — Volltreffer — Transporter ca. 5000 Tonnen. 10 Uhr 30 gesunken.“

Im Boot herrscht der Lärm der arbeitenden Maschinen. Die Männer der Tiefe sehen sich strahlenden Auges an. Erleichtert streichelt der Torpedoobermatrose Döring den nächsten G.V.-7-Torpedo, der seinem Vorgänger ebenso wacker folgen soll.

Da prallen die Schwingungen hämischer Explosionen von allen Seiten heran. Wasserbomben. Steuerbord, Backbord, voraus, achtern.

Alle kennen diesen abscheulichen Ton. Fünf, sechs zählt Hinzberg. plötzlich kracht es erheblich näher.

„Notbeleuchtung einschalten!“ befiehlt Maschinist Kasten.

Da zerbersten auch schon zwei, drei Bomben zugleich über dem Boot, es unter brüllendem Tosen mit Sprengstücken überschüttend. Dazwischen kurze Kommandos. Zielsicher ruhig.

Das Boot steuert Strich. Kein Grad Abweichung lassen, die mit fester Hand steuernden, nervenstarken Männer an den Rudern aufkommen. Jeder erfüllt schweigsam seine Aufgabe auf das genaueste.

Wieder übertönt der Lärm einer neuen schweren Explosion die Befehle. Vom gesunkenen, zusammenbrechenden Dampfer ist eine weitere Munitionsladung aufgeflogen.

„U B 34" scheint hochzufliegen. Die Herzen der Männer zucken. Und wieder stößt ihnen laut und warnend die nächste Wasserbombe den schmetternden Schall auf die Trommelfelle, dass manche zusammenfahren.

Doch Kommandant, Maschinist, Steuermann stehen unerschütterlich auf ihrem Posten. Da rammt es mit Riesenkräften hernieder. Ohrenzerreißend. Wahnsinnig. Tobsüchtig. Ein schwerer Schlag mittschiffs hinter dem Kommandoturm scheint das Boot zu zersprengen. Es stöhnt, knackt, ächzt in allen Spanten. Tosend stürzt das Echo dieser gewaltigen Detonation ins Meer. Das Boot bleibt heil.

Die Gesichter der Männer in der Zentrale sind hart. Im Zickzack steuert der Gefechtsrudergänger Brose das Boot aus dem Bombenhagel. Maschinist Kasten hält es unbeugsam auf 60 Meter Tiefe.

Während sich weiter östlich der zersprengte Konvoi sammelt, stellen Zerstörer, Fischdampfer und Patrouillenfahrzeuge dem Unterwasserboot nach.

Mittels Horchapparaten tasten sie sich über das ablaufende U-Boot. Aufgeregt stürzen die englischen Bootsbesatzungen hin und her.

Dort ein Ölfleck.

„Achtung!"

„Stand by!"

„Klar bei Bomben!"

Klatschend schlagen die zentnerschweren Ungetüme ins Wasser. Breite Wassersäulen zeigen, wo die Bomben unter Wasser ihr Zerstörungswerk verrichten. Massen toter Fische schwimmen auf, aber keine U-Bootsteile folgen.

Wütende englische Laute. Erneute Befehle. Hastige Signale. Wahllos fallen die Wasserbomben in die Tiefe.

Hämisch explodiert mit krachendem Schlag die nächste Wasserbombe wieder über „U B 34". Mit Bruch- und Sprengstücken klopft es zornig an den Stahlwänden außenbords. Die Männer in der Zentrale sehen sich an.

Verdammt ungemütlich, denkt der Kommandant und der Ausdruck seines Gesichts zeigt den eisernen Willen, sich nicht auf diese heimtückische Art den Weg zum Sonnenlicht für immer versperren zu lassen. Er gibt Befehl: „Boot auf Grund legen!"

Leise meldet Steuermann Lissy:

„Nach der Karte felsiger Grund! Vorsicht!"

Maschinist Kasten zeigt klar. Schnelle Täuschungsmanöver für den Feind. Kurswechsel. Vollständige Ruhe im Boot. Wieder Kurswechsel.

Lautlos senkt sich „U B 34" tiefer. 70 Meter. 80 Meter. 82 Meter. — „Maschinen Stopp!" — „Reglertanks fluten!"

Langsam stößt das Boot auf dem Meeresboden auf. Gott sei Dank. Fast liegt es auf ebenem Kiel.

Ein letzter halblauter Befehl: „Umformer für FT. Und Kreiselkompass abstellen!"

Eine letzte Mahnung: „Ruhe im Boot! Auf Schraubengeräusche achten!" und schon herrscht Grabesstille in den Räumen. Nur das Ticken der Uhren ist hörbar, und jeder vernimmt seinen eigenen Herzschlag.

Oben, 86 Meter über ihnen, rumort der Feind. Rauscht darüber hin, stoppt wieder, horcht, kommt zurück und steht wartend direkt über ihnen.

Das rhythmische Arbeiten der Speisepumpen der oben lauernden Fahrzeuge klingt wie der Herzschlag eines Menschen und steht warnend in der künstlichen Stille des U-Bootes.

Oben klatscht irgendetwas schwer in die See.

„Achtung", ruft von hinten der Dieselmaat Oberschmidt.

Tosendes Bersten einer Wasserbombe über dem Boot ist die Antwort.

„Kurz", sagt Döring, „der Salat fliegt nach oben, sie sollen uns nicht kriegen."

Da rammt es krachend aus nächster Nähe herab, gongt mit eigenartigem Getöse senkrecht durchs Boot und verliert sich unter ihren Füßen in den Meeresboden.

Die Lust gerät in Schwingungen, die Öltropfen an den Torpedos sickern schneller, nervös zittern die Zeiger an den Apparaten und Tiefenmanometern, als ob sie ein Erdbeben registrierten.

Leise sprechen die Leute miteinander.

Wieder stößt ein Donnerwirbel gegen das Boot, dass es in allen Verbindungen dröhnt und Nietköpfe losplatzend gleich Geschossen durch die Räume fliegen.

Dann wieder Ruhe. Sie lauschen nach oben.

Zur Untätigkeit verdammt gehen die Gedanken eigene Wege. Kaleidoskopartig zieht die Heimat, Vater, Mutter, Geschwister an den jüngeren U-Bootfahrern vorüber. Das spiegelt sich bei dem Wachleutnant Freiherr v. Feilitzsch genauso wider, wie bei dem jüngsten U-Bootheizer Schuh. Maschinist Kasten steht in plötzlicher Ideenverbindung mit den Kameraden von „B 31", die im Kanal für Deutschland kämpften. Ein stolzes Lächeln steht auf seinem Gesicht, wenn er an all diese prachtvollen Jungens denkt, die unter Bartenbachs Führung Flanderns U-Boote so berühmt machten.

Der Kommandant staunt über das lächelnde Gesicht seines Maschinisten. Er hat gerade sonderbare Vorstellungen über die eigenartigen Dissonanzen des Schalles in einem getauchten U-Boot, aber er kommt nicht zum Sprechen. Mit mächtigem Getöse zerbersten die nächsten Bomben, das alle erschreckt auffahren. „Verflucht noch mal."

Die Worte gehen unter in dem folgenden, alles zerschmetternden Explosionsknall. In allen Räumen staut sich der Schall, schüttelt ihre Körper und trichtert sich langsam verebbend fort.

Unerbittlich schicken die nächsten Bomben ihre Erschütterungen durchs Boot, dass es schauert.

Schweigend starren sie zur Decke. Batteriemaat Niederklopfer fragt in aller Gemütsruhe: „Hat denn der noch nicht genug da oben?"

Die Antwort erfolgt prompt mit betäubendem Knall. Das Licht erlischt. Nur die Notbeleuchtungen der Handlampen brennen. Die kantigen Gesichter der U-Bootmänner tauchen im Halbdunkel unter. Im Maschinenraum hantiert der E.-Maat an den Sicherungen. Das Licht flammt wieder auf.

„Beleuchtung auf Reservestromkreis umgeschaltet!" meldet er sachlich.

Der Geschützführer Obermaat Hesse nestelt an seinem Lederjackett und denkt, die wollen uns aus der Ruhe bringen und aufstöbern. Ihm ist über Wasser an seinem Geschütz wohler.

Weitere Wasserbomben bleiben aus. Mit den überlaufenden Schraubengeräuschen rutschen dafür die äußerst gefährlichen Suchnetze über das Boot. Allmählich entfernt sich der Feind mehr und mehr.

„U B 34" ist dem wütenden Gegner entgangen.

Gott sei Dank ...

Die gespannten Gesichter lockern sich. Maschinist Kasten bricht das Schweigen. „Die dicken Kartoffeln sind alle." Dann nimmt er aus seiner Pulle einen kräftigen Schluck. „Prost! Auf die Kartoffeln", antwortet der Kommandant.

An Hochkommen ist jedoch nicht zu denken. Immer wieder klingt das Mahlen des emsig suchenden Feindes in die Tiefe.

Da es inzwischen Nachmittag geworden, befiehlt Freiherr v. Ruckteschell ein Unterwasserfrühstück, wie Kasten sagt, und zwei Stunden Bettruhe.

Das Mikrophon blieb besetzt und meldete immer wieder deutlich Schraubengeräusche. Auch abends um 6 Uhr noch, als die Besatzung ihre Stationen wieder einnahm.

Trotz der regelmäßigen Zuführung von Sauerstoff war die Luft nach der zehnstündigen Unterwasserfahrt schlecht. Bei Heizer Schulz machten sich Anzeichen von Übelkeit bemerkbar. Maschinist Kasten kurierte den jungen Menschen in seiner väterlichen Art und gab ihm dann einen Schluck Feuergeist. Das war ein von Kasten selbst gebrauter Trank, der stark an Schwedenpunsch erinnerte und tatsächlich kolossale Nährkräfte enthielt. Schulz war nachher wieder ganz mobil. Ihn schienen mehr die wütenden Bombenangriffe der Gegner mitgenommen zu haben.

Auch die andern waren abgespannt, denn die trockene Kälte war ein ungebetener Gast, der heimlich an der Kraft der U-Bootmänner zehrte.

Kommandant, Steuermann, Maschinist standen im Turm. Hinzberg zeigte nach oben und rief durch den offenen Schott in den Maschinenraum.

„Schiffsrat!"

Rudi Niederklopfer machte ein grimmiges Gesicht und rieb sich dabei seine Knie. Dann kam Maschinist Kasten in die Zentrale. Befehl: „Tanks anblasen!"

„B 34" löste sich vom Meeresboden. Trieb schnell hoch und ward von Kasten auf 40 Meter festgehalten. Dann ging das Boot auf Südkurs und zog unter Wasser längs der Küste auf die Thynemündung zu.

Nach zweistündiger Fahrt: „Klar zum Auftauchen!"

Alle Sicherheitsmaßnahmen werden getroffen. Die Turmwache macht sich klar. Im Schallapparat bleibt es ruhig. Wie ein Fahrstuhl steigt „U B 34" hoch. Kasten beobachtet das Tiefenmanometer. Bei 10 Meter stoppt er. Das Boot gehorcht jedem Hebeldruck. Hinzberg lauscht. Er zeigt klar. Höher steigt das Boot und durchbricht nach wenigen Sekunden die Oberfläche. Das Turmluk fliegt auf. Es ist stockdunkel oben. Obermaat Hesse klettert als erster hinaus. Der Steuermann und Obermatrose Feddersen folgen. Sie taumeln wie benommen in der frischen Luft. Sehen können sie fürs erste nichts. Dann atmen sie tief die würzige Seeluft ein. Drei-, viermal, es schmerzt fast, aber es tut gut. Jetzt hat sich auch das Auge gewöhnt. Es ist gar nicht so dunkel. Sterne glitzern am Himmel. Der Horizont ist heute scharf auszumachen.

Dann kommen sie alle einer nach dem andern an Deck. Und immer ist es dasselbe. Der Übergang aus der verbrauchten in die frische Luft verursacht bei jedem die gleiche Reaktion. Die Kälte hält sie nicht lange oben. Sie pumpen die Lungen voll und steigen dann wieder hinab.

Der Nachtmarsch verläuft ohne Störung.

Gegen 5 Uhr morgens peilt die Turmwache ein Licht. Steuermann Lissy ruft Kasten hoch. Es ist das Molenfeuer von Thynemouth. Hinter dem flackernden Schein meint Kasten die Umrisse der Hafenanlagen zu sehen.

„Alle Mann auf Tauchstationen!"

„B 34" steuert unter Wasser in die Flussmündung hinein. Oberleutnant v. Ruckteschell beobachtet scharf alle Vorgänge auf dem noch im Dunkel liegenden Fluss. Lichter blinken auf und verlöschen. Die Schatten von Fischerfahrzeugen ziehen vorbei.

Dann wird es Morgen im Okular. Ein Vorgang wie bei der Entwicklung einer photographischen Platte. Nur unendlich langsamer, aber mit dem Vorzug des Farbenspiels.

Wachoffizier, Steuermann und Maschinist lösen den Kommandanten nacheinander für kurze Zeit ab. Es ist jetzt ganz hell. Fischdampfer mit Schleppgeräten ziehen vorbei. Kasten kann einem auf dem Achterdeck stehenden englischen Seemann direkt ins Gesicht sehen. Er erschrickt fast, so deutlich kann er die Gesichtszüge des Mannes ausmachen. Aber der sieht nichts. Er spuckt gelassen über Bord und wendet sich dann wieder seiner Arbeit zu.

Die Molenköpfe sind keine 300 Meter entfernt. Wieder tauchen drei Fischdampfer auf. Der eine schleppt eine niedere Scheibe, welche die Form eines U-Bootes hat. Die anderen kreuzen in nächster Entfernung. Doch was ist denn das?

Die englischen Matrosen machen sich an den Geschützen zu schaffen. Haben sie das Periskop entdeckt? Kasten hält den Atem an. Nein! Sie beschießen die U-Bootscheibe. Jetzt muss Kasten doch lachen. Hastig gibt er dem Kommandanten das Sehrohr frei.

„Die schießen nach U-Bootscheiben", sagt er. Deutlich sind jetzt die Aufschläge zu hören. Tatsächlich. Die Männer im Turm schmunzeln. Das ist das neueste des U-Bootkrieges Die Nachricht ist schnell in alle Räume gedrungen und löst überall helles Lachen aus.

„Wenn die wüssten, dass dicht daneben ein feindliches U-Boot herumstreicht“, sagt Niederklopfer und lauscht nach den sich jetzt wieder entfernenden Geschoßaufschlägen.

Ganz unvermittelt schreckt eine ferne starke Explosion ihre Unterhaltung auseinander. Schweigend horchen sie. Der Kommandant sucht mit dem Sehrohr nach Flugzeugen, kann aber keine entdecken.

Wieder drohen zwei Detonationen.

„Kontaktminen“, erklärt der Kommandant, „ein englischer Kniff, U-Boote abzuschrecken.“

Dann sagt er nach einer Pause: „Da ist sicher etwas im Werden.“ Und richtig. Gegen 3 Uhr 30 hat Rucki im Okular einen großen Dampfer, der direkt auf die Ausfahrt des Hafens zusteuert, plötzlich kehrt macht und weißen Dampf ausstößt.

Das Heulen der Sirene des flüchtenden Dampfers schreckt die Schiffer und Schiffsbesatzungen im Hafen von Thynemouth hoch.

„Achtung! U-Boote!“ heult der Dampfer immer wieder. Winksignale und Morsezeichen gehen von Bord zu Bord und kurze Zeit darauf schmeißt ein Segler los und geht vor der Brise aus dem Hafen. Verwegene Gestalten bemannen ihn. Der schwarze Anstrich der Jacht passt zu dem dunklen Geschäft dieses harmlosen Fahrzeuges. Sorglos verrichtet die Besatzung den seemännischen Dienst. Nur ab und zu werfen sie lauernde Blicke auf die hinter den tief herunterschlagenden Segeln verborgenen Geschütze.

Von gut verdeckter Stelle aber beobachtet der Kommandant durch ein Sehrohr scharf und umsichtig die leere See. Halblaut gibt er seine Fahrtbefehle und lässt die Jacht dauernd zwischen zwei weit auseinanderliegenden roten Tonnen kreuzen. Mit 1,50 Meter Tiefgang gleitet er gefahrlos über das auf U-Bootstiefen eingestellte Minenfeld, das südlich der Hafeneinfahrt deutschen U-Booten einen schnellen Tod bringen soll.

Freiherr v. Ruckteschell beobachtet den Segler schon geraume Zeit. Der Bursche kommt ihm höchst verdächtig vor.

„U-Bootfalle“ denkt er sofort, „flacher Kiel, torpedieren mittels Magnetzündung illusorisch, da aus Holz“.

Deutlich kann er hinter den Segeln die Geschütze ausmachen. Steuermann Lissy und Maschinist Kasten teilen diese Ansicht des Kommandanten. Der notiert zwecks Warnung der anderen U-Boote:

„Vor Thynemündung schwarze Segeljacht mit zwei Geschützen. U-Bootfalle. Kreuzt auffällig südlich der Hafeneinfahrt zwischen zwei roten Glockentonnen über eine tiefliegende Minensperre, so dass die U-Bootfalle darüber wegfährt.“

Dann haucht er in die Hände. Die andern trampeln mit den Füßen, um sich warm zu machen. Es geht auf 5 Uhr. Oben dunkelt es bereits.

Also aufgetaucht. Mit großer Fahrt zwei Stunden nach See zu. Ausbringen des Funkgestänges. Aufladen der Batterie. Dann Nachtmarsch mit Südkurs nach Sunderland.

Beim Aufhellen Alarm! Runter auf zehn Meter. Rucki stoppt den Angriff ab. „U-Bootfalle“, gibt er zur Zentrale durch, „der kann seinen Kork weiter spazieren fahren. Dazu sind unsere Torpedos doch zu teuer.“

Ungesehen zieht „U B 34" unter Wasser vorbei. Der Morgendunst der nahen Küste liegt noch auf dem Meere. Der Kommandant wird unruhig. Er hat einen fabelhaft bemalten Dampfer im Auge des U-Bootes. Die Entfernung täuscht furchtbar durch die verwirrend angebrachten Farben.

Zwei Anlaufe bricht Rucki ab, weil bei 100 Meter Entfernung die Gefahr besteht, durch die Sprengung mit hochgerissen zu werden.

Beim dritten Anlauf schneidet das Boot kurz vorm Schuss unter. Ärgerlich nagt der Kommandant an den Lippen, wird aber sofort versöhnt durch einen aufkommenden Hilfskreuzer von über 300 Tonnen.

Der Treffer ist eine ungeheure Explosion. Das Meer brüllt auf unter der Wucht der zerspringenden Munition. Der Dampfer platzt direkt auseinander. Freiherr v. Ruckteschell sieht nur aufstrebenden Gischt, hochwischende Dampf- und Qualmmassen, dazwischen zuckende Feuerstrahlen und niederfallende schwarze Flocken. Nach einer Minute ist nichts mehr zu sehen.

Das hätte Rucki nicht tun sollen. Die ganze Meute der Abwehrkräfte jagte heran. „U B 34" aber zog das Sehrohr ein, drehte auf Ostkurs und lief mit schnellster Fahrt der Heimat zu.

Die Freude der U-Männer über den Rückmarsch kroch in sich zusammen. Das Boot näherte sich den Minenfeldern. Mit Eintritt in diese stand der Tod mit am Ruder. Diesmal zwiebelte er sie ordentlich. Sie mussten doch einmal genug kriegen.

Hinzberg meldete: „Funkapparat unklar."

Kasten berichtete: „Kompass völlig zerstört."

Und vom Turm die Nachricht: „Nebel kommt auf."

Dazu Nacht und das Boot mitten im Minengebiet. Irgendwo lag in der Nähe Vlieland, der genaue Standort war nicht mehr zu ermitteln. Hinzberg bastelte seine Funkanlage zurecht. Ist hatte die beste Ablenkung. Die anderen kosteten vierundzwanzig Stunden voll aus in dem Gedanken, jede Minute durch eine Mine hochgejagt zu werden. Dann konnte Hinzberg wieder funken.

„Rugia" Emden, der U-Bootwiederholer, meldete sich und ersuchte um Standortangabe. Da musste Hinzberg die Antwort schuldig bleiben.

Oben schälte sich unterdessen ein sternenklarer Himmel aus dem Nebel. Da hatten die Sternkundigen eine glitzernde Seekarte auf dunkelblauem Grund. Rucki, Lissy, Kasten zeigten auch darin ihr Können. Nach den Sternen bestimmten sie den Schiffsort und Hinzberg konnte ihn gegen 3 Uhr morgens weiter melden.

Sofortige Detachierung von Begleitminensuchern wurde zugesagt. Tauchklar vor Anker liegend erwarteten sie bei schärfster Wache den Tag.

Der Nebel liegt nur noch in flachen Streifen über der See, genügt aber, um U-Boote und Fischdampfer noch zu verdecken. Das erschwert das Finden.

„Ein mulmiger Zustand", schimpft Schulz.

„Hast du die Signale vorhin gehört?", fragt Hamßen.

„Ruhe mal!" — „Da wieder, Herr Oberleutnant."

„Das sind deutsche Vorpostenboote."

„Schnell, Obermaat Hesse, einige Granaten in die Luft!"

Acht Kanonenschüsse überbrücken die Nebelstreifen. Auf den Fischdampfern sehen sie die Schrapnellkringel, halten darauf zu und finden „U B 34".

Vom Führerboot ein Winkspruch: „Ruhig folgen. Boot steckt gerade zwischen zwei Minenfeldern."

Da sagte Lissy nur: „Schwein gehabt."

Abends um 6 Uhr waren sie in Helgoland.

Minen, Aberglaube, Sturm und Untergang

Nacht auf See. Leichte englische Seestreitkräfte stehen wartend vor den deutschen Minenfeldern, während sich einige Fahrzeuge mit genau wechselndem Kurs durch die geheime Fahrtrinne der deutschen U-Boote „Weg Nord" tasten und ungefährdet die Sperre passieren. Vereinzelte Sterne blinken durch die Lücken der jagenden Wolkenhaufen, die dauernd das Bild des Nachthimmels verändern.

Auf dem Achterdeck der jetzt langsam denselben Weg zurücklaufenden englischen Fahrzeuge hantieren dunkle Gestalten. Eine Morselampe blinkt auf der Brücke des Nachbarschiffes auf. Rufe an Deck. Halblaute Antworten. Eine schwere fast mannshohe Masse schlägt klatschend ins Wasser. Auch drüben.

Die Schiffe gleiten weiter. Der Mond ist hochgekommen und durchbricht für Minuten die Wolken. Scharf umrissen stehen Rahen und Aufbauten der feindlichen Schiffe im Mondschein. Lichtübergossen blinken zahlreiche Minen auf dem Achterdeck.

Klatsch! — Klatsch! fallen die Teufelsdinger in die dunkle See. Der Mond verschwindet hinter einer breiten Wolkenwand. Doppeltes Dunkel hüllt die Schiffe ein. Weiter gleiten sie, Mine auf Mine in die Fahrtrinne verankernd.

„Good luck" grüßen die englischen Matrosen.

„Stand by!" — „Nun noch die Letzte."

Der Mond kommt wieder zum Vorschein. Vorn tauchen die zur Deckung mitgegebenen Schiffe auf. Zerstörer und kleine Kreuzer.

Morsezeichen: „Vorhaben ausgeführt."

Unter dem bewegten Nachthimmel verschwinden bald die Fahrzeuge. Der Wind ist stärker geworden, er heult mit vermehrter Kraft über das leere dunkelnächtige Seegebiet.

Die Signalstation auf Helgoland zeigt Sturmwarnung.

Hinter der Kaimauer des U-Boothafens ducken sich die vom Torpedoübungsschießen zurückgekehrten Frontboote „U B 22" und „U B 34" vor den einsetzenden Windstößen." Der Rauch im Hafen liegender Fischdampfer und Torpedoboote schlägt nieder, während die Schiffskörper von den Wellen gestoßen an den Stahltrossen und Leinen zerren, ohne davon loszukommen. Die hereinbrechende Dämmerung lässt alle festen Formen zerfließen, die Nacht kommt und der Sturm.

Aus dem Polargebiet bricht er mit Kälte, Eis und Schnee, jagt über die Nordsee und rennt mit voller Wucht gegen den Felsen Helgoland. Heulend stürzt er sich auf die niederen Baracken der U-Bootleute, vergeblich an den Luken und Dachfirsten rüttelnd.

Drinnen geht es lebhaft her.

Die Mannschaften der zwei unzertrennlichen Boote „B 22" und „B 34" feiern den letzten Abend vorm Auslaufen zur fälligen Fernfahrt und gleichzeitig Obermaat Kastens Beförderung zum Deckoffizier. Matrosen, Heizer, Maate, Obermaate. Prächtige Menschen in ihrer behäbigen Ruhe und selbstbewussten Haltung. Seemänner, die stolz darauf sind, auf S. M. U-Booten zu dienen.

Ihre Kleidung ist so, wie sie im U-Boot gegen England fahren. Dunkle Hose, weißer oder blauer Sweater, hochgeschlossen bis zum Kinn, etwas schmierig vom Öl und Fett der Stahlhöhle.

Thee comps und Eisbrecher dampfen auf den Backen.

Es werden alle Probleme der Menschheit gewälzt. An einem Tisch die Zusammenhänge des Zahlenaberglaubens erörtert. Die sogenannten bösen Zahlen sieben und dreizehn spielen bei allen Seemännern eine Rolle.

Und der U-Bootkrieg hat tatsächlich unheimliche Zufälle gehäuft.

„‚U 13' war das erste Boot, welches im August 1914 vermisst wurde." — „‚UB 13' sank am 24. April 1916." — „‚U C 13' am 29. November 1915." — „So war die Dreizehn in allen Typen ausgetilgt." — „Bei der Sieben ist es das gleiche. ‚U 7' — ‚U B 7' — ‚U C 7' — alle sind gesunken."

„‚U 77' ist am 7. Juli 1916 verloren gegangen", ruft ein Obermaat dazwischen, Und ‚U 75' und ‚U B 75' sind beide am gleichen Tage untergegangen." — „Desgleichen ‚U B 36' und ‚U C 36'." — „Auch ‚U 44' und ‚U C 44' im August 1917."

„Interessant ist auch folgendes: ‚U C 2' ist an einem 2ten, ‚U C 24' an einem 24sten verlorengegangen." — „Bei ‚U B 39' ergibt die Quersumme des Verlustdatums 17. 5. 17 die Bootsnummer." — „Bei ‚U 28' ist es dasselbe, 2. 9. 17 ergibt 28." — „‚U 50' am 24. 9. 17 als vermisst gemeldet weist die gleiche Rechnung auf." — „Auch ‚UC 55' fällt darunter: 29. 9. 17 = 55."

„Da war Sauer Kommandant", wirft einer dazwischen.

„Bei ‚UB 32' ist es das gleiche", sagt Maschinist Kasten, „es wird als am 6. 9. 17 durch Flieger vernichtet gemeldet."

Er macht eine Pause und stellt eine Flasche Feuerwasser auf den Tisch.

„Ob Sieben oder Dreizehn. Lasst den Aberglauben, „Herrschaften." Seine Stimme hebt sich: „Es lebe die Seefahrt! Theo, Musik!"

Unter der Wucht des Gesanges dröhnt der Raum: „———denn wir fahren, denn wir fahren, denn wir fahren gegen Engelland."

Erst gegen Mitternacht bricht Kasten auf. -

Heulend fährt der Wind durch die geöffnete Tür, dann steht er draußen, umfegt vom Nordwest, der sich mit aller Macht in sein Lederzeug knallt. Weißer Gischt spritzt hoch, langt mit weißen Armen nach ihm und sinkt blitzschnell zurück in die schäumende Flut. Kalter Wind fegt sein Gesicht.

Wolkenmassen jagen dunkel und drohend zu Häupten der Masten des Wohnschiffes. Langsam steigt Kasten an Bord, das wütende Toben der wilden Nordsee im Ohr.

Im Zwischendeck hört er leise Akkorde einer Mandoline. Steuermann Lissy ist schon in der Kammer und entlockt seinem Instrument die hauchfeinen Töne. Kasten hat ein sonderbares Gefühl in sich, irgendetwas Unaussprechliches umkrampft sein Herz. Schweigend legt er sich auf seine Koje, um mit den klingenden Akkorden und dem fernen Heulen des Nordwest schnell im U-Bootshalbschlaf zu versinken.

Da pocht es hohl gegen die Kammertür. Lissy unterbricht sein Mandolinenspiel. Kasten fährt aus dem Schlaf hoch und blickt ungläubig in die Gesichter Kunerts und Edlers von „B 22".

„Fritz, ich finde heute keine Ruhe, komm mit in die Messe. Charles, du auch! Wir können noch einen Skat dreschen", sagt Kunert.

„Morgen früh gehen wir bestimmt raus und ohne euch." — „Minendurchfahrt Nord ist als frei gemeldet", ergänzt Edler. „Ich habe ein ganz verqueres Gefühl, Fritz. Es ist, als ob mich irgendetwas warnt vor Morgen."

„Mach dir doch keine Gedanken, Hermann." — „Komm, Charles, wir wollen ihnen die Grillen austreiben."

In der Messe.

Kasten stößt eine mächtige Rauchwolke aus, zieht die Stirne kraus und rügt Kunert: „Das ist schon das zweite Spiel, das du vermasselt hast, Hermann."

Auch Edler ist nicht bei der Sache. Wortlos sehen sich Lissy und Kasten an. Plötzlich starrt Edler vor sich hin, schmeißt die Karten auf den Tisch und sagt hastig:

„Das geht nicht klar. Wenn ‚B 34' nicht dabei ist, holt uns Neptun."

Sie reden dagegen. Vergeblich. Auch Kunert ist von Ahnungen befallen. Er fasst instinktiv Kastens Hand:

„Fritz, grüß du mein Magdeburg, wir geben alles für die Heimat."

Und Edler?

Mit sonderbarem Blick nennt er Lissy die Anschrift seiner Frau. Zwei Uhr morgens trennen sie sich mit festem Händedruck, der länger dauert als sonst.

8 Uhr morgens.

Die Sirene von S. M. U-Boot „B 22" heult seeklar. Der gellende Ton zittert vom Sturm zerrissen wie ein Angstschrei über den Hafen von Helgoland.

Der Kommandant Oberleutnant zur See Wacker erwägt noch für Augenblicke, das Auslaufen zu belegen, aber da mahnt ihn schon der dumpfe Sirenenton des zur Begleitung detachierten Torpedobootes „S 16" zum Loswerfen vom Kai.

Die wetterharten Gesichter seiner Leute sehen ihn mit steinerner Miene an. Da ist keiner, der Furcht kennt.

Sie alle trotzen kühn dem Sturm, aber in dem entfesselten Element verbirgt sich der Tod in anderer Form. Treibminen.

Doch Zeit zum Nachdenken ist nicht.

Das Torpedoboot schert vorbei. Vier Fischdampfer, die ebenfalls als Begleitboote bis zur Minensperre mitgehen, folgen.

Winkflaggensignale hinüber und herüber. In flachen Streifen schlägt der Rauch nieder.

Weißer Schaum kräuselt sich im Kielwasser, in dessen Bahn „U B 22“ einbiegt. Seespritzer prasseln gegen den Ausguckturm und überschütten die zum Abschied winkenden Seemänner.

Die Obermaate Kunert und Edler schauen vergeblich nach ihren Kameraden von „B 34“ aus und räumen dann mit einem Blick nach dem lichtlosen Himmel das Oberdeck.

„U B 22“ umrundet die Ausfahrt, dann gewinnt es die freie See, stürmisch begrüßt von dem wildbrausenden Meere.

Vier Stunden später.

Graue Wolkenfetzen jagen zu Häupten der Turmwache. Harte Augen blicken in das Grau voraus. Flachgewischter Rauch, Schornsteine und Mastspitzen zeigen ihnen zwischen den Wellenbergen auftauchend die Begleitboote. Das ist ein schwacher Trost. Irgendwelche Sichtmöglichkeit besteht nicht. Höchstens wenn das Boot für Sekunden über den Kamm einer Riesenwelle hinwegsetzt. Aber dann neigt sich das Vorschiff schon wieder und „U B 22“ stößt schnell nach unten, um sofort von der nächsten Woge überspült zu werden.

Verklammte Fäuste umklammern die eiskalten Haltestangen des Turmes. Unter dem seefesten Lederzeug dampfen die überanstrengten Körper. Schwer lastet der Druck auf den Sicherheitsleinen, mit welchen die Turmwächter sich festgemacht. Krebsrot hat der Sturm die Gesichter gepeitscht, ohne nachzulassen schickte er weiter Sturzseen über sie hin.

Plötzlich weiten sich die Augen des Wachoffiziers, etwas Schwarzes grinst ihm aus dem Gischt des Meeres entgegen, gaukelt wie ein großer Ball hin und her und verschwindet spurlos.

„Treibminen“ durchzückt es ihn.

Da wieder, deutlich sieht er eins dieser todbringenden Ungetüme. Eine Windflage verhindert für Sekunden jede Sicht. Donnernd wuchten die Wogen über sie hin.

Doch immer wieder steht das Boot über dem Wasser. Sturzbäche rauschen über die tapferen Seeleute hinweg. Unbeugsam halten sie Wache. Backbord voraus tauchen die Fischdampfer auf. Wieder tanzen schwarze Bälle vor „U B 22“, sind seitlich und überall.

„Minen!“ schreit der Wachoffizier nach unten. „Wir sind mitten im Minenfeld!“

Die anderen brauchen es nicht zu bestätigen. Das Heulen des Sturmes übertönt eine dumpfe Detonation. Eine breite Wassersäule steht schräg voraus, wo eben noch Rauch und Masten eines Fischdampfers sich zeigten.

Da wieder ein dumpfer Schlag. Breit und mächtig schäumt Wasser hoch und zeigt den Untergang des zweiten Fischdampfers an.

Kommandos echoen eilends durchs Boot. Oberleutnant Wacker ist im Nu beim Steuermann. Schnelle Berechnungen. Die Punkte auf dem Papier tanzen wie leibhaftige Minen vor ihren Augen. Das Boot steht auf und nieder. Minen, dröhnt es dem Kommandanten in den Ohren. Der Steuermann Edler schüttelt den Kopf. Das Boot steht in dem als minenfrei bezeichneten Weg Nord. Der gesteuerte Kurs war richtig. Aber die Minen, wo kommen die Minen her? Der dumpfe Schlag einer dritten Explosion stößt wie ein Menetekel an ihre Ohren.

Obermaat Kunert stemmt sich in der Zentrale „klar zum Anblasen der Tanks bei Wassereinbruch“ fest auf seinen Platz. Die Maate stehen an ihren Maschinen.

Aus der Turmzentrale dringt unterdrücktes Geschimpfe nach unten. Gleich danach taumelt einer der Turmwache halb bewusstlos und triefend vor Nässe in den schmalen Wohnraum.

„Was ist oben los?“ schreit der E-Maat in dem ungeheuren Lärm der überkommenden Wogen. Keine Antwort. Nur die Räume bewegen sich schneller in ihren eigenartigen Wendungen nach allen Seiten. Der E-Maat brüllt es noch einmal mit vollen Lungen. Da antwortet es in der Atempause der herüberrollenden Wellen.

„Minen!“

Donnernd dröhnt die nächste Woge über das Boot. Die Obermaate Edler und Kunert stehen nicht, sondern hängen für Augenblicke mit angespannten Muskeln an den Ventilen ihrer Stationen. Kunert friert plötzlich. Er fühlt sich elend. Die Luft ist mit Brechreiz gefüllt. Minen, denkt er. Da stößt er durch eine heftige Bewegung des Bootes gegen den Backbord-Außentank. Die Zähne zusammenbeißend, bringt er seinen Körper wieder ins Gleichgewicht, um elastisch jede Bootsbewegung abzufangen.

Schweiß bricht ihm aus den Poren. Brust und Kehle sind wie zugeschnürt.

Und während er auf den polternden Widerhall der über Deck klatschenden Wellen lauscht, reißt ihn der Donnerkrach einer Explosion hoch. Stichflammen rot und blau zucken vorbei. Hitze und Druck fahren über sein Gesicht. Mit Entsetzen sieht er die schreckhaft bleichen Gesichter seiner Kameraden vor sich.

„Kasten“, will er rufen, „ich habe doch recht. Wir sehen uns nicht wieder“ Aber seine Stimme verhallt lautlos wie in einem hohlen Raum. Dann senkt sich ein ungeheurer Strudel von Vernichtung auf ihn herab und stößt ihn mit brutalem Ruck ins Bodenlose.

Hochgeworfen von dem entsetzlichen Ausbruch der Minenexplosion, schäumt eine mächtige Wassersäule an Backbordseite hoch, die der Sturm sofort umbiegt.

Dampf zischt auf. Berstender Lärm klirrt aus dem Innern des Bootes. Ein Schwall von Gluthitze stößt den Ausguckposten entgegen. Taumelnd vom Stoß der Explosion schlagen sie die Arme vors Gesicht.

Der Boden unter ihnen beginnt zu rollen und bricht auseinander. Kommandant, Steuermann und Maschinist können keine Befehle mehr geben. Mit der zusammenbrechenden Wassersäule versinkt S. M. U-Boot „B 22“ ins Meer, die gesamte Besatzung mit in die Tiefe reißend.

Grimmig wischt der Wind über die brodelnde Stelle. Von der Brücke des Torpedobootes „S 16“ reißt der Sturm jähe Schreie aus den rauen Kehlen der Torpedomatrosen über die Untergangsstelle.

Kommandos und Klingelzeichen. „S 16“ wendet. Heulend fegt der Wind den aufgebotenen Matrosen durch die Glieder. Mit Leinen und Rettungsringen lauern sie auf schiffbrüchige Kameraden.

Im Funkraum sendet der FT-Gast an den B. d. U.:
„,U B 22' im Sturm auf Mine gelaufen gesunken. Standort Ouadrat neunzig."

Das ist die letzte Nachricht des Torpedobootes „S 16". Ein kurzer heftiger Explosionsknall lässt alle Teile des Bootes wie elektrisiert erzittern. Minentreffer vorn unter der Wasserlinie. Irgendwo rauscht Wasser in die unteren Räume. Verstörte Gesichter tauchen aus den Luken auf. Die Seeleute der bedrohten Räume hasten an Deck. Dampf faucht aus aufgerissenen Rohren. Zurufe. Kommandos.

Knatternd geht an der Signalleine die Flagge „Sophie" hoch. Das heißt „Schiff in Not". Zwecklos. „S 16" neigt sich nach Backbord. Heulend stürzt sich der Sturm mit haushohen Wellenbergen über das todwunde Torpedoboot. Es kentert. Schreie, Befehle, SOS-Signale ersticken in den darüber hinwegwuchtenden Wassermassen.

Im Getöse des Sturmes auch Steuerbord hohe Wassersäulen. Bum! Bum! Die zwei letzten Fischdampfer fliegen hoch. Das kleine Geschwader ist ausgetilgt, vernichtet.

Wrackstücke, leere Rettungsringe treibt der Sturm vor sich her. Köpfe und Arme Untergehender tauchen auf. Der Kommandant von „S 16" kämpft vergeblich gegen die hochgehenden Wogen. Bleischwer sind die Arme, eine Zentnerlast hängt an den Beinen. Im letzten Aufbäumen gegen den unvermeidlichen Tod ein klares Erkennen. Verrat! Wer hat den Weg verraten? Dazwischen ein blitzschnelles Erfassen der Flucht des Geheimschreibers der U-Flottille Bremerhaven. Müde ballt sich seine Faust gegen den Schurken.

„Mörder! Verräter!" Ungehört verhallt der Fluch in dem Toben des Elements. Das Meer ist grausam. Erbarmungslos wirft es sich auf den ermatteten Schwimmer, ihn in die Tiefe drückend.

Mit ungestümer Gewalt heult der Sturm um Helgoland. Gegen Kälte schwer gepanzert stampft Maschinist Kasten über das Deck des Wohnschiffes. Endlich eine Pause. Ermüdet streckt er die Beine von sich und sichtet die Dienstpost. Da fällt ihm ein Schreiben des Kommandos der Unterseeboote besonders auf. Er liest:

„Tagesbefehl.

U-Boots-Obermaschinistenmaat Kunert mit dem 1. 1. 18 zum U-Maschinisten als leitender Ingenieur auf ,U B 22' etatmäßig befördert." Im plötzlichen Nachdenken versunken, wird Kasten durch das wirkende Brausen des Nordweststurmes jäh hochgerissen. Er sieht visionär aus Gischt und Meeresschaum seinen Nachfolger auf „U B 22" Kunert auftauchen. Verstört und unruhig ordnet er die Post. Das blasse Gesicht Kunerts bleibt. Verzweifelt pafft Kasten ein Pfeifchen. Das drückende Gefühl lässt sich nicht vertreiben. Er verlässt die Kammer. Da springt ihm draußen am schwarzen Brett ein weißer Zettel in die Augen. Er tritt näher.

„Funkspruch: ,U B 22' mit Begleitbooten 40 Seemeilen nördlich Helgolands auf Minen gelaufen. Niemand gerettet."

Da hatte er es. Das war es. Die Vision vorhin. Lissy kommt hinzu. Sie sehen sich an. Beide Gesichter spiegeln die stumme Klage über verlorene Kameraden wider.

„Edler! Kunert!", sagt Kasten nur.

„Das konntest du sein", antwortet Lissy. „Und was sagte Edler gestern Abend?"

„Die Sache geht schief."

„Sie hatten Beide Ahnungen." — „Und doch waren sie so gefasst" — „Ja, ja, dieses Übersinnliche beweist sich immer wieder."

Damit trennen sie sich und stürzen sich mit Wut auf die Arbeit: 11 Uhr nachts ist seeklar.

8 Uhr abends legt der Fischdampfer „Wangerooge" im Hafen von Helgoland an. Die Flagge weht auf Halbmast. 2 Tote und 4 Gerettete der gesunkenen Begleitboote werden an Land gebracht. Eine traurige Fracht.

Doch der Hafen kommt auch des Nachts nicht zur Ruhe. Dunkle Gestalten stampfen nach dem Kai. Ein Lichtschein im Wasser. Rufe. Das Blitzen einer Morselampe. Der Widerschein einer aufglühenden Zigarette. Der Lärm anspringender Motoren. Brodelndes Kielwasser. „U B 34" legt ab und geht in See.

Der Morgen fand sie außer Sicht des Festlandes vor dem tückischen Minengebiet. Mit dem Eintritt in dieses nahm jeder Mann seine Station ein und war daran gebannt, bis die Gefahrzone durchlaufen. Und das dauerte immerhin einen Tag und eine Nacht.

Bei Sonnenaufgang des nächsten Tages hatten sie die Minenfelder und die Patrouillenfahrzeuge des Feindes im Rücken.

„Voraus Rauchfahnen!" — „Kompass unklar!" unterbrechen zwei Meldungen das Gespräch des Maschinisten mit dem Steuermann. Kasten steigt in die Zentrale. Lissy steckt den Kopf zum Turmluk hinaus.

„Fischdampfer", hört er Obermatrose Schulze nach einer Weile sagen. Darauf gibt der Wachoffizier neuen Kurs an. Das Boot wendet und umgeht, ohne zu tauchen, die englischen Vorpostenboote.

Dann ist „U B 34" wieder allein auf der weiten grauen Fläche, die licht- und schattenlos unter der flachen Kuppel von Schneewolken liegt.

Kommandant, Steuermann und die Wachfreien liegen auf ihren Kojen. Nur Kasten lässt der ausgefallene Kompass keine Ruhe. Er setzt seine Instandsetzungsarbeiten fort.

Oben beobachtet die Turmwache abermals Rauchwolken. Plötzlich schreckt eigenartiges Brummen sie hoch. Das dumpfe Surren sitzt ihnen direkt im Nacken und im selben Augenblick steht fast senkrecht über ihnen ein feindliches Luftschiff.

Zeit zum Überlegen fehlt. Die Überraschung ist zu groß. Wilde Rufe reißt der Schreck jäh aus ihren Kehlen. Die Alarmglocke schreit auf.

„Schnell tauchen!"

Kopfheister saust die Turmwache nach unten. Befehle überstürzen sich. Kasten erkennt sofort die Gefahr und reißt das Boot rücksichtslos in 16 Sekunden auf 8 Meter Tiefe. Da rammt bereits die erste Bombe des Luftschiffes in die See. Der Stahlkörper dröhnt wie eine riesige Trommel unter dem gewaltigen Stoß. Sie knicken wie getroffen zusammen, stoßen vornüber gegen die Apparate, stemmen sich mit den Händen ab.

„B 34" sackt indessen blitzschnell tiefer. Bei 14 Meter folgt die zweite Bombe. Ein gewaltiger Stoß erschüttert alle Räume. Das Licht erlischt. Ein Bergrutsch von Splittern und Metallstücken überschüttet prasselnd die Steuerbordseite und den achteren Teil.

Die Knalle platzen in den Ohren wie Gewehrschüsse. Doch unaufhaltsam saust „B 34" in die Tiefe. Geleitet von dem eisernen Willen und der heldenhaften Ruhe des Maschinisten Kasten. Die Hauptbeleuchtung flammt wieder auf. Bleiche Gesichter sehen sich an. Bei 50 Meter Tiefe fängt Kasten das Boot ab. Sein Blick sucht die Uhr. Es sind genau 56 Sekunden vergangen.

In das tiefe Schweigen der aufhorchenden Männer die Stimme Dörings: „Der Kerl hat aber gut geschmissen."

„Brav Kasten", ruft der Kommandant, „Sie meistern das Boot mit unerhörter Entschlossenheit."

Dann folgen erneute Kommandos. Die Tiefenruder rattern und drücken das Boot auf 65 Meter hinunter, wo es mit westlichem Kurs weiterkreuzt.

Gegen Abend steht „B 34" mit ausgebrachtem Funkgestänge östlich Hartlepool. Der Funkgast Hinzberg hat den englischen Marinebericht abgehört und übergibt ihn dem Kommandanten. Rucki überfliegt die Funkmeldung, stutzt und liest übersetzend vor:

„Eins unserer Luftschiffe vernichtete östlich Withby ein deutsches Unterseeboot durch Bomben."

„Unsere Todesanzeige" ruft Hinzberg.

„Gar nicht übel", sagt Lissy und Obermaat Kasten meint: „Das ist ganz gut so, wer bei Lebzeiten totgesagt wird, lebt bekanntlich recht lange."

Jetzt waren sie für kurze Zeit vor Überraschungen sicher. Das wirkte beruhigend. Die abendlichen Vorbereitungen wurden ohne Hast gemacht. Dann begann ein Nachtmarsch von zehn Stunden.

Am 26. Januar früh tauchten über den Streifen der Morgennebel die Umrisse der englischen Küste von Sunderland auf.

Letzte Lichter erloschen in nebelhafter Ferne. Das Tageslicht nahm zu. Mit halber Fahrt näherte sich „B 34" immer mehr der Küste. Plötzlich verschwanden die Ausguckposten. Vor- und Achterschiff schnitten unter Wasser, höher spülten die Wellen an Turm und Geschütz. Dann ragte nur noch die Brustwehr über das Wasser. Aber auch hier gingen die Wellen immer höher und bald stand das Sehrohr allein über der leeren grauen Fläche.

Unterwasserfahrt.

Beide E-Maschinen arbeiten. Der surrende Ton ist den U-Bootmännern gewohnte Melodie. Das Tiefenmanometer zeigt 12 Meter an. Leise vibrieren die Zeiger der vielen Messinstrumente in der Zentrale. Der Kommandant steht am Sehrohr. Kasten beobachtet durch die offene Schotttür den Maschinenraum, stets klar zum Handeln. Obermaat Hesse und Matrose Harmßen sitzen am Tiefensteuer. Das Vertikalruder bedient Obermatrose Schulze nach Anweisungen des Steuermanns Lissy.

Kasten liegt es seit früh in den Knochen, er hat das Gefühl, dass es heute viel Arbeit gibt. Doch Stunde auf Stunde vergeht. Schweigend warten die Männer der Tiefe. Im Sehrohr steht einem Panorama gleich die englische Küste. Endlich eine Rauchwolke, begleitet von zahlreichen kleineren.

„Achtung!“

Rucki rückt an seiner Halskrause herum. Ein großer Dampfer mit Zerstörerschutz kommt wohl 300 Meter unter der Küste daher.

„Dampfer! 3000 Tonnen! Achtung!“

Steuermann Lissy eilt mit Tabellen in den Turm. Größe, Fahrt, Kurs des Dampfers werden ermittelt. Das Boot dreht auf. Der Steuermann sagt die Grade an.

Der Angriff beginnt. Groß und breit läuft das Frachtenschiff in die Schusslinie.

9 Uhr 37 verlässt der Torpedo das Rohr. Ein dumpfer Explosionsknall kündet den Treffer an. Oberleutnant v. Ruckteschell beobachtet die Wirkung. Der Dampfer sinkt innerhalb 48 Sekunden. Die U-Bootjäger und Zerstörer jagen aufgeschreckt durcheinander, wenden nach See zu, wo der Torpedo hergekommen sein muss. Wahllos schmeißen sie Wasserbomben. Warnend dringt ihr Platzen dem auf 20 Meter Tiefe ablaufenden Boot nach.

Drei Stunden später zieht das Sehrohr des Unterseebootes „B 34“ auf die Thynemündung zu. Fischdampfer fahren in nächster Nähe vorüber. Dann stehen plötzlich in Richtung Thynemouth zwei dunkle Rauchpinien. Langsam schieben sich die breiten niederen Aufbauten zweier Dampfer darunter hoch. Zerstörer kreuzen im Zickzackkurs um den wichtigen Transport.

„Holländische Tankdampfer“, stellt Rucki fest, „3500 Tonnen, Zerstörergeleit!“

„Sehrohr ein!“

„B 34“ dreht zum Anlaufkurs. Hinzberg meldet an beiden Seiten Schraubengeräusche. Fatale Lage.

„Sehrohr raus!“ — „Ein!“ — „Raus!“ — „Strich steuern!“

Sechs bange Minuten vergehen. Des Kommandanten Augen blitzen. Wuchtig schieben sich die gedrungenen Formen des ersten Tankdampfers über die Visierlinie. Die jagenden Torpedoboote stören v. Ruckteschell nicht. Jetzt! Ein kurzer Druck seiner Hand. Der Bote des Todes eilt auf sein Ziel zu.

Treffer!

Gelbgrün schäumt es auf und steht schillernd fast 100 Meter hoch bei dem sinkenden Dampfer. Der Kommandant ist wie gebannt von dem prächtigen Farbenspiel dieser Fontäne. Da stoßen schwarze Schatten ins Blickfeld. Zerstörer!

„Sehrohr ein!“

„Auf Grund gehen!“

Sofort drückt Kasten durch seine klaren, kurzen Befehle das Boot schnell tiefer. In nächster Nähe schlägt der Dampfer auf Grund. Ein unheimlicher Geselle. Die Spanten knacken. Krachend brechen Schiffsteile auseinander. Deutlich klingt das Brodeln der Kessel den U-Bootmännern in den Ohren. Eine schaurige Mahnung.

„Grund 17 Meter“ ruft Steuermann Lissy. Dann setzt „B 34“ dicht bei seinem Opfer auf dem Meeresboden auf.

Grabesstille im Boot.

Oben sucht der Gegner mit Fangnetzen und U-Bootsdrachen. Nur 17 Meter Wasserhöhe decken „B 34“. Gierig streckt der Tod seine Knochenfinger nach ihnen aus. Scheußlich klingt das Schlieren der Netze über den Bootskörper. Wie feiner Sand rieselt ihnen das Blut durch die Adern. Da zerrt es das Boot achtern hoch. Ein bisschen bleich unter der braunen Haut sehen sie sich an.

„Hat ihn schon“ wirft Groß in die grausame Stille.

Kasten aber denkt „den Teibel ooch“ und flutet verzweifelt. Es ist ein Zerren hin und her. Dann ein Klirren über das Außendeck. Die Trosse rutscht ab. Ein mächtiger Ruck. Sie sind gerettet.

Jetzt aber bricht über ihnen ein infernalisches Getöse los. Ein Wolkenbruch von Druck und Krach, ein Hagelwetter von Sprengstücken. Deckende Wasserbomben, bloß mit falsch eingestellter Verzögerung. Du grundgütiger Himmel denkt Kasten und sucht in dem Gesicht Lissys. Aber da blickte ihm nur sein eigenes armseliges Ich entgegen. Etwas blass, aber sonst gefasst und mit jenem Hoffnungsschimmer, der nur Seemännern eigen ist.

Dann ist auch das vorüber.

Die Schraubengeräusche bleiben jetzt seitlich beharrlich hängen. Im Schallapparat, dem Riesenohr des U-Bootes, krajolt es ganz anständig.

„Die würgen sicher an dem Wrack rum und denken, sie haben uns gefasst“, sagt Hinzberg. Der Kommandant nickt und baut daraus seinen Plan.

„Auftauchen auf Sehrohrtiefe!“

Vorsichtig lugte das Auge des U-Bootes aus dem Wasser. So gefährlich die Lage war, er musste fast lachen. An zwanzig Fahrzeuge rumorten an der Stelle, wo das Wrack liegen musste. Straffgespannte Stahltrossen der Fangnetze kamen aus dem Wasser. Wütend zerrten die Fischdampfer und Patrouillenboote daran. Die Besatzungen aber achteten nicht auf die Umgebung.

Der zweite Dampfer, mit mindestens 3500 Tonnen, hob gerade den Anker aus dem Grund und nahm Fahrt auf. Und den wollte Rucki abschießen. Mitten aus diesem Tumult heraus. Ein tollkühner Plan. Entschlossene Kommandos. Wieder verlässt ein Torpedo das Rohr. Die Blasenbahn läuft schnurgerade an den noch immer rumwirtschaftenden Begleitbooten vorbei.

Abermals Treffer. Im Periskop spielt sich innerhalb 20 Sekunden das Ende des zweiten Tankdampfers ab. Lautlos bricht er mitten entzwei. Die kurzen vorderen und achteren Masten stoßen nach innen zusammen. Dampf stößt auf. Wassersäulen. Dann ist die Stelle leer.

Jetzt sind die Bewacher alarmiert. Das Sehrohr ist entdeckt. In rasender Fahrt jagt ein amerikanischer U-Bootjäger auf die Stelle zu. Eine Wasserbombe fliegt seitlich über den Bug. Glänzend geschmissen, mitten auf den Schaumstreifen des verschwundenen Periskops.

Der schwarze Eisenklotz saust in die Tiefe. Um Sekunden feilscht der Tod. Doch der Vorsprung des schnell sinkenden U-Bootes genügt. Nur der Donnerkrach der explodierenden 50 Kilogramm Sprengstoff stürzt titanenmäßig über sie hin, dass die Schreie aus den aufgerissenen Mündern der Männer in der Zentrale verstummen und der Atem ihnen dünn durch die blutleeren Lippen pfeift. Das Boot scheint zu rollen. Kasten hält sich vollkommen gefühllos fest. So also ist das. So. Plötzlich reißt er sich zusammen und sieht in die Gesichter der Kameraden. Sie sind totenblass.

Langsam kamen sie zu sich. Gehör und Sprache waren in Ordnung. Beide Maschinen gehen auf „Äußerste Kraft". Vorderes Tiefenruder muss immer mehr nach unten gelegt werden, um das wegsaugende Heck zu entlasten. Kasten lässt das hintere Ruder 5° mehr nach oben nehmen und trimmt Wasser nach vorn. Das Boot gehorcht jedem Hebeldruck. Jetzt aber schnell, ab durch die Mitte.

Der Führer der Begleitboote der versenkten Tankdampfer ist aufs höchste erregt. Solche Kühnheit ist ihm noch nicht vorgekommen. Durch Flaggensignale gibt er den anderen Zerstörern und den beigegebenen zwei U-Bootjägern besondere Befehle für das Aufspüren dieses gefährlichen U-Bootes.

Strahlenförmig suchen sie die See ab. Stoppen. Lauschen mit den Horchapparaten. Plötzlich Signal auf einem der Zerstörer. In weitem Bogen schließen die andern den Kreis, wenden und laufen nach innen, so den Ring enger ziehend. Signal: Stopp!

Richtig. Das Mahlen der Schrauben eines Unterwasserbootes ist deutlich in den Horchapparaten zu hören. Wieder Signale. Die Fahrtrichtung weist nach See zu. Tastend folgen die Zerstörer dem Schall. Der Kreis schiebt sich zu einer Ellipse zusammen. Dann ist kein Geräusch mehr zu hören. Das Spürkommando läuft wieder in breiter Linie immer weiter nach See zu.

„B 34" ist mit „Großer Fahrt" unter Wasser nach Süden gekreuzt. Hinzberg meldet Schraubengeräusche. Erst achteraus, dann auch seitlich.

Oberleutnant v. Ruckteschell sieht im Sehrohr Zerstörer und U-Bootjäger in flachem Bogen um sich. Runter auf 30 Meter. Große Fahrt.

Hinzberg horcht weiter und sagt Schraubengeräusche nun auch von vorn an. Jetzt heißt es handeln. Kurswechsel. „B 34" läuft wieder der Küste zu. Stoppt ab und hängt mäuschenstill in 30 Meter Tiefe. In breiter Front kommt das Mahlen zahlreicher Schrauben näher. Dann bricht es ab, nur Hinzberg hört im Mikrophon das Arbeiten der Pumpen. Die U-Bootmänner halten den Atem an, als könnte er ihre Gegenwart dem Feinde verraten. Endlich setzt zögernd das Schlagen der Schrauben wieder ein, wird lauter und lauter, schwillt rauschend an und geht donnernd über sie hin, sich allmählich nach Südosten verlierend.

Zwanzig Minuten des Wartens und Schweigens vergehen. Hinzberg kann keine verdächtigen Geräusche mehr feststellen. Kiefer wird in die Kombüse beordert. Rucki befiehlt: „Abendbrot“ und fügt hinzu „für den heutigen erfolgreichen Tag Zulagen geben. Haferschleimsuppe und Kakao!“ Er lässt wegtreten von den Stationen. Hinzberg bleibt am Horchapparat. Maschinenwache löst ab.

Im engen Wohnraum nehmen sie gemeinsam das Abendbrot ein. Schuh erhält wieder etwas mehr Wurst als die andern. Das ärgert Bethge, so dass er maßlos darüber schimpft. Die andern nehmen Schuh in Schutz.

„Der ist noch jung, den lass man essen!“ — „Hier, Schuh, nimm von mir noch was!“ — Immer iss dich satt!“

Harmßen wendet sich gegen Bethge.

„Du hast doch egal was zu stänkern. Das Essen ist dir nicht gut genug. Es gibt zu wenig Urlaub. Der Krieg dauert zu lange. Nichts ist dir recht!“

„Ruhe Herrschaften!“ mahnt Kasten. Das Gespräch verstummt. Schweigend kauen sie weiter. Es schmeckt ausgezeichnet. Der Kakao wärmt gut durch, denn es ist kalt in den Räumen.

Eine Stunde später kreuzen sie bereits wieder über Wasser nach Norden. Ein Abendrot von wunderbarer Färbung stand am Horizont. Das aus dem Meer steigende tiefe Rot ging unmerklich über in einen Orangeton von seltener Schönheit, der sich wiederum in das Blau des abendlichen Himmels verlor. Ergriffen staunten sie vom Turm aus dieses Kolossalgemälde an. Und dann trat in dieses Wunderbild eine Rauchfahne, die den Schattenriss eines riesigen Dampfers nach sich zog. Hart und klar, wie ein Scherenschnitt, hob er sich mit seinen vier schrägen Schornsteinen von dem Abendrot ab. Lautlos zog er schräg vor ihrem Kurs vorbei und war wohl 10 Seemeilen weit entfernt.

„10 000 Tonnen!“, sagte Kasten. „Äußerste Kraft!“ befahl der Kommandant. „Alle Mann auf Tauchstationen!“

Doch es war zwecklos. Wie sich das Abendrot schnell verlor, so zerflossen die Formen des riesigen Dampfers in der Dämmerung und lagen bald unter dem näher rückenden Horizont der kommenden Nacht.

Kasten würgte eine kleine Enttäuschung runter, als von oben der Befehl kam: „Beide Maschinen halbe Fahrt!“ Dann hörte er aber, wie der Kommandant zum Steuermann sagte: „Wir wollen doch etwas näher an die Küste gehen!“

„B 34“ drehte einige Strich nach Backbord. Die Bugwelle schäumte hell auf bei der Wendung in dem dunkelnächtigen Wasser. Eisig fegte der Wind über den Ausguckturm. Leutnant v. Feilitzsch schlug den Mantelkragen hoch, denn es zwickte ganz anständig an den Ohren. In der Zentrale trampelten sie mit den schweren Seestiefeln. Dem Rudergänger verklammten die Finger. Die Kälte war überall.

Plötzlich Bewegung auf dem Turm. Ein dunkler Schatten stand hart am Horizont. Daneben die Konturen kleinerer Fahrzeuge.

„Achtung!“ Unten schrecken sie auf aus dem Zustand des Wartens. Durch die offene Schotttür zum Maschinenraum fliegt eine hastige Frage.

Kasten antwortet: „Dampfer gesichtet. Überwasser-Nachtangriff! Im Boot abblenden!“

Oberleutnant v. Ruckteschell schaltet den Nachtzielapparat ein. Dann ruft er seine Befehle nach unten. Kurswechsel. Fahrterhöhung.

Schneller zieht „B 34" über die dunkle Fläche. Klarer heben sich die dunklen Schattenrisse der feindlichen Schiffe vom Nachthimmel ab. Wieder Kurswechsel. Befehle an Ebers. Schnelle Meldung nach oben: „Torpedo klar!"

Recht so, nickt Rucki, sieht nach den Rahen der drei Fischdampfer und peilt dann nach dem mächtigen Kasten, der mit seinen mindestens 5000 Tonnen ihm jetzt in die Schusslinie läuft.

„Los!" — Fünf Körper beugen sich nach vorn. Gespannte Gesichter lugen in die Nacht.

Bums! Ein riesiger Paukenschlag zittert über das Meer. Wie vom Schlag getroffen sackt das Heck des Dampfers auf den Grund. Schräg ragt der Bug hilflos aus dem Wasser.

Die Fischdampfer scheinen vor Schreck erstarrt. Dann sausen sie wie besessen um das aus dem Wasser ragende Wrack. Zuletzt besinnen sie sich auf ihren eigentlichen Zweck und schmeißen wahllos Wasserbomben.

„Da!" ruft Harmßen und zeigt nach dem Wrack. Schwarzer Rauch wirbelt hoch und wälzt sich in dicken Wolken zum Himmel. Ab und zu flammt Glutschein darunter auf. Nach wenigen Minuten hängt eine riesige Rauchwolke über dem Meer und deckt fast den halben Horizont zu. Wieder glimmleuchtet es unter den pechschwarzen Wolkenballen, dann zuckt lautlos eine breite Flamme hoch, überhellt die nächtliche See in weitem Umkreis.

Aus dem Dunkel gerissen mit brutalem Ruck liegen Fischdampfer und U-Boot sich in nächster Nähe gegenüber.

Oberleutnant v. Ruckteschell und die Ausguckposten stehen lichtübergossen da und starren mit aufgerissenen Augen nach dem brennenden Dampfer und auf die nahen englischen Vorpostenboote.

„10 Strich Steuerbord!" — „Äußerste Kraft voraus!" brüllt der Kommandant. Im selben Moment fällt die Flamme in sich zusammen, der Bug versinkt in die Tiefe. Doppelt dunkel deckt die Nacht das ablaufende U-Boot.

An Backbord tauchen Mastspitzen und Schiffsrahen auf. „B 34" stoppt, die Verfolger flitzen vorbei. Dann dreht es auf Gegenkurs. Die große Turmwache zieht auf.

Bei schärfster Wache wurden im Boot die Torpedos nachgeladen. Luft auf 185 Atmosphären aufgepumpt. Die Batterie aufgefüllt. Kasten ging öfter nach oben, um festzustellen, ob der Auspuff nicht zu stark qualme und das Boot verrate. Dann verschwand „U B 34" im Dunkel der Nacht.

Kaisers Geburtstag.

Im Sehrohr hält Rucki den Geburtstagsbraten. Einen tiefbeladenen Dampfer, umschwärmt von Zerstörern. Kurs Withby. Dreißig Minuten dauert das Angriffsmanöver, dann verlässt der letzte Torpedo „U B 34" und trifft.

Das Handelsschiff sinkt innerhalb drei Minuten.

Die Bewacher sind vollkommen kopflos. Sie werfen einige Wasserbomben, von denen nur der Schall das ablaufende Unterseeboot erreicht.

Drei Stunden steuert „U B 34" unter Wasser nach Osten, kommt dann hoch und setzt aufgetaucht den Rückmarsch fort.

Maschinist Kasten lag wie tot auf seiner Koje. Zwanzig Stunden schon schlief er ununterbrochen und jeder hütete den Schlaf des Leitenden, der in den letzten sieben Tagen sich kaum einige Stunden Ruhe gegönnt. Alle wussten, was sie an Kasten hatten.

Indessen sucht die Wache oben nach Anzeichen der funkentelegraphisch angeforderten Geleitdampfer. Auch die als Treffpunkt ausgemachte Tonne „Quatsch" ist nicht zu finden. Und wieder umschleicht Nebel das kleine Boot. Er quillt so dick, dass man vom Turm nicht mehr den Steven sehen kann.

„Wir wollen Kasten wecken", sagt der Kommandant zu Lissy, „um auf Grund zu gehen". Dann fügt er hinzu: „Ich hätte ihn gern schlafen lassen, denn er sieht sehr schlecht aus."

Der Steuermann steigt selbst hinab.

„Fritz, komm hoch." Der rührt sich nicht. Lissy rüttelt ihn kräftiger. „Fritz, aufstehn! Alarm!" Auch das hilft nichts.

Besorgt horcht er an der Brust des Freundes. Das Herz schlägt gleichmäßig, aber schwer.

Lissy winkt drei Matrosen. Im Chorus rufen sie: „Aufstehn!" und noch einmal „Aufstehn!" Da schlägt Maschinist Kasten die Augen auf.

Als das Boot auf dem Meeresboden festliegt, übernimmt er freiwillig die Luftwache und schickt dafür den Obermaat in die Koje.

Nachmittags aufgetaucht.

Der Nebel hat sich gelichtet, die Geleitboote sind jedoch nicht zu entdecken. Auf eigene Faust durch die Minenfelder. Harmßen steuert nach Gefühl. Jetzt ist alles Glücksache. Das weiß ein jeder der Besatzung.

Zehn Stunden steht Rucki ununterbrochen auf dem Turm. Das ist genug des Umherirrens. Es geht bereits auf Mitternacht.

Zu sehen ist nichts, keine Boje, keine Vorpostenboote, kein Stern. Nur das Gefühl ist da, mitten zwischen den Minen zu sitzen. Da muss jeder selbst sehen, wie er damit fertig wird.

Und dann am anderen Tag.

Ein Ruf springt durchs Luk ins Boot: „Die Geleitdampfer."

Wie leuchten da die Augen der Männer der Tiefe. Wie zeigen da kurze Zurufe die große Freude an, nun doch wieder zurück zu sein, noch zu leben.

Denn jetzt leben sie tatsächlich, kommen aus ihrer Höhle hervorgekrochen, sehen die Begleitschiffe, passieren Norderney in der Morgensonne und sind froh wie große Kinder.

Nur als sie in die Weser einbiegen und an Steuerbord die Rauchschwaden der Großkampfschiffe über die Jade schatten, da verfinstern sich ihre Mienen, aber keiner sagt ein Wort.

Doch das dauert nur wenige Sekunden. Ein Blick zum Flaggenmast. Zwanzigtausend Tonnen zeigen die bunten Wimpel an. Das ist ein Bombenerfolg.

Wie recken sich da ihre Köpfe. Und einer kann ganz besonders stolz sein. Der Maschinist Kasten. Er hat alle Angriffe gesteuert.

Bremerhaven. Die Schleuse. Musik zu Ehren des erfolgreichen Bootes. Die Besatzung an Deck, die Ritter der Tiefe, diese ruhmreichen, deutschen U-Bootmänner.

Wer wagt es zu ermessen, was sich in den Köpfen eines Ruckteschell, Kasten, Lissy widerspiegelt, wer zu ergründen, woher diese stahlharten Männer die Kraft nehmen, diese Taten zu vollbringen.

„O Deutschland hoch in Ehren" schmetterte mit Pauken und Trompeten zu ihren Häupten.

Sie sangen es nicht mehr mit wie vor Jahren. Ihr Mund schwieg, denn sie trugen Deutschland im Herzen und die Ehre des Vaterlandes verteidigten sie mit ihrem unerschütterlichen Mut und der Kraft ihrer Fäuste.

Der Todesweg

„U B 31" lebt immer noch.

Von der Seine-Bucht kommend, will es mit Anbruch der Dunkelheit die Linie Dungeneß-Boulogne überqueren, um in der Nacht die gefährlichste aller Sperren im Kanal Folkestone-Kap Gris Nez zu durchbrechen.

Oberleutnant Bieber und Steuermann Schepers studieren seit Beginn des Rückmarsches die Seekarten der Straße Dover—Calais mit den eingezeichneten feindlichen Balken-, Netz- und Minensperren.

28 000 Tonnen haben sie vor Le Havre versenkt, nun wollen sie auch heil zurückkommen. Aber den Todesweg müssen sie passieren.

Oben dunkelt es bereits. Bootsmaat Ströbel macht Leutnant Feddersen auf einen Lichtschein an Steuerbord aufmerksam.

„Das Leuchtfeuer von Kap Gris Nez" ruft der Wachoffizier in den Turm. Bieber richtet sich auf.

„Alles in Ordnung, Steuermann?" — „Jawohl, Herr Oberleutnant." — „Dann kann es also losgehen."

Alarmbereit gleitet „U B 31" durch die zahllosen Bewachungsfahrzeuge. Positionslaternen ziehen vorbei, bedrohliche Schatten tauchen auf, verschwinden wieder in der stockfinsteren Nacht. Und dann kommt vorn ein Schein herauf, der das Seegebiet übernatürlich beleuchtet. Die Magnesiumfeuer der Netzsperre.

Doch was ist das? Über die Umrisse von Schloten und Mastspitzen steigen Raketen hoch, entfalten sich Leuchtkugeln, huschen Lichtbündel vieler Scheinwerfer.

Den Schall dumpfer Detonationen trägt der Wind zu ihnen. Bieber und Ströbel sehen sich an. Da vor ihnen haben die Feinde wohl ein Boot entdeckt und heizen ihm ein, dass es schneller und entschlossener den Todesweg durchläuft.

Halblaut gibt Bieber seine Befehle. „U B 31" taucht und zieht dicht über dem Meeresboden auf die Sperre zu. Die Schraubengeräusche und die Schläge der zerspringenden Wasserbomben verlieren sich seitlich.

Äußerste Stille ist im Boot. Unheimlich dröhnt das Aufstoßen auf dem Grund in die Räume. Der Funker Schmoldt hebt plötzlich die Hand. Er hat durch Unterwassertelegraphie Verbindung mit dem verfolgten Boot. Es ist „U B 57".

Das Tiefenmanometer rückt plötzlich auf 30, 34, 38 Meter. Ein Aufatmen geht durch Zentrale und Turm. Kayß hält das Ruder unbeugsam auf dem von Bieber angesagten Kurs.

Die stärker brummenden E-Maschinen treiben es schnell unter den Netzen hinweg. „U B 31" ist durch.

Jetzt hat Bieber Zeit für andere Dinge.

„U B 57" meldet Schmoldt.

„Aha, Oberleutnant Loß", nickt der Kommandant, „morsen Sie, dass wir durch sind."

Doch Schmoldt bekommt keine Verbindung mehr.

Inzwischen ist es 4 Uhr morgens geworden. Bieber lässt auftauchen und mit großer Fahrt läuft „U B 31" auf Zeebrügge zu.

Auch „U B 57" gelingt der Durchbruch. Das gleichfalls mit nördlichem Kurs die Kanalsperre Dover-Calais durchlaufende Boot „U B 58" aber bleibt verschollen.

Zwei verunglückte Fernfahrten

Der Marinestabsarzt Dr. Rupp hat die Untersuchung beendet. Er wiederholt nochmals: „Maschinist Kasten, Sie müssen unbedingt eine Reise aussetzen."

„Wenn es nicht anders geht, Herr Stabsarzt?"

„Zwei Wochen Ruhe, gute Pflege, keinen Dienst" bestimmt Dr. Rupp. Als Kasten draußen ist, sagt er zu seinem Hilfsarzt: „Es sind immer wieder dieselben Symptome. Die Nerven fangen an zu rebellieren. Die Spannkraft lässt jäh nach. Und das ist kein Wunder bei der unerhörtes: Nervenbeanspruchung gerade des Maschinenpersonals."

„Es müsste noch viel mehr getan werden in Bezug auf Erholungskuren."

Da tritt der Nächste ein. Die ärztliche Untersuchung nimmt ihren Fortgang.

Um Helgoland tobte seit Tagen gewaltiger Sturm. Damit war den Besatzungen der seeklaren U-Boote eine Galgenfrist gegeben. Doch sie wussten, dass sie ihrem Schicksal nicht entgehen konnten und deshalb verwünschten sie das Unwetter.

Nur die Männer von „U B 34" konnten sich nicht anfreunden mit der kommenden Fernfahrt. Heizer Becker erklärte Rutzen zum dritten Male: „Das geht diesmal nicht gut." Und Schmidt unterstrich das kräftig. „Wenn der Maschinist nicht bei ist, ich garantiere für nichts."

Der junge Heizer Schuh hörte sich das alles wortlos an. Bethge aber hatte wieder einen Grund zum Hinhaken.

„Andere können doch auch das, was Maschinist Kasten kann."

„Hauptsächlich du", ruft Döring, „du würdest uns gleich zu Neptun kutschieren."

Auch die Obermaate philosophierten über Kasten. Der Pfälzer Groß schließt die Debatte mit dem Wunsch: „Wenn wir bloß erst zurück sind und Kasten wieder unter uns ist."

Fünf Nächte später. Mitten im Minenfeld nördlich der holländischen Insel Vlieland Rauch, Mastspitzen, dunkle Umrisse kleiner Fahrzeuge. Ein Torpedoboot, vier Fischdampfer, ein U-Boot: „U B 34".

Gichtsignale blinken auf, verlöschen, werden hastig beantwortet. Der eiskalte Wind macht den Ausguckposten viel zu schaffen, Seespritzer der aufkabbelnden Wellen erhöhen die Unruhe des nächtlichen Bildes.

Da. Ein dumpfer Schlag. Die Staken und Masten eines der vordersten Dampfer legen sich seitlich. Auf dem Turm des U-Bootes drängen die vermummten Gestalten näher zusammen.

„Eine Mine." Die Worte bleiben Döring im Hals stecken. Grollend bebt die See. Harte Rufe. Blinkzeichen. Auf dem Torpedoboot blendet ein Scheinwerfer auf. In seinem Lichtkegel schwimmende Seemänner, Boote, einer der versinkenden Dampfer.

Freiherr v. Ruckteschell lässt sofort den Anker auswerfen, denn jetzt dröhnen zwei weitere Explosionen durch die Nacht und reißen die zwei anderen Vorpostenboote in die Tiefe.

Das Torpedoboot „A 58" fischt die halberfrorenen Schwimmer aus dem eisigen Wasser und manövriert dann zu den auf See treibenden Rettungsbooten.

Doch das Grausige dieser Nacht ist noch nicht zu Ende. Unfähig zu helfen, müssen die U-Bootmänner den letzten Akt des Dramas sehen.

Eine weitere Minenexplosion. Weißer Gischt, aufzuckendes Feuer, Dampf. Das Torpedoboot versinkt, verhüllt vom Dunkel. Sie können vom U-Boot aus nichts mehr erkennen

Scharf ausspähend wachen sie sich in den Tag herein.

„Was machen wir nun", fragt Rucki seinen Steuermann und Lissy antwortet prompt: „Jetzt holen wir Kasten."

Und sie holten ihn, der behaglich im Liegestuhl sich streckend der Genesung entgegensah.

Freiherr v. Ruckteschell: „— — — und wird nichts anderes übrigbleiben, lieber Kasten, als wieder mitzufahren."

Steuermann Lissy und Obermaat Groß: „Die Maschinen streikten gleich von Anfang an. Es hat kein Glück gebracht, dass du nicht an Bord warst. Komm, lass uns nicht im Stich."

Eine Abordnung der Mannschaft: „Wir haben es gleich gesagt, wenn Herr Maschinist nicht mitfährt, geht es schief."

Diesem Ansturm ist Kasten nicht gewachsen. Er sagt zu. Kurze Rücksprache mit dem Arzt. Der willigt ein. Am folgenden Tag geht „U B 34" mit seinem alten Maschinisten wieder in See. An den zufriedenen Gesichtern seiner treuen, anhänglichen Seeleute genas Kasten schnell.

Der Weg führte diesmal durch den Kaiser-Wilhelm-Kanal nach Kiel. Von dort ohne Aufenthalt weiter nach Norden. An Backbord lag die Insel Alsen im Abendsonnenschein. Nachts durch den Kleinen Belt in dänische Hoheitsgewässer. Abgeblendet zwischen Friedericia und Middelfard hindurch.

Lissy ist ein vorzüglicher Steuermann. Er bringt das Boot sicher ins Kattegat. Am dritten Tag Durchbruch bei Skagen. Die feindlichen Unterseeboote lassen nicht lange auf sich warten. Gleich in der Frühe geht es los.

„Alarm!" „U B 34" taucht. Das gesichtete Fahrzeug taucht ebenfalls. Ein neckisches Spiel beginnt. Kommt das deutsche Sehrohr aus dem Wasser, verschwindet das englische. Stößt das englische Periskop hoch, zieht sich das deutsche zurück.

Doch der Spaß dauert Rucki zu lange. Noch einmal reckt er das Sehrohr wie den Kopf einer Seeschlange aus dem Wasser, sieht wieder das Feindliche untertauchen, ringsum ist die See leer. Befehle an Lissy, Harmßen und Kasten.

Das Boot schwebt nieder auf 30 Meter Tiefe und zieht mit schneller Fahrt seitlich an dem englischen U-Boot vorbei. Hinzberg hört deutlich im Schallapparat seine Geräusche. Zwei Tauchboote in den Tiefen des Meeres. Ein Gedanke zuckt in Kasten auf. Die Möglichkeit eines Zusammenstoßes ist gegeben. Er flüstert es Hinzberg zu. Der schüttelt den Kopf und weist nach oben und dann sagt er: „Jetzt sind wir schon vorbei."

Der Engländer folgt nicht. Schnelles Auftauchen und mit verdoppelter Fahrt weiter. Noch zweimal setzen feindliche U-Boote zum 2lngriff an. Die Wachsamkeit der Ausguck-Posten bringt sie jedes Mal zum Scheitern.

Gegen 2 Uhr nachmittags steht „U B 34" an der südwestlichen Küste Norwegens. Sonnenschein glänzt auf den Wogen des Skagerraks, die in schweren Bewegungen das Unterseeboot wiegen.

Kasten, Lissy, Evers sind mit auf dem Turm. Leutnant v. Feilitzsch hat die Wache. Da weist Harmßen achteraus.

„Eine Rauchfahne" und gleich danach „Die gemeldete Rauchfahne ist ein Frachtdampfer" schallt es ins Boot.

Von unten antwortet die Stimme Dörings. Sekunden darauf taucht aus dem Luk eine eichenlaubbestickte Mütze auf. Der Kommandant.

Flaggensignal: „Verlassen Sie das Schiff!" „

Der Dampfer stoppt. Die Besatzung quillt an Deck. Aufgeregt rennt der Kapitän hin und her.

Er schreit und schimpft auf die Deutschen, gestikuliert mit den Händen, droht mit den Fäusten. Zweiundzwanzig Fahrten hat er für die englische Regierung auf dem Gewissen. Nun kommt das Ende.

„Beeilung! Die Papiere!" drängt Rucki ungemütlich. Der Schiffskapitän ist ein verschlagener Däne, er wird frech, zankt wie ein Rohrspatz und liefert doch die Papiere ab.

„Dampfer ‚Randelsborg', 1540 Tonnen, auf der Fahrt von Kopenhagen nach New Castle."

Über die herausfordernde Sprache des Dänen hinweg klingt Ruckis Stimme: „Das Schiff wird versenkt. Sprengpatronen anlegen. Vorher Proviant bergen."

Vier Mann unter dem Wachoffizier klettern an Deck. Ein Fass Schmierseife, Hülsenfrüchte, Käse, Butter, Mehl, Delikatessen werden übernommen.

„Was der Mensch braucht, das muss er haben" ruft Obermatrose Schulz und reicht als Letztes ein Bündel mit Tabak, Zigarren und Zigaretten herüber.

Döring schlägt die Sprengkapseln an. Das Rettungsboot mit der Dampferbesatzung im Schlepp entfernt sich „U B 34" dann langsam.

Drei Löcher haben die Sprengpatronen direkt in der Wasserlinie des Dampfers gerissen, doch dieser sackt nur wenig tiefer. Plötzlich schlägt aus dem Kartenhaus eine Flamme.

„Verdammte Bande" schimpft der Leutnant. „Da hat einer vorher eine brennende Petroleumlampe umgerissen." — „Der Feuerschein soll bloß feindliche Zerstörer anlocken." — „Diese falschen Dänen."

Immer heller schlägt die Flamme, durch das Dunkel des schnell herabsinkenden Abends verstärkt, empor. Jetzt brennt das Schiff lichterloh, ein weit sichtbares Zeichen für hier überall umherschleichende Wachtfahrzeuge.

„Boot loswerfen!" — „Geschütz, Zielfeuer auf den Dampfer!"

Döring kappt die Leine des Rettungsbootes. Bis zur Küste ist es ja nicht mehr weit. Vorn zucken Feuerstrahlen im Krachen der Abschüsse auf und dann schlagen die Granaten schon in die Seitenwände der „Randelsborg", das Sinken des Schiffes beschleunigend.

Da fasst eine Hand Kasten am Ärmel und zeigt achteraus. Ein Lichtschein irrt dort über den Horizont.

„Sie kommen" und da leuchten auch schon an Backbord Scheinwerfer über die nächtliche See.

„Alarm!" Blitzschnell verschwinden die Männer von der Kanone. Kasten und Lissy tauchen unter. Nur die Ausguckposten und der Kommandant bleiben auf dem Turm. Im Halbkreis liegen die tastenden Lichtbündel um „U B 34", ein schönes nächtliches Seebild. Nach der Nordsee zu winkt schwarz und lauernd die Nacht.

Rudergänger und Kommandant sehen sich an. Offizier und Mann. Beide eines Gedankens. Schon brummen die Motoren stärker. Das alte mitreißende Lied der äußersten Kraft. Harmßen hat das Ruder gelegt: Kurs West.

Die Überfahrt nach der englischen Ostküste geht glatt vonstatten. Fünfzig Stunden lang sehen die Wachen nur Himmel und Wasser. Sonst nichts. Keine Rauchfahne, keine Mastspitze, keine Segel. Die See ist leer geworden. Sie haben schon furchtbar aufgeräumt unter den Handelsschiffen der Welt.

Es ist zwei Stunden nach Mitternacht. Das Boot befindet sich in unmittelbarer Nähe vor New Castle. Da — keine fünfhundert Meter — ein mächtiger Schatten mit lang auslaufender Bugwelle.

Freiherr v. Ruckteschell muss schnell handeln. Befehle an Evers, Berechnungen, Fragen an Lissy, Kurs- und Fahrtschätzungen, das wogende Meer, die Nacht, das näher rauschende Schiff, alles verarbeitet schnell und zielsicher der klare Kopf des Kommandanten.

Zweieinhalb Minuten nach Sichten des Dampfers fällt der Schuss und trifft Sekunden später genau unterm Schornstein. Es ist ein Meisterschuss. Das torpedierte Schiff geht mit schaurigem Grollen und dumpfem Gurgeln sofort unter.

Aus dem Schornstein faucht eine Flamme und fährt gen Himmel. Stumm sehen es die U-Bootsmänner. Sie denken alle das gleiche. Schulz spricht es aus.

„Die Seele des Schiffes."

Der Bug des U-Bootes hält auf die Untergangsstelle zu. Zwischen den Schiffstrümmern ein Rettungsboot. Kaum erkennbar hocken Gestalten darin.

Freiherr v. Ruckteschell formt die Hände zum Trichter und fragt auf Englisch nach dem Kapitän. Ganz nahe kommt das Boot mit den Geretteten. Einer davon richtet sich auf. Es ist der Steuermann.

„Der Kapitän ist mit seinem Schiff untergegangen."

Leise singt der Wind in der entstehenden Pause, verhalten klingt das Schlagen und Glucksen der nachtdunklen Wogen. Schweigend nimmt einer der U-Bootmänner die Schiffspapiere entgegen, dann entfernt sich „U B 34". Am Tisch des Steuermanns öffnet Rucki die fast neue Ledermappe. Sie haben den norwegischen Kohlendampfer „Attina" mit 2200 Tonnen Kohlen an Bord versenkt.

Zwanzig Meter unter der Oberfläche des War Canal zieht „U B 34" dahin. Es ist alles klar zum Auftauchen. Lissy bringt gerade das Sehrohr aus. Pressluft faucht in die Tanks. Das Boot steigt.

Anschwellendes Rauschen stößt stärker und unheimlicher werdend in die Stille. Dann ein Krachen und Knirschen. Wird das Boot zermalmt? Ist das das Ende? Die Räume legen sich über, kippen formlich um, richten sich wieder auf.

Angeklammert an den Hebeln und Rädern finden die U-Bootmänner sich nach Sekunden in der gewohnten Stellung wieder. Nur die geschwollenen Adern und angespannten Muskeln zeigen die Spuren des kritischen Augenblicks.

Keiner hatte die Geistesgegenwart verloren. Alle Befehle Kastens waren prompt ausgeführt worden.

So wurde das Boot im Augenblick des Zusammenstoßes durch das entschlossene Eingreifen des Leitenden auf 30 Meter Tiefe gedrückt.

Jedes Zögern wäre dem Boot zum Verhängnis geworden. Das wussten alle und nun lauschten sie aus dem sicheren Meeresschoss auf Bomben und Netze.

Doch es rührte sich nichts.

„Der hat uns ohne Wissen überfahren." — „Mensch, Schuh — wie siehst du denn aus?" — „Da können ganz andere Leute blass werden." — „Rudi hat einen regelrechten Handstand vollführt" — „Mir blieb gleich die Spucke weg." — „Wenn der Maschinist nicht gewesen wäre, konnten wir unser Testament machen."

Kasten untersuchte indessen das Boot. Prüfte Apparate und Maschinen. Kroch in alle Abteilungen.

Nirgends stellte er Lecks fest. Das brave Boot hatte den schauderhaften Knacks ausgehalten. Lissy und der Kommandant würgten inzwischen am Sehrohr rum. Doch es war nichts zu machen. Es ließ sich nicht mehr einfahren.

Unter Wasser entfernte sich „U B 34“ nach See zu. Nach dem Auftauchen stellten sie oben den Schaden fest. Das Sehrohr war in Höhe der Brustwehr umgebogen und oben eingedrückt. Nun ragte es in drohender Schräglage fast 6 Meter hoch über den Turm, ein sichtbares Zeichen des gefährlichen Rammstoßes.

Beim Aufklaren der Zerstörungen an Deck sagte einer der Matrosen: „Der Teufel soll den Spuk holen, aber heute ist der 13te.“

Die Glocke des Segelschiffes „Quintero“

Ein Segelschiff wiegt sich groß und erhaben auf den Wogen des Skagerraks. Es hat eine weite Reise vor sich. Von Kopenhagen kommend will es nach Neuyork. Von dort nach Ceylon für amerikanische Rechnung.

Vom Schein der sinkenden Sonne überflutet blähen sich die zahlreichen Tuchflächen des Dreimasters im achterlichen Wind und lassen das Schiff gute Fahrt machen.

Kapitän Harmsen, ein alter treuherziger Seemann, berichtet seinem Steuermann gerade den Lebenslauf dieser seefesten Dreimaststahlbark, von deren neuem Anstrich am Bug der Name “Quintero“ leuchtete.

„Der Taufname unseres Seglers heißt ‚Ellerbeck‘“. Das Schiff lief in Kiel vom Stapel“, setzte Harmsen seine Erzählung fort. „Es fuhr für eine große deutsche Weltfirma namens Reiß, Liebenwerda.“

Bei Kriegsausbruch in Chile interniert, wurde es an diesen Staat verkauft und auf den jetzigen Namen ‚Quintero‘ umgetauft.

Durch die Schiffsraumnot Europas kam es dann in den Besitz der Reederei Paulsen, Kopenhagen, und ist nun wieder von Nordamerika gechartert worden.“

Der alte Kapitän macht eine Pause und blickt wohlgefällig auf die neue Takelage und die sauber instandgesetzten Aufbauten. Da bleibt sein Blick an der Glocke hängen.

„Das Schiff hat immer gute Reisen gemacht, und zwar soll es dies nur der Glücksglocke zu verdanken haben.“

„Hoi“, platzt der Steuermann heraus, „ich denke, so etwas liegt an der Schiffsführung.“

Harmsen winkt ab: „Die Schauerleute haben’s erzählt und so ist die Geschichte an Bord geblieben. Es heißt, solange die Schiffsglocke an Bord ist, wird dem Schiff nichts passieren. Die Glocke aber wird in vielen Häfen der Welt glasen und zuletzt doch nach seinem Ursprungsland zurückkehren.“

„Das aber ist Deutschland“, meint boshaft der Steuermann, „vielleicht schleppt uns ein U-Boot nach Kiel, dann wird die Erzählung der Schauermänner Wahrheit.“

„Man soll nie den Teufel an die Wand malen“, stößt der Käppen nach geraumer Weile hervor und zeigt mit dem Arm nach vorn, wo ein dunkler Punkt auf dem Wasser liegt, der ohne Rauchentwicklung schnell größer wird.

Wie gebannt blicken beide über die See. Zweimal blitzt es auf. Zweimal rollt Donner an ihr Ohr. Zweimal stehen keine 50 Meter vorm Bug Wassersäulen.

„Ein U-Boot." — „Jetzt kommt das Ende" spricht kalkweiß der Steuermann. Des alten Kapitäns Stimme aber bebt, als er den Befehl zum Reffen der Segel gibt.

U-Boot und Segelschiff.

Die ausgeprägten Typen zweier Zeitalter liegen friedlich beieinander. Wie oft haben die Wasser rings um England dieses Bild schon gesehen. Und es ist immer dasselbe.

„Welch schönes Schiff" denkt der U-Bootkommandant und blickt zu den Masten und Segeln hoch. Die Rahen knacken und die Tuchflächen schlagen matt hin und her.

Während die Besatzung des Dreimasters in eins der Rettungsboote steigt, entert ein Teil der U-Bootbesatzung an Bord und macht Beute.

Ein geschlachtetes Schwein, sechs Zentner Butter, drei Kisten Genever feinster Sorte, vier Zentner Konserven, viele Kisten mit Kakao, Tee, Zucker, Kaffee, Rosinen, alles verschwindet ins Innere von „U B 34".

An Deck des U-Bootes aber stehen die Kommandanten beider Fahrzeuge. Der junge, kühne U-Bootführer und der alte, biedere Segelschiffskapitän.

Fassungslos sieht Kapitän Harmsen dem Szenenwechsel zu und muss auch die letzte Erfüllung der Geschichte der Schiffsglocke erleben.

Die Glocke wird aus Veranlassung Kastens von der „Quintero" heruntergeholt und als Glückszeichen am Turm des U-Bootes angebracht.

Dann kommt das Ende der stolzen Dreimastbark. Die von Döring angebrachten Sprengpatronen krepieren. Unter mächtigem Rauschen der Segel geht die „Quintero" kopfüber in die Tiefe.

Barhaupt stand der alte Kapitän Harmsen aus Fredrikstad und sah sein Schiff versinken. Unaufhörlich rannen Tränen über das wetterharte Gesicht, tropften auf die Hände nieder, die krampfhaft die Mütze zerdrückten.

Lange Zeit sprach keiner der U-Bootmänner ein Wort. Oberleutnant v. Ruckteschell geleitete Kapitän Harmsen ins Innere des Schreckens aller Kauffahrteischiffe. Die Wärme tat gut. Auf Wink des Kommandanten brachte Döring einen dampfenden Grog.

Allmählich taute Harmsen auf und erzählte stockend die Geschichte der Schiffsglocke der „Quintero". Kasten hörte still zu und sagte dann: „Nun wird sie uns Glück bringen, denn das hat der U-Bootfahrer immer nötig."

Nach vier Stunden meldeten die Wachen das Leuchtfeuer Skagens. Obermatrose Harmßen sah sich seinen Namensvetter nochmals genau an, als er ihm ins Boot half, wo die dänischen Seeleute trotz der zwei Flaschen Schnaps steif gefroren zwischen den Sitzen lagen.

Eine letzte Aufmunterung von Seiten des Wachoffiziers, dann entfernte sich „U B 34" mit Kurs auf Frederickshaven. Hinzberg hörte einen Funkspruch ab, der vor englischen Minen im Kattegat warnte.

Doch am anderen Abend steht das Boot glücklich an der Einfahrt zum Sund. Mit großer Fahrt geht es zwischen Helsingör und Hälsingborg hindurch. Diese Städte zweier Länder liegen in tiefstem Schlaf.

Wohl zwei Stunden nach Mitternacht schreckt eine schwere Erschütterung die Besatzung hoch. Kasten stürzt aus seiner Koje und eilt zur Zentrale. Das Boot hallt von Rufen und Antworten wider. Die Maschinen arbeiten nicht mehr.

„Wir sitzen fest", erklärte Lissy, „an der Ostseite der schwedischen Insel Hven".

„Verdammter Dreck" flucht einer.

Kasten lässt sich die Lage erklären. Entschlossen handelt er. Die Motoren springen an, ein Rucken nach vorn. „Stopp!" — „Äußerste Kraft zurück!"

Im ersten Anlauf kommt „U B 34" frei. In flotter Überwasserfahrt geht es dem Ausgang des Ore-Sand zu. Lichter kommen in Sicht. Positionslaternen von Dampfern tauchen auf, Leuchtfeuer blinken.

Es tagt. Kögebucht, Ostsee. Geleitzüge schwedischer Erzschiffe werden überholt. Überall grüßt die deutsche Kriegsflagge. Nachts an Fehmarn vorbei. Wieder Kiel. Zwölf Stunden Kanalfahrt. Brunsbüttel, Bremerhaven.

Jenseits von Wasserbomben und Minen

Anordnung des Kommandanten: „Vierundzwanzig Stunden Schlaf." Sie machten sofort davon Gebrauch. Die meisten vergaßen das Ausziehen, legten sich wie immer in den letzten zwanzig Tagen angezogen nieder und waren gleich weg.

„Schon das Gefühl, diesmal nicht durch die Alarmglocke hochgeschreckt zu werden, ist tausend Taler wert", sagte Kasten zu Lissy und dann antwortete er nicht mehr. Andern Tags liefen sie frisch gewaschen und rasiert umher. Die Kultur nahm Besitz von ihnen. Sie machten sich landfein und stellten immer wieder nach jeder Fernfahrt fest, dass es im Leben auch noch andere Dinge gab als Minen und Wasserbomben. An Land mussten sie sich erst an den festen Boden gewöhnen. Sie sahen Beispiele von Kameraden, die mit den großen Booten nach zwei, drei Monaten hereinkamen und einfach nicht richtig gehen konnten.

In den Straßen blieben sie oft stehen und ließen den Verkehr an sich vorbeifluten, da hatte jede Kleinigkeit für sie Bedeutung. Der Blick eines Mädchens. Das zufällige Vorbeistreifen eines Kleides. Die Stimme einer Frau.

Und da setzte die feindliche Spionage ein. In der Maske des gönnerhaften Zivilisten, des interessierten Werftarbeiters, des Material suchenden Zeitungsmenschen, der mondänen Dame oder der harmlosen Kellnerin näherten sich die Agenten der Feinde dem U-Bootmann.

Viele der Agentinnen hefteten sich an die Spuren der Heimatsurlauber. In den Hotels der größeren Städte endete manch Liebesabenteuer ohne irgendwelchen Erfolg der Spionin. Die U-Bootmänner hatten gelernt, über Dinge des Krieges zu schweigen.

Aber dann kamen auch andere, die unbesoldet die Arbeit des Feindes besorgten. Oft steckten sie in der gleichen Uniform und verrichteten Dienst in irgendeinem Landmarineteil.

Eine kleine Tischrunde in einem Konzertkaffee Bremerhavens. Maschinist Kasten, ein Kamerad von einem anderen Boot der V. Flottille, ein Unteroffizier von „B 35“ und ein Stückmeister der Marine-Artillerie.

In der Konzertpause hörte er das Gespräch der anderen. Dieser Stückmeister hatte eine zynische Art an sich zu antworten.

„Wir leben doch hier einen guten Tag.“ — „Solch Druckposten ist gar nicht übel.“ — „Zweimal wöchentlich nach Bremen.“ — „Die kleinen Mädels dort sind nicht zu verachten.“

Kasten wölkte die Stirn, es war gut, dass die Musik wieder einsetzte. Dann aber hört er wieder dieses überlaute Organ.

„In solch Ding von U-Boot würde ich nie reingehen.“ — „Dann lieber noch auf einen dicken Eimer.“ Dazwischen die scharfe Stimme des Obermaates: „Die verrosten ja an den Ankerketten.“

„Das ist immer noch besser als im U-Boot versaufen.“

Maschinist Kasten merkte nicht das Aussetzen der Musik. Er warf mit einem Unterton von verhaltenem Grimm dem Stückmeister die Frage zu: „Und wie wollen Sie den Krieg gewinnen?“, dass alle Nebentische aufhorchten. Der aber antwortete höhnisch lachend: „Ja denken Sie denn noch, den Krieg zu gewinnen!“

Das war Kasten zu viel. Kerzengerade stand er am Tisch, die Fäuste fest aufgestemmt, das kantige Gesicht vorgestreckt. So musste er wohl aussehen, wenn er sein U-Boot in gefährlichen Lagen meisterte. Seine Stimme dröhnte durch den Raum: „Etappenhengst.“

In diesem Augenblick betraten zwei Maschinisten von anderen Booten das Lokal und begrüßten Kasten. Diese Gelegenheit benutzte der Stückmeister, sich schleunigst zu entfernen.

Am Tag darauf verteilte der Kommandant die reiche Beute gleichmäßig auf die Besatzung. Das war ein besonderes Fest und eine kleine Entschädigung für das schwere Leben in der Stahlhöhle.

Dann griff der grüne Tisch mit rauer Hand in die wenigen Tage des sorgenfreien Daseins. Ihr Führer hatte Befehl bekommen, ein anderes U-Boot zu übernehmen.

Sie legten die beste Garnitur Blau an und dann stand die Besatzung von U B 34“ auf der Schanz des Wohnschiffes. Rechts an der Spitze der Matrosen und Heizer der Wachoffizier. Am rechten Flügel der Maate Maschinist Kasten.

Freiherr v. Ruckteschell fasste jeden noch einmal ins Auge, drückte jedem die Hand, hatte für jeden ein Wort des Abschiedes.

Bei Kasten aber stand er lange und forschte in den harten Gesichtszügen des bewährten Kämpen. Da sah er, wie sich Wasser in dessen Augen stahl. Ganz nahe trat er heran und sagte leise: „Nicht weich werden, lieber Kasten.“ Laut aber fügte er hinzu: „Auf Sie bin ich immer stolz gewesen.“

Soldatisch kurz waren die letzten Worte Ruckis an seine Leute. „Heil und Sieg für U B 34.“ Jäh drehte er sich um und schritt dem Luk zu. Aus den Reihen eine Stimme.

„Drei Hurras für unseren scheidenden Kommandanten!“

„Hurra! Hurra! Hurra!“

Dunkle Zusammenhänge

„Ist das eine Montage?" — „Ist das eine Arbeit von Spezialisten?" — „Bekommen die Kerls dafür den hohen Stundenlohn?" ruft Maschinist Kasten wütend aus und weist dem Werftbeamten die mangelhaft montierten elektrischen Anlagen, reißt unverlötete Enden der Kabelleitungen heraus und zeigt dem erstaunten Beamten Verletzungen der Stromkabel, die in Kürze Störungen hervorrufen müssen.

„Das kennen wir."

„Was soll das heißen?", fragt der Werftinspektor betroffen.

„Nichts" erklärt Kasten ruhig. „Wir kennen das bereits und werden unsere Arbeit lieber selber machen, denn unser Leben hängt davon ab."

Kopfschüttelnd ging der Beamte, er wusste nicht recht, was er mit den Andeutungen machen sollte. Kasten aber wusste es. Die Feststellungen damals auf „B 31" warnten. Kühne, Hillmann und Kunert hatten ähnliches berichtet.

Und dann die Havarien anderer Boote redeten eine deutliche Sprache und lagen aktenmäßig unter den Abschriften. der Geheimschreiben fest.

So trat auf „U B 62" während der Fernfahrt ein Versager durch Herunterfallen von Muttern am Zahnrad des Übertragungsgestänges auf, wodurch sich die Verteilung gelöst hatte. Es wurde festgestellt, dass sämtliche Muttern der oberen Zahnräder gelockert und durch Splinte nicht gesichert waren.

Auf „U B 83" und „U B 67" fielen während der Fernfahrt die Tiefenruderapparate aus. Die Untersuchung ergab, dass die Spindeln und Muttern Fressungen aufwiesen, die von einer unbekannten Säure herrührten. Außerdem fehlten die Staufferbuchsen für die Schmierung.

Auf „U 54" war es ganz schlimm. Sämtliche Verbindungsschrauben von Grundplatten und Fundament der Ölmaschinen gelockert. Zahlreiche Schrauben wiesen starke Risse auf, die nur auf gewaltsame Eingriffe zurückzuführen waren.

Angefeilte Schraubenbolzen, lose Muttern, fehlende Passschrauben an den Zylindern erhöhten die Gefährdung des Bootes auf das Höchste.

Das sind Boote, die trotzdem den rettenden Heimathafen erreichten. Von denen, die infolge Versager auftauchen mussten und so dem Feinde zum Opfer fielen, wusste man nichts.

Die Zusammenhänge der Ursachen sind auch so unbedeutend. Drei Beispiele aus einer Hafenstadt.

Eine lange Reihe Frauen, Kinder, Greise, vereinzelte Soldaten, warten, mit Handtaschen und Körben versehen, vor dem verschlossenen Laden einer Lebensmittelverteilungsstelle. Der feuchte Morgennebel lässt die ärmlich gekleideten Menschen zusammenrücken. Immer neue kommen hinzu und stellen sich an. Mürrische Morgengrüße. Ein Zuruf: „Kettenhandel." Lachen. Wieder Stille.

Langsam kriecht der Tag durch die graue Straße. Gespräche leben auf. Zwei Nachbarsfrauen:

„Sagen Sie mal, wo steckt denn die Möllern?"

„Die Möllern, die ist doch jetzt draußen bei ihrer Schwiegertochter."

„Ja, da ist doch aber abends so lange Licht."

„Jesses, die haben doch vermietet an einen Monteur, der schweres Geld auf der Werft verdient." „Da kommen doch aber oft Leute ins Haus und auch ein Auto habe ich öfters halten sehen."

„Der arbeitet an den U-Booten hat mir Frau Möller erzählt und zahlt über 100.— Mark Monatsmiete."

„Da können die wohl lachen."

In der Wohnung der Frau Möller.

Eine gute Stube. Um den mit einer technischen Zeichnung bedeckten Tisch drei Männer. Der Eine erklärte: „Das Anbohren der Öltanks hat sich als am zuverlässigsten erwiesen, da die Ölspur am deutlichsten den Weg des getauchten Bootes zeigt. Die zur Abdichtung des Bohrloches zu verwendende Masse ist so beschaffen, dass sie erst nach einigen Tagen das Öl durchlässt und sich dann selbst auflöst." Die anderen nickten und beugten sich nochmals über die Zeichnung, wo die Stellen angekreuzt waren, die sich am besten für das Anbohren eigneten.

„Man wird ja jetzt schwer beargwöhnt" warf der andere ein und der Dritte meinte: „Mir ist der eine Maschinist nicht von der Pelle gegangen."

Plötzlich draußen ein Hupensignal. Sie standen auf. Zwei verließen eilends den Raum. Nach einigen Minuten trat ein Herr in schwerem Autopelz ein, schlug den Kragen herunter und nahm den Bericht des Werftspezialisten entgegen. Der Mann im Pelz notierte eifrig: — — vierunddreißig — — Material — Einhundertneunzehn — Öl.

„Sonst nichts?" — „Nein, Herr!"

So schnell wie er gekommen, verschwand der Fremde, bestieg das untenstehende Auto und rollte der inneren Stadt zu. In der Wohnung erlosch das Licht. Gleich danach betrat der Werftmonteur die Straße, um zur Nachtschicht zu gehen.

Als er in einer der Querstraßen eingebogen, lösten sich aus dem Schatten einer dunklen Ecke gegenüber der Wohnung zwei Gestalten und verschwanden unauffällig in dem Hauseingang.

Der Lichtkegel einer Taschenlampe suchte die Türen des ersten Stockwerkes ab, blieb an dem Schild A. Möller hängen und erlosch dann.

Ein Schlüssel kreischte etwas schwer im Schloss, dann sprang die Tür auf. Gleich danach flammte das Licht auf. Im Zimmer stand ein breitschultriger Mann, der sofort alle Schränke und Koffer äußerst geschickt durchsuchte.

Die technischen Skizzen legte er als unwesentlich beiseite. Überflog Briefe und Karten, durchwühlte einen Stapel Zeitungen und konnte nichts Verdächtiges finden.

Dem Papierkorb entnahm er einen Bandstreifen über Einhundertmarkscheine. Signiert von einer Hamburger Bank. Aus dem kalten Ofen langte er halbverkohlte Reste des Inseratenteiles einer Zeitung. Darauf war eine Anzeige rot durchkreuzt. Sie lautete: 82. B. Bitte schreib mir bis April. Alfons.

Er steckte Beides zu sich, schaltete die elektrische Beleuchtung aus, verschloss die Tür sorgfältig und verließ dann mit dem unten wartenden Gehilfen das Haus.

In derselben Nacht sichten in einem unscheinbaren Büro Männer der deutschen Gegenspionage eingeliefertes Material der Agenten.

„Der Maschinist von ‚U B 34', das hier in der Werft liegt, bestätigt gleichfalls die Vermutung der Sabotage."

„In einem U-Boot soll eine Höllenmaschine gefunden worden sein."

„Man ist einer anarchistischen Organisation auf den Spuren. Die Fäden gehen nach Holland in die englisch-amerikanische Spionagezentrale."

„Die radikalen Arbeiterbewegungen werden nur durch die feindliche Spionage ausgenutzt." — „Und finanziert." — „Das lasche Verhalten der Regierung gegenüber diesen Dingen ist geradezu gefährlich."— „Die glauben's nicht vorher, als bis das Unglück geschehen."

„Übrigens, das hier sind die einzigen Ermittlungen, bei dem unter Beobachtung stehenden Werftgrandi."

Der hinzutretende Mitarbeiter des Bürochefs stößt einen Pfiff aus, nimmt das halbverkohlte Stück Zeitungspapier, ging zu dem Jalousieschrank und holte daraus Zeitungen hervor.

Nach kurzem Suchen legte er drei Blätter verschiedener Orte der näheren Umgebung mit ähnlichen Anzeigen vor, einmal stand Alfons, ein andermal Wilhelm und Karl.

Ein angeklebter Zettel besagte, dass diese Anzeigen unter Beifügung des Geldes eingesandt worden seien. Der Name des Absenders unleserlich.

„Wie sind Sie darauf gekommen?"

„Ein Zufall. ‚U 61' ist in der Irischen See durch Wasserbomben versenkt worden.

Am gleichen Tage als ich die Mitteilung notierte, fiel mein Blick auf die Zahl 61 in einer Anzeige dieses Blattes. Hier ist sie: 61 Erwarte Nachricht zwischen 20. —30. März. Alfons."

„Und nun die Stichprobe. 82 B steht hier."

Zwischen dem Rascheln der Karteiblätter tickte im gleichen Tempo die Wanduhr. Dann ein Ausruf des Erstaunens.

„Tatsächlich. ‚U B 82' in der Nähe Irlands gesunken."

„Das ist kein Zahlenzufall, das ist System."

Und dann kombinierten Beide. „Die Zeitungen gehen nach Holland an eine Deckadresse. Von da zur englischen Spionagestelle."

„Die Notiz besagt: Das U-Boot B 82 ist ausgelaufen um die Zeit des Datums der Zeitung. Alfons heißt in diesem Falle Irische See. Die Satzstellung besagt sicher den Weg, den das Boot nimmt. Der Tag, wann es dort ungefähr eintrifft."

„Eine einfache und billige Signalisierung."

Und so ist es tatsächlich. Von Holland gelangt die Nachricht nach England. Von dort an die U-Bootabwehrstreitkräfte der betreffenden Seegebiete. Und dort? Suchen rechtzeitig Luftschiffe und Flieger die grauen Quadrate ab. Stellen sich Zerstörer und Fischdampfer mit Bomben und Netzen ein.

Doch auch das ist noch nicht das Schlimmste. Sondern die Ölspur, die untrügbar den Unterwasserweg des U-Bootes anzeigt.

Da hilft kein Zickzackfahren, da helfen keine Haken und kein Stillliegen unter Ausschaltung aller Apparate.

Das Öl quillt nach oben und verrät das Boot. In seinem Innern wundern sich die abgekämpften Männer der Tiefe, wie hartnäckig der Gegner jeder Wendung folgt. Sie ahnen nichts von der Tücke des Feindes.

Alle Tricks, den Feind abzuschütteln, nutzen nichts. Die langen Stunden machen müde, die künstliche Luft erzeugt eine Art molliger Gleichgültigkeit und dann tasten sich Wasserbomben näher. Dreißig Meter, fünfunddreißig Meter. Sprengstücke pochen an den Außenwänden.

Das Boot torkelt von einer Explosion in die andere. Es geht auf 50 Meter Tiefe. Auch das ist nutzlos.

Die Kette der Detonationen reißt nicht ab, wächst zur Hölle an, trifft. Wassereinbruch an zwei Stellen. Verzweifelte Abdichtungsversuche.

Mitten in diesem Kampf ein alles überragender Bombentreffer. Dampf, Wasser, Nacht.

Zwischen den Bergen zertrümmerter Handelsschiffe schlägt das vernichtete U-Boot auf dem Meeresboden auf. Luftblasen und Wrackstücke zeigen oben das Ende an.

Um Zeebrügge

Wolkenmassen ziehen eilends über das im tiefen Dunkel liegende Brügge. Die Nacht lauert um alle dem U-Bootkommando unterstellten Gebäude und Hafenteile.

Gegen den dunklen Himmel heben sich hart die Umrisse eines großen Hauses ab, das der Marinefrontsoldat „Die Flandernmesse“ nennt.

Ein Name galt hier: Bartenbach.

Und seit Zeebrügge U-Bootstützpunkt, sah die Flandernmesse zu allen Zeiten die markantesten Köpfe der U-Bootwaffe, die unter Führung dieses energischen Seeoffiziers unerhörte Taten vollbrachte.

Der Abglanz hehren Heldentums lag in den Räumen, wo diese Männer nach kühnen Fahrten Geselligkeit suchten und mit ihrem Führer Gedanken austauschten.

Von den Wänden grüßten mahnend die Bilder der gefallenen U-Helden Weddigen, Schwieger, Schneider, Steinbruck, Salzwedel, um nur einige zu nennen, die denen vorangegangen, die da an den Tischen saßen. Viele mit jenem scheuen Ernst im jungen Gesicht, den nur hohe Verantwortung und eisernes Pflichtgefühl erzeugen.

Da sind die Ritter des Pour le mérite Viebeg, Waßner, Howaldt, dann die erfolgreichen Kapitänleutnants Loß, Hundius, Wenninger und der Chef der Flandernboote selbst.

Musik. Gläserklirren, Trinksprüche. Höchste Kriegsausauszeichnungen funkeln im hellen Lampenlicht. E. K. I blitzen auf dunklen Waffenröcken. Ärmelstreifen und Kronen blinken. Ein kriegerischer Zug liegt in allen Bewegungen und Reden dieser Männer.

Einer erklärt: „Es wird wieder von Vorbereitungen der Engländer gegen Ostende und Zeebrügge gesprochen."

Hundius ergänzt: „Sie wollen das U-Bootnest ausräuchern." Oberleutnant Braun: „Man spricht von einer Sperrung der Ausfahrten durch Schiffsversenkungen."

Bartenbach hebt den Kopf: „Den Schädel werden sie sich einrennen. Weiter nichts."

Es wird auch kritisiert. Zum Beispiel die Art der Verwendung der U-Kreuzer.

„Die Paradefahrten nach Afrika und Amerika sehe ich als eine Kräftevergeudung an." — „Die Rekordreisen stehen in keinem Verhältnis zu den Erfolgen" — „Gewiss macht das Beschießen befestigter Hafenplätze und das Zerstören feindlicher Funkstationen in diesen Erdteilen Eindruck."

„Ein Steckenpferd des Kaisers" meint einer ohne Vorwurf. — „Dann steckt auch bloß Rasputin dahinter."

Mit Rasputin ist Admiral von Müller gemeint, denn es ist doch langsam durchgesickert, welche Rolle der Chef des Marinekabinetts in Berlin spielt.

„Bauers Vorschlag ist der einzig richtige" beschließt einer das unleidliche Gespräch und dann fragt Hundius so beiläufig: „Warum Bauer nur abgerufen wurde?"

Wie ein Schatten wischt es über die Gesichtszüge. Die lange Reihe der kaltgestellten Seeoffiziere von Tirpitz bis Zenker scheint den Raum zu verdunkeln und fast jeder davon ist ein Opfer dieses Rasputin. Manch einer von den U-Bootkommandanten ahnt, dass dies der Angelpunkt der lahmen Marinekriegsführung ist.

Das Lied aller U-Bootfahrer ruft den rühmlichen Teil des großen Kampfes zurück:

„—— Denn wir fahren, denn wir fahren
Denn wir fahren gegen Engelland"

Dann geht der Chef, andere folgen, auch die Unentwegten brechen auf und bald liegen die Raume der Flandernmesse im stillen Dunkel.

Seit Tagen steht der Küstenschutz Flanderns unter verschärfter Alarmbereitschaft. Die drei Kilometer lange Zeebrügger Mole ist ein breites Angriffsfeld, und die Ausguckposten haben ein schweres Amt, so Stunde um Stunde in der ständig wechselnden Wetterlage das Seegebiet voraus abzusuchen.

So kam die Nacht zum 23. April.

Diesige Luft beschränkte die Sicht auf wenige tausend Meter. Feiner Regen staubte aus tiefhängenden Wolken nieder und zog den Sichtkreis noch enger.

Mitternacht. Stimmen im Dunkel. Schwere Schritte. Wachwechsel. Wieder Stille. Nur der Urton der heranbrandenden Wassermassen lag um die Mole. Leise rieselte der Regen nieder.

Plötzlich Geräusche von See her. Die Posten schrecken hoch. Dunkle Nebelmassen ballen sich dort. Walzen sich näher, wachsen in die Wolken, drohen wie riesige Fäuste.

Schalthebel an den Telefonen werden hastig gelegt, dann rast die Meldung zur Molenbatterie: „Motorengeräusche von See her." Eine Zweite folgt: „Künstlicher Nebel."

Der Kommandeur ist sofort zur Stelle. In den Unterständen rasseln die Alarmglocken. Befehle werden ausgerufen. Die Geschütze besetzt. Kanonenschläge zerreißen die Nachtruhe.

Leuchtgranaten schweben über weißschillernden Dämpfen, die mit den lauter tönenden Geräuschen unsichtbarer Fahrzeuge schnell näherkommen.

Fahle Blitze heftigen Artilleriefeuers scheinen in den künstlichen Nebelmassen auf. Erdklumpen, Steine, Dreck spritzen an Land hoch, wo die englischen Granaten treffen. Überall ziehen grüne, rote, weiße Sternsignale feurige Bahnen. Von Batterie zu Batterie springen die buntleuchtenden Alarmsignale, den Ruf der Front in die Nacht schreiend: „Sie kommen!" Und dann tauchen im Schein der Leuchtgeschosse Motorboote, kleine Kreuzer, Transporter, Zerstörer auf. Das Grollen der Batterien des bedrohten Hafens rollt, ohne auszusetzen, übers Meer.

Leutnant Schüttes Zielfeuer sitzt gut. Die Granaten der Molenbatterie enden splitternd und krachend in den vordersten in schneidiger Fahrt heranjagenden Kreuzern.

Indessen sind westlich der Batterie feindliche Schnellboote und ein Kreuzer im Schutz des künstlichen Nebels an der Molenmauer längsseits gegangen.

Atemlos schreit ein Posten: „Der Engländer landet Truppen auf der Mole." Die Nachricht schlägt wie eine Bombe ein. Schüttes Befehle sind knapp und zielklar.

Namen werden gerufen. Ein Sturmtrupp gebildet. Mit Gewehren und Handgranaten eilen 30 Mann im Sturmschritt aus dem Westausgang der Batterie.

Welch ein Anblick. Leuchtkugeln werfen ihren magischen Lichtschein über die Landungsstelle. Die Mole wimmelt von Gestalten, die sich über die Brüstung schwingen und an Leitern und von der Mauer herunterklettern.

Bajonette blitzen, Maschinengewehre hämmern, selbst aus den Mastkörben des Kreuzers rasselt Schnellfeuer über das freie Vorfeld.

In dem Hell und Dunkel der auf- und niedergehenden Leuchtraketen arbeitet der deutsche Sturmtrupp sich heran. Stielhandgranaten hemmen den wütenden englischen Angriff.

Maschinenkanonen nehmen die Mole unter Feuer. Ein deutsches Torpedoboot beschießt von seitwärts die Landungsstelle.

Dann ist der Sturmtrupp mitten unter den Engländern. Ein wildes Handgemenge brüllt auf. Mann gegen Mann.

Handgranaten krachen, Schüsse knallen, Messer und Dolche klirren, Schreie und Todesröcheln ballen sich zu schwerem Kampfgetöse.

Nach zwanzig Minuten ist die Stoßkraft des Feindes gebrochen. Gefangene Briten werden eingetrieben, Mole und Vorfeld gesäubert, die erbeuteten Waffen instandgesetzt.

Doch der Kampf ist noch nicht zu Ende.

Die Mole bebt unter einem schweren Explosionsstoß, der sie mit einer Feuersäule hart an Land zersprengt.

In der für Sekunden erhellten Nacht sieht man an der Brücke die Umrisse eines englischen U-Bootes.

Das Sperrfeuer der Dünenbatterien grollt jetzt in doppelter Stärke gegen die zweite Welle schneller Fahrzeuge. Drei kleine Kreuzer durchbrechen rücksichtslos die Feuerzone.

Alle deutschen Geschosse krallen sich in die Schiffe. Transporter sinken.

Feurige Kurven ziehend, rasen brennende Schnellboote vorbei, verschwinden in dem Gewühl des Nebels, andere brechen erneut hervor, um unter dem Abwehrfeuer zu versinken.

Die Leuchtgranaten gären in dem dunstigen Dunkel wie glühende Orchideen. Dann erlischt eine nach der andern. Letzte Salven verrollen.

Als der Morgen graute, war der Angriff restlos abgeschlagen. Vor den Einfahrten ragten die von den Engländern versenkten Sperrkreuzer aus dem Wasser. Sie hatten das gesteckte Ziel nicht erreicht.

Ungehindert liefen die deutschen U-Boote noch am gleichen Tage ein und aus.

Ein verlustreicher Monat

Der Querschnitt einer kurzen Kampfhandlung:

Unter dem Grau des Himmels über dem Dovergebiet das englische Luftschiff „S. S. Z. 29". Auf den weiten Wasserflächen die britischen Fischdampfer H. M. S. „Ocean Roamer" und H. M. S. „Lord Leitrim". In den Tiefen des Meeres das deutsche Unterseeboot „U B 31".

Noch weiß keiner von der Anwesenheit des andern etwas. Ahnungslos zieht das U-Boot unter der Wasseroberfläche dahin. Die E-Maschinen surren leise, und in der gewohnten Stille stehen schweigend die Männer auf ihren Stationen.

Es sind viele neue Gesichter da. Anstelle Biebers ist Oberleutnant Wilhelm Braun Kommandant. Für Schepers Steuermann John Speuker. Den Posten des Leitenden versieht Kastens Schulfreund Paul Kühne. Für den Heizer Becker ist der U-Bootheizer Hans Rößler an Bord.

„Hans", flüstert Hartwich, „wenn wir zurück sind, blühen an Land die Bäume".

„Dann feiern wir meinen Geburtstag", gibt der leise zurück, „am 12. Mai werde ich einundzwanzig".

„Das ist in zehn Tagen" antwortet Hartwich und denkt dabei: „eine lange Zeit hier draußen".

Sie schwiegen. Rößler atmete schwer, seine Gedanken weilten in der Heimat. Er sah sein Heimatstädtchen, das silberne Band eines Flusses, niedere Rebenhügel. Da war die Laube eines Weinausschankes. Mädels. Schulkameraden. Gesang. Er summte eine Melodie: O alte Burschenherrlichkeit — — —.

Erstaunt sah Hartwich auf: „Warst Du Student?"

„Nein", sagte Rößler, „Unser Heimatlied wird nach dieser Melodie gesungen. Hör den Refrain: „

Du bleibst mir unvergessen
mein altes, liebes Jessen'."

Hartwich öffnete den Mund, um etwas zu antworten, schloss ihn aber sofort wieder unter dem gigantischen Krach einer Explosion, die das Boot in allen Teilen erschütterte.

„Fliegerbomben." — „Auf 50 Meter gehen." — „Zickzacksteuern", so hallten Rufe und Befehle durcheinander. Da erfolgte der nächste Stoß.

Sie wussten nicht, wer der unheimliche Gegner war. In Wolkenhöhe schwebte ein Luftschiff. Die Beobachter konnten ziemliche Meerestiefen durchforschen und sahen den Schatten, der dort unten versuchte, den Bomben zu entgehen.

Ein Funkspruch alarmiert die in der Nähe kreuzenden. Fischdampfer. Auf „Ocean Roamer" lässt Leutnant Martyn sofort aufdrehen und jagt südlich. „Lord Leitrim" folgt.

Dort wo die letzten Spuren des durch die Luftschiffbomben aufgewühlten Meeres in Gischt und Schaum sich verlieren, kommt ein Sehrohr heraus, verschwindet.

Mit hoher Bugwelle schäumen die Fischdampfer über die Stelle. Wasserbomben fallen in die Tiefe, immer und immer wieder, Zerreißen das Meer und treffen.

„Stopp!"

Über die Reling der stillliegenden Fahrzeuge beugen sich die Vernichter. Öl färbt die Wogen, glättet sie, quillt aus dem Meeresschoß, gleich dem Blut eines edlen Kampfers.

Luftblasen folgen. Eine Stunde, zwei Stunden. Das ist das sichere Zeichen des Endes eines der gefürchteten U-Boote. Die englischen Fischdampfer nehmen ihre Suchtätigkeit wieder auf. Von „U B 31" aber triftet als letztes Zeichen ein großer Ölfleck träge zur feindlichen Küste.

Zwei amtliche Handlungen beenden die erfolgreiche Laufbahn des vernichteten Bootes. Die erste steigt vor einem Seeamt in London. Das Prisengericht bewilligt für die Vernichtung von „U B 31" 115 Pfund Kopfgelder.

Die zweite Handlung ist die Verlustmeldung des Kommandos der U-Flottille Flandern II an die Angehörigen der Bootsbesatzung.

Dreiundzwanzig gleichlautende Briefe tragen schwere unfassbare Kunde in deutsche Häuser. Einer davon sei als Urkunde hier abgedruckt.

Kommando, der U-Flottille Flandern II. B.-Nr. 2797. Den 14. Mai 1918.

Das Kommando hat die traurige Pflicht, Sie davon in Kenntnis zu setzen, dass Ihr Sohn, der Heizer Rößler, mit einem U-Boot von der letzten Unternehmung nicht zurückgekehrt ist.

Da seit dem Auslaufen jegliche Nachricht von dem Boot und seiner Besatzung fehlt, muss mit hoher Wahrscheinlichkeit angenommen werden, dass das Boot dem Feinde zum Opfer fiel, und die ganze Besatzung, darunter auch Ihr tapferer Sohn, den Heldentod für das Vaterland gestorben ist.

Sollte späterhin noch etwas über das Schicksal des Bootes und seiner Besatzung bekannt werden, wird Ihnen sofort von hier Nachricht zugehen, auch ohne besondere Anfrage Ihrerseits.

Gleichzeitig wird gebeten, das Kommando umgehend zu benachrichtigen, sobald Sie etwas über das Schicksal Ihres Sohnes erfahren haben.

Das Kommando trauert mit Ihnen um den schweren Verlust, der Sie getroffen hat, umso mehr, als es auch einen vorm Feinde und in den gefährlichsten Lagen bewährten Mann verliert, der mit unermüdlichem Eifer seine harte Pflicht im Dienste für das Vaterland bei der U-Flottille Flandern II erfüllt hat.

Im Interesse der Landesverteidigung muss das Kommando Sie darauf aufmerksam machen, dass über den Verlust des Bootes nichts bekannt gemacht oder veröffentlicht werden darf. (Siehe §1 des Gesetzes gegen den Verrat militärischer Geheimnisse.)

Die hinterlassenen Sachen werden Ihnen nach der gesetzlich vorgeschriebenen Abwickelung durch die Nachlasskammer der U-Abteilung in Kiel, Muhliusstr. 110 übersandt werden. mit Ausnahme der Uniformstücke, die hier abgeschätzt und deren Werte Ihnen erstattet werden.

Herrn Karl Rößler, Jessen, Schlossweg 54.
Rohrbeck Kapitänleutnant und Flottillenchef.

„U B 31“ eröffnet eine lange und schwere Verlustreihe.

Am gleichen Tage geht „U C 78“ durch Wasserbombenangriffe verloren. Einige Tage später ebenfalls im Kanal „U B 78“. Damit liegt das vierzigste deutsche U-Boot auf dem Meeresgrund des gefährlichsten aller Seekriegsgebiete.

Funktelegraphische Vereinbarungen in See stehender U-Boote werden ihnen zum Verhängnis.

Im westlichen Mittelmeer.

Unter dem sternenklaren Nachthimmel glitten englische Zerstörer auf der Suche nach den hier Handelskrieg treibenden deutschen U-Booten durch die leicht bewegten Wogen.

Fast unmerklich schwankten die Masten unter der zitternden Unrast der mit halber Kraft arbeitenden schweren Maschinen, die die gedrungenen Fahrzeuge fast stündlich an Trümmerfeldern versenkter Schiffe vorbei trieben.

„Goddam“, schimpfte einer der englischen Ausguckposten. „Hier haben die Deutschen aber wieder gehaust.“

Der Nachtwind fegte durch die Takelage, trieb den schwachen Schlotrauch seitwärts und rüttelt an den Drähten der FT.-Anlage, die seit zehn Minuten die Zeichen von zwei funkentelegraphisch verkehrenden deutschen U-Booten dem englischen Telegraphisten übermittelten.

Zu Dreien machten sie sich in der Funkkabine an die Entzifferung der geheimen Signale. Mittels des deutschen Codes sind diese bald dechiffriert.

Dann blinkt auf der Brücke des „Basilisk“ ein Scheinwerfer auf und wirft seine Basiliskenblicke dem Nachbar zu. Der antwortet gar bald mit dick aufstoßendem Qualm der Schornsteine und dann jagen beide in Richtung der Standorte der U-Boote in den aufdämmernden Tag.

Am Abend desselben Tages meldet ein Funkspruch die Vernichtung der deutschen U-Boote „U 32“ und „U B 70“ im westlichen Mittelmeer.

Drei Tage später.

In den unendlichen Flächen des atlantischen Ozeans zwischen den kanarischen Inseln, Madeira und der afrikanischen Küste bis Gibraltar kreuzen, durch einige 100 Seemeilen voneinander getrennt, vier Unterseeboote.

Und zwar, mit dem Bug nach Süden, das deutsche U-Boot „U 62“ auf dem Wege nach dem Sperrgebiet der Azoren, mit Westkurs das englische Tauchboot „E 35“ auf der Jagd nach feindlichen Booten und mit nördlichem Kurs die von der afrikanischen Küste zurückmarschierenden deutschen U-Kreuzer „U 154“ und „U 155“.

Ein Ozeandampfer im Weltenmeer gleicht einer Nussschale, ein U-Boot ist ein winziger Punkt und ein U-Kreuzer nicht viel größer bei den Ausmaßen des Atlantiks.

Doch da ist die Erfindung der Funktelegrafie. Sie rückt Riesenentfernungen im Nu zusammen, überbrückt blitzschnell hunderte von Seemeilen und schon unterhalten sich die Kommandanten der drei deutschen U-Boote in geheimen Morsetönen.

Kapitänleutnant Hashagen „U 62“ vereinbart mit Kapitänleutnant Gerke „U 154“ und Kapitänleutnant Eckelmann „U 155“ ein Zusammentreffen.

Aber auch der Feind hört die Funkzeichen ab. Das englische U-Boot „E 35“ hat mit ausgebrachtem Funkgestänge die Nachtstunden durchlaufen.

Im Offizierswohnraum sehen sie sich mit geröteten Gesichtern an. Das muss ein großer Schlag in der Geschichte des U-Bootkrieges werden.

„Ein Boot, zwei U-Kreuzer.“ — „Treffpunkt 160 Seemeilen westlich Gibraltars.“ — „Heute Abend 7 Uhr.“

Einer liest vor: „Deutsche U-Kreuzer Nr. 151—157. Deplacements 1500 Tonnen. 4 Geschütze. 80 Mann Besatzung.“

„Kolossale Dinger.“ — „Das wird ein Schlag.“— „Alle Drei müssen runter.“ — „Platz genug bietet die Tiefe dort.“ — „3372 Meter laut Seekarte.“

Auf und nieder wiegen sich die Räume. Mit erhöhter Fahrt steuert „E 35“ den Treffpunkt an, um sich frühzeitig auf Lauer zu legen.

Der U-Kreuzer „U 154“ stand dem Sammelort am nächsten. Die halbe Besatzung sonnte sich an Oberdeck und freute sich der Heimat entgegen.

Sie kamen von der Pfefferküste. Achtzig Tage waren sie bereits in See, hatten zwei Dutzend Schiffe an der Küste Afrikas versenkt, die Funkstation Monrovia zerstört, Geschütze erbeutet und Gefangene gemacht. Nun ging es nach Deutschland und in wenigen Stunden trafen sie sich mit anderen Booten.

Auf „U 155“ war die Stimmung ähnlich. Es kam ebenfalls von der afrikanischen Küste und war seit März unterwegs. In Gruppen standen die biederen U-Bootmänner. Erzählten von den fliegenden Fischen, Delphinen und anderem Seegetier.

Sie konnten sich nicht genug wundern, dass das nun alles schon wieder hinter ihnen lag.

Ein Traum die Küste des schwarzen Erdteils. Ein Traum all die märchenhaften Erlebnisse. Ein Traum die tropische Glut des Südens.

7 Uhr abends.

Erregung an Deck von „U 155". Voraus an der Kimm ein Fahrzeug und plötzlich an derselben Stelle eine hohe Wassersäule. Der letzte Gruß des Schwesterbootes.

Betroffen blickten sie sich an. Instinktartig ahnten sie Unheil. Kapitänleutnant Eckelmann lässt sofort funken: „Achtung! Feindliche U-Boote!" und verschwindet dann mit „U 155" unter Wasser.

Und „U 62" lenkt ein Zufall vom Kurs ab.

Die Turmwache sichtet an Steuerbord Sternsignale. Hashagen dreht darauf zu und hat bald eine Herde Walfische vor sich.

Als das Boot den alten Punkt wieder ansteuert, steht am Horizont die Sprengwolke, hallt eine dumpfe Detonation an ihr Ohr, kommt der warnende Funkspruch und „U 62" taucht ebenfalls weg.

Der englische Funkbericht aber meldet in derselben Nacht: „Eines unserer U-Boote vernichtete westlich Gibraltar den deutschen U-Kreuzer „U 154".

Noch zwei Erfolge sind englischen U-Booten beschieden. „E 43" knallt „U B 16" ab. „D 4" im Kanal „U B 72".

Und so kommt der Monat Mai nicht zur Ruhe.

Zwischen den Funkmeldungen der versenkten Tonnage tönen immer wieder die hässlichen Verlustanzeigen: „U 103" gerammt. — „U B 119" verschollen. — „U C 35" vernichtet.

Eine Woche ist Ruhe. Zum Ende des Monats folgen noch „U B 52" im Mittelmeer, „U B 74" im Kanal und „U C 75" an der Ostküste Englands und steigern so die Zahl der im Mai verlorenen Boote auf die Höchstzahl 14.

Und immer wieder Freiwillige

Trotz der zahlreichen Vorstöße der Hochseeflotte kommen die Großkampfschiffe nicht wieder zum Schuss und so mehren sich die Eingaben an die Schiffsleitungen zwecks Abkommandierung zur U-Waffe.

Die Artillerieleiter und I. Offiziere der Linienschiffe haben die schwere Aufgabe, ihre jüngeren Kameraden zu halten, obwohl viele selbst meist gern ein U-Boot übernehmen möchten.

Die hohe Zahl der U-Bootfreiwilligen ist ein leuchtendes Beispiel des Mutes und der Opferbereitschaft deutscher Seeoffiziere.

Bei den Deckoffizieren, Maaten und Mannschaften ist es dasselbe. Und so strömen meist die Besten von den großen Schiffen nach Kiel zur U-Schule.

Die Ausbildungsabteilung dieser mustergültigen Organisation ist unter dem hervorragenden Leiter Korvettenkapitän Clarenbach bis zur Vollendung gediehen und die durch Clarenbachs System geschulten U-Bootanwärter ermöglichen die fortwährende Indienststellung neuer Boote.

Und so ging Boot auf Boot in See gegen England. Die gewaltige Mahnung der heroischen Verluste trieb die kühnen U-Bootfahrer rücksichtslos vorwärts. Von dreihundert U-Booten waren Einhundertundfünfzig vorm Feind geblieben. Das war jedes zweite Boot.

Wasserbomben, Havarie, Sturm

Helgoland.

Der Felsen im Meer erglühte in den Strahlen der aufgehenden Sonne und warf das Frühlicht des Junitages auf das buntbewegte Bild des U-Boothafens zurück.

Zahlreiche Rauchfahnen auslaufender Minensuchboote stiegen kerzengerade in die Luft und die Qualmwolken eines Torpedobootes schatteten über die im Kielwasser der Begleitfahrzeuge folgenden U-Boote.

Aufklärungsflugzeuge klirrten voraus und eine Jagdstaffel umkreiste schützend den mit Westkurs sich von Helgoland entfernenden U-Bootgeleitzug.

Auf „U B 34" blickte Maschinist Kasten sinnend über die im Sonnenglast flimmernde Meeresfläche, folgte den umherschwirrenden Fliegern, sah zu dem Nachbarboot hinüber und kletterte dann ins Innere der Eisenhöhle zurück, um bis zu den Minensperren Schlaf auf Vorrat zu nehmen.

Der neue Kommandant, Oberleutnant Erich Förste, hatte sich schon niedergelegt, auch einzelne Leute der Freiwache. Wie sorgenvoll die Gesichter der Schlafenden aussahen.

Resigniert warf sich Kasten auf seine Koje. Hatte er sonst voll Zuversicht jede Fernfahrt angetreten, so packte es ihn diesmal von der anderen Seite.

Grau, nüchtern, kalt erschien ihm das Innere seines Bootes. Die Räume, Schächte, Gänge kamen ihm kahl und trostlos vor. überall wo er hinsah, Rohre, Handräder, Ventile, Messinstrumente. Dazu die ewige Unrast der stampfenden Maschinen. Und alles Eisen, kein Tageslicht, immer der matte Schein der ewig brennenden elektrischen Lampen.

Ärgerlich stieß er diese Gedanken von sich. Eben das war es ja, was die U-Bootwaffe so hervorhob. Dieses harte männliche Seemannsleben. Dieses unerhörte Zusammenwirken von menschlichem Geist und vollendeter Technik.

Verflucht nochmal. Diese Miesmacher sollte der Teufel holen. Er hätte dem Kerl im Konzertkaffee damals doch ins Gesicht schlagen sollen, denn wer weiß, wie viel gerade Naturen die zynische Art dieses Drückebergers schon vergiftet hatte.

Jawohl, hier war alles Stahl und Eisen, hier tropfte Öl wie Wasser von den Decken, hier wurde man fettig und schmierig, hier musste man vierzehn Tage und länger, ohne sich zu waschen, leben, musste künstliche Luft atmen, oft dreißig und mehr Stunden ohne Schlaf bleiben.

Selbstverständlich. Oder sollten sie mit Klubsesseln zur See fahren und im Paradezeug Dampfer torpedieren? Sie lebten dem Tode, aber nicht für die Wucherer, Schieber, Kriegsgewinnler und Drückeberger, sondern einzig und allein für Deutschland.

So schlief er ein und plötzlich stand er mit der gesamten Besatzung an Deck des Bootes, das in einem riesenhaften, Meerestrichter lag und ringsum trieben dicht beieinander hunderte von Minen. Sie grinsten teuflisch mit ihren hervorstehenden Hörnern, wiegten sich wohlgefällig auf den Wogen und nickten herausfordernd: „Ja, kommt nur, fahrt zu, eine von uns wird Euch schon fassen."

Der Pfälzer Groß sagte nur: „So viele" und Kastens Blick lief den meilenweiten Trichter entlang, wo sie sich Punkt an Punkt reihten, tausende, zehntausende. Und dahinter dampften Zerstörer, Fischdampfer, Hilfskreuzer, amerikanische U-Bootjäger und immer wieder kamen neue. Ihre Rauchwolken hüllten den ganzen Horizont ringsum ein. Und aus dem dunklen Qualm schwebten Luftschiffe und Flugzeuge lautlos näher. Kreisten drohend über ihnen und es waren ihrer so viele, dass sich das Licht des Himmels verdunkelte. Einige senkten sich tief herunter, die Insassen riefen ihnen zu: „So lange habt ihr gewartet, ihr dummen Deutschen mit Euren Völkerrechtsphrasen und humanen Kriegsführung. Nun werden wir Euch mit der Masse unseres Materials erdrücken und wenn das nichts hilft, dann —" und sie wiesen mit den Armen nach dem Rand des Meerestrichters, wo an einer Stelle ganze Trauben Gesichter sie höhnisch angrinsten. Und das schönste war, sie kannten diese hämischen Fratzen. Da war Maschinistenmaat Lage, Obermaat Hollemeyer, Heizer Bethge, dann der Deckoffizier aus dem Konzertkaffee und mitten darunter Köpfe, die Scheidemann, Erzberger, Bethmann Hollweg, Rathenau und Admiral v. Müller ähnelten.

Und dann erklang wieder die Stimme eines der Engländer:

„Eure Tapferkeit erkennen wir an. Aber Krieg ist Krieg" und sie lockerten im Vorgefühl der sicheren Vernichtung die schweren Fliegerbomben. Laut dröhnten jetzt die Propeller, höher schraubten sich die Flugzeuge und dann lösten sich senkrecht über ihnen zwei dieser mit Sprengstoff gefüllten Eisenbälle und sausten auf sie herab.

Aus Kastens halbgeöffnetem Mund kam ein Schrei, er wurde übertönt von zwei dumpfen Detonationen, in Schweiß gebadet blickte er wild in dem kleinen Wohnraum des U-Bootes umher.

Da hörte er die Stimme Dörings, der zu Hesse sagte: „Die haben eben zwei Treibminen abgeschossen."

In der Frühe des dritten Tages steht „U B 34" vor Withby. Seit 3 Uhr morgens ist Maschinist Kasten mit dem Ausbau der gebrochenen Kurbel der Backbordmaschine beschäftigt.

Einige Minuten nach 4 Uhr unterbricht die Alarmglocke die Arbeit. Kasten springt in die Zentrale und bringt das Boot mit knapper Not auf 40 Meter hinunter, als kurz nacheinander vier Wasserbomben folgen. Ein maßloser Krach stürmte berserkermäßig durch alle Räume, die Flurplatten springen hoch und einzelne Glühlampen zerstäuben. Die dann folgende ungewisse Stille liegt drückend um die schweigend lauschenden Männer.

Oberleutnant Förste gleicht das unfreiwillige Tauchen sofort aus und befiehlt beim Koch einen anständigen Morgenimbiss. Schon der stark duftende Kaffee regt die erschreckten Gemüter etwas an und bald ist jede Gefahr vergessen.

Der Pfälzer Groß und der Rheinländer Niederklopfer necken sich in ihrem heimatlichen Dialekt und die anderen quittieren oft mit wahren Lachsalven. Als dann der Kommandant den Befehl zum Auftauchen gibt, straffen sich die kampfgewohnten Gestalten zu neuen Taten.

Die Turmwache ist kaum heraus, als sie im schnellsten Tempo wieder hinunter saust. Schnelltauchen! Kasten schreit seine Befehle durch den Wortschwall. Schon sinkt „B 34". Da stürzt durch das Turmluk unaufhaltsame Wasserflut, ergießt sich in Strömen über den Kopf Kastens. Gar schnell steigt das Wasser in der Zentrale. Verzweifelt versucht Förste das Turmluk fest anzuziehen. Seine Muskeln markieren sich hart in dem nassen Zeug, der Brustkasten arbeitet wie ein Blasebalg, endlich lässt das einströmende Wasser nach. Vollständig durchnässt taumelt er durch die Bewegungen des infolge der übernommenen Wassermassen achterlastig gewordenen Bootes gegen das Sehrohr. Kasten kippt indessen in hervorragendem Manöver den bereits bis auf 9 Meter hochgeschnellten Bootskörper. „B 34" schießt kopfüber in die Tiefe. Auf 40 Meter reguliert Kasten das Gewicht ein und die hin und her gestoßenen U-Bootmänner finden sich jäh auf ihren angestammten Plätzen wieder.

Vor Hartlepool.

Glatte See machte jeden überraschenden Angriff unmöglich. Zerstörer, Fischdampfer, U-Bootjäger drückten „U B 34" den ganzen Tag unter Wasser. Erst gegen 11 Uhr nachts konnten sie ungestört auftauchen.

Das Funkgestänge wurde ausgebracht. Sie lagen hart an der englischen Küste. Hochöfen glühten gegen den nächtlichen Himmel. Der Feuerschein der Alaunfabrik Hartlepools erhellte das Gelände. In den aufflammenden Gasen konnten sie die Arbeiter erkennen.

Hinzberg hörte in der Zentrale den Funkspruch Nauens ab. Es war wenig Erfreuliches: „Das Kattegat ist noch mehr mit Minen verseucht. — Verstärkte U-Bootgefahr dortselbst."

Und da mussten sie zurück. Dann kam noch eine Nachricht. Deutsche U-Boote wurden vor der amerikanischen Küste gemeldet.

„Unsinn", sagt Kasten, „die sollten lieber rings um England angesetzt werden, als da übern Ozean Torpedos spazieren zu fahren".

Oben ward es schon wieder hell. Die Wachen meldeten Rauchfahnen und dann musste „U B 34" wieder unter Wasser. Ein Tankdampfer entwischte durch Fahrterhöhung. Die See war immer noch spiegelglatt. Wieder ließen Zerstörer, Luftschiffe, Flieger das Sehrohr kaum einige Minuten hinausstecken.

Allen stand die Überanstrengung ins Gesicht geschrieben. Das sah Förste nur zu deutlich. Die meisten funktionierten nur noch auf Grund der in Fleisch und Blut übergegangenen Handgriffe. Täglich 17—20 Stunden unter Wasser zehrten an den Atmungsorganen. Der Sauerstoff machte sie ganz betrunken.

Am meisten war Kasten mitgenommen. Achtzig Stunden hatte er kein Auge zugemacht. Immer Tiefe und Angriffe gesteuert. Lange konnte es nicht mehr dauern, dann klappte er zusammen.

So befahl der Kommandant Kurs von der Küste weg und schickte den Maschinisten in die Koje. Zehn Stunden lag Kasten wie erschlagen auf seiner Schlafstätte.

Lissy horchte nach jedem Wachwechsel sorgenvoll auf die fast unmerklichen Atemzüge des treuen Waffengefährten. So mussten wohl Tote schlafen.

Am Sonntag gegen Mittag schlug Kasten die Augen auf und war wieder ganz frisch. Auch die Besatzung hatte sich erholt und schon ging es zurück zur Küste.

Endlich Angriffswetter.

Nachts kommt angesichts der Alaunfabrik von Blyth ein Dampfer auf. Die Abgase der Fabrikschlote erleuchten in unregelmäßigen Abständen ziemlich hell die See und erschweren eine umfassende Beobachtung.

Kurz vorm Torpedoschuss braust ein U-Bootjäger heran, und „B 34" verschwindet schnelltauchend in der nachtdunklen Flut.

Der neue Tag brachte hohen Seegang, aber keinen Schiffsverkehr. So wurden sie diesmal lange auf die Folter gespannt. Wieder dunkelte es. Dann endlich die erlösende Meldung: „Rauchfahnen! Konvoi!"

Umschwärmt von Zerstörern, vorn und achtern ein kleiner Kreuzer, in der Luft Flieger, so brachte England die rar gewordenen Handelsschiffe in Gruppen von sechs, acht und mehr Dampfern zur Küste.

Förste ließ sofort zum Angriff aufdrehen.

Während der Schussvorbereitungen pfiff er kaltblütig seine treffenden Schlager und hielt dabei hartnäckig einen der größeren Dampfer im Sehrohr fest.

Kasten horchte auf die Melodie und begleitete im eigenen Text: „Immer an die Wand lang, immer mit der Hand mang" und Hinzberg sagte halblaut: „Der ist wieder in Form heute."

10 Uhr 03 fällt bei Blandy Rock der Torpedoschuss und holt mitten aus dem stark bewachten Geleitzug einen 3000 Tonner. Blitzlichtartig zuckt eine Flammenfontäne auf. Förste wartet das Sinken des Dampfers noch ab. Es dauert genau 32 Sekunden.

Ein Zeichen seinerseits. Das Sehrohr wird eingefahren. Ein Befehl an die Zentrale. „U B 34" geht ebenfalls in die Tiefe. Lissy ruft Kasten zu: „Achtung! Grund 47 Meter!"

Da sind die Verfolger ran. Hinzberg notiert, als ob sonst nichts auf der Welt wäre in dem Getöse der berstenden Wasserbomben: 10 Uhr 08 Wasserbombe Nr. 1 — 10 Uhr 10 Nr. 2 — 10 Uhr 12 Nr. 3.

Und der Kommandant pfeift gemütlich: „Was kommt dort von der Höh —."

Das verstummte aber bald, denn das Boot schien zu zerplatzen unter dem gewaltigen Druck, der von außen dagegen donnerte. Maschinist Kasten sprang selbst ans Tiefensteuer und hielt unter Aufbietung seiner ganzen Willenskraft den hin und her gestoßenen Bootskörper sieben Meter über dem Meeresboden, und Förste ließ „B 34" immer dorthin steuern, wo die Fetzen der bereits zerplatzten Bomben verflogen waren.

Dazwischen ragten sieben polternde Schläge wie Berge aus dem grollenden Chaos. Das waren Fliegerbomben, aber sie lagen alle ziemlich weit ab, und dann hörte auch das auf.

Hinzberg ist der erste, der in der Zentrale etwas sagt. Er hatte die Zahl der registrierten Bomben zusammengezählt.

„Sechsundzwanzig Herr Maschinist."

Kasten nickte nur, seine Muskeln zitterten noch nach von der starken Beanspruchung, außerdem musste er alle Aufmerksamkeit der Tiefensteuerung zuwenden.

Um Mitternacht durchbricht der Turm des Bootes die Wasseroberfläche. Das Luk fliegt auf. Der Wachoffizier und die Ausguckposten klettern hastig heraus. Es ist neblig oben und keine 100 Meter Sicht.

Während der Vorbereitungen zum Laden der Akkumulatoren mit beiden Maschinen steigt auch Kasten nach oben. Die nebelfeuchte Nachtluft tut den mit Sauerstoff gespeisten Lungen auch nicht gut, und er zieht sich bald wieder ins Innere zurück.

Das notwendige Auskuppeln beider Wellen bringt erhöhte Alarmgefahr. Maschinist Kasten lässt deshalb alle Stationen besetzt und schärft den Kameraden im Alarmfall unbedingt sofort durchzuführende Handgriffe ein.

„Das Boot hat jetzt noch 800 Liter mehr Untertrieb. Ich kann es also im äußersten Fall auch ohne Schrauben sofort absacken lassen" beschließt Kasten seine Instruktion.

Zwei Stunden später.

Die Anspannung der verschärften Bereitschaft kann die Wachsamkeit nicht herabmindern. Aber da ist etwas anderes. Der junge Heizer Schuh starrt auf die Kupplungen der Maschinen. Er prägt sich immer wieder ein, was er zu tun hat, um die Wellen einzukuppeln. Und da schreit die Alarmglocke auf. Gellt so überlaut und durchdringend, dass die Nerven des jungen Menschen versagen, dass er starr und steif niederfällt.

So bleibt „U B 34" auf 6 Meter Tiefe hängen, ein schrecklicher Zustand und oben rauscht der feindliche Zerstörer zum Todesstoß näher.

Kastens Gehirn arbeitet fieberhaft. Hart und kurz fallen seine Befehle. Wasser flutet energisch in die Tanks, und in höchster Not fällt das Boot mit 8° achterlastig ohne Maschinen über den Achtersteven in die Tiefe.

Die rasende Geschwindigkeit des fallenden Bootes nimmt vielen die Besinnung. Sie brüllen durcheinander und schreien halb wahnsinnig: „Wir saufen ab! Wir saufen ab!"

50 Meter! 60 Meter! 70 Meter! So schnellt der Zeiger vor. Es sind Sekunden des Grauens. Doppelt drückend für alle zur Untätigkeit Verurteilten. Kasten merkt wenig davon. Auch Obermaat Groß. Der hat Heizer Schuh entschlossen beiseitegestoßen und während des schnellen Fallens die Kupplungen reingeworfen und die Maschinen eingeschaltet.

Wieder greift Kasten ein, fängt das Boot auf 86 Meter mit Pressluft ab und stellt den normalen Zustand her. In dem Moment wächst des Maschinisten Gestalt für alle, die seine gelassenen Bewegungen gesehen und präzisen Befehle durchgeführt, ins Unerreichte.

„——lenzen!" — „Beide Maschinen äußerste Kraft!"

Wie ein Fahrstuhl steigt das Boot auf 20 Meter hinauf. Förste kommt in die Zentrale und drückt Kasten die Hand. Worte gelten Beiden als überflüssig.

Doch das ist noch nicht der Höhepunkt der Erlebnisse. Die Backbordmaschine bricht endgültig zusammen. An der Steuerbord-Schmierölpumpe macht sich starker Ölverbrauch bemerkbar. Förste muss deshalb die Fernfahrt abkürzen.

Ein Zwischenakt schaltet sich noch ein.

Auf weite Entfernung passiert ein Dampfer. Es entspinnt sich ein heftiges Artilleriegefecht. 48 Schuss jagt die Kanone dem bewaffneten Handelsschiff in die Flanken. Dessen Geschütz wird zerstört. Er brennt stark, nimmt aber Reißaus, und gibt dauernd mit F.T. Notsignale.

„B 34" kann mit einer Maschine nicht folgen und setzt den Rückmarsch fort. Es hat schwer gegen eine hohe Dünung zu kämpfen und kommt nur mühsam vorwärts.

Und am Abend sagt Lissy: „Wir bekommen Sturm."

Am Morgen ist er da. Er kam mit Siebenmeilenstiefeln. Aufkabbelnde Wellen. Windstärke 6. Schauderhafter Seegang. Windstärke 8. Haushohe Wogen. Windstärke 10. Sturm in der Nordsee. Windstärke 12.

Es ist ein fürchterliches Wüten der Naturgewalten. Wellenberge von gewaltigen Ausmaßen. Rasende Luftmassen. Sturzseen. Brecher. Der Himmel ohne Licht ein wüster bleigrauer Strich.

„U B 34" steht mit einer intakten Maschine gegen die Allgewalt des schäumenden Meeres. Es wird Nacht. Die weißleuchtenden Wellenkämme geistern wie zottige Tiere um das schwer arbeitende Boot. Die festgeknoteten Wachmänner sehen nur Gischt und Schaum und die aufkommenden Sturzseen stürmen wie glänzende Schilder über sie hin.

10 Uhr nachts bricht auch die Steuerbordmaschine zusammen. 800 Seemeilen von der Heimat entfernt treibt „B 34" hilflos durch die nachtliche See.

Im Innern des Bootes sieht es wüst aus. Das technische Personal, voran der Maschinist Kasten, arbeitet fieberhaft, soweit es bei den Bewegungen des Bootes möglich ist. Es dröhnt wie eine straffgespannte große Pauke. Die Räume bewegen sich, als ob sie auf der Spitze einer Nadel standen.

Kastens Gesicht, abgespannt, übernächtig, beugt sich über die durcheinander geworfenen Teile. Der Kolben der Einblasepumpe ist gerissen, die Pleuelstange verbogen, der Zylinderkopf gesprungen.

Vier Stunden arbeitet er zielsicher am Aufbau der Steuerbordmaschine. Hundertmal mit unendlicher Geduld Einzelteile, die die Stöße des Bootes ihm aus der Hand schlagen, aufnehmend. Unermüdlich nicht passendes auswechselnd, mit zäher Ausdauer Teil an Teil fügend.

Sechs Stunden sind vergangen.

Drei der Gehilfen Kastens sinken übermüdet zusammen. Sie werden wie leblos in die Wohnräume geschleppt. Unverdrossen schafft Kasten weiter. Die elektrische Beleuchtung steht fahl und trüb in dem tanzenden Raum. Des Maschinisten Gesicht ist fanatisch bleich. Unbeugsamer Wille steht in seinen Augen. Er muss es schaffen. Oben tagt es irgendwo. „B 34" treibt breitschiffs durch die kochende See. Die Ausguckposten klammern sich Halt suchend gegen die überkommenden

Sturzfluten an der Brustwehr fest, und die durchnässten Körper liegen schwer auf den Sicherheitsleinen.

Steuermann Lissy arbeitet mit den Matrosen an der Ausbringung eines Segels. Drei wollene Decken mittels des Bootshakens versteift, werden am Funkmast angebracht. Der Wind bläht das komische Segel, bringt „U B 34" so auf nordöstlichen Kurs und verhindert ein Abtreiben in die feindlichen Minensperren.

8 Uhr morgens. Kasten setzt die letzten Schrauben an und verbindet die Drähte. Dann richtet er sich mit den Händen abstützend auf, die Steuerbordmaschine ist klar.

Der Erfolg der ununterbrochenen zehnstündigen Arbeit leuchtet aus des Maschinisten Augen, als das Brummen des anlaufenden Motors den Raum erfüllt. Hinzberg funkt inzwischen an den Befehlshaber der U-Boote „Erbitten Begleitboote durch Minenfelder."

Rückantwort: „Hilfe unmöglich. Rückmarsch Ostsee oder durch drei Minenfelder der Nordsee selbst antreten. Minensucher können wegen schweren Wetters nicht auslaufen."

Darauf Schiffsrat über den Weg des Rückmarsches. Lissy umreißt die Strecken: „Durch die Ostsee rund 1200 Kilometer. Durch die Minenfelder der Nordsee genau die Hälfte."

Förste: „Hält Ihre Maschine den weiten Weg durch?"

Kasten: „Unter Garantie"

Förste: „Denken Sie an die im Kattegat lauernden englischen U-Boote, und wir nur mit einer Maschine."

Darauf Kasten und Lissy: „Lieber Torpedo als Minen." Förste ist gleicher Meinung. Minuten später tragen die unsichtbaren Wellen den Entschluss des Kommandanten nach Deutschland: „Gehen durch Ostsee."

Sechs Tage später macht „U B 34" in Brunsbüttel fest.

Allerhöchste Belobigung

Befehl auf Grund kaiserlicher Kabinettsordre. Kommando der Unterseeboote.

Befehl! An alle Dienststellen:

Ich spreche dem Maschinenpersonal von U B 34 und dem U-Maschinisten Kasten meine Anerkennung aus, für die Umsicht und gute Leistung bei schwerstem Wetter während der Arbeiten zur Beseitigung der Maschinenhavarie.

Durch die Leitung des U-Maschinisten Kasten wurde die Arbeit glänzend ausgeführt und das Boot gerettet.

gez. Michelsen, B. d. U. Kapitän z. S.

Vorboten des Chaos

Geheimkuriere internationaler Vereinigungen, ausgerüstet mit falschen Papieren, überqueren ungehindert die Grenzen der „neutralen" Staaten. Sie überbringen Briefe Fahnenflüchtiger, geheime Schriftstücke und Geld den Vaterlandsfeindlichen Organisationen in Köln, Berlin, Hamburg und anderen Orten Deutschlands.

Bremerhaven.

Die Posten der Bahnhofswache nehmen einen Zivilisten beiseite. Eine Stunde später steht der Mann bereits zum Verhör in einem Zimmer der Kommandantur. Die Protokollaufnahme ergibt: Falscher Pass. Aus Holland zugereist.

Richtiger Name, Albert Wichmann.

„U-Boot-Obermatrose."

Der das Verhör leitende Seeoffizier fährt auf: „Was soll das heißen?"

Ruhig spricht der Mann weiter. Gibt seine Stammrollennummer an. Erzählt den phantastischen Untergang seines Bootes und beruft sich auf Kasten, der damals gerade von „U B 31" zur Deckoffizierschule kam.

Rückfragen durch Fernsprecher bestätigen die Stammrollenangaben. Auch das Kommando Kastens wird ermittelt. Es ist „U B 34". Dabei ein großer Zufall. Das Boot liegt im Hafen.

Maschinist Kasten kommt und erkennt sofort den als verschollen gemeldeten Wichmann. Er drückt ihn trotz der Vorgesetzten wie einen Sohn an sich.

Dann setzt Wichmann seinen Bericht fort.

„In Holland lernte ich furchtbare Zusammenhänge der gemeingefährlichen Arbeit linksradikaler Gruppen Deutschlands kennen. Ich kam in ein Haus, wo über zwanzig Deserteure aller Waffenarten untergebracht waren. Die Fahnenflüchtigen wechselten dauernd. Es waren meist links Organisierte, die sich ihrer Tat rühmten. Einige davon kamen zurück und verfügten dann über namhafte Geldsummen. Sie waren in dem Hauptquartier des englischen Spionagechefs Tinsley gewesen.

Auch ich wurde abgeschoben und dann einige Zeit in einem Büro in Amsterdam beschäftigt. In der Nähe, Amstel 85, war die Redaktion eines gewissen Minster, der eine deutschgedruckte Zeitschrift herausgab.

Durch Vermittlung eines Mitarbeiters dieses Deserteurs, der mittels Geheimkuriere lebhaften Briefwechsel mit deutschen Reichstagsabgeordneten unterhält, wechselte ich meine Stellung und kam wieder nach Rotterdam, um selbst mit Post nach Deutschland zu gehen."

Die anwesenden Seeoffiziere und Kasten machten ganz verdutzte Gesichter. Wichmann sprach weiter:

„Und nun möchte ich das Kommando bitten, mir einen Ausweis zu geben, damit ich meine Wahrnehmungen an richtiger Stelle anbringen kann.

Als Geldgeber oder Berater sind mir für Berlin genannt: ein Graf Arco, eine Frau Dr. Hamburger, der Reichstagsabgeordnete Haase, ein Kapitän Persius.

Der Organisator für Berlin sitzt in der Kriegsmetall-A.-G. Er heißt Rosenthal. Dann ist noch da ein Dr. Schinnagel. Beide versorgen die Deserteure mit der Marschroute und falschen Pässen.

In Wilhelmshaven geht die Post an den Vertrauensmann der Flotte durch einen kleinen Zigarettenladen in der Nähe der Kaiserkrone. Der Hauptverbindungsmann ist ein Werftschreiber namens Kuhnt. In Hamburg sind es zwei Frauen Heinemann und Wegner. — Hier die genauen Adressen." „Kiel, Flensburg, Bielefeld, Köln, über ganz Deutschland spannt sich das Netz. Buchhandlungen, Parteibüros, Destillen sind meistens die Ausrüstungsstellen. Von dort werden dann die Flüchtigen nach Holland, Dänemark oder die Schweiz gebracht"

Nach Unterschrift des Protokolls erhielt Wichmann einen besonderen Ausweis und reiste noch am selben Abend nach Berlin ab.

Was er dort erlebte, machte sein Vertrauen den hohen Stellen gegenüber wanken. War das Sorglosigkeit, Gleichgültigkeit oder Gemeinheit, mit der man seine Angaben abtat, ihn von Abteilung zu Abteilung schickte, belächelte und ironisierte?

Einige dieser geheimratlichen Stilblüten lauteten:

„Reichlich fantastisch, junger Mann." — „Das glauben Sie wohl selbst nicht." — „Sie wollen wohl mit aller Gewalt zur Front?" — „Fertigen Sie eine Denkschrift an."

Einer sagte sogar: „Wie kommen Sie denn dazu, Ihre Nase in solche Dinge zu stecken."

Da ließ es Wichmann sein. Er fuhr stracks nach Bremerhaven zurück und meldete sich für eines der seeklaren Boote freiwillig.

Da hatte es der Reichstagsabgeordnete Scheidemann bedeutend bequemer, um nach Holland zu gelangen. Er brauchte nicht vorher ins Wasser zu jumpen und sich dann an Land schleppen zu lassen, sondern setzte sich in den gut gepolsterten D-Zug, konnte im Speisewagen dinieren und wohlbehalten in den Niederlanden aussteigen.

Seine dort gesammelten Eindrücke konnte er schneller und wirksamer anbringen. Ihm stand die Rednertribüne des Reichstages zur Verfügung. Aber Philipp Scheidemann sprach nicht davon, was er in Holland gesehen oder verhandelt hatte, sondern er erklärte:

„— — — in den Massen herrscht eine aufs höchste gesteigerte Erbitterung — —. Es gibt nur eine Stimme, die sich in dem Wort zusammenfasst: Schluss!"

In derselben Sitzung gingen die Sprecher der Unabhängigen noch einen Schritt weiter. Sie malten die Not der breiten Schichten in großen Farben, drohten mit der Revolution und riefen: „Proletarier aller Länder, vereinigt Euch!"

Abends schleuderten sie im abgetragenen Rock in verqualmten Sälen ihre Brandreden in die durch die lange Kriegsdauer müde gewordenen Gehirne der Zuhörer und eine Stunde später saßen sie im tadellosen Gesellschaftsanzug in der russischen Botschaft.

Geschliffene Gläser blitzten in der verschwenderischen Fülle des Lichtes. Sie bewegten sich in den Umgangsformen der so stark befehdeten Bourgeoisie und standen ihren Mann im Vertilgen erstklassiger Weine.

Ob Adolf Hoffmann, Ledebour, Herzfeld oder Cohn, sie hatten alle den einen Trieb zu leben und das nicht schlecht. Und die durchschnittlich sieben Gänge eines Menüs in der bolschewistischen Botschaft genügten diesem Drang.

Die schlemmerhafte Speisenfolge mit Brotpastetchen, Sagosuppe, Karpfen, gebratenen jungen Hähnen, Selleriesalat, Gemüse, Reneklodenkompott und Brötchen mit russischem Kaviar schlugen der drückenden Not Deutschlands direkt ins Gesicht.

Um diese Zeit schreibt das englische Blatt „Times“: „Die Moral des Feindes muss erschüttert werden. Der Verlust des Selbstvertrauens ist es, nicht der Verlust an Booten, Mannschaften oder Material, was Sieg oder Niederlage ausmacht. Der Feind muss den Glauben an sich selbst und an seine Führer verlieren.“

Die Deutsche Presse von links bis weit hinein in die Reihen der großen Zeitungen vom Schlage des „Berliner Tageblattes“ setzte diese Aufforderung seit Monaten hemmungslos in die Tat um.

Die Moral wurde erschüttert. Das Selbstvertrauen zerstört. Der Glaube an die großen Führer unterwühlt. Die Ausgehungerten, entnervten Menschen wurden in Gedankengänge gepresst, die den Tod des Volkes herbeiführen mussten.

So erlahmte die Widerstandskraft in der Heimat. Der Wille zum Durchhalten zerbrach und der Wunsch der Befreiung aus dem Kriegselend endete in der Mobilisierung für unklare, volksfeindliche Ziele.

An der Front setzten die Besten unbekümmert um die Dinge der Heimat ihr Leben ein. Unterstützt von den unerschrockenen Minensuchern und Torpedobooten trugen die U-Bootmänner ihre Waffe an den Feind.

Unermüdlich liefen sie aus mit ihren kleinen Tauchbooten.

Durchquerten unter Todesgefahr die Minenfelder. Schlichen durch die feindlichen Bewachungslinien. Passierten die teuflischen Sperren und setzten sich kaltblütig den Wasser- und Fliegerbomben aus.

Sie griffen ununterbrochen Konvois an. Schossen aus den starkbewachten Geleitzügen oft zwei, drei Dampfer heraus. Gaben U-Bootfallen keine Gelegenheit mehr zur Ausübung eines mörderischen Überfalls.“

Ihre Gesichter waren hart wie Stein und die Haut derb wie Leder. Sie lachten kaum noch, nur die ewig junge See hielt ihre Seelen wach, und wenn es mal zu schlimm kam, dann flüchteten sie sich zur Allmacht des rauschenden Meeres und schöpften neuen Mut aus dem ewigen Jungborn der Natur.

Der Rückweg zum Heimathafen war der gleiche Todesweg wie beim Auslaufen, nur in entgegengesetzter Reihenfolge. Und wenn sie mit ihrem Boot heil im Hafen ankamen, glichen sie schweigsamen Kriegsmännern der Vorzeit.

Draußen sagten sie wortkarg: „Uns kann nichts mehr rühren, nur noch der Schlag.“

Und im Hafen sehen sie mit kalten Mienen dem Treiben der Kriegsgewinnler, Schieber und Wucherer zu. Nur wenn in den Gaststätten sich die roten Agitatoren an sie heranmachten und sie zu ködern suchten mit den blödesten Versprechungen, dann fuhren sie auf aus ihrer dumpfen Ruhe und sie wussten sich oft nicht anders zu helfen, als dass sie mit den Fäusten die Antwort gaben.

Großtabarz. Haus Fortuna.

Am offenen Fenster eines der Zimmer des Erholungsheimes sitzt Maschinist Kasten und bläst auf einem Waldhorn seine schwer mitgenommenen Nerven gesund.

Einige Fenster werden geräuschlos geschlossen. Irgendwo der derbe Fluch eines alten Majors. Diskret ziehen sich die Köpfe einzelner Damen zurück und Kastens Waldhorn schickt ungestört seine Klagetöne über den Thüringer Wald.

Dieses Waldhorn war der Schrecken des ganzen Hauses, denn Kasten blies nicht schön, aber dafür laut und lange.

Aber wer konnte dem tapferen U-Bootfahrer böse sein, der selbst nicht ahnte, welche Misstöne er in die Luft stieß.

Doch Kasten blies nicht sinnlos. Er hielt in den Tönen Zwiegespräche mit den fernen Kameraden. Denn von diesen konnte er sich nicht los machen.

Beim Mittagstisch.

„Sie haben heute wieder wundervoll geblasen“ versicherte eine ältere Dame Kasten, und die Tochter eines hohen Offiziers lässt sich das berüchtigte Waldhorn persönlich vorführen.

Und Kasten bläst, dass die Gläser klirren und die Wände widerhallen, und als die Melodie des Seeräuberliedes verklungen ist, klatscht alles Beifall.

Doch die Tage der Erholung bleiben nicht ungetrübt. Die Schatten der politischen Lage verdunkeln die Stunden des Geborgenseins. Ernste Gespräche kritisieren das Hinabgleiten in den von der neuen Regierung eingeleiteten Parlamentarismus.

„Das ist der Anfang vom Ende“ — „Diktatur ist nötig.“ — „Ludendorff müsste diktieren.“ — „Ich verstehe Majestät nicht“ — „Dieses Paktieren mit den Sozialdemokraten.“

Kasten ging nachdenklich unter den Bäumen spazieren, deren Laub sich in der milden Herbstsonne färbte. Seit Tagen von innerer Unruhe befallen, wünschte er die letzte Woche im Erholungsheim herbei, um wieder zu seinen Kameraden zu kommen.

Oktober 1918

Flandern wurde geräumt.

Die U-Bootsstützpunkte mussten aufgegeben werden. Dumpf klangen die Sprengungen der Anlagen in Ostende, Brügge und Zeebrügge den Flandernmatrosen in den Ohren.

Die ersten Zweige der sturmumtosten deutschen Eiche fielen zur Erde. Abgerissene Blätter wehten nieder. Die nicht fahrbereiten U-Boote wurden gesprengt.

Der Feind hatte sie nicht untergekriegt. Jetzt mussten es die eigenen Besatzungen tun. Harte Seemannshände streichelten verstohlen die kampfbewährten

Bootskörper. Dann versanken „U C 4“ — „U B 10“ — „U B 40“ und „U B 59“ dort, von wo sie so oft zur Fernfahrt ausgelaufen waren.

Mit unerschütterlicher Ruhe trugen die unter Bartenbachs Befehl stehenden U-Bootmänner das Schicksal heimwärts auf ihren kleinen Tauchbooten, das gefährlichste Kriegsgebiet der Seefront hinter sich lassend. Achtzig Boote, die doppelte Anzahl Seeoffiziere, annähernd 2500 Deckoffiziere, Maate und Mannschaften ließen sie draußen.

„U B 34“ in letzter Stunde nach Zeebrügge kommandiert, war mit unter den rückmarschierenden Booten. Es war eine bittere Fahrt und jeder versuchte, so gut wie möglich damit fertig zu werden.

Die eigene schwere Notlage war jedem Einzelnen bekannt, auch die verzweifelte Lage der Gegner. Aber, dass es um England bereits so schlimm stand, dass der amerikanische Bevollmächtigte von London nach Washington telegraphierte: „Falls Lebensmittel- und Rohstofflieferungen nicht ganz erheblich verstärkt werden, muss Großbritannien Sonderfrieden schließen.“ Das wusste man in Deutschland nicht.

Man fühlte aber, dass dieser gigantische Kampf am Wendepunkt angelangt war, und nur eine gewaltige Tat das deutsche Volk hochreißen konnte.

So riefen im Innern des Landes alle die, welche guten Willens waren, das Volk zur nationalen Verteidigung auf. Die Regierung brauchte nur noch amtlich diesen letzten Appell zur Sache des Volkes zu machen.

Sie konnte es, denn die Führer der größten deutschen Arbeiterpartei saßen als kaiserliche Staatssekretäre in der freiheitlichen Regierung. Hier nur zwei Namen: Ebert und Scheidemann.

Sie tat es nicht, denn der Reichskanzler Prinz Max von Baden, General, Monarchist, Freisinniger und Demokrat in einer Person, hatte eine andere Mission zu erfüllen.

Seine sonstigen Vorzüge in Ehren, er hat Denkschriften verfasst und sich um die Gefangenenfürsorge verdient gemacht, aber die Beweise seiner Fähigkeiten als des Reiches oberster Beamter, musste er erst erbringen.

Und seine großherzogliche Hoheit erbrachte sie:

„Der uneingeschränkte U-Bootkrieg wird eingestellt!“

„General Ludendorff entlassen!“

Damit lag das Unterpfand des Siegeswillens in Deutschland zertrümmert am Boden. Die Bahn war frei für Wilsons 14 Punkte.

Wusste Prinz Max von Baden nicht, um was es ging? Doch! Zwei Briefe des Großadmirals von Tirpitz umrissen klar die Gesamtlage, zeigten prophetisch die furchtbaren Folgen, wenn Deutschland sich der Gnade des Feindes auslieferte, und brachten Vorschläge dringender Gegenmaßnahmen.

Einige Abschnitte aus dem Schreiben des Großadmirals an den Kanzler vom 17. Oktober 1918:

„Unser letztes Friedens- und Waffenstillstandsangebot beantwortet Wilson sachlich dadurch, dass er von uns völlige Wehrlosmachung verlangt. Er weiß genau, dass die Einstellung des U-Bootkrieges jeden etwaigen weiteren Widerstand Deutschlands unmöglich macht.“

„Der von der Heimat ausgegangene Niedergang ist über die Etappen in die Kampffronten eingedrungen. Die Truppen können nicht mehr standhalten und kämpfen, wenn sie nur zu deutlich sehen, dass die Heimat alles aufgibt."

— — „Entschlossene Verstärkung unserer Westfront, Formierung von Bürgerbataillonen zur Aufrechterhaltung der Ordnung in der Heimat, rücksichtslose Fortsetzung des U-Bootkrieges, der sehr viel stärker gewirkt hat als man bei uns glaubt —, gleiche Beköstigung von Offizieren und Mannschaften, Aufklärung in weitestem Maße, um was es sich praktisch handelt. Jeder Deutsche muss begreifen, dass andernfalls unser Volk herabsinkt zu Lohnsklaven unserer Feinde."

„Um diesen Weg durchzuführen, ist diktatorische Macht unerlässlich, wie es unsere Feinde getan haben, in direktem Gegensatz zu unserem Verfahren."

„Auf jeden Fall bietet dieser Weg die einzige Aussicht auf Gelingen, der andere Weg führt mit Sicherheit zu einem schmachvollen Ende."

Der Reichskanzler hat all das gelesen, auch Exzellenz Scheidemann und andere Kabinettsmitglieder, doch sie blieben auf dem Wege der Kapitulation.

„Einstellung des U-Boothandelskrieges!"

Die U-Bootfahrer nahmen es gelassen auf ihren breiten Rücken. Einige tobten gegen diesen Wasserkopp Berlin, von dem alles Übel bis heute gekommen. Maschinist Kasten fraß den ganzen Ärger in sich hinein. Nur einmal wagte er dem Kommandanten gegenüber den Einwurf:

„Der neue Reichskanzler hat doch erklärt, entehrende Bedingungen nicht anzunehmen, sondern dann das Volk zur letzten Verteidigung aufzurufen.

Wie kann er da die unersetzliche Waffe der U-Boote strecken?"

Dieser fand darauf keine Antwort und murmelte nur etwas von „Ehre" und „verschiedene Auffassung" vor sich hin. Kasten fragte auch nicht weiter, sondern ging in den Wohnraum und legte sich in die Koje.

Noch einmal lebten sie auf. All die Tausende auf über 100 U-Booten, die bereits konzentriert in den Nord- und Ostseehäfen lagen und aus den Weiten der Weltmeere zurück waren.

Alarm! Angriffsbefehl!

Ein großangelegter Flottenvorstoß zur Entlastung der Westfront. Sämtliche U-Boote seeklar zur Sonderaufgabe. Und waren sie oft die Jahre unter den Klängen deutscher Märsche ausgelaufen, so verließen sie diesmal schweigsam und still in der Abenddämmerung die Häfen, Helgoland, Brunsbüttel, List, Bremerhaven und Wilhelmshaven, kamen von Kiel durch den Kaiser-Wilhelm-Kanal und verloren sich in den grauen Flächen der Nordsee, bereit zum letzten Einsatz gegen die Grand Fleet, die nun unter dem Druck der nach dem Kanal vorstoßenden Hochseeflotte herauskommen musste zur Entscheidungsschlacht.

Und dann wollten sie ihre Torpedos den Großkampfschiffen, Schlachtkreuzern und Linienschiffen in die Flanken jagen, rücksichtslos und wenn sie selbst dabei verloren gingen.

Dann konnten die Riesenschiffe vom Range eines „Hindenburg“ — „Derfflinger“ — „Seydlitz“ — „Moltke“ — „Von der Tann“ und die modernsten Stahlburgen „Bayern“ und „Baden“ mit den gewaltigen „Kaiser-“ und „Königschiffen“ und dem I. Geschwader der Nassau- und Helgoland-Klasse, der dezimierten Grand Fleet den Todesstreich geben. Auf Biegen und Brechen.

Skagerrak, als leuchtendes Vorbild, Mahnung und Forderung zugleich.

Dem dann aber noch nach England zurückkehrenden Rest zusammengeschossener Schlachtschiffe würden sie es besorgen, dass Großbritanniens Flotte sich nicht mehr nach Scapa Flow zu begeben brauchte. Und die kleinen Kreuzer und Torpedoboote würden schon mit den englischen leichten Seestreitkräften fertig werden.

So reichte das Schicksal der deutschen Hochseeflotte noch einmal die Hand. Die alles belebende Tat musste von dort kommen.

Über hundert deutsche U-Boote liegen an den Anmarschwegen der englischen großen Flotte auf Lauer.

Todbereit, zum letzten entschlossen, erwarten sie die feindlichen Geschwader.

Einen Tag, eine Nacht, noch einen Tag.

Doch die See bleibt leer von Kriegsschiffen. Nur Frachtdampfer ziehen eilends zur englischen Küste, der Insel die rettenden Lebensmittel zu bringen. Die Grand Fleet kommt nicht. Dafür aber sonderbare Funknachrichten:

Meuterei auf den Linienschiffen. — Befehlsverweigerungen auf den Kreuzern. — Das Unternehmen ist abgebrochen. — Unruhen in den Hafenstädten.

„Das ist unmöglich“, sagt Kasten halblaut vor sich hin.

„Alles ist möglich unter dieser altersschwachen Regierung“ antwortete Lissy.

Da bringt Hinzberg den Rückrufbefehl. Das ist die amtliche Bestätigung der abgehörten, fast unglaublichen Funksprüche.

Als sie zurückkehren, finden sie Deutschland anders wieder, als sie es Ende Oktober verlassen.

In List auf Sylt und in Helgoland sind es nur die niederdrückenden Nachrichten aus den Küstenstädten.

In Bremerhaven und Brunsbüttel aber erleben sie selbst die ersten Anzeichen des Zerfalls.

Die Landmarineteile, die nichts vom Kriege gesehen, machen sich selbständig. Offiziere werden überfallen. Strafgefangene und Pöbel plündern Magazine. Rote Lappen tauchen auf. Agitatoren der linken Parteien schüren den Aufruhr nach einheitlichem Plan.

U-Bootshafen Kiel.

Sechs Boote legen gleichzeitig an. Auch „B 34“.

Eine Abordnung der Aufständischen ist da. Sie machen sich an die U-Bootmänner heran.

„Nun ist der Scheißkrieg bald zu Ende.“ — „So?“ — „Ihr seid doch auch froh, wenn ihr nicht mehr rausbraucht?“ — „Na ob“, sagt Harmßen, „aber nun macht mal Platz, wir haben hier anderes zu tun.“ —

„Immer sachte, Kamerad." — „Kamerad?" wiederholt Harmßen und bleibt wie angewurzelt stehen. „Du bist wohl verrückt geworden!?"

Da schreit Oberheizer Becker einem anderen aufdringlichen Gast zu: „Sabble mich nicht an, Du Drecksack."

Ein Maat taucht auf. Er will auf die Unteroffiziere einwirken. Der kommt aber schlecht an bei Oberschmidt und Groß.

Niederklopfer, hager, schlank, kein Lot Fett zu viel, misst den gut genährten Kollegen. „Sie sind ganz gut durch den Krieg gekommen."

Kasten tritt herzu. Da kommt es heraus, was die rot bebänderten Matrosen wollen.

„Die Handwaffen ausliefern." „Und die Lappen da runter."

Mit dem letzteren sind die Kriegsflaggen gemeint, die rund um England in der Irischen See und im Atlantik geweht haben.

Da packt sie plötzlich die Wut. Maschinist Kasten greift den Unteroffizier und lehrt ihn Mores.

Das ist das Zeichen zum Angriff, der immer die beste Verteidigung ist. Ein Signal springt durch die Bootsräume. Aus den Luks quellen Offiziere, Maate, Matrosen, Heizer.

Ein Ruf: „Es lebe Deutschland." Kurzes Handgemenge, dann fliegen die Aufständischen aus dem Bereich der U-Bootmänner. Blitzschnell sind die Heimkrieger verschwunden. Bewaffnete Posten sichern den U-Hafen.

Das jähe Ende

Tagelang jagt der Spuk der Revolte an ihnen vorüber. Sie sehen Autos mit roten Fahnen vorbei flitzen. Hören Gewehrfeuer knattern. Das Getöse schwerer Tumulte schallt bis zu ihnen hin.

Vermittler versuchen, sie für das Chaos zu gewinnen. Sie lehnen ab. Einige U-Bootkommandanten sind in der Stadt dem Pöbel zum Opfer gefallen. Diese Untaten trennen sie ein für alle Mal von dem spartakistischen Gesindel. Kasten und Lissy führen das Kommando auf „U B 34". Versuche ihrerseits, mit den Offizieren auf „Meteor" und den U-Bootschülern eine Eingreiftruppe zu bilden, scheitern an dem Verbot übergeordneter Stellen.

Am anderen Tag ist Kiel vollständig in den Händen der Meuterer. Am nächsten werden auf allen Schiffen Soldatenräte gewählt. Am folgenden die Republik ausgerufen und zwei Tage danach der Waffenstillstand proklamiert.

„Waffenstillstand soll das sein" spricht Kasten zu einem Trupp Matrosen mit roten Armbinden, „zeigen Sie doch den Wisch noch mal her."

Kasten liest laut vor: „Die besetzten Gebiete sind zu räumen. Desgleichen Elsass Lothringen und das linke Rheinufer. Es sind sofort abzuliefern: 5000 Kanonen, 25 000 Maschinengewehre. 3000 Minenwerfer, 5000 Lokomotiven, 150 000 Eisenbahnwagen, 6 Schlachtkreuzer, 12 Linienschiffe, 16 Kreuzer, 50 Torpedoboote, 100 U-Boote."

„Was?“„ ruft einer in das lähmende Schweigen. Kasten blickt auf und sieht sich von einigen hundert Seemännern aller Chargen umringt.

„100 U-Boote sollen an den Feind abgeliefert werden“, schreit Kasten zornig und fügt hinzu „und die Blockade bleibt bestehen“.

Wütende Empörung braust auf. Fäuste drohen in den kalten Wintertag. Rufe im Sprechchor. „Wer hat das unterzeichnet?“ Die Stimme Kastens: „Erzberger.“ Die eingekeilten Matrosen der dicken Schiffe wollen sich beiseite drücken. Einige lassen unauffällig die roten Binden verschwinden. „Hierbleiben!“ donnert Obermaat Groß sie an. Kasten spricht weiter:

„Das ist kein Waffenstillstand, das ist Waffenstreckung! Kameraden, wir sind verratene Kämpfer. Die Hungerblockade dauert an. Unsere Kriegsgefangenen bleiben weiter in Feindeshand. Wilsons 14 Punkte sind ein riesengroßer Schwindel.“

Erschöpft brach er ab. Kurzes Schweigen, dann folgte ein spontaner Ausbruch verhaltener Wut der Hunderte, die sich in Worten gegen die Regierung und gegen die Urheber des Chaos Luft machten.

Den roten Matrosen nehmen sie in aller Ruhe die Gewehre ab. „Du hast ja das Ding mit dem Lauf nach unten um.“ — „Gib mir mal die Donnerbüchse.“

Auch die Koppel schnallten sie ihnen ab: „Dein Säbel ist ja viel zu lang“ und dann jagten sie die Revolutionäre entwaffnet fort.

Doch das Schicksal ersparte ihnen auch das schimpflichste nicht. Sie mussten selbst ihre unbesiegten Boote nach England bringen.

Zuerst lehnten sie glatt ab. Die neuen Machthaber verschanzten sich hinter angeblichen Drohungen des Feindes, bei Weigerung Helgoland und die Hafenstädte der Nordsee zu besetzen. Da gaben sie nach.

Es folgte die Entwaffnung. Sie taten es mit der alten deutschen Gründlichkeit. Ihre Herzen bluteten und manch harter Kämpfer verbarg sein Gesicht in den leeren dunklen Ecken der entmannten Boote. Ein ungeheurer Grimm sammelte sich in ihnen an.

Kasten fasste einmal das ganze Leid in einem Satz zusammen, als er mit Niederklopfer und Groß über dieses Verlangen der Briten sprach.

„Das soll unsere Seelen morden und unsern Stolz treffen“, sagte er und umriss gleichzeitig die Absicht des grausamen Feindes.

Und eines Tages zogen sie in der vom Engländer vorgeschriebenen Marschordnung über die Nordsee. Auch „U B 34“ war darunter. Harmßen stand wie sonst am Ruder. Döring und Schulz hielten Ausguck. Lissy und Kasten waren mit auf dem Turm.

Grau und lichtlos dehnte sich vor ihnen die Nordsee. Seit Stunden sprachen sie kein Wort. Sie sahen aneinander vorbei, weil sich einer vor dem andern schämte. Kastens Kopf war heiß, er hatte die Mütze abgenommen, der kalte Wind tat gut, aber das Blut hämmerte unruhig in den Schleifen. Er musste irgendetwas sprechen.

„Es ist fast so wie damals.“— „Damals?“, fragte Lissy. „Ist es wirklich schon so lange her?“ — „Das nicht, aber das Schicksal unseres Volkes liegt dazwischen.“

Dann schwiegen sie wieder, die Motoren brummten, die Bugwelle rauschte, immer weiter zog „U B 34“ englandwärts. In der Abenddämmerung eine Stockung. Notsignale stiegen bei den vordersten Booten hoch. Lichtzeichen blinken. Stopp! Sie drängten sich an die Brustwehr, konnten aber nur die Zusammenballung mehrerer Boote erkennen.

Kastens Herz klopfte eigenartig, wie damals, als sie vorm Finnischen Meerbusen auf dem Grund lagen und die ferne Explosion, der „U 10“ zum Opfer fiel, ihr Ohr erreichte.

Er umkrampfte Lissys Arm. Morsezeichen des Vordermanns lösten die Spannung: „— gesunken!“

„So müssten es alle machen“ sprach einer der Ausguckposten und Kasten dachte gleichzeitig „auch an uns soll der Engländer keine Freude haben“.

Ein anderes Boot. Der junge Kommandant spricht zu seiner Besatzung. Eindringlich und ernst sind seine Worte. Er weist auf die Schmach der Ablieferung hin und will das Boot versenken.

Seine Leute, noch nicht angekränkelt von dem neuen Geist, stimmen zu. Vom Turm des Bootes melden hastige Signale Havarie. Die Besatzung steigt auf andere Boote über. Drei Hurras donnern dem in Nacht und Grauen versinkenden U-Boot nach.

Die letzte Morgenwache auf „U B 34“.

Kasten schüttelte sich fröstelnd, als er zu Ablösung in die Zentrale kam. Groß, den er ablöste, machte einen vollkommen durchfrorenen Eindruck. Die passierende Turmwache glich Eismännern, das Lederzeug knackte vor Kälte. Als er die Wache übernommen, stieg er nach oben. Im Turm fuhr die kalte Luft spritzend zum Luk hinein. Früher hatte er das nie bemerkt, da war jede Unbill eine Selbstverständlichkeit. Heute verstärkte es nur das bittere Weh. Dann stand er oben neben den Männern der Wache.

Voraus und seitlich glitten die Schatten der anderen Boote mit gleichem Kurs durch das Dunkel. Westwärts wiesen die Steven. Der Urton des Meeres war überall.

Unendlich langsam tagte es. Und wieder lag die See ohne Licht und Schatten. Sie standen wie Bildsäulen, als pünktlich am Treffpunkt die Umrisse eines Schlachtkreuzers auftauchten. Diesige Luft beschränkte die Sicht und ließ sie alle Vorgänge nur ahnen.

Im Turm setzte Lissy den neuen Kurs ab. Die verlängerte Linie wies nach Harwich. Da wussten sie ihr Reiseziel. Angesichts der englischen Kriegsschiffe stieg Kasten nach unten und überprüfte noch einmal seine Versenkungsvorbereitungen. Die Ventilkegel waren entfernt. Eine kleine Drehung am Entlüftungsventil des Reglertanks, dann konnte das Boot seine letzte Fahrt in die Tiefe antreten.

Harwich.

Auf Hunderten von Kriegsfahrzeugen weht der Union Jack. Tiefgestaffelt erwarten Zerstörerflottillen die zur Ablieferung einlaufenden U-Boote. Kleine Kreuzer und dahinter Großkampfschiffe drohen mit ihren Geschützen zu den entwaffneten Unterseebooten herüber.

Die Sonne versteckt ihr Antlitz hinter grauen Wolkenmassen, um das schmachvolle Einbringen des Schreckens Großbritanniens nicht zu sehen. Gar traurig windet sich der Tag durch die Geschehnisse.

An den Zugangsstellen zum Hafen ballen sich Menschenmassen, ganz Harwich scheint auf den Beinen zu sein. Auf Motorjachten, Seglern, Booten und Verkehrsdampfern stehen die Engländer Kopf an Kopf, den billigen Sieg auszukosten.

Es ist wenig, was sie sehen. Die gefürchteten Deutschen tun mit heroischer Ruhe ihren letzten Dienst, sie schreiten aufrecht und ihre Haltung ist nicht die von Besiegten.

Auf „U B 34" machen sie sich klar zum Aussteigen. Es ist unheimlich still in den Räumen, in welchen sie Not und? Gefahr geteilt haben, nur aus ganz, ganz weiter Ferne dringt der Schall von Fanfaren, Trompeten und Trommeln an ihr Ohr. Die englische Nationalhymne. „Good save de King", die allen Deutschen so bekannte Melodie des „Heil Dir im Siegerkranz" treibt ihnen das Blut ins Gesicht.

Schwer geht der Atem der Männer der Tiefe. Noch einmal betasten sie die Hebel, Handräder, Schaltgriffe ihrer Stationen. Brennen sie sich das Bild der Einrichtungen dieser einzigartigen Waffe tief ins Herz. Dann steigen sie hinauf ans Tageslicht. So wie sie gehen und stehen verlassen sie das Boot.

Nur eins nehmen sie mit. Die Kriegsflagge. Torpedooberheizer Döring hat sich das heilige Fahnentuch um den Leib gewickelt und das blaue Hemd darüber gezogen. So bleibt es den Augen des Feindes verborgen.

Lissy und Kasten übergeben das Boot. Die Abnahmekommission betritt das Deck. Stummes Grüßen. Die Mienen der deutschen Deckoffiziere sind undurchdringlich. Vor Kastens Augen zieht es wie ein roter Schleier. Er hört englische Laute, dann deutsche Worte, sieht die Uniformen des Feindes. Da ist es ihm, als müsste er sich auf die Engländer stürzen und ein Ende machen der Qual, doch er packt nur in jäher Wendung die Brustwehr des Bootes, dreht sich um und steigt dem englischen Ingenieur voran hinab in die Zentrale.

Dann geht alles schnell. Einige Fragen und Erklärungen. Ein unbemerkter Griff Kastens. Eine halbe Drehung am Entlüftungsventil. Der Engländer dankt. Sie klettern hoch. Als letzter verlässt Kasten das treue Boot. Sein kantiges Gesicht ist todernst, nur aus den Augen leuchtet stille Genugtuung.

Indes frisst sich das Wasser allmählich in die Tanks. Zentimeter um Zentimeter drückt der Bootskörper tiefer. Nach einer Stunde schneidet das Achterdeck unter, glucksend und gurgelnd strömt das Wasser durch das offene Luk in die leeren Raume. Dumpfes Rumoren quillt aus dem Innern. Weiße Dämpfe verwehen wie Nebelschleier. Müde legt sich der Turm seitlich. Ein letztes Aufbäumen des Vorschiffes, klirrend versinkt „U B 34" vor den Augen der ratlosen Engländer.

Durch Nacht zum Sieg

Gegen den Feind im Land

Deutschland droht in der roten Sturzflut des Spartakismus zu versinken. Die verratenen Frontkampfer stemmen sich endlich dem weiteren Wahnsinn entgegen.

In Kiel.

Ohne Säumen formieren sie Stoßtrupps. Sichern die von den spartakistischen Werftarbeitern bedrohten Proviantämter und wehren die Angriffe des roten Matrosenbundes ab.

Dann gehen sie selbst zum Angriff über. Aus den Kasernen Kiel Wiks und der Maschinenbauschule marschieren sie in straffer Ordnung. Geschlossene Offiziersgruppen, ganze Kolonnen Deckoffiziere, Hundertschaften Maate, Studenten, U-Bootmannschaften.

Marschtritt, Waffengeklirr, Gesang: O Deutschland hoch in Ehren —. So geht es nach Kiel hinein. Dann treten sie zum Sturm an gegen das Polizeipräsidium, dem Hauptsitz der Spartakisten und gegen die von den Roten besetzte Frauengewerbeschule.

Maschinengewehre hämmern, Gewehrschüsse knattern, Handgranaten krachen. Es geht alles so blitzschnell. Die Roten flüchten. Maschinist Kasten dringt mit als erster durch das gesprengte Tor.

Das Gewehr in Anschlag hält er einen Trupp Spartakisten in Schach und trieb sie in einer Ecke zusammen.

Ein Schuss fällt aus dem Haufen und reißt Kastens linke Achselklappe fort.

Wichmann, der ihm auf dem Fuß folgt, will eine Handgranate in die Gruppe landen. Kasten wehrt dem berechtigten Zorn des Kameraden und ruft:

„Das sind ja nur verführte deutsche Brüder."

Da fällt ein zweiter Schuss und zersplittert Kastens Gewehrschaft. Im selben Augenblick wird der hinterlistige Schütze von seinen eigenen Leuten überwältigt.

Er ist einer der Hauptschreier und wird stark bewacht abgeführt. Die andern lässt Kasten nach Abnahme der Waffen laufen.

Noch zweimal müssen sie im Laufe der folgenden Tage eingreifen. Sie ersticken in kurzen Einzelkämpfen jede Regung der Bolschewisten.

In Berlin.

Schwere Explosionsschlage erschüttern die Häuserblocks des Zeitungsviertels. Pulverdampf verweht. Rauch steigt auf. Zusammengeschossenes Mauerwerk rauscht polternd nieder.

Die leer gefegten Straßen hallen von Gewehrfeuer wider. Mörtel spritzt hoch. Gestalten huschen von Hauseingang zu Hauseingang. Feldgraue Sturmtruppen arbeiten sich vor. Nebelfeuchte Luft erhöht das grausige Bild des Straßenkampfes.

Das Sturmsignal geht durch die Reihen. Hurrarufe antworten. Tal, tak, tak, tak, hämmern Maschinengewehre in die weit auseinander gezogen vorgehenden Stoßtrupps. Hier und dort bleibt einer liegen. Dann dröhnt das Platzen geballter Handgranatenladungen auf.

Zersprengte Torflügel stürzen nieder. Barrikaden brechen auseinander. Durch Qualm und Staubfetzen verschwinden die roten Verteidiger.

Jetzt folgen im Sturmschritt geschlossene Abteilungen. Über hagere Gesichter schatten graue Stahlhelme, die ein sonderbares Zeichen tragen. Eine altgermanische Rune. Das Hakenkreuz.

Seeoffiziere, Deckoffiziere, Maate, U-Bootmatrosen sind die Träger, Albert Wichmann ist unter ihnen. Seine Faust hält eisern das Gewehr umspannt. Neben ihm läuft Obermaat Faust. Zugleich dringen beide in einen der Hinterhöfe dieser jüdischen Giftküchen.

Letzte Schüsse. Faust und Wichmann fallen. Kameraden stürmen über sie hinweg, treiben die Spartakisten zusammen und führen sie ab.

Dann werden die toten Frontkämpfer geborgen.

Alte U-Bootfahrer tragen Albert Wichmann aus dem Hof. Ein junger Leutnant hält den durchlöcherten Stahlhelm im Arm. Da entdeckt er, eingezeichnet in den Quer- und Seitenbalken des Hakenkreuzes je ein Wort. Die Entzifferung lautet: „In diesem Zeichen wirst du siegen."

In Hamburg, in Wilhelmshaven, in Bremen, in München, im Ruhrgebiet und in Mitteldeutschland, überall ist es das gleiche: Frontsoldaten brechen den roten Terror.

Aber sie stoßen nicht weiter vor und so kommt das Tragische, dass die alten Frontkämpfer mit dem Blute von 300 Gefallenen und 1200 Verwundeten die Herrschaft der Ebert und Scheidemänner befestigen.

Diese aber schickten nach Niederschlagung der brutalen Gegenspieler die freiwilligen Kämpfer ohne Dank nach Hause und dafür sozialdemokratische Redner in die umstrittenen Gebiete.

Die friedliche Durchdringung der verzweifelten Massen im Sinne der Demokratie konnte beginnen.

Fast ein Jahr später.

Das graue Heer ist aufgelöst. Seine Offiziere und Mannschaften in ihre bürgerlichen Berufe zurückgekehrt. Bei der Kriegsmarine ist es das gleiche. Der größte Teil der versorgungsberechtigten Deckoffiziere und Maate hat Anstellung bei den Behörden und in der Industrie gefunden.

Fritz Kasten führt als Betriebsleiter die Zweigstelle Dobrilugk-Kirchhain der Niederlausitzer Überlandzentrale. Sein umfassendes Können und, vor allem, das jedem dieser alten Soldaten in Fleisch und Blut übergegangene Verantwortungsgefühl, machten den U-Bootfahrer Kasten schnell beliebt.

Er fand in den veralteten Leitungsnetzen und heruntergekommenen Maschinenanlagen seiner Betriebsstelle ein dankbares Arbeitsfeld aufbauender Tätigkeit.

Doch das genügte Kasten nicht.

In ihm brannte die ewige Idee der Treue zum Vaterland und so ging er in die verhetzten Kreise der Arbeiterschaft, diskutierte mit ihnen über soziale Erfordernisse, hörte sich geduldig ihre Meinungen an und erzählte zum Schluss Erlebnisse vom U-Bootkrieg.

Und eines Tages.

Alarmnachrichten: „Umsturz in Berlin." — „Die Reichsregierung geflüchtet." — „Brigade Ehrhardt hat das Regierungsviertel besetzt" — „Ein Direktorium ist gebildet"

Die rote Antwort: „Generalstreik."

Am andern Tag ist Kasten in Berlin. Er erlebt nur noch das Ende des ersten Griffes zur Macht. Eingekeilt in den Massen der demonstrierenden Berliner Gewerkschaftler kann er nicht mal bis zu der abziehenden Brigade vordringen.

Er sieht nur die alte heilige Marinekriegsflagge wehen und hört den Gesang: „O Deutschland hoch in Ehren —."

Die Verwünschungen, die Flüche, die Drohungen der Umstehenden aber ließen Kasten ein furchtbares Zerrbild deutscher Menschen sehen.

Müde, zerschlagen kam er zurück nach Kirchhain und nahm doch wieder den Kampf auf für sein Deutschland, das abermals eine Schlacht verloren.

Von nun ab wandte er sich auch gegen das Spießertum und sagte den Herren Bürgern auf gut Deutsch, welchen Anteil auch sie am Niedergang der Nation hätten.

Wieder ein Jahr später.

Oberschlesien brennt. Deutsche werden vertrieben. Polnische Freischaren besetzten weiteres deutsches Gebiet.

Und wieder sind es Frontsoldaten, die als Zeitfreiwillige an die bedrohte Grenze eilen. Die „Deutsche" Regierung geht gegen das Wiederaufleben der Freikorps vor.

Ein gutorganisierter Geheimdienst bringt trotzdem den größten Teil der Angeworbenen an die Gefahrenzone des Reiches.

Ingenieur Kasten ist der Verbindungsmann, der aus Mitteldeutschland über Falkenberg-Dobrilugk-Kirchhain weiterzuleitende Transporte und Einzelpersonen befördert.

Ein Monteur ist ihm treu ergeben und sie bringen abwechselnd in nächtlichen Fahrten zahlreiche Freiwillige bis zur Oder.

Bei dieser Gelegenheit wirbt ein Magdeburger beide für den Bund der Frontsoldaten.

So wurde Kasten Stahlhelmer.

Und wieder ein Jahr später.

Politische Hochspannung. Dazu der Jude Rathenau Minister. Da fallen am Vormittag des 24. Juni 1922 im Grunewald bei Berlin Schüsse gegen das System. Sie treffen Walter Rathenau, den hervorstechendsten Vertreter desselben.

Fritz Kasten liest die Nachricht im „Lokal-Anzeiger" und kann sich einer dunklen Ahnung nicht erwehren. Er muss an Schulz und Tillessen und an Oberleutnant Kern denken.

Sonderbar auch an Kern, diesem prächtigen, klugen Seeoffizier. Wann hatte er ihm denn zum letzten Male geschrieben? Kasten steht auf und sucht die Karte. Richtig da war sie noch. Abgestempelt: Berlin 9. April 1922, ohne Adressenangabe. Unterschrieben hat noch ein Hermann Fischer, Leutnant d. R.

Einige Tage danach.

Am Stammtisch des „Deutschen Kaiser" in Finsterwalde hat man sich noch immer nicht mit dem Attentat auf Rathenau abgefunden. Diesmal ist die Meinung der Spießbürger geteilter.

„1 Million Mark Belohnung" — „Die Juden lassen es sich etwas kosten." — „Die haben uns ja das Geld abgenommen." — „Hier ist der Steckbrief."

Eine Zeitung fliegt auf den Tisch. Ingenieur Kasten, der mit am Tisch sitzt, will das Ullsteinblatt beiseiteschieben. Da bleibt sein Blick an dem Bildnis eines Seeoffiziers hängen. „Kern", das Wort bleibt ihm in der Kehle stecken. Er prostet schnell seinem Nachbar zu und nimmt dann die Zeitung hoch.

„Oberleutnant z. S. Erwin Kern. — Ingenieur Hermann Willibald Fischer" und darüber in großer Schrift „Die Mörder Rathenaus."

„Schade", sagt er.

„Um wen?" — „Um die Jungens hier."

„Kennen Sie einen davon?", fragt einer, der wusste, dass der Betriebsleiter der N.U.C. Deckoffizier war. Kasten nickt nur und erzählt dann von den Kämpfen dieser jungen Deutschen. Von ihrem Wissen und ihren bitteren Erfahrungen. Es ward still am Tisch und als Kasten mit den Worten endete: „Ein Schuft, wer sich den Judaslohn verdient", da leerten sie ihre Gläser, mit dem stillen Wunsche, dass den Verfolgten die Flucht gelingen möge.

Abermals ein Jahr später.

Das deutsche Leid hat sich nach dem Ruhrgebiet verlagert. Davon hier nur einen Zeitungsartikel. Der „Völkische Beobachter", das Kampfblatt der nationalsozialistischen Bewegung Großdeutschlands, schreibt über das Treiben der Franzosen im Ruhrgebiet:

„Das Wesen des Ruhrkampfes.

Krupp und die anderen Direktoren sind also verurteilt. In ganz Deutschland wird diese Nachricht eine ungeheure Empörung hervorrufen, aber lange nicht alle werden sich darüber im Klaren sein, was dieser Justizmord, abgesehen von der offenen Verhöhnung Deutschlands, bedeutet.

Eine Reihe hervorragender technischer Leiter eines Riesenwerkes sind unschädlich gemacht worden. Und wenn sie auch ersetzt werden, so bedeutet ihr Ausscheiden sicherlich eine empfindliche Lücke. für die übrigen Direktoren der Ruhrwerke wiederum soll das Urteil ein Schrecken sein, entweder ihren Betrieben fernzubleiben oder gegebenenfalls dasselbe Schicksal auf sich zu nehmen wie Krupp und seine Mitarbeiter.

Nun muss man sich darüber im Klaren sein, dass dies die planmäßige Zermürbung und Vernichtung des Widerstandswillens der Ruhrbevölkerung bedeutet. Sie möge in grimmiger Wut die Fäuste ballen, sie möge protestieren, nun sie durch das Novemberverbrechen und durch die Erfüllungspolitik waffenlos gemacht, durch Ausweisung führender Beamten, durch Einkerkerung leitender, technischer Köpfe führerlos ist, wird ihr Widerstand ein immer richtungsloserer, chaotischer werden.

Ebert protestiert, Cuno protestiert, an 2000 Proteste sind schon seit drei Jahren nach Paris gegangen, die dort nur mit Hohn und Gelachter empfangen wurden. Auch die jetzigen. Es erhebt sich jetzt die Schicksalsfrage: Was hat die Reichsregierung seit dem Ruhreinfall getan, um hinter den Ruhrkämpfern ein einiges Deutschland auszubauen? Hat sie an die nationalen Instinkte appelliert? Hat sie die völkischen Leidenschaften entfacht? Hat sie jeden Franzosenfreund und Pazifisten als Verräter gebrandmarkt?

Nein!

Vier Monate sind verstrichen, und während an der Ruhr heute ein verzweifelter Widerstand vor sich geht, verraten und verkaufen Marxisten und Demokraten unser Volk weiter an den Erbfeind. Alle ihre Proteste sind verlogen bis in die „Seele" hinein, denn in dem Augenblick, wo der nationale Wille organisiert werden soll, werden seine Vertreter ins deutsche Gefängnis gesperrt, ihre Organisationen aufgelöst.

Die tieftraurige Lage von heute besteht nicht nur darin, dass uns Verräter unserer Waffen beraubten und Schwächlinge sie auslieferten, sondern darin, dass der Wille zur nationalen Selbstbehauptung abhandengekommen ist.

Vielleicht hilft die Verurteilung Krupps ein wenig. Vielleicht weckt sie Hunderttausende aus ihrer pazifistischen Hypnose. Vielleicht erwacht das eingeschlafene Ehrgefühl wieder.

Dann aber möge sich dieses neu erwachende Deutschland sagen, dass seine erste Pflicht ist, den Kämpfern an der Ruhr zu beweisen, dass es ihm mit dem Kampf um die Freiheit der Ruhr und des Rheins Ernst ist, dass die Volksverräter rücksichtslos niedergeschlagen werden, dass etwas wieder entsteht, was seit 1914 und 1915 nicht mehr da war: die völkische Einigkeit. Geschieht das, und ist das Schreckensurteil in Werden ein Anlass zum Erwachen gewesen, so war dies Opfer nicht vergebens! Deutsches Volk, erwache!"

Und wieder flackert das Chaos im ganzen Reich auf. Streiks, Plünderungen, Demonstrationen in allen größeren Städten.

Rote Fahnen werden auf Berliner Fabriken gehisst. Rote Hundertschaften in Betrieben gebildet. Und in dieser gefährlichen Lage nur ein Gegengewicht, weit unten in Bayern: Die Hitlerbewegung.

November 1923.

Der Raubzug der Geldentwertung hat die Enteignung der Schaffenden vollzogen. Um den Wahnsinn der Zeit zu zeigen einige Preise: Eine Zeitung kostet 3 000 000 000 Mark. Ein Brot 10 000 000 000 Mark und anderen Tags fast das Doppelte.

Da fällt in München die Entscheidung.

Adolf Hitler ruft eine Nationalregierung aus. Sie wird gebildet von Hitler, Ludendorff, Pöhner, von Kahr, von Seißer und v. Lossow.

Es ist Verrat im Spiel. Der friedliche Demonstrationszug, an dessen Spitze Hitler und Ludendorff marschieren, wird auf Befehl der Herren um v. Kahr unter Feuer genommen.

Im Blute von 18 Toten und zahlreichen Verwundeten erstickt das völkische Aufbegehren. Abermals ist eine Schlacht verloren.

Der Karfreitagssieg der Verräter schlägt in das Gegenteil um. Neue Massen stoßen zu der scheinbar verlorenen, aber umso ehrenvolleren Sache des Vaterlandes.

Ein Mann wird volkstümlich: der Frontsoldat Adolf Hitler.

Wahlkämpfe, Ränkespiele, Siege, Niederlagen. Die N.S.D.A.P. reißt die Führung an sich. Der Kampf um die Macht beginnt.

Sonntägliche Aufmärsche in marxistischen Hochburgen. Massenversammlungen, Saalschlachten. Opfer an Blut, Zeit, Ruhe, Geld und nochmals Geld. So geht es acht lange Jahre.

Der Durchbruch des völkischen Gedankens

Das demokratische System wird mit den eigenen Waffen geschlagen. Wahlkämpfe von riesenhaftem Ausmaß bringen endlich den völkischen Gedanken zum Durchbruch.

Wieder steigt die Notkurve an, diesmal ausgedrückt in der Zahl von 6 Millionen Arbeitslosen. Rot-Mord geht um. Drohend erhebt der Kommunismus sein Haupt.

Endlich hat man auch in Berlin begriffen, um was es geht. Am 30. Januar 1933 eilt die Kunde durch Deutschland: „Der Reichspräsident hat Adolf Hitler zum Reichskanzler ernannt."

Und am Abend.

Das ganze nationale Berlin ist auf den Beinen. Hunderttausende umsäumen die Straßen, durch die der Fackelzug zur Wilhelmstraße geht. Spontan ist der Jubel der unübersehbaren Massen, als die sturmerprobten Standarten und Hitlerfahnen auftauchen, gefolgt von den Männern im Braunhemd, die bereit waren, für diese Stunde ihr Leben zu opfern.

Durch das Brandenburger Tor marschieren die braunen Kolonnen und es ist, als ob sie niemals ein Ende nehmen wollen. Dann folgen in stundenlangem Zug die feldgrauen Mannen des Stahlhelms. Wie leuchten die ruhmreichen Marinekriegsflaggen im Schein der Fackeln, wie dröhnt der Gleichschritt der alten Frontsoldaten. Urgewaltig riss der Gesang des Deutschlandliedes die Herzen auf und schmolz; sie um, in dieser Stunde in dem hehren Gedanken: „— Einigkeit und Recht und Freiheit für das deutsche Vaterland —."

Und dann folgt die Hitlerjugend. Sie singen neue Lieder. Gar trutzig klingt es von den jugendlichen Lippen:

„Ein Hoch der deutschen Arbeit, voran die Fahne rot,

Und Hakenkreuz muss siegen, vom Freiheitslicht umloht.
Es kämpfen deutsche Männer, für eine bessere Zeit,
Wir wollen nicht ruh'n noch rasten, bis Deutschland ist befreit."

Nachwort

Fritz Kasten hat die von ihm so sehr erstrebte Einigung des nationalen Deutschlands nicht mehr erlebt. Am 18. Oktober 1931 wurde er in Boblitz bei Lübbenau im Spreewald in die heimatliche Erde gebettet. Die Marinekriegsflagge, für welche er ein Leben lang gekämpft und gelitten hatte, wurde ihm mit ins Grab gegeben. Direktion und Belegschaft der Niederlausitzer Überlandzentrale Calau, Nationalsozialisten und Stahlhelmer gaben ihm das letzte Geleit.

Ein Kamerad Fritz Kastens schloss die würdige Totenfeier des alten U-Bootfahrers mit den Worten:

„So mögest du schlummern in friedlicher Ruh,
Du Kämpfer für Deutschlands Ehre,
Die Heimatwinde singen dazu
Ein Lied von dem Helden der Meere."

Historische Einordnung

Von Jill Marc Münstermann

Beim Lesen dieses Buches wird deutlich, dass es sich um ein Zeitdokument aus einer dunklen Epoche der deutschen Geschichte handelt. Gewaltige Kriege, existenzielle Krisen und politische Extreme bestimmten zwischen 1914 und 1945 das Leben in Deutschland. Uns – dem Klarwelt-Verlag und EK-2 Publishing – ist es wichtig, solche Zeitdokumente inhaltlich unangetastet zu erhalten, weshalb wir auch Begriffe wie „Neger", die heute als diskriminierend gelten, und andere aus heutiger Sicht problematische Passagen nicht an den Zeitgeist der 2020er Jahre angepasst haben. Welchen Erkenntniswert hätte ein zeitgeschichtliches Buch wie der vorliegende Text auch, wenn spätere Generationen darin herumpfuschen würden? Um möglichst nah am Original zu bleiben, haben wir sogar heute sonderbar anmutende alternative Bezeichnungen wie Neuyork für New York erhalten.

Die Nähe des Autors zur Weltanschauen der NSDAP wird beim Lesen des Textes deutlich. Ludwig Freiwald trat im Jahr 1922 in die Partei ein und verdingte sich als wichtiger Propagandist der Nationalsozialisten. Eine Antwort auf die Frage, ob es sich bei Fritz Kasten um eine rein fiktive Figur handelt oder ob der Autor reale U-Boot-Veteranen als Vorbild heranzog, hat der 1898 geborene Ludwig Freiwald, der seit dem 7. Mai 1945 als verschollen gilt, wohl mit in sein Grab genommen. Sollte Fritz Kasten tatsächlich existiert haben, ist es umso bizarrer, dass Freiwald über dessen Tod hinaus die Geschichte weitererzählt, um den Aufstieg des Nationalsozialismus darstellen zu können.

Spätestens das letzte Kapitel entlarvt Freiwalds Text daher als politisches Pamphlet, verpackt als Abenteuerroman. Unverhohlen lässt er seinem Hass auf Sozialdemokraten, Kommunisten und Juden freien Lauf, wenn er sie als Verräter beschimpft. In der Bewegung der Nationalsozialisten sieht Freiwald hingegen eine Chance für Deutschland, zu altem Glanz und Gloria zurückzufinden. Ob er Anfang 1945, nachdem Hitlers Kriege letztlich heimgekehrt waren und Deutschland in einen Trümmerhaufen verwandelten, im Nationalsozialismus immer noch den Erretter seines Vaterlandes sah? Auch eine Antwort auf diese Frage wird er uns schuldig bleiben.

Wenn Freiwald dem Unteroffizier Weidemann in der Geschichte abfällige Worte über Juden in den Mund legt, zeichnet er damit zwar durchaus einen Antisemitismus nach, der auch vor Hitler bereits in Deutschland verbreitet war, und somit in die Zeit, in der die Geschichte spielt, passt. Wenn er später im Nachkriegspart jedoch im Erzähltext auf missgünstige Weise hervorhebt, dass einer der Minister Jude sei, so gibt er spätestens hier seine eigene antisemitische Grundhaltung preis.

Beim Lesen des Textes wird zudem deutlich, dass Freiwald seinen vermeintlichen Protagonisten Fritz Kasten nur als Rahmen nutzt, um eine geschichtliche Abhandlung des (See-)krieges aus nationalsozialistischer Sicht auszuarbeiten. Tatsächlich wird Kasten in rund der Hälfte der Kapitel nicht einmal erwähnt. Doch gerade solche pseudo-geschichtlichen Abhandlungen in Romanform waren in

Deutschland bis lange in die Nachkriegszeit des Zweiten Weltkriegs populär und weit verbreitet, siehe unter anderem die Werke von Paul Carell.

Dabei liefert Freiwald eine derart glasklare Einteilung in Gut und Böse, wie sie ansonsten vielleicht nur in einem Disney-Film zu finden ist. Gerne nutzt er die Kapitelüberschriften, um klare propagandistische Statements zu setzen. Die echte Welt ist aber weder schwarz noch weiß. Sie ist komplex und mehrdeutig. Der Erste Weltkrieg war ein menschliches Desaster, an dem jede beteiligte Nation Verantwortung trägt.

Der vorliegende Text erschien im Jahr 1933 im J. F. Lehmanns-Verlag unter dem Titel „U-Boots-Maschinist Fritz Kasten – Ein Frontbuch der deutschen Kriegsmarine“.

Warum haben wir uns trotz der offensichtlichen NS-Ideologie, die diesem Text zugrunde liegt, für eine Veröffentlichung entschieden? Nun, wir halten es da mit dem Philosophen George Santayana: „Wer die Geschichte vergisst, ist verdammt, sie zu wiederholen.“ In diesem Sinne halten wir es nicht nur für interessant, sondern für wichtig, sich mit der NS-Ideologie auseinanderzusetzen – auch anhand von zeitgeschichtlichen Dokumenten wie diesem Unterhaltungsroman, der uns doch sehr viel über Freiwald, über die Zeit, in der er lebte, und über die Weltsicht der Nationalsozialisten erzählt. Zugleich vermag es der Autor, eine spannende Geschichte über den Seekrieg im Allgemeinen und den U-Boot-Krieg im Speziellen zu entfalten, die glaubhafte Einblicke in das Kämpfen und Sterben deutscher Seeleute bietet.

Vor allem aber liefert Freiwalds Werk interessante Einblicke in die Wahrnehmung, Verehrung und propagandistische Ausschlachtung der kaiserlichen U-Boot-Männer des Ersten Weltkriegs durch die Nationalsozialisten.

Ihre Zufriedenheit ist unser Ziel!

Liebe Leser, liebe Leserinnen,

hat Ihnen unser Buch gefallen? Haben Sie Anmerkungen für uns? Kritik? Bitte zögern Sie nicht, uns zu schreiben. Wir werden jede Nachricht persönlich lesen und beantworten.

Schreiben Sie uns: info@ek2-publishing.com

Wussten Sie schon, dass Sie uns dabei unterstützen können, deutsche Militärliteratur sichtbarer zu machen? Bitte nehmen Sie sich einen Moment Zeit und bewerten Sie dieses Buch auf Amazon. Viele positive Rezensionen führen dazu, dass das Buch mehr Menschen angezeigt wird.

Sie können somit mit wenigen Minuten Zeitaufwand unserem kleinen Familienunternehmen einen großen Gefallen tun. Vielen Dank für Ihre Unterstützung!

PS: In seltenen Fällen kommt ein Buch beschädigt beim Kunden an. Bitte zögern Sie in diesem Fall nicht, uns zu kontaktieren. Selbstverständlich ersetzen wir Ihnen das Buch kostenlos.

Leseempfehlung für Sie

Ein weiterer zeitgenössischer Roman über die U-Waffe im Ersten Weltkrieg

Jetzt auf Amazon bestellen:
Link: https://www.amazon.de/dp/3964031968

Originalwerk: U-Boots-Maschinist Fritz Kasten – Ein Frontbuch der Kriegsmarine, Ludwig Freiwald

Erstmals erschienen bei: J. F. Lehmanns-Verlag, 1933

Vollständig überarbeitete Ausgabe. Ungekürzte Fassung.

Eine Veröffentlichung der EK-2 Publishing GmbH

Friedensstraße 12, 47228 Duisburg
Registergericht: Duisburg, Handelsregisternummer: HRB 30321
Geschäftsführerin: Monika Münstermann

info@ek2-publishing.com
Website: www.ek2-publishing.com

Entstanden in Zusammenarbeit mit dem Klarwelt Verlag

www.klarweltverlag.de

Cover: Kayla Pelgrim
Autor: Ludwig Freiwald
Überarbeitung: Mario Auras
Korrektorat: Jill Marc Münstermann

1. Auflage, Juli 2022
ISBN Taschenbuch: 978-3-96403-238-6, ISBN Hardcover: 978-3-96403-237-9

Printed in Poland
by Amazon Fulfillment
Poland Sp. z o.o., Wrocław

64462608R00134